马基雅维利传

[美] 奥本海默 著
梁雪 译

时代文艺出版社

图书在版编目（CIP）数据

马基雅维利传 /（美）奥本海默著；梁雪译．—长春：时代文艺出版社，2016.5（2017.8 重印）
书名原文：Machiavellii: A Life beyond Ideology

ISBN 978-7-5387-5156-7

Ⅰ.①马… Ⅱ.①奥… ②梁… Ⅲ.①马基雅维利，N.（1469～1527）－传记 Ⅳ.①K835.467=331

中国版本图书馆CIP数据核字（2016）第025668号

出品人 陈 琛
产品总监 郭力家
责任编辑 方 伟
助理编辑 程 飞
装帧设计 孙 利
排版制作 尹 爽

马基雅维利传
[美] 奥本海默 著 梁雪 译

出版发行 / 时代文艺出版社
地址 / 长春市泰来街1825号 时代文艺出版社 邮编 / 130011
总编办 / 0431-86012927 发行部 / 0431-86012957 北京开发部 / 010-63108163
网址 / www.shidaicn.com
印刷 / 三河市京兰印务有限公司
开本 / 710mm × 1000mm 1 / 16 字数 / 344千字 印张 / 25.25
版次 / 2016年5月第1版 印次 / 2017年8月第2次印刷 定价 / 62.00元

图书如有印装错误 请寄回印厂调换

前　言

如果文艺复兴标志着这样一个时代：在此期间，富有变换、运动以及转换魅力的小说开始在整个欧洲受过教育的男男女女间占有一席之地，那么马基雅维利则因为对这三种魅力怀有冷静的兴趣而脱颖而出。他在自己的文字中写尽了社会转型。变化在他的历史观中占据着主要的地位。战争是不可预测的，策略是脆弱的，而目标则是不堪一击的。

变化是一位无情的独裁者。它破坏承诺，颠覆伤痛，而且更改确凿的事实。理论家为此要做些专门的工作。这本传记力图复活一位理论家的生活与成就。他是世界上最让人困惑的现代理论家之一，他同样也是一位外交家、哲学家、历史学家、剧作家和诗人。他用勇气、活力、热情以及朴素来应对变化。

这与我早些时候写的彼得·保罗·鲁本斯传记不谋而合，在一百年之后，也就是17世纪，他将美看作一个过程。马基雅维利也许是将社会以同样方式看待的第一批人之一。鲁本斯力图在他的绘画中描绘运动的普遍性，这预见了同时代的伽利略对运动规律的发现。马基雅维利也许熟知这两个人，他通过揭示持续的社会历史动乱的模式为现代性开启了一扇重要的门，即这些动乱并非是不可避免的。这位政治军事思想家的作品完善了艺术家的作品。这二者都归功于一种新兴的时尚——在默读中表达自我意识。我稍早些时候写的一本书《现代思想的诞生》试图描述它在意大利 13 世纪是如何起源的。

如果没有其他人的慷慨贡献，没有任何事情能够成功地完成。才华横溢的学者和作家一直很关注马基雅维利，我很高兴在此以及在注释和参考文献中感谢他们的帮助。他们的帮助一直伴随着我写完这本书。

在图书馆资源方面，我同样也很幸运。在纽约，我使用过纽约公共图书馆的搜索设备，我使用过纽约市立大学的图书馆，尤其要提到的是城市学院和研究中心。其他地方还包括普林斯顿大学和哥伦比亚大学，尤其是还有佛罗伦萨那优美的意大利国家图书馆和国家档案馆。我尤其要感谢城市学院的图书馆主席帕梅拉·吉莱斯皮，她时不时地为我提供各种必要的帮助。

我非常感谢我的出版商罗宾·贝尔德·史密斯。他那机敏而耐心的指导极大地改善了这本书。我对于他的专业、敏感和职业技能怀有极大的感激之情。他的助手洛蒂·摩格福德也同样提供了无限的帮助。

感谢我的同事以及朋友向我提供了许多的建议，其中包括埃德·布雷斯林；感谢城市学院艺术和人文学院前院长弗雷德·雷诺尔斯；感谢他的后继者代理院长杰拉尔丁·摩菲；还要感谢乔希·维尔纳，马克·米尔斯基，伊丽莎白·马佐拉，林赛·艾布拉姆斯，勒娜特·米勒，哈罗德·威瑟，弗里西亚·波拿巴特，巴里·华伦斯坦，杰克·巴斯奇，大卫·阿姆斯特朗，哈利·罗尔尼克，斯特拉·董，西蒙·谢里丹，安东尼·鲁道夫以及洛伦佐·克雷芒。感谢弗雷德里卡·K. 克莱门第为马基雅维利早期十四行诗的措辞所提出的精彩洞见，以及我的研究助理玛利亚宝拉·格里蒂所提供的关于文艺复兴时期服装和烹调习惯的有用信息。我还要感谢纽约市立大学为我提供休假的机会，让我能够在意大利和纽约做广泛的研究，从而使这部作品得以问世。

我更加要感谢的是普林斯顿大学的安德拉斯·哈默瑞和市立大学研究中心的威廉·E. 科尔曼，他们阅读并检查了我的打印稿，指出了错误并提出了重要的修改建议，他们的贡献是极其重要的，我承认了所有的不足。感谢我的儿子本和儿媳艾丽西亚、我的女儿朱丽叶和女婿丹，他们数月以来不断地鼓励着我。最后，还要感谢我的妻子阿西娅每天都陪伴在我身旁，不分昼夜地阅读我的作品并且指出重要的问题，而在我犹疑的时候，她坚信付出定会有所回报。我向她致以一直以来的无限感激。

保罗·奥本海默

2011 年于纽约

目 录

CONTENTS

引　言　现代罪恶和罗马洗劫

马基雅维利是首位将政治学定义为背叛的哲学家。这并不是说他支持背叛，他只是想要将政治学描述为不同的形式。然而，既然他着手这样做了，就无须质疑为何近500年来，他被看作是唯一一位最具影响力的现代哲学思想家，正如这本传记所希望展示的那样，他曾被描述为反动的、令人作呕的、不道德的邪恶人物。

无疑有许多人难以接受这样的论断：无论身处民主政体、共和政体、君主制、独裁制、部落制、公社制、官僚制还是其他的统治系统之中，管理着他们的制度都永远不可避免地成为虚伪与背叛的混合体。甚至会有更多人否认政治稳定取决于背叛、暴力、谋杀以及谎言，否认这条规则同样适用于最高尚的政府以及最低劣的政府，他们之中无一例外。

当然，你可以不同意马基雅维利的理论，即各种形式的政府都需要实施不法行为。空想家、理想主义者和说教者们宁愿相信伦理学会时不时地一统天下，而且他们将这样的想法付诸实践。然而，却不能因此否认这位著名的佛罗伦萨哲学家兼剧作家的洞见，因此，只要不是极其邪恶，在分析人类的政治关系时，否认残忍手段所具有的重要性就变得毫无意义。如果说他的生命中存在主题的话，这似乎就是他生命的主题。

这样的观点似乎具有预见性，笼罩在他去世前后的几个月里，人们在一场屠杀的展览中为他定下政治罪行：这场定罪开始于1527年5月6日的罗马洗劫。那天清晨，一场浓重的黄雾掩盖了西班牙军队的行动。他们穿过临近城市外墙的一座废弃的罗马房屋，黄雾掩藏了他们恐怖袭击的脚步。这场袭击彻底摧毁了古罗马的辉煌和中世纪的壮丽，只留下历史的废墟以及遗迹的残骸，以一种凄凉的方式宣告意大利文艺复兴的终结，并且引领着新时代的到来，它猛地将人们推入了即将到来的篇章之中。

即使按照今天的标准来看，法国查理·波旁公爵的军队也令人惊叹，这支军队包括骑兵在内约有22000人。精神抖擞、聪明绝顶的查理公爵位于军队之首，炫耀着他的签名白带以及头盔上华丽的米白色羽毛。5个月以来，他从米兰一路行军穿过了意大利半岛，向着罗马行进，沿途掀起一片暴行。屠杀、掠夺、烧毁建筑、大规模强暴——这一切伴随着敲诈、盗窃、侮辱牧师和当地政府以及绑架——他那支混有国际士兵的军队在身后留下了恐怖的印迹。这支军队除了向神圣的罗马皇帝西班牙国王查理五世正式效忠的士兵外，还包括来自于德国、低地国家（当时处于西班牙统治之下）、西班牙、意大利以及法兰西帝国的竞争派系。著名的德国指挥官乔治·冯·福隆德斯伯格贡献了12000名雇佣兵，他们大多是路德教徒。他们中许多人急于报复罗马教皇，这位教皇因其毫无节制的放荡和腐败而被人们看作是对基督教的侮辱。

黄雾笼罩着罗马平原，绵延数英里，塔楼沐浴在黄雾所反射的黄色光晕之中。阿方索·德·阿瓦洛斯·阿昆奴带领着5000人的西班牙军队，吉安·乌尔比诺带领3000人的意大利军队，年轻的奥伦治亲王骑马走在他的800名轻骑兵队首，他们之中还有3500名持有700根长矛的士兵。

然而，没有人预料到罗马的城墙被如此轻而易举地攻破，城墙被完全摧毁了。据同时代的历史学家路易吉·奎齐亚迪尼所言，此刻波旁公爵指挥着一队混杂的士兵，他们的备战情况很糟糕。他带着自己的全部“兵力”，在

“1527年5月5日下午5点就已经到达了罗马，然而因为极端缺乏供给，应该连两天都撑不下去。”他的雇佣兵处于饥饿之中，他们没有拿到佣金而且衣衫褴褛，因此非常气愤。

罗马城墙，或者更为准确地说应是瓦莱里安墙，仍旧像古时一样处于完好的状态中，绵延大约13英里之长，平均高度是50英尺，围着这座古城的边缘如同傲慢地系了一条12英尺宽的腰带。

直到5世纪衰落之前，这座城市曾居住过220万人口。从那以后，这座城市的人口缩减为仅剩53000人。从军事角度来看，这座曾经无所不能的城市如今不再宏伟壮观，但处于教会的庇护下，对于一支贪婪的军队来说，它仍旧是最大的战利品。城墙后挤满了文艺复兴风格的教堂、图书馆、绘画、雕塑以及为教皇所建的新住宅，它们在城墙的背后熠熠生辉，映衬着文艺复兴艺术品那超凡脱俗的光芒。这些艺术品中包含米开朗基罗、波提切利、切利尼和拉斐尔最杰出的作品，它展示着一场豪华教皇盛宴中传奇一般的名望、魅力、优雅以及往昔的臭名昭著。

美第奇教皇克雷芒七世刚刚下令修复城墙，由于损坏程度不同，有些修复工程还没有完工。尤其是考虑到城市在规模上的缩减，盛气凌人的防御结构围绕着青草覆盖的领土建立起来，甚至将村庄囊括其中。这些村庄的下面埋藏着未被发现的财宝，其中包括尼禄在巴拉汀的一部分黄金宫殿。城墙的后面，蜂窝一样挤满了狭窄拥堵的街道以及肮脏的小巷，它们往各个方向延伸而去，不过城市外面的墙垒看起来像从前一样整齐。城墙中有353座古老的塔楼和14扇紧闭的高门。置身于防御工事之内，罗马如同处于教皇闪闪发光的长袍之间一样安全。

说到那天早上的袭击，现代观察者的注意力聚集在锯齿状防卫墙上唯一一个有缺口的角落里，以及唯一一座被一人高的洞所损坏的房子上。这个洞很快被西班牙军队弄大了，他们开始爬上墙并从洞口穿过。让人惊讶的事情就这样发生了。几分钟之内，西方世界的心脏就完好无损、触手可及地展现在了他们眼前。虽然浓雾弥漫、万籁俱寂，这颗心脏仍旧是令人崇拜、钦佩和艳羡的。

按照16世纪的标准，如果说罗马的人口是庞大的（伦敦达到10万，威尼斯达到8.5万），那么这座城市的可用军队只有3000名罗马士兵和国外士兵，外加几天之前招募来的3000名技工，他们中大多数人对打仗毫无兴趣。另一方面，西班牙军队进入了那座废弃的房屋，翻过了罗马城墙，就像冯·福隆德斯伯格的雇佣兵曾经用排梯翻越圣灵教堂的堡垒那样，他们对于自己所面临虚弱的抵御毫无概念。

不管怎样，因博尔格广场上还是发起了顽强的抵抗，教皇所保留的瑞士护卫队在那里拖住帝国军队长达一个多小时。他们的目标是在圣天使城堡建起一道坚固的防御工事，紧急情况下克雷芒可以躲避在该城堡中。随着进攻消息的蔓延，成百上千的牧师、主教以及红衣主教开始绝望地向防御工事之内冲去，他们的长袍和披风随风飘动着。

西班牙对罗马城墙的攻击引起了巨大的惊慌。目击者们报告说，西班牙军队曾在城墙那泥泞的幻影面前神经紧张地稍作停留，他们因一种不祥的感觉而犹豫不前——在他们行军过程中这奇怪的停留，终将释放压抑中的愤怒，酿成16世纪欧洲最骇人听闻的事件。

26岁的本韦努托·切利尼那天也在罗马，他被公认为是一位杰出的金银器匠和雕刻家。他觉得自己不仅是个雕刻家，还是一名战士。当时他正待在皮耶罗·德尔·宾尼的宫殿里，他和皮耶罗的儿子亚历山大一起出去侦察坎波桑托公墓附近的城墙，而波旁的军队正在那里试图用大量藤绳系成的梯子攻入城内。

浓雾沿着街道在城墙上方蔓延，能见度降至6英尺之下。当浓雾暂时散去的时候，切利尼、亚历山大以及其他参加进来的两个人一起踏过了几具被入侵者打死的士兵尸体。切利尼建议他们撤回，因为在那里他们“无计可施……敌人们在逼近，而我们的人却在溃逃”。然而，当亚历山大开始恐慌地喊叫时，切利尼却改变了主意，他立即决定做出些“男人该有的举动”，举起火绳枪告诉其他人照着他的样子瞄准，虽然原始的文艺复兴时期的单发步枪往往不怎么准。

波旁公爵置身于他的士兵之中，企图爬上梯子，他的头盔和羽毛在士兵中显而易见，他似乎至少被击中了一枪，人倒了下去。

不知道是不是切利尼射出了那至关重要的一枪。他自己不曾发表过这样的言论，他只是强调说：“我们射出的子弹有一颗击毙了波旁的高级将领。”他弥留了几秒钟，但这几秒钟已经足够他对他的士兵发出无私的号令：“盖起我，战士们，这样敌人就不会发现我死了，继续战斗，勇敢地战斗吧！我的死亡决不能剥夺你们已经近在眼前艰难取得的胜利。”士兵们虽然悲痛，但被他感动了、鼓舞了，离他最近的那些人继续发动攻击。几分钟内，成千上万的士兵们站在城墙上高声欢呼着、扫荡着、挥砍着，如瀑布一般涌入旁边的街道中去。

群龙无首的波旁军队正热情高涨，而切利尼和他的伙伴们冲入了圣天使城堡。在那里他很快归于朱利奥·费拉拉的指挥下，他占据着唯一的炮兵部队装备。切利尼从白天到黑夜都在帮忙监督和重置一组大炮，他一边还指挥着战士调整开火的角度，而外国军队正试图围攻古罗马堡垒，堡垒的炮塔后面很快藏了三千多难民。正如切利尼所观察到的那样，克雷芒教皇正气喘吁吁地走在城堡和梵蒂冈之间的露天走廊上，他这样走来走去只会使得战争更为艰难。而红衣主教朋佩欧·科隆纳扔给他一件教士紫斗篷和一顶帽子，让他穿在身上以免被下面的士兵发现，否则，他们只要一看见他就会把他杀死。

与此同时，外面的街上是一片毛骨悚然的景象：一群暴徒正在追击一支受惊的军队，这两群人都在活灵活现地上演着新版本的艺术作品，展现着已经远去的英雄主义。从古代传奇、希腊神话以及几十年前所发生的故事被画在了最昂贵的罗马建筑正面：几个世纪以前，一只眼的英雄贺雷修斯和左撇子穆裘斯拯救了罗马；珀尔修斯以迅雷不及掩耳之势将美杜莎那砍下的头颅展现在敌人眼前，从而把他们变成了石头；赫拉克勒斯借助12项功绩展示了自己的傲慢。在粗俗的现代幻灭浪潮面前，神圣的过去似乎失去了意义。

这场洗劫一直持续到5月7日才渐渐平息下来，第一天就有8000人惨遭屠杀，这几乎是罗马人口的六分之一。当13位红衣主教迅速跑向费拉拉那位于圣天使城堡的防御大炮后面时——其中有一位红衣主教还被吊起在篮子里——显赫的罗马七丘底座上的凝灰岩被溅上了鲜红的血迹。那是一块橘红色的石头，曾经是一块火山石。

枪声在罗马广场上响起。当敌人将房门从门枢上掀下时，巨大的房屋被撼动了。房屋的主人已经逃走了。几天之内，敌人已经用一支长矛将路德的名字刻在了梵蒂冈拉斐尔的一幅壁画上。全城范围的破坏开始了，钟表、圣餐杯、烛台、神圣遗迹、宗教油画——一切都被损毁、撕碎、砸成了碎片。牧师们镶满宝石的祭服被撬去了珍贵的宝石扔在教堂里，它们落到了妓女的手中以供日常使用。

肆无忌惮的士兵强暴了大批的修女，他们通过掷骰子彼此交换这些修女。士兵们剥光了牧师的衣服，以羞辱他们取乐。他们对这些牧师拳打脚踢，迫使他们做黑弥撒，并因此而嘲笑他们，然后剁掉他们的手指抢走戒指。穷人因没有钱而被杀害，富人则被绑架来换取赎金。一个无能为力的商人因不能凑齐足够的赎金而被绑在了树上拷打，他们每天都会拔掉他的一个手指甲直到他死去。

在暴乱中，尸体在大街小巷腐烂，散发出恶臭，满地的污物、粪便和尿液、破烂的衣物、捅破的挂毯以及砸坏的家具散发着臭味，致命的伤寒以及其他疾病开始蔓延，哭声与抱怨声连成一片，不用说罗马人自己，就连那些谋杀者也意识到他们在历史之中插入了一层密不通风的隔板，将一个时代与另一个时代隔离开来，他们在世界的历史上重重地画下了一条罕见的分界线。

那些死里逃生的人中有几个有思想的艺术家，比如说朱利奥·克洛维奥和塞巴斯蒂安诺·德尔·皮翁博。他们再也不能按从前的方式作画——他们的画中不再怀有曾经对于祥和世界的信心，也丝毫不再期盼会存在任何心怀怜悯的大众群体——他们也许已经在探测一个阴暗的轮廓。这似乎象征着光明向其对立面的转换，城市堕落入异常的黑暗之中。这也许是一些罗马人曾经预料到的。

预言到处泛滥，其中至少有一条预言是马基雅维利给出的，每一条预言都预示说将有一场灾难，其中被认为是世界上“最可耻的”事件，就是几个星期之后，也就是7月10日，英皇亨利八世在写给一位名为基博的红衣主教的一封信，他在信中写道：“那些曾经向基督教宣誓的人，应该竭尽全力摧毁它。”

作为目击者，皮埃里亚·瓦雷利亚诺十分了解洗劫前后的罗马。他在自己的文章《作家的不幸》（出版于1529年）中回忆了成群的杀人犯如何日复一日地自取灭亡、如何毁灭了文艺复兴。艺术以及文学作品，与大量的罗马作家一起，轻易地消逝于屠杀以及暴动之中。瓦雷利亚诺说，虽然文学艺术的痕迹存留了下来，但拉丁语再也不能恢复曾经的辉煌。尽管乔凡尼·德·美第奇在1499年即将成为教皇利奥十世时就已经建立了一家希腊印刷出版社，但已经日渐衰落的希腊文化似乎是不可挽回的了。

路易吉·圭齐亚迪尼将这次大规模的破坏归咎于那些腐败的“教会统治者”以及其他“一贯柔弱、作恶多端的”意大利人，在这里他指的是那些同性恋以及其他形式的不正当性关系。他还将这场破坏归咎于罗马的“无知”，他们在过去的30年对国外肆无忌惮加剧的邪恶一无所知。他甚至归咎于“上帝的愤怒”：“想想吧，一小撮外国人每天在民不聊生的意大利肆意横行，他们袭击着我们的城市，轻而易举地占领市镇，毫无怜悯地洗劫着它们，却不用付出任何代价，只要一看到任何适宜的地方，他们就据为己有，快乐而安全地生活在那里。显然，我们应为自己的懦弱、为自己的无力抵抗而感到羞耻。”

要么是被罗马的无助所刺激，要么是出于更加自私的动机，在神圣星期四，也就是4月18日，克雷芒七世在圣彼得神像前接见了布兰达诺——一个痴迷于宗教的锡耶纳人。他有着微红的皮肤、蓬乱的红发以及骨瘦如柴的外表，这些特征赋予他一种目中无人的灵气。他在当时很受欢迎。

他半裸着身子，召集着众人前去听教皇进行的祝福。他从圣保罗的雕像前大摇大摆地走过，他奚落克雷芒是“所多玛的私生子”，还口口声声地说：“因为你的罪恶，罗马将会被毁灭。忏悔吧，回头吧，你！如果你不相信我，14天之后你会见证罗马的毁灭！”

克雷芒下令逮捕他，但是监禁并不能阻止他在牢房中发出一连串的宣言，也不能阻止当下广为流传的论断，人们说他一定预见了罗马即将发生的灾难。对于圭齐亚迪尼和许多罗马人来说，其他征兆似乎也证实了这样的危险：一只骡子在坎榭列利亚下崽；教宗皇宫和圣天使城堡之间的奥勒利安壁垒大片坍塌；“在特拉斯提弗列的圣母玛利亚教堂里，一道闪电击中了一座备受尊敬的圣母雕像，将婴儿从圣母的臂弯中‘劈下’”，圣婴的身体被摔成碎片，玛利亚的王冠也变得支离破碎；而在教皇的教堂里，一片圣饼被诡异地“扔到了地上”——正如迷信的年代记录者所记录的那样，每一个“强大的征兆都足以吓坏任何一个基督徒”。

这些持续出现的征兆和预言引领着那个时代总的进程，而且，在这之后的几个世纪里，在一片恐怖之中，对于征兆、预言、巫术、魔法、幽灵、魔术、占星术、妖术以及奇迹的笃信扰乱着大多数欧洲人的头脑。虽然商人、建筑师、农民、律师和编织匠在自己的行业中普遍相信理性和经验，但是一旦他们将自己的注意力转移到政治、爱情、疾病、战争或者其他事情上时，这些信念似乎立刻就荡然无存。

据说在20世纪，阿道夫·希特勒指挥军队进行闪电突袭之前，曾经请教过占星师。他是马基雅维利的忠实读者。虽然拿破仑不怎么关心预言，但他也一样喜欢读马基雅维利的作品，或许他把马基雅维利的作品当成了一剂理性的良药。哲学家们诸如黑格尔和费希特，以及红衣主教黎塞留、瑞典女王克里斯蒂娜、意大利复兴时代的首领们、普鲁士国王腓特烈大帝、俾斯麦、墨索里尼、克列孟梭、列宁和斯大林，他们也阅读马基雅维利的作品。大多数文艺复兴时期的指挥官把咨询占星师看作是一件理所当然的事情。1527年3月28日，波旁在取消他与克雷芒七世之间的休战协定之前，曾经与他的私人占星师们聚在一起商谈，在此之后撤营去往南方，并在那里发动了对罗马的攻击。不久之后，克雷芒谈论道："对于可能降临到我身上的任何灾难，我都罪有应得。"

在德国北部，马丁·路德预言说，在宗教腐败的基础上，他眼中罗马的放荡终将残酷的结束。在多年痛苦的国内流放之后，马基雅维利作为外交家被派往佛罗伦萨和其他意大利城市中，他提出了更为节制的预言。虽然预言是以宗教寓言的术语说出的，却似乎带有他那特有经验性分析风格，这种风格是与时代相对抗的，而且这则预言更多地涉及教皇军队在整个意大利半岛战败的可能性。

早在1526年11月，他就曾写信给一位著名的律师以及未来的意大利历史学家弗朗西斯科·圭齐亚迪尼，他是皮亚琴察和其他城镇的教皇批准的地方长官路易吉的弟弟，还是马基雅维利的朋友。

> （马基雅维利）在摩德纳停留了两天，在证人的陪同下，与一位预言家交谈。这位预言家坚持说他已经预见了教皇的溃逃以及（军事）战役的失败，而且他一再强调一切糟糕的时期还没有结束——在这期间，教皇和我们都将遭受更多磨难。

1527年4月16日，当时他待在弗利，他向自己更加亲密的朋友弗朗西斯科·维托里吐露说：

> 我爱我的家乡城市（佛罗伦萨）胜过爱自己的灵魂。根据我的经验，我可以这么跟你说，60多年以来，我相信自己从未遇见过比这些更难以解决的问题（应对波旁的入侵军队）。在处理这个问题时，和平是必须的，而战争又是不可取消的，而我们的这位君王（教皇克雷芒七世）既不能满足和平的需要，也不能满足战争的需要。

实际上，当马基雅维利草草写下那些忧虑的语句时，他的年龄并非60岁而是58岁。也许夸大自己的年龄是他一贯的作风，当时他比往常更加虚弱，他陷入了一场痛苦的疾病之中，并且隔膜炎也随之复发，为此他已经连续数月服用芦荟药丸。这些药丸带来了有害的药效，这样的药效连同疾病一起耗尽了他的生命，并在6月21日将他杀死在自己出生城市的家中，当时距离南部的悲剧仅有六个星期。

因此，我们或许可以这样理解，他对发生在罗马的残酷事件丝毫没有感到意外。这样的可能性是存在的，虽然在一部传记里，作者应该避免写入自己的推断，从而让人物以他自己的方式步入自己的世界里——或者说，让他以他那严肃而坚韧的样子存在着，而不应如此深刻地挖掘他的时代并把他塑造得与时代相对立，也不应把他一生的悖论表达如同五月里罗马街道上那场入侵一样。

在他的每一本书里，不仅仅是那本怪诞杰作《君主论》中，他都已经预言过，任何一个缺乏以下三种重要因素的政体都会垮台：一支由本国市民而非雇佣军组成的军队；一位让人畏惧多于爱戴却又备受尊敬的首领；以及以系统宗教为依托的精神，或者说至少在精神价值上是一致的。

军事、文化以及精神上的可靠性始终是他的基石，而非士兵、领导以及价值观的特殊品质。他从未论证过它们三者是完美的，因为士兵、领导以及精神，每一样都有可能是摇摇欲坠的，他也从未论说过如果三者中只有两样会怎么样。如果三者都能具备的话，国家也许还能够存活下去。

他的理论的重点在于：在缺乏信任的情况下，可以利用背叛这一重要的政治工具。没有背叛就根本没有生存，他辩解道，他从成堆的古今证据中得出了这样的结论。若是放弃使用背叛的机会，没有一个国家能够存活。

《君主论》在1532年也就是他去世五年之后印刷出版。如果说这本书写于社会混乱的环境之下，那么这本书手抄本的流传，早已为他塑造出为了权力而拥护邪恶和阴谋的名声。这里有一点需要强调：有史以来，大多数政治思想家们完成他们的作品时所处的社会环境，与马基雅维利写作时所处的社会环境大相径庭。几乎所有人都是在相当和平的社会中工作的，而他却被迫在惊涛骇浪的混乱海洋中找寻沉思的岛屿。

休谟、霍布斯、洛克、杰斐逊，16世纪的简·博丹、富兰克林、汉密尔顿、阿克顿、丹东、罗伯斯庇尔、约翰·斯图亚特·穆勒、卡尔·马克思、恩格斯、饶勒斯，以及数量稍微少些的政治思想家们，诸如马克斯·韦伯和弗洛伊德，他们都出现在安逸的时代，而卡尔·马克思则生活在治安良好的环境之中。在遭遇社会以及军事灾难之前，他们常常看到的是阳光普照的岁月。

对马基雅维利来说，情况似乎截然相反。他是在自己长期任职的政府顾问职位被解雇之后，才开始系统地形成鲜明的政治思想。自从1512年他开始写《君主论》时起，原本稳定的社会和政治环境却变得让人举步维艰，何况在此之前他还有着较高的收入。当他试图以自己特有的谨慎去探索关于君主权力的问题时，暴乱、战争、放纵的屠杀、暗杀、绑架——这一切都如同风暴一样地包围了他，何况当时他手头上还有《论述》《战争的艺术》以及他那本《佛罗伦萨史》。如果他在写作的过程中关注政治与阴谋之间的联系，他这么做仅仅是因为他处处都能看见它们的存在。

正如他最初所了解的那样，意大利是一片“被征服、劫掠、撕裂以及破坏掉的”土地——或者说是体弱多病的，正如他在信中所描述的那样，这是一群松散聚合在一起的城镇，虽然不断地遭受着劫掠，却还没有变成一贫如洗。从一个不可思议的积极视角来看，他见解的正确性来自于研究的结果，而不是研究的前提，因为意大利社会本身在教育、财富、贫困、安全以及腐败等方面表现出强烈的对比和反差，他自身在观念上似乎是理想化的，他似乎是在进行一个非同寻常的实验，在这个实验中，他是在原初意义上研究政治学，或者说是在不受意识形态的影响下研究政治学。

某些历史学家假设说：即使社会以及心理有可能会彻底崩塌，但无论情形多么混乱，让人们生活在不存在意识形态、不存在信仰支配系统的环境中都是不可想象的。政治、历史以及推而广之人类行为最为优雅的方面都被认为是由态度所支配的，也就是由一系列的意识形态，或者说所谓的“不稳定的”意识形态所支配的，而后者由于受到有意识以及无意识社会力量的支配，一直处于崩溃以及被替代的边缘。

但是如果不存在意识形态呢？有观点反驳道，每个人至少要受到一种潜在的思想系统的影响，也就是要受到尚已存在的意识形态系统的影响，正如他不能脱离法律以及规则统治下的社会而生存一样：信仰以及价值系统以一种准确无误的宿命处处统治着人类的生活。

相应地，值得注意的是，这样的主张似乎无逻辑意义可言，也就是说正如所构想的那样，它似乎是毫无意义的，至于理由，卡尔·波普尔在很久以前就已经阐明了：一项假设，除非它的对立面或者说它的可证伪性同样也是可信的，否则这项假设就是没有意义的，甚至是不可理解的。因此，断言意识形态无处不在似乎是自相矛盾的，这就如同假设绝对真理不存在一样。这就如同先假定疾病是普遍存在的，然后在此基础上发现自己无法区分疾病与健康，无法定义这二者中的任何一个。也许在某些学术圈子里，这样的混乱是可以接受的，但是正如我们所看到的那样，马基雅维利会拒绝这种混乱，这是可以理解的。

然而，信任、真理以及可靠性——这些问题一直在挑战着他，而他接二连三地寻求答案。因此，任何一本关于他的新传记，都试图为他的生命绘出生机勃勃的色彩，从而让读者能够看到、感觉到、嗅到、尝到、听到他的世界，并且听到他那相对美妙声音的同时，也应在依赖早年学者杰作的基础上，为他的智慧冒险提供一种广泛的视角。至少，新的传记应该鼓励人们将他理解为第一位结合着政治背叛来调查持续不断的政治变化的思想家。当他开始揭露这两者（政治背叛、政治变化）在掌管整体中所扮演的角色以及非理性对这二者的影响时，他那金子一样的语言也开始闪烁着光芒，如同某些大块的珍贵矿石一样照亮了他的结论。

好奇推动着风格的形成，挫败带来了觉悟。这二者诱导着他不断地重新思考非理性，以及非理性的力量，他将它看作通往明晰历史的钥匙。当这二者与他自己的矛盾碰撞在一起的时候，这二者似乎被煽动了。浪漫主义时代之前的几个世纪里，他们的后继者在社会科学领域也开始沿着平行的轨迹向前探索。

与此同时，克雷芒七世在1527年6月投降，他被允许前往赛特维齐亚避难，尽管他的许多高级教士仍旧身陷囹圄。他们被关在如今环绕在圣天使城堡周围的荒废的城中宿营地，在塔楼的一片黑暗之中，数以百计的人病怏怏地躺在混乱的房间里渐渐死去。

在弗朗西斯科·圭齐亚迪尼的陪同下，马基雅维利参观了奥维多，在那里他第一次了解到洗劫的情形并且看到了受到惊吓的幸存者们，他向他们提供了帮助。在圭齐亚迪尼的建议下，佛罗伦萨城市委员会还于5月22日将他送到了赛特维齐亚。这个城镇如今成了法国舰队指挥官安德鲁·多利亚的指挥部，该舰队是针对西班牙查尔斯五世而建的。

马基雅维利对自己所患疾病的威胁一无所知，他对自己的未来也是知之甚少的，他仅剩下几个星期的生命。然而，当他骑在马背上回家的时候，他似乎没有意识到自己所处的两难境地，他估计，只有佛罗伦萨再次成为共和国，并且美第奇家族逃走，他才有可能在新政府中谋得一个职位。

这样的情况不会发生。正如之前发生过的那样，一个合适的职位落到了另一位前任官员的手中，而他的病情越来越重了。6月末他被葬在了哥特式圣十字教堂里，他那杰出的诗歌导师也葬在这里，虽然他在政治理论方面没有那么卓越。1564年，他的旧相识米开朗基罗也将长眠于此。在马基雅维利最后的日子里，他一生中那虽微不足道但确之凿凿的声誉如同鼓点一样逐渐寂静下来。这与政治学没有关系。在政治的世界里，只有他那本《战争的艺术》曾经给他带来过一些实质性的名声。他那部轰动的欢爱喜剧《曼陀罗花》引起了更为广泛的注意，如果说以此作为现代剧院的开端有些言过其实，但我们说现代喜剧以此为基础得以开始则并不为过。而且谈及家庭戏剧类型，回荡在这些戏中的主题同样也是背叛。他的戏剧已经为他赢得了欣赏的掌声，这些掌声贯穿于他的许多作品之中。

最后，他似乎被这一悖论所愚弄了：他对于政治成功的野心没有给他带来任何实质性的回报，或者说他错误地规划了自己的人生，他冒险从事的剧作家生涯却为他带来了荣耀。

同样，这样的悖论也适用于他的外表：他那弯曲的鼻子、憔悴而凹陷的面颊，他那凌乱的特征中，尤其是他那平静的双眼中笼罩着的恶作剧痕迹。在幸存下来的几张几乎同时代的肖像画中，一抹黯淡的光亮布满了他那黄褐色的面部：他的脸上没有生硬、冷酷或者是不公的痕迹——只有那引人注目的精确、他的智慧、他那常常带有粗俗色彩的幽默，以及耐心铺设、精彩绝伦的反讽所透出的光泽。

第一章　马基雅维利和变化的世界

第一节　家庭与成长

尼科洛·马基雅维利于1469年出生在佛罗伦萨一个穷途末路的家族，这个家族并非名门贵族，但在当时也算是声名显赫。他们渴望跻身贵族，哪怕只是没落衰败或者毫不相关的贵族家庭，这种渴望与这样一种假设不谋而合——马基雅维利家族与梦迪巴图的统治阶级（居于佛罗伦萨西南部33公里之外的一带村庄中）之间也许有着名副其实的联系。为了满足这种渴望，他们努力了几个世纪，而这种渴望也在马基雅维利的日常生活中激起了层层涟漪。无权无势的人因渴慕奢华而内心绞痛，名望似乎从他们的指尖滑过，转瞬即逝。

伯纳德——尼科洛的父亲是一名律师，虽然此人本身并无可圈可点之处，他却将家族在梦迪巴图的血脉传承追溯至1120年，并且他自己也引以为豪，更为确切地说，是追溯到更为久远的1040年。根据一份14世纪颇具争议的遗嘱所述，1393年梦迪巴图的钱戈拉·达尼奥洛去世时，马基雅维利的祖先曾经与卡斯泰拉尼无足轻重的贵族打过交道。甚至在更早的时候，马基雅维利的祖先可以追溯至久远的1040年——曾有一位叫马基雅维利的一直居住在梦迪巴图，至少伯纳德确信如此。在钱戈拉父亲的遗嘱听证会上，马基雅维利家族与钱戈拉一家矛盾重重，而矛盾的焦点集中在卡斯泰拉尼的城堡以及他们在梦迪巴图内外的领主权上。为此，马基雅维利家族将他们的家谱追溯至一位名为德诺·马基雅维利的祖先以及他的儿子博宁塞尼亚，而博宁塞尼亚本人则曾将其家族历史追溯到了 1120 年。

随后，马基雅维利家族在 1426 年 7 月于钱戈拉·达尼奥洛遗嘱问题上胜诉，大约不到半数的卡斯泰拉尼庄园在名义上归其所有，他们同时还获得了剩余的卡斯泰拉尼遗产的一部分。大部分遗产依旧被归尔甫派——简单地说，也就是当时的托斯卡纳民众集团所有。马基雅维利家族从辩护中所得利益微乎其微：他们被允许展示家族的徽章，但也只能谨慎地在包括教堂和当地城堡在内的梦迪巴图建筑里展示。

恰当地说，马基雅维利家族的普通世系与卡斯泰拉尼贵族头衔之间的关系一直摇摇欲坠、藕断丝连，虽然伯纳德·马基雅维利并不希望如此。当尼科洛·马基雅维利出生时，在收入与权利方面，这一牵强附会的贵族关系带给他们的益处与从前相比更是有减无增。他们所享有的权利仅仅是在梦迪巴图控制公共场所规模和商业措施，并且有机会将马基雅维利家族徽章展示在集市中的一口井上。卡斯泰拉尼的剩余资产，包括城堡在内，在几十年前就已经被两个家族的各个分支瓜分了。而对于马基雅维利而言，加强与贵族之间的联系则意味着在消逝的梦幻中俯仰拾遗。

马基雅维利与吉罗拉莫·达尼奥洛·马基雅维利（1415—1460）之间有着密切的血缘关系，虽然这一关系带有负面的影响甚至是恐怖的阴影。吉罗拉莫是尼科洛·马基雅维利更为亲密的祖先之一，他属于家族中洛伦佐族系的分支，并且是伯纳德的远房堂兄。作为一个教授，他声名远扬，却又同时臭名昭著。

1435 年到 1440 年之间，吉罗拉莫在佛罗伦萨大学教授法律。据说尼科洛·马基雅维利的父亲——伯纳德，也曾在此攻读法律学位，也许就是在吉罗拉莫任教期间。

15 世纪 50 年代后期，吉罗拉莫开始宣扬目中无人的反美第奇思潮，他曾有一次明确声明反对佛罗伦萨的领导。大多数权高位重并且性情坚决的家族往往会被赶尽杀绝。身为反美第奇政治小组的重要成员之一、声名远扬的法律专家，并且其学术声望对政府构成潜在危险——这一切使得吉罗拉莫在 1458 年 8 月 3 日被捕并且被控告，控告理由是他将几项美第奇经济政策批判为腐败以及为民众争取恢复批评权（言论自由权）。

按照惯例，他先是被用刑，而后被判决流放到亚维侬长达 10 年之久。值得一提的是，文艺复兴时代的佛罗伦萨像是古代的雅典，流放被看作是比死亡更加悲惨的命运。他的兄弟们，皮耶罗和弗朗西斯科 · 达尼奥洛，以及小组中的其他成员也同样被逮捕和流放。弗朗西斯科在 1302 年被关押到佛罗伦萨恐怖的市级监狱。此监狱建于 1299 年，被称为斯丁琪或者是土牢。1459 年弗朗西斯科在斯丁琪被处以绞刑。而吉罗拉莫的遭遇似乎稍好一些。他曾经试图逃跑，最终在离比萨并不太远的马格拉河口附近的卢尼哥纳被捕获。

由于被指控策划针对美第奇的犯罪阴谋，吉罗拉莫同样也被移送到斯丁琪监狱，并于 1460 年被处以绞刑。他在死后留下了一个藏有很多法律图书的图书馆，这在当时是超乎寻常的事情。因为那个时期印刷术还被未引进到佛罗伦萨，所以即使是最不重要的手稿书籍也价格不菲。图书馆，连同他的其他财产一并被充公，这剥夺了孀妻幼儿所有的遗产。然而，他如同鬼魅一般影响了小尼科洛的生命，并且指引了他的未来，这也许是他留下来的真正的遗产，虽然我们只能对此加以猜测。

不管声名狼藉也好，德高望重也好，在佛罗伦萨的政治圈子里，吉罗拉莫绝不是唯一一个引起公众广泛关注的马基雅维利家族成员。虽然吉罗拉莫的不良声誉有可能给他的家人带来负面影响，但他的几个表兄弟，其中包括亚历山德罗 · 菲利普 · 马基雅维利在内，却都在市政府中谋得了职位。

在这些人中值得关注的是他的表弟保罗 · 迪 · 乔瓦尼，他曾在 1466

年、1471年和1480年通过选举进入巴利亚市政当局。保罗甚至在1478年被提拔为州长，任期长达两个月之久，在佛罗伦萨的海军中被委以高级职位（作为一个拥有众多小型城镇的共和国城邦国家，佛罗伦萨保留了一支海军），并且1483年在比萨以及1488年在利伏诺担任海军上尉。

为家族的政治故事添枝加叶的不仅仅是这些成就，疑云密布、叛逆不羁的影响从一开始就笼罩了尼科洛的早年生活，这一点似乎是毫无疑问的。举个恰如其分的例子：在1458年，他的父亲伯纳德与伯利兹家族联姻，而这个家族被看作是彻底的反美第奇的。吉罗拉莫的兄弟皮耶罗也与同一个家族联姻，而他的家就恰恰坐落于伯纳德家的街对面。1458年，对他们来说是极为糟糕的一年，他本人连同自己的三个兄弟与吉罗拉莫一起被流放，当时距尼科洛出生还有12年。

据此大约20年前即1434年，另一个伯利兹兄弟马泰奥·迪·皮耶罗也被美第奇判处流放。他们流放期满后返回佛罗伦萨。巴尼科洛·马基雅维利的母亲巴塞洛缪，是因政治原因而被流放的五位兄弟的年轻嫂子（她之前结过一次婚，新近才守寡）。皮耶罗与他们一家一起居住在马基雅维利出生和长大的房子里。虽然毫无根据，但可以说尼科洛从襁褓之中就与他母亲的奶水一起吸进了那些令人眼花缭乱的传奇，其中充斥着大胆不羁的反抗、苦痛以及勇气的故事。

辉煌远去之后，甚至连马基雅维利的家宅看起来也似乎呈现出被压抑的渴慕。这座家宅坐落在佛罗伦萨，与今天的罗马大道酒店不相上下。它的体积中等、楼高四层，它的外表也算是美轮美奂的。它是一幢彼此相连的建筑物，这些建筑物也许曾经是塔楼，按当时的说法应该称为宫殿。它们坐落在阿诺河南岸，几乎位于老桥的入口处。而老桥是这座城市最为古老的桥梁，其历史可以追溯至1345年。桥上两边修建了许多整洁的商铺，它们鱼贯连接，仅在桥中间留下一条狭窄的过道。今天我们在此处所看到的金银商铺的杂乱热闹，与当时的情景相比仅仅是貌合神离。

穿桥而过，再走过名为圣菲丽西达的露天小广场——教堂正坦荡而优雅地伫立在广场上（不再赘述它那著名的瓦萨里长廊，这座长廊仅在世纪交替之时才会向外界开放），你就能看见马基雅维利宫殿优雅地伫立着。这座宫殿与特拉诺区相毗邻，正是归尔甫派的许多家族流放归来之后所定居的地方（他们因在1260年被吉伯林党打败而流放）。这些家族很快便开始在政府中扮演重要的角色，也就是说到尼科洛1469年5月3日出生时，他们和马基雅维利家族中已经出现了50个政府官员。

伯纳德和他的妻子巴塞洛缪当时大概分别是42岁和31岁，而尼科洛的两个姐姐——普莉玛维娅和玛格丽特则分别是5岁和2岁；1475年尼科洛的弟弟洛托出生，当时尼科洛6岁。一些保存下来的、用于展览的照片，展示了已经毁灭的19世纪风格家宅中一间房屋的一部分，这间房屋极其宽敞华丽，位于二层并且用于晚宴以及家族娱乐。

房屋的格局带有上流社会所独有的、复杂精致的佛罗伦萨式优雅。墙上显然是佛罗伦萨大师贝诺卓·乔卓里所作的壁画。这幅画显然是作于其创作生涯的早期，也就意味着尼科洛在童年时就肯定已经见过这幅画。在位于梵蒂冈的教皇尼古拉斯五世教堂里，贝诺卓曾与弗拉·安杰利科合作，他协助过吉贝尔蒂完成他那令人惊奇的洗礼堂的第二扇门，并且后来在为美第奇宫殿中的家族教堂绘制其他壁画时表现出众。

另外，门与墙壁的上方均有檐壁绘画，这些绘画出自一位未知的艺术家之手，内容是苍翠繁茂的果树，展现出相对更为奢华的作品风格。门楣与侧柱是按照精致的塞茵那风格建成的，材质为托斯卡纳区所产的灰色砂岩。门是以木造镶嵌细工工艺——一种将不同颜色的木条并排镶嵌的方式所制成的，并且与门楣浑然一体。天花板上唯一的一根横梁上，绘有纷繁簇拥的花簇。横梁上展示着马基雅维利家族的三件徽章之一：四只长长的蓝钉子分别从一只蓝色十字架的每个角正中央穿刺而过，将其定在白色的背景上。

这间房间是组成马基雅维利宫殿的众多房间之一，不仅仅其内部风貌鲜为人知，就连整间房子都在1944年8月被别有用心地炸毁了。那时正处于第二次世界大战末期，德军正在向北撤退。房间充满了文艺复兴风格的气氛，建造者将天马行空的色彩应用与强烈的美学理性以及挥之不去的钱权暗示融为一体，也许可以看作是对房主贵族格调的一种奉承。

它那巧妙的布置似乎使这一事实变得更加复杂：房子和宫殿，也就是以暹罗方式相连接的这些建筑物，从14世纪中期开始就已经归属马基雅维利家族，而那时距尼科洛降生还有超过100年的时间。这同样也适用于尼科洛所继承的乡村小型庄园以及庄园中陡峭的农场。农场沿着植被茂密、夏季碧绿的山坡向着佛罗伦萨南部绵延10英里，一直越过那座庄严的城市之门——如今我们称之为罗马门，虽然在当时被称为圣彼得洛加托里诺门。

可以想象孩童时期的尼科洛游荡在家族主楼的中心房间，当他凝视着徽章时，尤其是当他日渐长大并开始在城市之中穿梭、探索时，他无疑会明白，自己家族的古老宫殿类型与那些崭新的、更加魁伟的建筑相比显然大相径庭。而这些正在修建或已完工的建筑属于更有权势的家族，比如美第奇家族和皮蒂家族。

这些建筑声势浩大、咄咄逼人地炫耀着，与坚不可摧的经济政治优势合为一体，强调着家族权势的稳固安宁。这些建筑，即使没有摆脱中世纪的陈旧，也使其相形见绌，而他就曾在不少这样的中世纪建筑中游玩、阅读以及休憩。这些建筑将时光拉回至早年间农场小镇的田园时代。

比如说，在房子的底层，依然有着古老的田园式大厅。对于从事商贸的乡下家庭来说——当然不包括马基雅维利家族，房子这一底部区域本应用作作坊或者是商铺。成桶的酒被保存在这里冷藏着以备取用，单单是红酒就堆了六排。它们与箱子和桶摆在一起，里面装着亚麻、橄榄油、黑麦以及小麦。这些东西大概来自伯纳德的庄园别墅附近的两座农场，进而贮藏在这里的。庄园别墅位于佩库斯纳的圣安德鲁，地处城市南部的山间村落中。这座别墅可以步行或者是乘坐驴车抵达，路上要经过满是粗糙城垛的佛罗伦萨高墙，穿过城市中的两扇巨大铁门，而这两扇门在夜幕降临时就会关闭并且有武装守卫看守。

第二层包括我们所描述过的毁掉的那间单间，这一层肯定曾经被用于家族生活，诸如饮食、休息、在老式的大盆中洗漱以及休闲。在类似的房子中，这一狭长的房间常常被分割开来，就像是楼上的房间那样。楼上的房间常常被分隔作厨房，以便在做饭时屋顶下壁炉以及烟筒能够将产生的气味以及炊烟排至街上。同样，在类似的房子里，窗子上往往被交叉钉上宽木条以防窃贼，确切地说是为了防止女人跳窗溜走。

伯纳德从 1474 年开始记日记，那时尼科洛 5 岁，这一习惯一直保持到 1487 年。这本宝贵的日记，或者说是重大事件记录集，现存于佛罗伦萨的里卡迪图书馆，但是内容上支离破碎、断断续续。在这本日记中，伯纳德曾经提及他那一度搬走过的侄子——亚历山德罗——他在宫殿中的另一栋房子居住，这在马基雅维利家族中无人不知。他曾经成功地穿过顶层的窗户去与一个女仆调情，而这些窗户位于厨房壁炉附近并且未钉木板。女仆自己的窗户位于下一层，并且钉上了不可穿过的板条。

按照社会基准以及道德基准，或者说为了给马基雅维利家族的宫殿以及壁炉旁边增添一些料儿，我们可以补充说明一点——按照当地习俗来说，他们本应该雇佣远不止两个仆人，比如说，他们可以雇佣一位女仆，让她住在底层的两室套房里。理由是在装点打扮佛罗伦萨的不仅仅是女仆，奴隶也参与其中。这座城市被痛苦的奴隶包围着，甚至远在 14 世纪，在城市内部以及周边出生的孩子中，奴隶就占了百分之十二到百分之三十，这其中包括由奴隶母亲所生的孩子。

虽然在种族以及宗教方面缺乏依据，但是蓄奴制度是合法的，至少参照官方条例确实如此。奴隶制在市镇的合法化开始于 1336 年，就在凶猛的瘟疫杀掉仆人以及普通民众之后。奴隶大多数是基督徒，他们是从鞑靼人、希腊人、俄国人、土耳其人、切尔克斯人、波斯尼亚人、斯拉夫人、克里特岛人甚至是穆斯林人中掠夺而来的。在尼科洛的时代，他们被频繁地引进。年轻的奴隶比年老的奴隶价值高，而女性奴隶比之男性奴隶价值更高。

奴隶的服装风格与其他人的衣着风格有着很大的不同，按照当时盛行的限制费用的规定受到严格控制，而这种限制在整个欧洲被严格地实行着，虽然实行的方式变化多端。在佛罗伦萨，这些规则的目的在于保持阶级等级制度并通过压制得以实现。因此他们禁止女仆以及其他仆人穿拖鞋、穿当时流行的华丽高跟鞋、贴附于裙子或是礼服上的裙裾以及使用明艳诱惑的色彩。

然而，一些人，包括受到约束的仆人有时也会无视限制费用的规定，照样穿起皮大衣或是带上金耳环，这样做对于奴隶来说是冒着被痛打或是监禁的危险。

在佛罗伦萨拥挤的房子和宫殿中——仆人、奴隶以及不同家族成员（比如说马基雅维利家族的住所）聚居在相互连通的建筑里，残酷的殴打以及狂暴的掌掴甚至是更为糟糕的暴力随处可见，甚至到了主仆相互下毒的地步。

从遥远的罗马以及更早的伊特鲁里亚时代开始，酷刑折磨已经成为生活的一部分。在尼科洛·马基雅维利的童年时期，以执政团的名义上演的严厉刑罚频频被拿来当街示众，而这样的景象在当时并不罕见。诸如远在1379年8月20日所上演的那一场严厉刑罚，对象是一位女仆，她企图在灌肠中添加硝酸银毒害她的主人。判决死刑之后，她被拴在马车上拖过街区。人群围观着，她的皮肤被烧红的钳子撕扯着直至到达处决她的广场——她被活活地烤死了。

当尼科洛在房间里审视着贝诺卓·乔卓里精心设计的家族徽章时，就像许多其他的孩子一样，他也许会发现，自己对于民间艺术与军事力量之间暧昧与矛盾的关系已是耳熟能详。他从很小的时候起对此就已有所见，并且见证过它们之间对立统一、相辅相成的绝对关系。

14世纪，修道士伯纳迪诺——某位锡耶纳流浪牧师曾经提出过一些关于家庭主妇的建议，而这些代表性的样本则让我们受益匪浅：

> 如果你不让她忙得晕头转向，她就会变得懒惰。我告诫你，不要给她片刻闲暇。如果你让她一直忙碌，她就不会浪费时间眺窗而望。

正如偶尔也会发生的那样，奴隶会被允许感觉自己已经成为主人家庭中名副其实的一分子。身处贵族家族或者是具备贵族高傲气质的家族中，奴隶的前途是难以预料的。

亚历山德拉·麦格辛吉斯（1407？—1471），生于成功的商人家庭，并且嫁入富裕的斯特罗齐家族。根据一封写于1465年11月2日的信件记载，她曾在信中悲痛地对一位奴隶及其主人的死亡深感同情，并且讲述了佛罗伦萨的贫困以及瘟疫的残酷肆虐。当时距尼科洛出生仅有几年的时间：

> 对于穷人来说，这真是艰难的一年，瘟疫还在肆虐。在过去几天里，好几个人已经因此而丧命……在芮米瑞·达·里卡索利的家中，妈妈因瘟疫而死，一个奴隶以及一位私生女也因此丧命……痛苦就这样开始了，而且现在正处寒冬。上帝帮助我们吧。

正如亚历山德拉所提及的那样，在14世纪晚期，也就是尼科洛的童年时期，佛罗伦萨的4.5万人中有大多数发现上帝对于奴隶和其他人一视同仁，尽管他们并不全是虔诚的基督徒，甚至有些曾被牧师劝解远离享乐放荡。他们相信神圣的公正是属于每一个人的。

有修养的人——大多数人——也被说服，认为他们生活在先进的共和国中。今天的人们也许不会认为一个施行刑法的奴隶社会是一种进步，但在这样一个奴隶社会中，管理委员会以及有限制性的选举权自那时起就已经建立完备。

第二节 早期教育

尼科洛的教育开始于当时的正常年龄——7岁，也可能开始于前一年，他的父亲前后挑选了好几个家庭教师，专门教授他政治、历史、语法和文体。这种方式并不稀奇。15世纪70年代之后，接受正式教育的佛罗伦萨男孩数目超过四分之一（女孩除非来自贵族家族，否则她们不太可能离开家庭的庇护接受外界的教育）。他们大都学习拉丁语、上面提到的几门学科以及职业科目，比如说会计。学习拉丁语时，他们使用一本具有千百年历史的书籍《多那太罗》，又叫《论名词》，作者是阿伊留斯·多那图斯。在欧洲的任何地方，无论是以这本书还是其他的书为教材，教学中都要使用通过重复以达到记忆的方式，或者许多其他的单一到让人厌烦的方式。

在考虑尼科洛学习方式中那无可置疑的优势之前，要先提及两样明显毫无关联的事物：佛罗伦萨象牙色以及金黄色的晨光出现在他的幼年，出现在他接受家庭授课的那些清晨里，并且时至今日仍能看到；城市清晨中的燕子小巧美丽，虽然不同寻常，但时至今日仍然可见。介绍这两样事物似乎是必要的，如果你想要了解它们带给尼科洛的影响，甚至是它们所带来的智力以及情感上的优异成果，那么了解这两样事物就极为重要。

破晓时分，尼科洛就将被送到家庭教师的家里，那时太阳正以它那令人难以忘怀的、明媚的光芒将佛罗伦萨紫红色的清澈天空一分为二。沿街洒落的阳光似笔触勾勒出这一天的光景。光线次第推进，他对这许多走廊高墙的迷恋也随之升温。这种在如今看来似乎显而易见、着魔般的兴趣，也随着时间的推移而日益增长。整座城市就是一件日新月异的艺术品，他走过铺着鹅卵石的广场，目光中闪烁着他那特有的讽刺。他走在路上，明白自己来自古老的佛罗伦萨家族，而家族的历史就贯穿于不断出现在他眼前的景色中。这一切也许已经使他对于自己的求学方式产生怀疑，可能会将他的心思完全从持续的学术专注中分离出来。

宛若如今，城市中那些野燕云集成凌乱盘绕的一群群，数以百计地鸣叫着、俯冲着、高飞着，成为此地甚至可以说意大利中心的一绝。它们盘旋在历经几个世纪的高大的瞭望塔上，盘旋在乔托钟楼上。这座由粉色、绿色和白色条状大理石构成的建筑物紧邻布鲁内莱斯基大教堂，其自身除大理石门面之外均已完工。威严的八面圆顶仅有五十年历史因而相对较新。燕子在清晨象牙色的晨光里穿梭。它们不断变换地俯冲着越过圣菲丽西达西塔，从他们家族豪宅的窗前掠过。除了那些罕见的夏雨将至的日子，它们似乎总能引来五点钟的夜幕以及六点钟店铺的喧闹。

无论天气如何，七点的时候老桥上的商铺都已开张。街道经过一夜而焕然一新，凌乱的广场在开始苏醒。它们随着大地气息跃然出现，而这人地的气息来自于附近的农场、来自于土壤、来自于敦厚的水槽以及切碎的干草。

成群的牛羊从乡下游荡而来，游荡着穿过阿诺河上的桥。成群的骡子出现了，它们汗涔涔的后背以及货车时不时地颠簸着，泛着微光，而车上则装着奇形怪状的猪肉。其他的货车则被压弯了，车上满载着成箱的黄黄绿绿的蔬菜。装在下面的柔软的西红柿被压变了形，气候潮湿的托斯卡纳炙热的日照以及岩浆滋养的土壤让它们熟得更为彻底，崭新的宫殿在花岗岩和大理石的映照下流光溢彩。

那些饱满的清晨流泻在安东尼奥·璞琪（1310—1388）的诗歌中，诗中写尽了佛罗伦萨城镇中的叫卖声以及敲钟声。诗中尤其是对老市场大着笔墨，此市场在19世纪被改造为共和国广场。

药材店和杂货铺里的商品已摆上；
忙于瓶瓶罐罐之间的生意人随处可见——

货摊虽设别处，交易却更为公平合理
他们终年满载而来、琳琅满目：

兔子、野猪和鹅，飞禽（野生和家养）
松鸡、野鸡以及巨大的阉鸡
和其他的鸟类一同为满足美食家而生——
如果您想打猎，请在这儿买老鹰和猎鹰。

于是农妇日复一日从农场而来
带来新鲜的供给，而技术精湛的厨师
将厨房所需的一切席卷一空。

商贩兴致勃勃地摆弄着他们的作物与兽禽，笑呵呵地彼此擦身而过，而这一切都一一展现在他穿过老桥的路途中——他最有可能经过的地方。穿桥而过，他沿着河走到天主圣三桥去见他的语法老师，他的名字也许是马泰奥·黛拉·罗卡。或者他沿着另外一条路走，穿过天主圣三桥到达马泰奥位于桥下的房子。那些寻常的清晨，以及清晨里的燕子、光线和附近的集市，在他出发去上拉丁课的路上已是司空见惯。它们最先登场，随后便是成群的小贩、家庭主妇、农夫以及士兵。

伯纳德支付给马泰奥五个铜板——很少数目的钱，也许是因为当时不允许家庭教师从他们的学生那里收取多于“复活节小费”的工资，但也很有可能他偶然会给马泰奥更多一些钱。尼科洛与这位家庭教师一起上课的日子似乎只持续了几个月。他教授“拉丁语的八部分”，而且他一定强调过中世纪以及文艺复兴时期的普遍观点——语法是七种自由艺术中最为重要的一种（其他六种为逻辑、修辞、音乐、数学、地理和天文），而且拉丁语法与古希腊一同打开了通往所有重要知识以及思想的大门，这扇大门也通往世界上最伟大的诗歌、历史以及哲学作品。

马泰奥曾经辱骂过尼科洛那些臭名昭著的祖先中的一位，但这并不是导致课程结束的唯一原因。这位祖先名为乔瓦尼·达尼奥洛·马基雅维利，又或者是乔瓦尼·达尼奥利诺·马基雅维利，他是博宁塞尼亚的哥哥，在13世纪就是一个下流的罪犯坯子，他那沉寂于黑暗中的恶名至今仍为大家所郁郁铭记着：一方面他在1279年到1280年间，促成了敌对的归尔甫派与吉伯林党派之间的停战协定；另一方面他涉及强暴、恋童癖、赌博、高利贷以及谋杀（他曾经杀死过一位牧师并被疑点重重地释放）。

在佛罗伦萨那如坐针毡的世界里，尼科洛的家庭教师更有可能提及过另外一位声名稍好的祖先，即受人尊敬的亚历山德罗·菲利普。在距今更近的1438年，为了报答他每年捐赠给位于圣菲丽西达的本笃会修道会12弗罗林，他被授予圣格雷戈里教堂的所有权。

亚历山德罗富裕到足以委任多梅尼科·基尔兰达约创作一幅壁画，壁画的内容是耶稣从十字架上走下来。他将这幅杰作收藏在塔楼上，他把圣格雷戈里奥教堂变成自己的私人礼拜场所，并且向所有人展示这一奢华的证据，以表示他对于艺术以及马基雅维利家族持久荣誉的贡献。

不管出于何种原因，伯纳德辞退了尼科洛的第一位家庭教师，直到1477年，尼科洛的拉丁语一直由一位名为巴蒂斯塔·迪·菲利波·达·波比的教师教授。这位教师是圣本笃教堂的一位牧师，而圣本笃教堂就位于旧市场的另一边，也就是布鲁内莱斯基教堂附近。

小教堂的少量砖砌建筑仍旧可见，教堂上那几个草写小字——“圣本笃露天广场”也依旧清晰可见，清晰到足以让回家的尼科洛看见。他也许是回家吃午餐以及晚餐，他必然看见那巨大的圆顶——它就在拐角处，一定不会错过——在日复一日的求学路途上，在他穿过附近的众多桥梁中的某一座时，他一定会看到那粗糙的屋顶直入云霄，似乎是要冲入天堂，以强调凡尘之中那被无视的力量。作为世界建筑奇迹之一，它直率地表现了自己的特征。

巴蒂斯塔担任家庭教师时，尼科洛的教育以更有条理的方式进行。按照日常程序，他的功课包括背诵诗篇，而这些诗篇均出自一本宗教诗集。他的父亲为他所寻求的这种人道主义教育，需要学习多达5年以上的拉丁语，而意大利语的训练需要多少年就不清楚了。

关于他的早期教育，更多的内情可以从一处有趣的细节中推理得来。他的父亲与家庭教师巴蒂斯塔之间曾经交换书籍，从伯纳德这一边来说，在交换过程中，他曾从巴蒂斯塔那里借来普林尼所著的《博物志》翻版，据伯纳德回忆，时间是在1478年4月8日，那时候尼科洛10岁。伯纳德拥有一间藏书室，藏书有17本左右——这数目不断地变化着——书籍包括复制本和手抄本。书籍的数目少到足以证明他经济窘迫，虽然他对书籍如饥似渴。

资金的短缺使他不能频繁地与他的银行家、书商以及法官朋友借阅或者是交换书籍。比如说，从巴蒂斯塔那里换得的普林尼著作是一本很好的翻版，这本书被译成了意大利语，用皮革作封套，并且在四个书角上装上了镀银的铜质包头，或者也可以称为“蹄铁”。这本书于两年前在威尼斯出版。伯纳德似乎是在六个星期之后也就是5月28号归还的此书，可想而知，他一定读过这本书，甚至与自己学习拉丁语的儿子谈论过这本书。

这一推测不单单合乎情理，而且发人深思。老普林尼因对火山的好奇而葬身于其中一座火山的喷发过程中。事故发生在公元前79年，地点位于庞贝附近的维苏威火山。他本人也许并不在古代罗马伟大文学家之列，但贯穿中世纪直到文艺复兴时期，他的《博物志》一直都是科学研究的代表作。原因在于他的书绝非仅是根据古老的《罗马书》所进行的生物学、地理学以及天文学知识的整合，也绝非是对亚里士多德——人类科学、美学以及政治学的导师——知识体系的改编。

在许多方面，普林尼的《博物志》算是一本相当激进的书籍。在那样的一个时期，教会的谴责与反对极有可能带来毁灭性的命运，而这本书却从牧师严厉的审查下悄悄溜过。他探讨的一些问题，都是诸如圣奥古斯丁之类的神学家所极力掩盖的，而这些问题自12世纪之后又重新成为热议话题。这使得他的作品，如同一根棍子搅动着开始沸腾的争论，其中掺杂着他的论证——自然是不完美的，就连基督教神学也有其对立面，而且上帝也不是万能的：

> 人类本性的不完美可以以此为慰藉：就连上帝也不是无所不能的——因为即使他愿意，他也不能够自杀，而自杀是他所赋予人类所有惩罚中一项至高的恩惠，他不能够赋予血肉之躯以永恒生命或者是起死回生，也不能使向死而生的人消失殆尽或者是让位高权重的人黄粱一梦——他无能为力，不能让过去种种烟消云散，而且他也不能使双十相加不得二十。

虽然身为异端，正如柏拉图那样，普林尼毫不犹豫地承认至高力量也就是上帝的存在，即使上帝似乎对凡人漠不关心：

> 无论如何，至高无上的力量对凡人俗事毫不关心，这是个荒谬绝伦的概念。我们怎能相信他不会被如此黑暗阴郁、五花八门的使命所亵渎？

同样，他也曾为无常命运那强大的力量或者说是命运女神而据理力争，依据传统此女神在古老的《罗马书》中并不为人们所重视。这些论证日后对尼科洛及其世界观的发展极其重要。他支持偶然性，或者说是支持他所理解的一种体系，此体系是严格的决定论所欠缺的，而且此体系包容人类的选择。在他的体系中，偶然性如同上帝般统治一切：

> 在整个世界的每一个角落，每一个时刻，人类所有的声音都只指向命运女神，只有她被祈求和呼唤，只有她被控告、被沉思、被称赞、被非难以及被责备……而且我们如此这般地蒙受着偶然性的恩

患，以至于偶然性本身取代了上帝，而上帝则被其证明是不确定的。

无可置疑，这也许是一扇大门，这扇大门通向对于世界的异教判断。尤其是对于某些人来说，这扇大门的开启可以使他们获得一种新的领悟，至少这些篇章宣扬了反叛思想。而基督教人文主义并不为这样的冒险而心起波澜。它们的视线越过自己的肩膀，惊异地望着古希腊罗马世界自由的智慧。

作为交换，伯纳德借给巴蒂斯塔的两本书对尼科洛的成长也同样重要，这两本书对中世纪和文艺复兴时期的影响则相对较少——《对西庇阿之梦的评论》和《农神节》，作者是15世纪罗马新柏拉图主义者马克罗比乌斯，此人很难确定是否是基督徒，不过在罗马帝国瓦解之前，他轻而易举地游移于基督教与异教领域之间。

令人惊异的是，在那样的一个时代，马克罗比乌斯就已经涉足于当今我们所称之为无意识的领域。他相信，通往无意识的钥匙一定是寓言，尤其是在梦境中发现的寓言。这种情况得以发生的那些梦境被他称为梦呓，他将其描述为掩藏在迷乱人心的故事背后的真相。

喻言的梦要与非喻言的梦区分开，非喻言的梦又叫实际的梦或者失眠，在这些梦境中，做梦者比如说会梦见食物，而此梦的起因则是碗橱已经空空如也。除了失眠的梦之外，还有另外一种更加令人不安的梦境，又叫噩梦，他将这种梦定义为第三种类型（还有两种梦境他认为是预言性的）。噩梦展现了恶魔般的野兽以及吓人的妖精。所有这些看法都对尼科洛关于梦境和语言以及如何看待世界产生了深刻的影响。

在中世纪时期，人们认为马克罗比乌斯为喻言式诠释做出了突出贡献，也就是基督徒应该如何阅读书籍，尤其是《圣经》。他相信，恰当地阅读《圣经》及其相关文本，可以使掩藏在字面意义背后的神圣暗示跃然纸上，同样也可以使外界宇宙的神圣暗示跃然眼前，从而将读者引向神圣的知识。两个世纪之前，这一阅读方式被认为是在自我中投下了耀眼的光芒，而如今仅仅被应用于个人梦境的领域。其方法第一次唤醒了读者，让他们认识到意识以及无意识心理过程。

对于灵性、古希腊古罗马世界及其历史的痴迷贯穿于伯纳德的所有阅读之中。当尼科洛开始阅读时，家族小型藏书室中的书籍中应该含有以上内容。那些作者体现了日益壮大的文艺复兴基督教人文主义者阶层的理想，其中的大多数人为自然神论者而非狂热的宗教信徒。令人吃惊的是，伯纳德本人并没有《圣经》(14 世纪圣 · 杰罗姆的拉丁译本并不难以得到)，虽然他提及在 1480 年 3 月 13 日曾经将一本借来的《圣经》归还一位多梅尼科 · 里皮。他的书籍大多数出自令人崇拜的希腊、罗马哲学家以及历史学家笔下，而且翻译成拉丁语或者意大利语：亚里士多德的《尼各马可伦理学》；两卷本的《罗马法》——《民法大全》和《新法编》，以及李维的《三十年》。而李维的著作与尼科洛之间的联系尤其紧密。

公元 1 世纪，罗马历史学家的 140 本关于罗马历史的书籍仅有一小部分幸存下来，这些书籍在中世纪时期鲜为人知，而如今因其简明的风格、对于国家政治的洞见而为人们所关注，“战争中的欺骗是功德无量的”“以武力获得的承诺无须遵守”“相对于武力而言，诡计和欺骗更有助于一个底层的人飞黄腾达”。

当伯纳德在 1475 年 9 月第一次接触这本书时，这一特殊的版本虽是打印版却并未装订。一位名为尼科洛 · 泰代斯科的牧师将此书交给了他，那人也许是位学者兼印刷工，也许是位制图师，又也许身兼三职，他想让伯纳德为此书制作一份目录，其中包含书中每一处地名。

结果，伯纳德发现制作目录是一项十分费力的工作，但他却在 1476 年 7 月就完成了工作，那时候尼科洛 7 岁并且开始学习拉丁语。伯纳德将其写在六十张对开的纸上，并且作为回报拿到了用于制作此书的版本。他立即决定装订此书。这本书印刷精美，而且书籍装订对他来说是乐此不疲的事情之一，他曾经将其他的书籍带到邻居卡尔多黎诺或者说是文具商那里装订。结果他发现当时自己缺乏装订的资金，因为装订很昂贵，所以他将此事搁下，但仍然希望日后能够达成此心愿。

第三节 宇宙的程序

对伯纳德而言，比起获得李维的《三十年》这本书，他从索引工作中获得的与世界的重要联系显然更加宝贵。他没有固定职业，律师业务又总是无利可图，加上债务不断，伯纳德在公众眼里显得有些窘迫甚至丢脸。但他并不缺乏魅力和敏锐——他的朋友暗示这二者他都具备。伯纳德明白，在他生活的时代，关于政治和世界的一些重要问题正在被提出，而且一些问题的答案令人震惊。

他当然明白，即使对世界物理结构和统治的一个模糊概念也能影响到每个人的生活。物质和谐的理念支持着正义的思想；宇宙一致性的意识像幽灵一样徘徊在最简单的商业背后；梦的解析具有启迪作用；甚至为上一节拉丁课而穿过的桥梁也可能隐含着某些寓意。

尽管这些事实不证自明，但那时候在佛罗伦萨乃至整个欧洲都没有人讨论无穷性。人们相信物质宇宙是密封的、有限的，有点像一个圆形盒子——盒子当然是有限的。几个世纪以前，圣奥古斯丁已经反驳了基督教教义中关于无穷性的假说，认为上帝才是永恒的。上帝被认为存在于超越时空之外的永恒之中，上帝本身就是抽象的、绝对的，独立于空间之外的。如果说上帝是纯粹的理性或推论——这对每个人来说似乎都是个显而易见的命题，那么逻辑及上帝本质中所蕴藏的信仰应该能够使那些探究神圣联系和诸天知识的人得到满足。

除了这些已经确定的，托勒密地心体系——一个被长期接受的宇宙模型——似乎考虑到了已知的物理事实本身。和人们今天的描述一样，托勒密地心体系将宇宙的外部空间描绘成一个有着九个透明球体的圆形轨道，地球是中心，离地球最近的轨道是月亮天，依次一直到最高天。在永恒不变的最高天上居住着上帝。

公元2世纪，基于早期古巴比伦人对穹苍做的观测记录，亚历山大学派的天文学家对宇宙的描绘和讨论，也被看作是对奥古斯丁灵魂假设的补充。托勒密地心体系因此与基督教神学相符，在宇宙中为人类找到了位置。正如现代科学家与其他人所设想的，尽管人类看起来似乎处于宇宙的中心，但事实并非那样——人类反而处于宇宙的底部。这是中世纪宇宙事实的一个基本特征，在乔叟的《特洛伊罗斯与克瑞西达》卷五、但丁的喜剧作品及大量评论员的记述中都有所体现。若能意识到中世纪的人们将地球的位置看作是“不幸的”、孤立的、被上帝抛弃的，理性的力量因此被削弱，那么他就能够更好地理解宇宙自上而下的特质。在被认为是垂直或呈现永恒方向的宇宙中，地球几乎被遗弃在最底端。

另外两个因素对理解这种固定的宇宙空间构造也同等重要。第一个因素是尽管人们认为地球是圆形或者球形的，但他们同时也认为地球是静止不动的，这就意味着太阳是在围绕地球东升西落。原动天内的恒星天，也就是第八个球体，在远远高于地球的上方（高度可测量）旋转。以地球为中心，向外依次是月球、水星、金星、太阳、火星、木星和土星，这些天体都能为肉眼所见，并在各自的轨道上运行。

第二个因素是从终极意义来看，现实不存在于现象或实际经验之中，这与现在人们的观点一致。物理现象和物质世界都是上天注定的，终有一天，它们会枯竭、腐烂直至消逝，其重要性只是出于人们的幻想，而感觉材料本身则推动了这种幻想的发展。现实——或者说那些能够持久存在的和人们认为不会消耗枯竭的要素——存在于物质世界之外，存在于上帝和永恒之中，或者说存在于不会枯竭衰退的非物质中，这有点类似于逻辑本身。

在托勒密提出、基督教接受并加以修正的宇宙系统中，圆形的地球位于宇宙中心，也就是离上帝或现实最远的地方，因此从重要性角度来讲，地球处于最糟糕的位置。人类所处位置的不幸使得个人救赎变得困难重重：如果天堂之光从高处照耀一切，那么地狱里的诅咒一定位于天堂之下，或者宇宙之下，这也意味着地狱位于赤道和海洋之下，离为非作歹之人并不遥远。如此看来，接受来自地狱的诅咒比接受来自天堂的恩赐更加方便，即使这种方便并不令人愉快。

尽管这些冰冷且看似合理的信念在当时仍大行其道，但是关于无穷性的想法——或者至少万物在浩瀚的时空中并不能都安然无恙的猜测——开始在伯纳德的一生中被慢慢普及。一场有关知觉和视觉观点的革命很可能会发生，而这种可能性长久以来就得到人们的重视，尤其是得到了画家们的重视。即使那些对艺术漠不关心的人也几乎无法避免看到这些进步，因为他们要去附近的教堂做礼拜——几乎每个人每年都要去几次教堂。

根据自然主义观描绘三维空间变成了一股狂热的浪潮，从弯曲的腿、胳膊、膝盖和马儿的身体到山川风景湖泊，在当时都开始广泛流行，并越来越得到许多社区艺术中心、教堂以及中上层阶级家庭的广泛支持。佛罗伦萨与意大利其他一些城市的那些受人尊敬的画家们发现，他们正力争创造出关于这个世界最精确的自然模型，而不是创造一个永恒的现实模型，或者人们实际居住的这个复杂肮脏的世界。

自从保罗·乌切洛（1396—1475）在圣母玛利亚大教堂将他那幅震惊世人的《天使报喜图》（可能创作于15世纪40年代，现已丢失）公之于世后，关于如何运用几何技术研究新自然主义观的竞争开始势头大增。与保罗·乌切洛相近时代的意大利美术史学家瓦萨里评价《天使报喜图》时，称这是“第一幅用几何比例法则（透视法）创作还能透露出优雅风格的绝妙画作，它向艺术家展示了线条如何渐变渐淡直到变成一个点并最终消失，如何使平面上一个狭小有限的空间看起来遥远辽阔……艺术家营造出了这种效果……如此确定地欺骗了观众的眼睛，仿佛这幅画作存在于真实的浮雕中”。

尽管一些人更加赞赏稍微早于保罗·乌切洛的透视法鼻祖马萨乔（1401—1428？），而且保罗·乌切洛的创作引起了轩然大波，但是魔术般出现的自然主义幻想，或者称之为视觉欺骗，似乎因为其朴素简单的特点而令人无法抗拒。其中一个原因是任何关于几何学上消失的点、斑点或在一个水平的表面飞驰的小点的计算，视线的交叉都能通过这些点使得观测者的眼睛能够体验一场心灵飞跃或者审美飞跃，飞入一个隐藏的、无形的空间，看起来就好像永远在飞——人们似乎瞥见了无穷性。

迄今还没有人考虑到无穷性的问题，但是审美可能发生的转变还是被认为极其重要的。消失点的作用远非提供一种新的巧妙绘画方法这么简单，其中还蕴含着大量的哲学和宗教内涵。与早期以静态为创作基础的艺术作品相比，这一点在采用消失点方法创作的艺术作品中表现得尤为明显。例如，在绝大部分教堂里仍然陈列着中世纪的绘画和壁画，并直接出现在新兴的自然主义画作旁，强调着二维绘画的平面性，强迫看画的人或向上凝望直至天堂，或向下注视直至地狱。地狱阴森恐怖，雕刻着惩戒别人的恶魔，但是无论如何，地狱都被看作是与地球隔离的，处于被遗弃的悲惨境地。自然主义风格会不会在其和托勒密地心说之间产生心理和精神上的分离？会不会导致经验主义的急剧扩张？甚至会不会将感觉作为标准，对其信任超越了逻辑学和玄学？

当时已经有领域开始尝试呈现物理空间或确切意义上的无穷性，尝试处理视角以此暗示和控制距离，并引起了一些颇具争议的发现。当人们意识到绘画不是唯一的领域时，以上那些问题就显得更加具有倾向性。一个多世纪以前，另一个佛罗伦萨人萨尔维诺·阿玛蒂成功打造出了世界上第一个研磨的镜片，并且展示了如何使用它们制造壮观的景象。萨尔维诺·阿玛蒂去世后就埋葬在乌切洛展示其《天使报喜图》的圣母玛利亚大教堂里。对于萨尔维诺来说，要创造出一个改善视觉的工具，其遇到的几何学挑战与乌切洛及其他对消失点感兴趣的画家一样，即使他是通过不同的媒介来表达的，即如何浇铸出一个透明镜片，使得人的视角能够通过一个凸面体而均匀会聚，并产生放大的聚焦图像。

从实践的角度来看，萨尔维诺的发明带来的影响广泛且深远——接受过良好教育的佛罗伦萨人开始习惯在物质现实中接受新颖的观点。伯纳德似乎也对其中一些产生了兴趣。他的热情以及对儿子尼科洛产生的影响，可以从一个巧合中发现蛛丝马迹：当伯纳德开始为李维《三十年》做索引工作时，他从朋友那借来了托勒密的《地理学》副本。

在威尼斯出版的这本百科全书式的《地理学》，促进了中世纪几何学思想的发展，并且在伯纳德所处的时代也是一本具有参考价值的工具书。这本书里包含的许多地名，在李维的《三十年》里也有出现，因此伯纳德将之看作其索引工作的必备之物，工作时随时带在身边。

毋庸置疑，这本书对伯纳德是很有帮助的，并且其索引工作在当时的价值远远超过今天人们对它的欣赏。另一个佛罗伦萨人乔万尼·薄伽丘（1313—1375）也对这一点给予了充分的肯定。薄伽丘是文艺复兴时期的著名人物，其名作《十日谈》和《菲洛斯特拉托》（又名《爱的摧残》）鼓舞了乔叟，并成为他创作《特洛伊罗斯与克瑞西达》的源泉。但是比起这两本名作，薄伽丘更为著名的是他的一些对现代读者来说没什么兴趣，但在当时激动人心的先锋作品——一些描述性列表。列表说明了一些事物的联系，包括异教神的宗谱以及一些看似冗长的目录，这些目录基本上涵盖了山峰、沼泽、溪谷、河流和一些著名景点。

与同时代的乔叟相比，薄伽丘的观点似乎与中世纪有点格格不入，他更想为因几何学而感到困惑的同时代人建立起一套现代的、以字母表顺序排列的列表。他开始为他们提供越来越多关于地球上人类地址的可靠详细的信息。他还建议其他作者建立他们自己的列表和索引目录。

此时，上述行为的想法还有待完成，另一股热潮又开始在伯纳德所在的15世纪流行起来——那就是收集地图、长途旅行的游记以及三维的木刻版画和蚀刻版画，三维特点使得观看者仿佛从高空中或在飞行中观看城市里连成片的房屋。

李维的《三十年》这本书本身并没有那些颇具想象力的说明，但是伯纳德的索引如果能够当作李维这本书的校订版本出版（无人知晓是否已经出版），读者会发现，援引了托勒密和其他作者的地名之后，伯纳德的索引使得这本书更具有实用价值。

那些过时的想法在未来会发生重大改变，宇宙会发生翻转（尽管还无人知晓它将如何翻转、是否会翻转以及推动人类的意识朝着哪个方向发展），这些未来变化散发的微光与文明的古老过往那充满激情并不断增强的魅力相混合。

对佛罗伦萨历史的研究开始流行起来，弗拉维奥·比昂多的《拮据》一书，对这个城市的发展给予了刻薄的评价，他认为紧随着 5 世纪血洗罗马和接下来的动乱时期之后而出现的城市发展，必然要走向文艺复兴。伯纳德于 1485 年和 1477 年向比昂科·蒂弗朗切斯科·达卡萨韦基亚分别借了弗拉维奥的《拮据》和《图说意大利》两本书，后者对相对新兴的考古学科具有重要意义。

对佛罗伦萨历史更全面的了解来自列奥纳多·布鲁尼的人文主义著作《佛罗伦萨史》，尼科洛长大后也对此书产生了浓厚的兴趣。该书对佛罗伦萨历史追溯得甚至更远——从这座城市的伊特鲁里亚建造者，一直到其所在的 15 世纪。它是一个重要的尝试，即揭示那些受人尊敬的历史学家和政府官员从佛罗伦萨一千年来追求政治稳定和自由的过程中看到了什么。

古罗马建筑也同样开始激起了人们新的好奇。佛罗伦萨许多露天广场上随处可见的罗马废墟被拆除，为建造文艺复兴建筑腾出空间。布鲁内莱斯基建造的佛罗伦萨大教堂（即圣母百花大教堂）与万神殿相比，虽然在规模和美观上没能超越后者，但也能与之相抗衡。佛罗伦萨大教堂不仅仅是简单地表达对过去的赞美，更是对过去的一个明显挑战。他在马基雅维利家族宫殿对面设计重塑圣菲丽西达西塔教堂时，遇到了和设计医院及其他世俗建筑一样复杂的挑战。

随处可见的建筑实验似乎在扩张的野心中日趋成熟。一些狭长街道开始通向中世纪的瞭望塔，看起来就像一条条光带。一些瞭望塔很快在凿子和锤子扬起的灰尘中被拆毁。审美问题的提出和经验主义的觉醒，如洪水一般从四面八方倾泻而出。尼科洛的拉丁课程既是对古文明的学习，也是一扇通向新文明舞台的大门。

第四节　诗歌、音乐和军国主义

与此同时，在 15 世纪 70 年代，残酷战争发生的可能性似乎总是萦绕在人们心间。佛罗伦萨远不只是一个要塞城市，它还是教育、商业、艺术与金融的中心。尽管在先前的 15 个世纪中，这座城市永无止境地深陷于战争与围攻之中，它仍旧不具备丝毫的军国主义传统，尤其是与诸如威尼斯、热那亚和米兰这样的敌对城市相比。它也曾有过几十年的繁荣时期，那时整座城市处于独裁统治下的繁荣和平之中。正如战场上的胜利曾经带来了欣喜若狂一样，它同样也导致了这座城市在军备方面的掉以轻心。

对于国民中那些受过教育的统治阶级来说——即使是佛罗伦萨的金融家以及商人们也经常埋首潜心地学习古典拉丁语以及希腊语——这种无动于衷的平静似乎是不得不改善的状况。

从 1434 年科西莫·德·美第奇结束放逐并归来算起，直到他在 1464 年去世，数年来这座城市一直处于他的纵容娇惯之下。随之，他的继承人——他那身有残疾的儿子皮耶罗继续纵容这座城市长达五年。皮耶罗的儿子洛伦佐在 1474 年拓展了一系列的安全条约，以试图确保自身的安全，并且将诸如威尼斯、米兰以及尚武好战的教皇等更强的力量牵扯其中。与赚钱赢利、舞台典礼竞技以及多姿多彩的体育赛事相比，军事一如既往地处于次要位置，并且近来一段时间，在政府官员们那遵纪守法、训练有素的头脑中，考虑更多的是消逝的古希腊古罗马的荣耀。

再怎么强调古典研究对于伯纳德和尼科洛的影响以及它们在其生命中所扮演的角色也不为过。一方面，它们创造了一种正统的观念。古雅典那褪色的光辉、荷马史诗那遮蔽的威严，被贫乏的拉丁语翻译一筛而过。然而佛罗伦萨 - 比萨大学那些法律以及其他学科的研究者们却将其认作自身文化被尘埃覆盖的渊源，到了 14 世纪末期它们才开始被拂去埃尘，抛光、打磨，恢复原本的面貌。

重见天日的知识，自雅典穿过爱琴海引入国内，在古罗马帝国那威严且坚不可摧的壮丽中投下一束鲜亮的光芒。它的废墟在街上随处可见，但它们看起来有些像恐龙骨骼令人费解，或者是神灵所遗弃的饰品，而这位神灵却已葬身于神秘火焰之中。

文化以及历史的无知是人文主义以及经典研究兴起的主要原因之一。这使得许多人宛若身临海上，回望着他们的过去心起敬意，展望着他们薄弱的现代文化暗暗起誓。远古时期远比当今更为宏伟盛大——当这一令人气馁的信念已是确之凿凿之时，抛却愚昧的欲望在人群之间蔓延着。

尽管这一观念在如今看来似乎令人惊叹，一种崭新的希望最早从一位引人注目的人物身上投射出来——诗人弗朗西斯科 · 彼特拉克（1304—1374）。他曾经激励每个人——不仅仅是学者们——去了解经典文化那无可估量的价值。比他稍晚一些，即 1397 年，意大利的第一位在古希腊文学方面真正的学者曼努埃尔 · 赫里索洛拉斯来到佛罗伦萨，他本身是一个拜占庭人，他进一步实现了由彼特拉克提出的倡导。接下来的几年里，他在这个城市的两所大学分院中，向许多听众发表了一系列的演讲，内容都是关于古希腊诗歌和哲学遗产。这一举动引起了佛罗伦萨文人们的注意，这一群体包括未来的政治家以及商人。如今这座城市开始在转变的道路上勇往直前，正如它日后改变世界那样。到后来，彼特拉克在教育方面的影响——包括在阅读和写作方面的影响，很是耐人寻味，正如渐渐长大的尼科洛开始学习拉丁语时处于自相矛盾一样：一方面，天资聪颖且勇敢大胆；另一方面，顽固倔强并且迷信重重。

作为一位引人注目的诗人，即使偶尔言过其实，彼特拉克也身负广为称颂的事业，在 20 世纪，他被尊称为最受敬重的意大利桂冠诗人。他的声望大部分在于他那一摞摞的华丽的十四行诗，这些诗歌都是为他所深爱的劳拉所作，虽然她存在与否一直都只是人们的猜测。然而关于他最喜爱的诗歌形式——十四行诗，一系列更为相关的题材或许已被提出。作为诗歌的一种样式，它非同寻常的气质首次被但丁在《重获新生》（1292—1300）中加以尝试，但却迅速地吸引了每一位想要创作诗歌的人。随着尼科洛逐渐长大，它们以重要的方式吸引了他的注意。

1225—1230 年，大概是在西西里岛，十四行诗被一位公证人或者说是律师吉亚科莫·德·莱恩提诺构思出来，或者更确切地说，是被他所发明的。即使是在尼科洛生活的时代，从重要性角度来看，它仍旧是极具影响力的美学新品。15 世纪 70 年代中期，或者更早的几年前，十四行诗就已经开始被设置进音乐和歌曲中。彼特拉克懂得微妙的押韵格式，然而诗歌基本上却是非音乐性的，或者说是冥想性质的。它似乎仅仅是一节十四行的抒情诗，目的在于大声地读给自己或者他人听，或者说是为了与某个人进行十四行诗的交流。

因为不必哼唱，所以几乎从它诞生的那一刻起，就被认作是革命性质的。唯一强有力的原因是，从古希腊、罗马时期开始，它是第一个不必与音乐相配的诗歌形式，而那时的普遍要求就是需要给诗歌配乐。

默读是十四行诗改天换地的崭新创造，而这一创造激发了一种新颖的迅速传播的默读习惯。十四行诗那嵌入式的、独特的特点，相悖于中世纪对音乐理论的限制，而根据该理论，在一个不平衡的诗节结构中间做任何改变，都会破坏整个诗节所需要的完整的旋律。这一特质从一开始就暗示了十四行诗潜在的力量，它那内在的冥想性质将导致它影响文学的其他分支，它也许会成为时尚潮流的引领者。

就像不久之后所发生的那样，这一新颖的、非音乐性的方式被竞相追逐，难道它不会四处激起人们对于表演需求的放弃，甚至是几乎所有人在读写方面的巨大转变吗？

这一切如今似乎已是足够清晰，因为广为人知的是：在十四行诗得以发明之前，或者说贯穿整个中世纪时期，不单单是诗歌，几乎读者所接触到的所有文本都是配乐的。在5世纪，圣奥古斯丁已经注意到他的导师圣安布罗斯全神贯注地默读一页圣经，然而他的惊诧恰恰证实了这一规则。换句话说，更为明显的是，广泛的口语阅读这一实践活动早在5世纪就已经在整个欧洲建立起来，并且导致了对几乎是所有诗歌的大声表演或者是朗诵。

在古希腊和古罗马人中情况似乎并非如此，对他们来说默读显然同公演并驾齐驱。卡图卢斯的诗词包含了冥思和朗诵。尤文纳尔的讽刺诗集或许在客栈里如同在家中一样被戏剧化地阅读。维吉尔的《牧歌集》，像贺拉斯的《颂歌集》那样，鼓励一种内在的静默的自我面对。

罗马帝国衰落的800年之后，也就是13世纪的前10年，日后被看作是意大利文艺复兴的开端。在这一时期，柏拉图备受压制的作品《蒂迈欧篇》被第一次完整地译成中世纪拉丁语，这也许是他的最后一部作品。这部作品的翻译激发了十四行诗的产生。翻译是由霍亨斯陶芬王朝的朝人所完成的，弗雷德里克二世本人是一位反对教皇的杰出君主。被吉亚科莫·德·莱恩提诺在西西里岛上创造并打磨的十四行诗，在不久之后似乎终见天日，尽管弗雷德里克的教廷乐在意大利—德意志帝国的板块上四处迁徙。然而，这一创造本身，却因另一个引人注意变化而产生出来。

柏拉图在其《蒂迈欧篇》中曾经描述天堂的建筑，以及一系列数学比率用以描述它们的构造，并且论证这一比率也适用于描述人类灵魂的构造。直至15世纪，这些比率已经影响到尼科洛对于宇宙的理解，同样也影响了我们所知道的任何人，包括伯纳德在内。

原因在于柏拉图将人类灵魂看作一个微观世界，或者说是天国宏观世界的复制品。每个灵魂都随着“无声的”或者华丽的音乐在颤动。似乎安静的音乐部分源自风穿过宇宙载体时发出的嗖嗖声，这一载体由已知的五大行星、太阳以及恒星构成，部分源自其自身的频率，柏拉图将这一频率称为天衣无缝的神圣和音。

对于文艺复兴时期的诗人，或者是对尼科洛同时代的人来说，柏拉图关于宇宙的权威定义及无声的音乐法则，也为诗歌以及文学界带来了最重要的一份馈赠，即使这一馈赠并不被广为承认。这么说的原因在于，吉亚科莫·德·莱恩提诺将其采纳为十四行诗结构的理学基础。在美学灵感的启发下，他将柏拉图关于天堂与人类灵魂的音乐原则转化到诗歌形式之中——或者，从文艺复兴时期的视角来看，他以一种崭新的、静水流渊般的诗歌重塑了柏拉图式的建筑风格。它那无声的音乐使每一个人，包括尼科洛在内，触及到“无调小曲”，宛若后来济慈在他的《希腊古瓷颂》中所描述的天空音乐那样。

柏拉图这一设计的馈赠成为西方世界最古老的诗歌形式，这一形式直至今日仍广为人用。其对于文艺复兴时期的文学有着重要影响，并且经由但丁、彼特拉克以及他们的后继人，包括随之而来的尼科洛甚至是他的父亲影响到了之后的文学。因此这一形式对于理解关于宇宙以及人类世界的更深层次概念有着至关重要的作用。

行文至此仍不是故事的全部。十四行诗在结构上有所倾斜，其中八行诗位于六行诗之前，又或者可以说，一个问题——通常是爱情问题——在第一部分被描述为百般折磨，随后在第二部分中得以解决。诗歌的冥想不仅广为流传并且刺激了新型文学表达方式的发展，而这种表达方式停泊于寂静无声、自我意识的阅读之中。随着时间的推移，表演自身开始失去它的某些魅力。

内心沮丧——之后被弗洛伊德描述为自我意识的渊源，开始成为时下的文学主题。但丁的《神曲》写于被放逐过程中，并且是以此种觉醒的、静水流渊的形式写成。这部史诗意在展现自我与灵魂之间安静地持久对峙，却同样也接受公众表演，这也许是世界上第一部意图如此的史诗。《神曲》置身于第一批现代文学作品之中，描述了主人公如何成长至文明的灵性自觉，而对他自身来说，这种成长还包括内心抗争过后的基督教觉悟。

同样十四行诗也广泛推动了关注内心的文学的发展，并且还振奋了小说界新的时尚潮流。在尼科洛的求学阶段，这些引人入胜的变化随处可见。

15 世纪 70 年代，十四行诗被配上了音乐，尼科洛成为得以聆听这一崭新音乐的第一代人，这种音乐是为他们谱写的。他成为这一非同寻常的盛宴中的狂欢者。它不仅以一种独出心裁的方式提供了解决内心冲突的机会，在他创作自己的十四行诗以及不久之后的政治冥想诗时为他铺平道路，而且在他醉心于创作关于自己生命历程的作品时，使他与这些冥想似的美学诗行一起成长。

尼克洛的青年时期，不断地卷入与自己的创造潜能的抗争中。正如在任何时代一样，许多发明创造从未取得进展。然而，迷信通常与创新互相对峙，并且伴随着对于机械本身的怀疑，认为机械是“非自然的”。列奥纳多发明的军事器械，比如潜水艇和坦克车就从未被建造出来，尽管在 15 世纪 80 年代初期和 1478 年一样，当短暂的军事暴力迫在眉睫之时，曾经期望这两种军事器械可以使战争一方取得优势。

虽然彼特拉克支持美学创新，终其一生他却激烈地反对以医学调研为名而进行的人体解剖和验尸，而这一切均由他那坚定的信仰所驱发，他认为尸身是神圣不可侵犯的。

他争论道，物理学家是“无神论者”，人体应该被看作是耶稣身体的化身，或者甚至是上帝的再生。解剖尸体就是亵渎神父，或者篡改事物神圣且不可侵犯的秩序。

许多受教育的人，包括美学创新的诗人和艺术家——除却列奥纳多这个著名的例外，都会趁着夜色溜到自己偷来的尸体身旁。在烛光摇曳的工作室中，观察着骨骼、静脉、神经以及肌肉，以寻求更为精确的解剖学知识——当他们在绘画、油料和透视中从事实验时，他们都赞同意大利十四行诗最初的作者，并且赞同巫术、天文和中世纪教条中浮夸的信仰，尽管缺乏实验支撑，他们却从不公然质疑宇宙必然是有限的这一观点。

第五节　佛罗伦萨大教堂里的谋杀

1478 年早期，关于仇恨的流言在大街小巷激起了层层涟漪，这些流言起初似乎是难以捕捉的。流言所指向的对象洛伦佐 · 德 · 美第奇和他的弟弟朱利亚诺却对此一无所知。即使他们曾对这些传言的威力有所耳闻，即使他们知道某些人为隐藏这些谣言而费心地做出了很多的努力，他们也仍不会警惕戒备。

他们和自己的支持者深信，他们决不会在民众中激起任何的敌意。尤其是当他们为城市中的大多数市民提供了如此多的帮助之后——然而这种虚荣最后却化作呼啸的长鞭打在他们脸上，随之而来的是暗杀、绞刑以及战争。这一切愚弄了他们的信仰，而这信仰恰恰是长久以来大多数市民所强调的，这一信仰与盛行的佛罗伦萨市民法则一脉相承并且牢牢地处于他们的掌控之中。他们得心应手地在幕后使诡计，最终却化作带着天鹅绒手套的拳头，这只高举的拳头煽动着背叛。

然而，最为邪恶的嫉妒导致了暗中的密谋，该密谋针对罗马和佛罗伦萨以及乌尔比诺展开，且愈演愈烈，并且计划在 1 月份执行。然而 1 月份似乎不合时宜，于是在 1478 年 4 月，这一密谋在那些相关人面前展露出它那背叛的脉络。

人们也许会期待血腥沉重的时刻到来，而对于这一极其恐怖时刻的期待也是在情理之中的。它们所产生的令人窒息的后果，在数十年后仍未消散，并且在尼科洛的脑海中留下了最为深刻的印象，对于他的父亲来说情况同样如此。那时他刚刚借来普林尼的《博物志》，也许正在家中与儿子一起阅读。

基于以上认识，并且为了进一步阐明事实，从两个藏书室之间的差别这个特殊细节讲起是颇有益处的，更值得一提的是那个纵然幼稚却深得人心的信念，即人文主义的价值可以对抗暴力和谋杀。至于有关人物的性格，包括好胜心强的美第奇兄弟在内，都值得探究。

谈及藏书室，直到 1492 年，列奥纳多 · 达 · 芬奇的藏书室中收藏了 37 本印制的书籍，对于不太富裕并且乐于自学的人来说这是一个很有代表性的数目。伯纳德，也就是尼科洛的父亲，收藏的书籍数量较之更少。列奥纳多所收藏的书籍包括人们所熟知的人文主义倾向作品，作者有伊索、李维、奥维德，还有普鲁塔克以及他的《名人传》，约翰 · 曼德维尔，《圣经》、《赞美诗》以及涉及数学、外科、军事策略、武器、音乐和法律的一系列书籍。

相比之下，意大利最为富有的富人之一——乌尔比诺的费德里科 · 达 · 蒙特费尔特罗公爵的长官却拥有一座庞大的藏书室。这座藏书室收藏了超过 1000 本世界上最为精美、最为别致的手稿书籍，其中许多是以细腻柔润的白银以及羽毛装帧，以及超过 50 多本早年印刷的书籍，也可以称其为古版书。他认为这些古版书较之手稿略显逊色，所以谈及这些书籍之时他有些尴尬之色。尽管他心知肚明，这些书籍是人类最为重要的机械发明的选中印本，而这一发明终将名留人类史册，印刷装置比轮子更具有革命性。在 1478 年，因暗中酝酿针对美第奇兄弟的"帕齐阴谋"，该密谋的军事组织长官费德里科 · 达 · 蒙特费尔特罗公爵的藏书室也随之浮出水面。

对这些藏书室的对比暗示着更深层次的意义，对于了解当时的氛围与价值标准具有至关重要的作用。藏书室这样的氛围和标准萦绕在尼科洛的青年时期，与现代相比大相径庭。如果说费德里科藏书室里的藏书中，包括意大利甚至是全世界最为珍贵的系列书籍，如果说他的宫廷很快成为卡斯蒂格朗的《廷臣论》中所描述的谦和威严的理想样板，那么在意大利文艺复兴时期众多的卓越城镇之间，他的小城乌尔比诺也是完美文明的典范。

大约是在此40年后，尼科洛——或者据此很久之后被称作的马基雅维利——会去追忆这些细节、人物以及围绕他们所发生的事件，但当时他只能是间接地经历这些。这一切都影响了他的余生。

佛罗伦萨似乎长久以来一直处于平静的裂缝之中，这一裂缝跨越阿诺河的两岸并且处于群峰环绕之下，而此处连绵的山峰崎岖高耸、直入云霄。城墙耸立，屋檐红瓦，宛若球体的佛罗伦萨大教堂位于城市中心——从山顶眺望，它像极了一颗胜利的果实，或者说是智慧的草莓。相比而言，正如卡斯蒂格朗描述的那样，乌尔比诺栖息在“亚平宁山脉深入到亚得里亚海的斜坡上……处于群山之间，这些山脉不像我们在别处许多地方所看到的那样平和”，而像是“仍旧处于上天眷顾之中，从而被赋予了最为富饶、最为广阔的乡村地带，(这让它）不仅拥有益身心的空气，(还有）大量的生活必需品”。

正如卡斯蒂格朗所承认的那样，除却“许多人心目中那美丽至极的、在整个意大利无与伦比的宫殿”，在这些必不可少的事物中，统治者也就是公爵自身所具备的品质应该位居榜首——“谨慎、人道、公正、慷慨以及勇敢无畏的精神”。卡斯蒂格朗并未坦率直言费德里科的自私，尽管正如他们当时所知道的那样，他有时会通过抛硬币来做出决定，这也表明了他冷静、严厉的品质，公正地讲这也是一种值得称赞的品质。“许多场胜仗可以证明他的军事才能，夺取坚不可破的要塞，随时待发的出征军队，还有那许多场以少胜多、以弱胜强的战役，以及他那百战不败的事实，所以我们可以毫无疑问地将他与古代许多名人相提并论。”

目击者曾经提及费德里科统治的时期，那时的他有着王者的笃定，以及随之而来的龙颜大怒，严肃的沉默中透着粗糙的优雅，这一切回荡在他那庞大的宫殿之间以及他对于暴行的容忍之中，尤其是当这些暴行涉及价格昂贵却是偷盗而来的书籍之时。

他的大多数钱是在充当意大利最有声望的雇佣兵这样一个角色时赚到的。当时三天两头地急需意大利军队以及老练的将军，加之永不停息的武装冲突使得意大利城邦的命运悬而未决，于是枪法精妙的人都可以应征而跻身于英雄之列，尽管他们在夺人性命时是那样的冷酷无情。

比如说，在 1472 年 6 月，攻占沃尔泰拉时，洛伦佐 · 德 · 美第奇为满足一己私利而执行过一项收益可观的任务——目的在于夺回美第奇对于几个矾矿的统治权，这些矾矿当时被沃尔泰拉人所掌控——当他的军队洗劫并焚烧这座城市时，慈爱悲悯的美第奇不忍多看，他向幸存者致以歉意，然而他却拒绝归还一套杰出的希伯来文手稿。这套手稿多达四十几本，这一行为更多地揭示了他的道德观念，即为公爵的藏书室带来丰富战利品，而这些书籍取自于商人学者梅纳赫姆 · 本 · 阿哈伦 · 沃尔泰拉的书架。

费德里科从没有认为为了在他的藏品中增加这样一件附加物而付出这样的代价似乎是太大了。包括梅纳赫姆在内的上百人被美第奇的军队所屠杀，其中还有妇女和儿童。大量的妇女被强暴。城市被丢弃于熊熊火焰之中，成为一堆污物狼藉的废墟。一场不期而至的暴风雨带来了毁灭性的山体滑坡，导致了它的最终毁灭。

无论费德里科怎样对在沃尔泰拉的恶行假装视而不见，到 1478 年，在登及学术成就顶峰这样的野心驱使下，他的藏书室成为众人追捧的奢侈品。更早些年的时候，也就是在他开始购买书籍的初期，那时他和洛伦佐的关系更为友好，他在佛罗伦萨的一家书店里购买过洛伦佐的法律书籍。这家书店由著名的书商维斯帕夏诺 · 达 · 毕提奇（1422—1498）所开，他同样也卖书给整个意大利的富有的人文主义顾客，诸如美第奇。在那些日子里，他成批地订购精美的新版本以及更为受人推崇的古版本，这其中最为豪华的书籍通常出自维斯帕夏诺自己的抄写以及装帧。更近一段时间里，或者说是截至15世纪70年代中期，他开始转向从乌尔比诺订购新书稿，这使得他的领地声名鹊起，成为手写出版物的中心，而这些出版物的质量超过佛罗伦萨的书籍。

通过以上描述，我们可以得知：活字印刷术的发明几乎没有阻碍手抄写这一备受尊重的艺术形式发扬光大。恰恰相反，作为奢侈的投资品与收藏品，这一难以制作的书籍类型实际上提升了价值。印刷术的发展刺激了对于手稿《圣经》前所未有的庞大需求。就在“帕齐阴谋”宣布它的首批受害者的几个月后，一本精美的《圣经》单本第二卷被送到了费德里科的手上，而那时尼科洛刚刚过完10岁生日一个月左右，随之牵出一封写给洛伦佐的感谢信，时间是在1478年6月。

更能揭示费德里科性格的是一幅众人皆知的双人画像，画的是他与他的儿子圭多巴多，除了其内敛的宏伟，这幅画还因其他的因素而为人称道。这幅画大约在1475年完成，那时他的儿子以及继承人有三四个，这幅画很有可能是佩德罗·贝鲁格特的作品。正如许多人所暗示的那样，画的题材来源于生活，展示了公爵那肥胖粗短、平静富态的身形，并且从一个狭小的角度展示了他那巨大的鹰钩鼻子。他惬意地坐在酷似宝座的椅子上，身着红袍，头戴盔甲。一条貂皮围巾系在他的脖子上，象征着身份的高贵。嘉德勋位的绶带系在他的左小腿上。

一身华丽的圭多巴多，身着各种各样暗示着权位的装备、带着令人恐惧的骄傲正襟站在他父亲的身旁，一只手落在父亲的膝盖上，而另一只手却紧握着权杖——公爵的举止始终是诡计多端的，虽然这一情况至今并未引起多少人的注意。费德里科面前摊开一本他所收藏的《伯约记解说》拓本，作者是教皇格里高到利一世（590—604），这是一本介绍如何过虔诚的基督教生活的手册。画像上的公爵双唇紧闭，缄默无声地读着这本书。

确切地说，同时代的其他绘画也展示了手持书籍的人物：例如，阿伦诺·迪·本诺兹（也是在15世纪晚期）所绘的《圣母领报图》，画中的圣母玛利亚手持一本打开的书籍，这本书大概是《圣经》。几乎没有刻画过坐着的阅读者，而坐下来无声读书的阅读者更为罕见。

身为盗贼、士兵、贵族、藏书家、独裁者、人文主义者以及虔诚学者的费德里科·达·蒙特费尔特罗出现于一幅较为官方的画像中，基于他对手稿的热情，你一定能够猜到画中的他是在阅读。然而，这一相对罕见的默读方式却暗示了他对改革读书习惯的支持——也就是从流行的表演式阅读到沉思的私人式阅读这一惊人的转变——如今默读习惯已在受过教育的人中广为所用。

公爵的“工作室”是一处私人的阅读房间，堪称是现代家庭藏书室或者是私人书房的鼻祖。他下令按其规定将这座书房建立在乌尔比诺的宫殿里，这同样也证明了他对新思想的信奉，而这一思想强调个人主义以及涵养的孤独，随后在艺术之中以及从更小的程度来说在政治之中，这样的思想被加以强调。墙壁上镶嵌着对书籍的描述，运用的是视觉效果栩栩如生的镶嵌工艺，并且挂着多于二十幅私人肖像，这些肖像均精选自中世纪文艺复兴的万神殿，画中人物都是哲学名家，其中包括柏拉图、亚里士多德、托勒密以及奥古斯丁。

那时，公爵正为比艺术略为粗糙的事情而殚精竭虑：策划一场致命的阴谋。新的证据取自于一封解码的信件，这封信是他在 1478 年 2 月 14 日写的，并寄给他在罗马的两位密使——皮耶罗·费利奇和阿戈斯蒂诺·斯塔克利，却意在转交给教皇西克斯图斯四世。信中揭示他被煽动性的派系所雇用，谋划通过暗杀推翻整个佛罗伦萨的政权（对于此事他的参与程度也是最近才得以确定）。

在信中，费德里科谨慎地提及正在进行中的令人毛骨悚然的计划。他催促说要将计划进行得迅速而果断。同样他也许诺将从锡耶纳调一批兵加以支援。随着事情的进展，他提供了多达 550 个武装士兵，外加 50 个骑兵。他向教皇保证，在约定的“办（这件）大事”的那一天，他的军队会集结在佛罗伦萨城外，时刻准备进军占领这座城市。在信件中不曾编码的一部分中，他再次提及阴谋者们的“大事”——暗指杀害洛伦佐和朱利亚诺——并指使他的罗马间谍们向西克斯图斯致谢，感谢他送给自己的儿子圭多巴多一件昂贵的金链作为礼物（在与父亲的双人画像中，他的儿子带着此金链），而西克斯图斯的参与则很快导致了与佛罗伦萨之间的战争。夸张一点来说，几年之前，也就是在1474年，费德里科或许就曾感谢过教皇授予自己贵族身份。

实际上，他那扶摇直上的军事生涯大多数要归功于此阴谋中另一位主要角色，并且尼科洛也同此人有些瓜葛，至少是间接的有些瓜葛。他就是诡计多端、雄心勃勃、不甘平庸的弗朗切斯科·德拉·罗维雷（1471年到1484年担任教皇）。

西克斯图斯四世被选为教皇之后，利用恬不知耻的裙带关系，迅速地提升他的六个侄子位居红衣主教这样奢靡的位置，并且以此互为照应，而其中的一个侄子也许是他的儿子。随之而来的还有激起流言的争吵，涉及奖章、浮雕宝石、金杯、婚姻、宫殿、珍珠、头饰以及大量金属，在争吵过程中精神价值似乎荡然无存。

现存的历史记载中曾提及他的笑声，那些笑声洋溢在他出现的地方，然而笑声的温暖却荡然无存。据描述，在他那教廷的大理石礼堂之中，在他那饕餮的盛宴之间，总会盘旋着一股寒意。据来宾回忆，他那粗胖的教皇手指禁锢在黄金和巨大的宝石之中，并且他要求绝对的忠诚，从费德里科的情况来看则是建立在敲诈之上的包养。他曾通过将一个侄子乔凡尼·德拉·罗维留与费德里科的大女儿联姻，得以剪断公爵和洛伦佐·德·美第奇之间残存的丝毫联系。

然而，教皇不仅胃口庞大，而且还有多方面的天赋，在他对物质的贪婪之外，他还闪现出一种机敏。比如说，他那高效的统治方式就反映出他的现代想象力。在远离奢华罗马的贫穷乡村——在利古里亚海的渔民之间，他大胆提出拓宽和延展城市中心街道的方案，而这些拥堵的街道已有两千年之久。他清除贫民窟，鼓励商贸，建立更好的医院，并且最终重新设计梵蒂冈。他为他的工程招兵买马，改造基督世界的中心，这其中涉及许多声名远扬的艺术家们，其中包括波提切利和基尔兰达约，他甚至下令修建与之齐名的新西斯廷教堂。

在那些消逝已久的学院时光中，西克斯图斯曾是一位卓著的学者，那时的他有着活泼俊朗的外表，他对于学术的热情尚未消失殆尽，但是在 15 世纪 70 年代左右，俊朗的外表已经化作膨胀似的肥胖、臃肿的下颌、短促的呼吸、光秃秃的牙龈以及威严的凝视。

对美第奇的仇恨使得他支持"帕齐阴谋"，但是仅限于不发生流血事件的前提下，他对美第奇在金融方面的聪敏心怀嫉妒，而且他曾经想把他们的一批贷款弄到手，从而为自己那臭名昭著的侄子吉罗拉莫 · 利拉奥（也许是他的儿子）买下伊莫拉那景色如画的城镇，但洛伦佐也对此城镇垂涎已久，而这一受挫的渴望更加加剧了他内心的嫉恨。

随后，西克斯图斯向更为古老的金融家族——帕齐家族提出贷款申请，并且成功地将贷款收入囊中。但是，依照他那习惯性的机警，他将梵蒂冈的财产存入更具影响力的美第奇家族的银行中，一股恶毒的憎恨在帕齐家族和美第奇家族之间暗流涌动。

这些事情以及更为阴暗的积怨仅在日后才为人所知。与此同时，在银行业内这一现象似乎更容易理解，帕齐家族自身的仇恨不断地化脓生疮、愈演愈烈，或者说这些仇恨指向阴谋中那些更为厉害的角色——大多数是弗朗西斯科家族中的成员，他们身似侏儒、神经过敏、脾气暴躁，并在罗马担任经理职位，指向他们那尖酸刻薄的霸主雅克布。他那吝啬以及绝望的咆哮，经常性地在输牌时发作，这种性格导致他起初以太过冒险的理由驳回了那个蓄谋已久的政变。最后，当他在两座佛罗伦萨宫殿中较大一座的走廊上徘徊时，他怀着病态的兴奋接受了这个阴谋（在阴谋溃败后，宫殿被改名为库拉特斯宫）。

他的宫殿本身是由布鲁内莱斯基为自己的父亲安德鲁设计的，但是却是由他建造而成。宫殿底层意在模仿旧时农场房屋的田园式优雅，些许地展现出他那精妙绝伦的魅力。这样俗气的优雅举目皆是，而庭院中心则放置着多纳泰罗模式的铭牌，似乎意在控制他那易怒的脾气，然而似乎不能有效地控制沮丧情绪。

在接下来所要讲述的暴乱中，首先要提及的就是帕齐家族，这个家族在佛罗伦萨的族系以及权力可以追溯至第一次十字军东征时期。在1099年，拉涅罗指挥一支托斯卡纳军团一路冲向耶路撒冷。他带回了圣火，并且打算将圣火在基督墓前点燃。当他被冠以“愚人”以及“疯子”的称号时，他同样也为家族赢得了随之而来的名望。据传说，他曾经一路骑马赶回佛罗伦萨，并且选择以不同寻常的方式坐在马背上，以防圣火被风吹灭。实际上，自此之后，每逢受难周（复活节前第二周）的星期日，在去往坎托纳塔·德·帕齐的军旗战车上圣火就会被点燃，以此来纪念他的贡献。通红的余烬将被带到佛罗伦萨大教堂，“而且，在这两地，均会用一只人工制作的鸽子点燃一盏灯。这只按照某种机械原理发明的鸽子象征着圣灵。这盏灯就在置于一角的圣像面前点燃，在教堂高高的祭坛中点燃。”

从帕齐家族虔诚的痕迹中大致能够推断，按照弗朗西斯科暗杀洛伦佐和朱利亚诺的计划，起初并未准备要将他们杀死在佛罗伦萨教堂的中殿之中——或者是从小教堂穿过广场的路途上，也就是尼科洛上拉丁课的必经之路。他们也并未计划将暗杀安排在复活节星期日，以避免西克斯图斯以及其他的同谋者被指控为“亵渎圣物以及谋杀罪”。他们甚至计划将暗杀安排在佛罗伦萨城外。弗朗西斯科计划在1478年1月谋杀美第奇兄弟，谋杀地点就设在城外不远处——要么是在雅克布·德·帕齐的佛罗伦萨郊区住宅里，要么是洛伦佐在菲耶索莱的住宅里。然而，当暗杀者在佛罗伦萨的郊区住宅里蓄意待发时，朱利亚诺却在骑马时意外地受了腿伤，他并未前往赴宴，于是这一计划未能实施。实际上，他和洛伦佐本是打算赴约的，这说明他们对于这个针对自己的阴谋一无所知。

或许基于以上原因，1478 年 4 月 26 日，在佛罗伦萨大教堂中上演的一幕有着虎头蛇尾的意味，至少仅对谋划者们来说确实如此。除了公众混乱所带来的威胁，即使这出戏有任何成功的前景，也被大量的过度曝光以及争吵一扫而光，何况从一开始这就似是一个猥琐低俗的主意，宛若一场争权夺势陷入了后街小巷低贱斗殴的纠缠之中。

尽管对其他人来说，帕齐家族对于政治与历史的冲击应是无比的骇人听闻。两名受害者、数以百计的目击者以及数以千计的间接见证人，包括尼科洛和他的家庭成员在内，几乎立即了解到这一血腥事件的真相——由于数种原因真相被迅速曝光——实际上他们见证了一场肆虐的恐怖主义行动，而这场行动出自于惊悚昏暗、噩梦般的并且有可能是精神错乱的头脑。

大教堂里人群攒动，广阔的中殿中灯光阴暗昏黄，同样异常的是朱利亚诺那天清晨并不急于出门。伤腿依旧让他心情烦躁。若非是那两个极其狂热的潜伏暗杀者，他也许根本不会前往教堂。这两个暗杀者是弗朗西斯科·德·帕齐和伯纳多·班迪尼·巴伦赛利，后者是个图财之人并且欠债于帕齐家族。他们返回到美第奇的宫殿去接朱利亚诺，而那时洛伦佐已经前往复活节仪式。作为新近任命的红衣主教，他由拉斐尔·利拉奥陪同前往，此人是教皇 17 岁的侄子。根据计划，兄弟二人应被一同杀害以保证政变的成功。

当朱利亚诺一颠一跛地沿街而行时，弗朗西斯科想要搜他的身以确定他是否携带武器，于是他给了朱利亚诺一个热情的拥抱，以此来掩盖他那奸诈的审查。当两个人到达大教堂时，除了枝形吊灯照亮的小片区域之外，教堂里面看起来暗淡阴郁，并且被复活节礼拜者挤得水泄不通，尼科洛以及他的家人也许就置身其中。神圣的仪式在银色的半昏半暗中拉开序幕，弗朗西斯科领着朱利亚诺向唱诗班北侧走去。附近一扇打开的门通向外面的街道、他已经安排好自己的逃跑路线。洛伦佐远远地站在祭坛的另一边。

暗杀者们计划在11点行动，以圣器收藏室的钟声为准。两位祭司也参与到阴谋之中，他们的名字是马非和斯特凡诺——由于洛伦佐在其家乡沃尔泰拉大肆杀虐，马非迫不及待地想要复仇——他们也将在那时发起行动。虽然这些安排在演习中显得万无一失，然而却都没有产生预期的效果。

钟声是他们的信号。它将分散洛伦佐和朱利亚诺的注意力，而钟声响起时这两人将会专心致志地祈祷。一旦他们被杀掉，另一位同谋者萨尔维亚蒂大主教将会冲向市政厅广场。随他一起冲向广场的还有雅克布·迪·波吉奥·布拉乔利尼，他们负责协助一些精英武装分子，而这些人则把短剑和匕首藏在斗篷之内。在广场上，也就是市政中心，他们将一举掌握实际的控制权。

几个世纪之后，著名的雅克布·迪·波吉奥·布拉乔利尼在这场政变中所扮演的角色依旧是未解之谜，而且由于他对尼科洛的影响深刻，我们应该对他多说两句。他的父亲是波吉奥·布拉乔利尼，一位众所周知的学者，以及野蛮淫秽小说的作家，他的《逸闻》影响了整个欧洲的民间文学以及其他小说类型，包括德国世界著名的滑稽小说《蒂尔的恶作剧》。雅克布是一位学识渊博的翻译家，虽然他曾经与洛伦佐起过争端，但是后来也已经重归于好。即使未经证实，他被共和国理想吸引而参与“帕齐阴谋”也是合乎情理的。诗人安吉洛·波利齐亚诺是美第奇的支持者之一，当时他就在教堂现场，虽然祷告迅速地沦为咆哮争吵，但他对于这一猜测耸了耸肩以表反胃之情：布拉乔利尼的确邪恶，的确无恶不作，甚至还会为了一己私利杀死朋友。然而，波利齐亚诺的鄙夷似乎不像雅克布潜在的欺诈那样令人信服，这与任何理想主义的目标都是相悖的。

当圣器收藏室的钟声响起时，无论在佛罗伦萨大教堂中一闪而过的是何种扭曲的动机，这一动机的残忍，以及计划本身的丑陋，都可怕地偏离了正道。

弗朗西斯科·德·帕齐疯狂地扑向朱利亚诺，接连刺了他至少19刀，由于情绪爆发得太过凶猛，他甚至有一刀刺在了自己的大腿上。这失误的一刀迎来了巴伦赛利的一句咒骂：“活该，叛徒！”弗朗西斯科阴沉地尖叫一声，随后将匕首向朱利亚诺的头部刺去，力度大到刺穿了他的头盖骨。

当他的兄弟躺在祭坛近处四脚朝天、痉挛流血至死之时，洛伦佐迅速应变，他挡开两个袭击他的牧师，反应迅速机敏，而这种随机应变的机敏使他在那天清晨之前的日子里就已经与众不同，并且将继续使他受益终生。

9 年之前，也就是在 1469 年 12 月 3 日，年仅 21 岁的他却表现出早熟的气质，那时他的父亲刚刚去世，当身兼诗人与外交官名号的社交高手准备接手控制美第奇家族金融和政治帝国时，他展现出的精明足以震惊四座。他宣布说：“虽然这与我的年龄相悖，并且要承担重任、身负风险，但我仍决定勉为其难（接受父亲的遗产），仅为保护亲友、延续家业，倘若国内无人掌管国事，对于富足之人来说，佛罗伦萨也会陷入混乱之中。”

事到如今，他甚至似乎更为自信。据一位商人及日记作者——卢卡·兰度西的回忆，当两位潜伏的暗杀者之一将其脖子刺伤时，他沉着地拔剑出鞘，挡开他们的武器，冲入圣器收藏室而成功逃脱。

这一支离破碎的阴谋中的其他细节如今已经真相大白。雅克布·迪·波吉奥·布拉乔利尼图谋在市政厅夺权的计划以失败告终。当他到达现场时，在场的几个官员紧张不已，于是他们慌张地把自己锁在了昏暗的房间里。

洛伦佐已经逃走的消息刚一传到他的耳中时，雅克布·德·帕齐立即笨拙地尝试去挽救局面。他跨上马背策马狂奔，口中高呼着“人民万岁”，从一个广场疾驰到另一个广场，以此试图唤起民众反抗美第奇家族。但他沮丧地发现自己的这一行为毫无效果，没有任何人肯与他并肩作战，而他自己也只好逃离他的宫殿，甚至是逃出佛罗伦萨。等在城墙之外的费德里科·达·蒙特费尔特罗的军队，不仅没被带进城，反而被一驱而散。

然而，以上所提及的种种失败的痕迹，仅仅为更为无情的戏剧拉开了序幕。兰度西日记中的条条目目揭露了这一循序渐进的恐怖是怎样发展为横扫街道的暴乱，并且极有可能为尼科洛所目睹：

包括广场以及洛伦佐·德·美第奇的家在内（他被带回家中），整个城市全副武装。支持暗杀者的大批人被杀死在广场上；除此之外，被杀死的人中还包括主教的一位牧师……他的尸身……被分为四份，头被切下，而且……头……被插在一支长矛的顶端，一整天都被人举着穿过佛罗伦萨示众，他身体的一部分也被插在叉子上在城市中示众，伴随着喊声："处死叛徒！"

不久之后的一天夜里，一些死者出现在市政厅高高的窗户上。这些窗户俯瞰着圆石铺砌的广场，佛罗伦萨城邦合法男公民（或者财产拥有者）偶尔会在窗内参加政府会议。更大一些的窗户似乎反射出群尸乱舞的景象。

这一切都被精心设计出来用以惊吓市政厅前那些仍旧躁动不安、跃跃欲试的居民，它们复仇般地展示着公正。他们以这样一种恐怖的形式，揭示了即使受到威胁却依然岿然不动的公民秩序。这一系列的生动场面，让包括孩子在内的所有人在许多年后依旧历历在目。

那天晚上，他们在市政厅的窗户上绞杀了梅塞尔·波吉奥的儿子雅克布，同样被绞死的还有比萨的主教，弗朗西斯科·德·帕齐，他们被裸尸示众；除此之外还有大约20个人被处死，其中一些死在市政厅，另一些则死在执法官的宫殿，还有一些死在卡萨德尔上尉的宫殿里，他们全都被挂在窗户上示众。

如上文所述，将尸体悬挂起来任其摇摆是佛罗伦萨甚至是欧洲的风俗，松垮下来的血肉皮囊撞击着墙壁，预示着接下来的几天里更为糟糕的境况。当他们在——

(27号)绞杀了雅克布·萨尔维亚蒂……以及另一位雅克布,同样被挂在窗户上绞死的还有许多红衣主教和大主教。第二天(1478年4月28日),梅塞尔·雅克布·德·帕齐在贝尔福逮捕。而且在28日晚上,大约是在晚上(7点),梅塞尔·雅克布·德·帕齐和雷纳托·德·帕齐被处以绞刑。

在第一周内被当众处死的人至少有91个。

雅克布·德·帕齐的尸体被凶残地处理。这样更加典型的暴力被有条不紊地展现在整个佛罗伦萨的居民眼前,其中包括尼科洛以及其他的孩子。即使是那些未曾亲眼所见的人,也对其中的恐怖有所耳闻。

那些挂在那里摇摆着的尸体,似乎展现了这个时代本身更为可怖的阴影,以及当事人那时不时丧失掉的伦理标准——当洛伦佐开始忙于巩固统治权力的时候,这一切却又变得自相矛盾。令人震惊的是,他对于美学那引人入胜的信奉,几乎立即使得他威信大增。作为一个颇受欢迎但暗自失败过的银行家,他迅速地推进了意大利最优秀的雕刻家与画家的事业发展,以至于城市屠杀仍在继续的时候,他发现自己被称作"伟大的洛伦佐":

5月17日。大约是在下午(四点),一些男孩子挖出了(雅克布的尸体,他起初是被葬在圣十字区的大教堂里,后来被挖出来重新葬在城墙边上),并且用一根绳子拖着他穿过佛罗伦萨……绳子一直绑在他的脖子上。然后当他们把他拖到他家门口时,他们把绳子拴到了门铃上,说道:"敲门!"……然后……他们去了鲁彼康特大桥并将尸体扔到了河里……当尸体沿河漂而下时,是一直浮在水面上的(无疑是被气体支撑着),而桥上则挤满了看热闹的人。第二天……孩子们把尸体从河里拽了上来……挂在了柳树上,然后……在打过他之后,又重新扔回到阿诺河里。

不管有多少男孩子把雅克布的尸身扔进了河里——谁又知道是不是政府官员为了处理尸身而将其扔入河中的呢——不管他们如何地蹂躏尸身，正如蹂躏其他谋逆者支离破碎的尸身一样，这样的境况都在他们被追捕与俘获的过程中延续了数月之久（几个月之后列奥纳多画下了伯纳多·迪·班迪尼被绞死的尸体）。

在某种程度上，作为对野蛮行为的回应，暴怒的西克斯图斯教皇选择发起针对洛伦佐和佛罗伦萨的战争，这场急促发起的战争最终却变得非常危险。就当时的情形来看，除去战争不说，在人口多达 4.2 万人的佛罗伦萨，随着绞杀以及其他形式的杀戮洪流日益猖狂，关于政府权力的最基本层次，尼科洛的心中一定形成了颇具说服力的信条。此信条涉及对于残酷行径以儆效尤的应用，以及对于法官来说那情有可原的杀戮。

拷打与死刑也许是亲密的伙伴，宣扬它们之间的联系也许能够带来有效的统治。单是公之于众也许就能够将处决区别于单纯的谋杀，然而这四者——拷打、处决、宣扬以及公之于众——也许可以被理解为城邦司法的支柱。

第六节　童年远足

一年以后的 1479 年夏，为了躲避瘟疫，伯纳德将他的大儿子送到了佛罗伦萨北边一个叫作穆杰罗的乡下，那里有五彩的鲜花和农场。

灾难性的瘟疫席卷欧洲，众所周知 1348 年在意大利热那亚爆发的传染病是致命且痛苦难耐的。在此之前，中国快速蔓延的瘟疫导致了千万人的死亡。许多人把灾难起源归于上帝的恼怒。城市、乡镇以及村庄人口大幅度下降，在瘟疫反复爆发期间人口至少减少了一半。

15 世纪初，也就是在尼科洛出生几十年前，佛罗伦萨爆发的瘟疫使其人口减少了一半——多达4.5万人。到1479年，城市的人口也没有恢复。

薄伽丘的《十日谈》里记录了瘟疫传染高峰期，比个人的病痛和死亡更为糟糕的是对佛罗伦萨造成的灾难性影响："上帝和法律的神圣权威几乎崩溃而陷入了衰退之中。牧师和教士与普通人一样，或死或病，或沦落到完全没有助手而不能履行职责的地步。结果每个人都可以做自身认为'合理的'事情。"

比疾病本身更加猖獗、不可预测和恐怖的是"野蛮行径"，许多人认为这些为人所熟知的丑陋社会行为或许是由城邦发起的。当社会似乎要瓦解时就会导致成千上万的市民及其他人开始逃离。

薄伽丘记录了女人沦为妓女，男孩儿当作男人使，小偷有机会把空闲的庄园房屋中的东西一扫而光，昔日的主人沦为仆人。背叛行径的描写在像薄伽丘的故事类的流行文学中展现一种病态的着迷。比起贪婪、嫉妒、贫穷和谋杀更为有害的恶毒表达，病理学家变得怪异有趣。

正如许多人理解的那样，瘟疫考虑的不是阶级斗争而是死亡，它以不可思议的偏见把有罪的人和无辜的人都引诱了。纵身投入被忽视的法律旋涡中，家庭、行业协会以及其他社会团体遭受破裂而瓦解掉。美德反成了恶习。利他主义似乎是自取灭亡的行为，而自私似乎是博爱的举止，拒绝似乎是卫生的标志。

人际联系实质性的减少开始被看作是有利于降低疾病传染的。几乎没人能够明白为何疾病那吸血鬼似的胃口会像老鼠身上布满的跳蚤的食欲。成千上万的人都知道无论疾病以怎样的途径传播，与病患者的任何交往，像接触、呼吸、穿衣、洗漱以及接吻，都可能会结束一个人的生命。

一些拒绝逃离的人在一些毫无价值的、无所不在的、冒着黑烟的篝火上堆积更多的原木和家具，认为这样能够抵御"瘟疫的微风"和"瘟疫的气味"。对这种做法人们产生了怀疑。寡廉鲜耻的律师记录下人们最后的口述，并发现一些人的身体有膨胀迹象，几小时后膨胀的身体就会长出黑色的疹斑、烂疮，最终痛得满地打滚。这些律师由此而获利匪浅。

正如薄伽丘写到的那样，瘟疫爆发后，中产阶级和富人的尸体很快就会被铲车送进数百具尸体集体埋葬的大坑中。穷人的尸体则凌乱地散落在街道上。大部分牧师都死了。墓地已经满到尸体溢出的程度。

到 1479 年，更加令人惊骇的瘟疫再次爆发，这场瘟疫所产生的恐惧半个世纪以来一直徘徊在城市之中。人间地狱的幽灵伴随着混乱、暴力和怀疑的鬼怪常常困扰着文艺复兴时期的都市人。对许多人来说，历史长久以来似乎就是一个邪恶的玩笑，抑或是基督信仰所支撑的一种观念。

伯纳德似乎也染上了疾病，但作为那些幸运的 50% 人口之一存活了下来。在 1479 年 6 月 30 日，当从圣安德鲁的家庭农场返回到佛罗伦萨时，他生病了。因为同他一样感染疑似瘟疫的人身体都在颤抖，他担心自己肯定也感染上了瘟疫。尽管存在这种可能性，并且很难得到有效的治疗，但是仍有许多感染的人并没有死去，于是他意识到不应该毫无缘由地抛弃所有的希望。

由于务实的习惯，他在日记里草拟了他认为非常必要的步骤来处理他的问题，并安排四个孩子中的三个离开城市。当时 10 岁的尼科洛，4 岁的洛托，12 岁的玛格丽特，被送到在穆杰罗山村的乡下舅舅家里（普莉玛维娅，尼科洛的姐姐，当时 14 岁，留在父母的身边）。

伯纳德接下来以不菲的价钱——每人一弗罗林——雇用了几个医生。他为第一个医生提供了可检测的尿样。表兄博宁塞尼亚为保持距离站在街道上，从马基雅维利家族宫殿的一个封闭的窗户里拿到尿样并送到医生那里，因此他也得到了一个弗罗林。

伯纳德的医生以无知的方式治疗这位律师患者，使流血状况缓和，并且还有效地切割了溃烂脓疮。他将糖浆剂和有香料的蜂蜜饮品混合，并将草药膏涂抹在异常生长的溃疡上。一位有着理发师或者外科医生头衔的人接受过医疗培训，包括外科的培训，决定用水蛭来治疗伯纳德。这些水蛭吸食美味鲜血，有杀除细菌的功效，即使这些功效当时并未被人承认。

几周之后到了 7 月，由于医生的努力或者是自然康复，伯纳德的病情似乎有了好转。但马基雅维利家族的其他成员的境况却越发糟糕。伯纳德的编年史中没有评论关于他的大量亲戚死亡的内容，只记录了这种遭遇持续到 8 月，而此时瘟疫的蔓延已逐渐缓和。

有趣的是，尼科洛的母亲巴塞洛缪似乎并没有被感染。据无事实根据的家族传说，人们甚至通过创作宗教歌曲或诗篇来赞扬她的虔诚。然而，这些歌曲和诗歌却没有留下一丝一毫的痕迹，也没有任何关于它们在何时被创作的线索。有一种说法宣称，直到 19 世纪它们一直被保存在这个家族的藏书室里。然而，巴塞洛缪信仰的力量，以及她神圣的诗歌在安抚成千上万个把承受残酷的身体折磨当作是神圣宣判的人中所起的作用是未知的。

同样应该提到的是，30 多岁的她和伯纳德结婚时是再婚，她可能 18 岁的时候同一位药材商尼科洛·吉罗拉莫·尼科洛·本尼兹结过一次婚。1457 年她的丈夫去世，留下她和女儿莉昂娜德，后来女儿也不幸去世了。

尽管巴塞洛缪的家庭背景在某种程度上很卑微，但尼科洛以及伯纳德的另外两个孩子被送往的正是她的哥哥乔凡尼·内里在穆杰罗山区蒙特布亚诺的似乎安全的住宅里。伯纳德回忆道，尼科洛当时穿着薄薄的夏装，带着一件大衣和短外套以应对更凉爽的夜晚。

尼科洛比另外两个孩子先到，几天之后洛托和玛格丽特坐着骡车追随而至。洛托被包裹在父亲的床单里，放在一个悬挂在一只骡子的侧面摇篮里。

蒙特布亚诺这个美丽的乡村非常适宜居住。它壮丽的群山像现在一样层峦叠嶂，碧绿且粗犷，如今通过更平坦的道路能够顺利到达。

宽敞舒适的葡萄园，用几百只成排的木桩串起并且（在 7 月）会结出很小的葡萄，延展至几英里。在一片永恒的蓝天下，它们通常会垂直地嵌在狭窄山谷中弯曲的陡坡里。

夏天细雨很少会撒落在群山枯焦的地域。悬铃树、橡树、紫杉、山毛榉，以及白色的冷杉像许多遮阳伞和接待员一样悬垂着。橄榄树似乎游手好闲地待了好几个世纪。在夜里，一只孤寂的野狼或者更常见的是狐狸，会大步慢跑于月光照耀下的葡萄藤和树篱中。

夏天，成群的绵羊分散在平坦的草原和起伏的山丘上吃草，它们通过汲取阳光而成长，为羊毛贸易提供货源。另一种产品是从放养的羊群和奶牛正在储备的最新鲜的奶中萃取出的奶酪。在那时候，比起英格兰某些地方的牛肉来说，乳牛的奶制品和皮革更有价值。

对于大多数了解这些古老的农业环境的人来说，这片乡村也蕴含着一种浓厚而深沉的神话和传奇迹象。从远古以来，居民的历史和宗教就在改变着这片备受人尊敬的土地，这些居民包括地主、农民、铁匠、补鞋匠、仆人、编织工、杂货商、庄稼汉、牧师、猎人以及木匠。

同样远古以前，与星球上的其他部分不同，传奇孕育的群山贡献的不仅是一片土地，也不仅仅是在土壤中被堆积起来的砂岩。多少个世纪以来，这些山丘、幽谷以及岩峰散落在道路之间，它们被折叠、压缩并被许多虔诚且富有想象力的人们照料。

古代的伊特鲁里亚人征服这里之后，将神学思想引进这广袤的、被绿色覆盖舞台上。古罗马至高无上且受过教育的上层阶级将伊特鲁里亚人的信仰接纳为他们自己的信仰，他们定居下来并繁衍后代，就像是与伊特鲁里亚人的神灵连接在一起。

他们也以自己的方式崇拜群山，他们通过曼图亚附近的田园诗人维吉尔史诗般的诗歌来表达崇拜。迄今为止已有 14 个世纪之久的《田园诗集》描绘了小溪流淌的穆杰罗悬崖下蔓延的村庄，也涉及对农民和养蜂者的合理建议。

在《田园诗集》中，可以看到描绘到广阔的草地向南扩展，弯曲地向罗马的护城墙和城堡延伸。诗歌是以灵活的六音步格式写成，对秋季、冬季以及夏季进行了描绘，诗中那可靠的描述闻名至今。诗中还接着阐释了数月的金色阳光如何改善了农作物的生长条件。

维吉尔的诗句敏感达观，内容丰富得受人钦佩，各地的人们都记忆传诵，其中不仅包括古罗马时代的人，而且还包括千年之后的尼科洛所生活的15世纪的人，以及埋头于古典或者人文教育的学童们。

尼科洛被拉丁语吸引，并且他留心着维吉尔的演讲图片，援引着16世纪才出生的菲利普·西德尼爵士悦人的诗文，他可能还没有阅读维吉尔的《田园诗集》，但已早有耳闻。维吉尔的四重奏诗歌计划将每个季节写成一篇冗长的诗篇。尼科洛或许读过了《埃涅阿斯纪》的一些片段，或许更多。这位罗马诗人宏伟的叙事诗以田园风景占主导地位，诗中以大片笔墨集中创造了古代世界最文雅的政治帝王。

尼科洛或许已经了解了维吉尔，仿佛某种程度上，他再次认识了这个虽狂野却被驯服并被重新设计得更加古老且神灵泛滥的乡村世界。自从它的神话故事存在以来，它的农业实践几乎就没有任何的变化。尼科洛的老师和父亲鼓励他无论走到哪里都要去领会那些依然有影响力的罗马神灵，它们置身于自己那虽已失落但仍旧不朽的文化中传递着微光。

农夫捶打着钝犁那坚硬的犁齿，
一个小伙子将把树干制成水槽，
另一个小伙子给他的牛打着烙印，数着粮食的袋数。

置身于没有宗教信仰的古罗马就像是束缚在文艺复兴——基督教徒的现代一样——而当他通过诗人的眼睛来观测这一切时，他对于自己所居住的这个星球，以及上方所环绕的天穹的了解似乎更加丰富明了：

为何通过宇宙中十二象限所限定的分区
金色的太阳控制着可以测量的轨道。

五个地带构成了天空：其中的一个在燃烧。
太阳永远散发着红色光芒，永远被它的火焰烧灼。
围绕着它左右两边的是最遥远的延伸地带，
蔚蓝的冰封海洋，黑色的凝固沙暴。
它们中间的地带，留给了虚弱的人类。
两个地带是上帝的恩惠……
因此我们能够预知善变天空的天气，
确定收割或者播种的时间，
在桨猛击危险大海的最好时机，
发动一支武装舰队。

夏天古罗马的风景更加迷人，为了满足他对现代社会的好奇心，在靠近卡法吉奥罗小村庄的地方仍然残存着一个新的政治世界的提醒物——美第奇别墅。

别墅最显著的地方是它的城堡，在15世纪重建后被老科西莫改建为一幢夏日住宅。它被改造用来作为洛伦佐·德·美第奇的夏日避暑地，近期他来得更加频繁。

马西里奥·费奇诺（1433—1499），是一位因翻译柏拉图的著作包括《蒂迈欧篇》而受到赞扬的数学家和哲学家，他是美第奇别墅的常客。同样常来的还有著名的逻辑学家乔凡尼·皮克·德拉·米兰多拉（1463—1494），他是马尔塞鲁之前的一个学生。两个人所做的不仅是参加放松消遣的夏日晚宴，他们还加入到会谈中。这些辩论的内容涉及历史或者自然哲学的最新视角，此类知识在今天被理解为自然科学。

受教育的群体对历史观的广泛热情达到了狂热程度，尽管存在着哲学家们对于中世纪晦涩的天文学领域荒诞的漫谈，但是大体上不可否认他们的谈论是熠熠生辉的。同样在很大程度上，这些谈论是由合理的推测组成的，这些推测在那些穿着华丽、以经验主义为主导却推崇迷信的观众，像贵族、贵妇、政治家以及商人群体看来，是不可接受的。

如果说在美第奇别墅里和平与理智是融为一体的，那么不远处裹足不前的、黑夜笼罩的村落就好像深入地嵌在旷野中。由于罗马时代重要的铺路碎石被掠夺，它们被一些狭窄的小路连接起来。夕阳西下，村庄就包裹在一片纯净的黑暗中，远离洛伦佐城堡的窗户上是一些居民家里在夜晚点亮的小蜡烛。任何灯光都不会侵袭进入梦乡的处于孤立状态的农村世界。

如果说近几个世纪以来，想要在小山村及其附近发现与人类居住地隔离的自然世界变得难上加难，那么尼科洛生活的 15 世纪（文艺复兴早期）就会值得回忆。那时人们还没听过机械或电力的声音，也不了解塑料、茶、咖啡、电视荧屏、航空发动机、音乐播放器以及汽车报警器这类东西。

日夜充斥着香料的空气，掺杂着来自鼠尾草、薄荷以及迷迭香的成分，它们像运输着的成熟蔬菜的气味一样浓厚新鲜。白天的时候，那些家具木匠、藤椅制作者、陶工、裁缝、纺织工以及染色工的吆喝声为各自的产品增色不少。每种商品各不相同，比如玻璃吹制工储备凹凸不平的瓶子和三脚架，他们会将银镜出售给有钱的顾客。

在蒸汽动力和工业革命之前的一个纪元，宇宙似乎被认为是一个有限的东西，甚至根据罗马神话中命运女神的观点：通过个人的胆量以及圣灵的作用，宇宙是可以被操控的。而“手工制品”仍然保持着借助双手创造万物的感觉。

第七节　隐匿的年代

在伯纳德的《回想录》以及记录对于他来说重要的家族大事的日志里，尼科洛反复出现。然而 1487 年，不知出于何种原因，伯纳德停止了日志的写作。他所创造的词条有时候能够揭示尼科洛的童年生活，这对理解尼科洛逐渐形成的自信至关重要。一些记录表明了尼科洛从男孩成长为男人时，如何度过或孤独或愉快的一天、甚至是几分钟——他可能悠闲漫步至房间，也可能沿着道路徜徉。

“帕齐阴谋”失败以后，一股腐败的气息开始在佛罗伦萨的空气中弥漫。然而伯纳德并没有提到有关腐败的问题，这可能是由于道德崩塌对于伯纳德和其妻儿来说并没有什么直接的影响。不管神圣的法律如何规定限制，洛伦佐这位被解救的统治者实际上享有几乎没有边界的完全自由，他可以随心所欲地做任何想做的事。

然而现状仍然矛盾重重。如果洛伦佐贪婪的金融行为在很大程度上仍然不受限制，那么任何外交冒险——比如战争上的失败，其过失都可能是巨大的。与其说洛伦佐是官僚或者选举产生的官员，不如说他是一个独裁统治者。不管他被那些谄媚奉承者们保护得多好，都能很快招致群众的嘲弄，伴随而来的是他有可能会被罢黜的危险。

洛伦佐案例中的一个重要问题在于，幻想着自己是顶级银行家的美第奇家族，开始从由西克斯图斯及其同盟者发起的昂贵战争中减少他们的资源投入。那时美第奇家族的首领仍然是那不勒斯的费兰特国王。

教会对那些侮辱和背叛共和政体的牧师及教宗使者进行抓捕、拷打和处死，并将其逐出教会。在这样的限制下，佛罗伦萨显得毫无生机。西克斯图斯让信件和谣传的指控“席卷了整个意大利”。这些被嘲笑和控告的人在他看来是佛罗伦萨人对上帝的抛弃。

由于洛伦佐的不善经营，美第奇家族在罗马和那不勒斯开设的银行很快就被迫倒闭。为了给佛罗伦萨战争提供财政支持，洛伦佐尝试从他旗下设在别处的银行的经理那里借钱，未料遭到了拒绝。一怒之下，洛伦佐执意关闭了美第奇家族在布鲁日和米兰开设的银行。

这一错误的决定并没有为他带来什么好处，反而弄巧成拙，使他产生了从佛罗伦萨的税收和其他资金里偷窃的想法。在接下来的几年里，他偷窃的数额达到了惊人的7.5万弗罗林（1252年在佛罗伦萨发行的金币）。

美第奇家族的另一份遗产也同样成为他敛财的牺牲品。作为他父亲的堂兄皮尔弗朗西斯科·德·美第奇两个未成年儿子的监护人，1476年皮尔弗朗西斯科去世后，洛伦佐有权接触到他们的财产。1479年5月到10月，大约5.5万弗罗林的财产轻易地流入了他的口袋。

与此同时，战争状况也愈演愈糟糕。尝试了一连串的军事恐吓之后，雇佣兵之间的小规模争斗很快演变成了大规模战役。从前没有人会过多担心那些已经被支付薪水的士兵会去炫耀财富，而非拿起武器。然而现在看来人们熟悉的那些雇佣兵们玩的小把戏、诡计以及佯攻等，已经演变成了真实的冲突和战斗。透过那些险恶的炮火弹幕，佛罗伦萨共和国的城镇居民发现他们正在被迫卷入一场巨大的袭击当中，这激起了他们对生命安全的恐慌。

控告和耻辱伴随着猜疑大量涌现，复仇行为变本加厉。在共和国城镇的街道上散发的妖魔化诗歌扮演了具有煽动性的角色。如果说雇佣兵是为贪婪的利益所驱使，那么大量民众则屈服于疯狂的激情。

愈加明朗的是，佛罗伦萨不同的团体都开始变得恐慌并参与其中，这些团体中就包括马基雅维利家族。早在1478年7月份战争刚开始的时候，兰度西的日记里就提到了战争中市民被屠杀、俘虏被抓走的情形，这些受害者包括“所有阶层的男男女女”。到了12月，当烧杀抢掠横扫佛罗伦萨的几千英里领土（东至威尼斯，西达比萨）时，冲突和杀戮已经与最近一次瘟疫爆发交织在一起，而那场瘟疫通常被看作是上帝针对作恶之人的复仇。

1479年夏天，兰度西也逃离了佛罗伦萨，较之于战争，他更害怕瘟疫。出于相同的原因，尼科洛也被送到了穆杰罗山村。

9月份的时候，伯纳德破天荒地记录了这次抓捕以及对南托斯卡纳区一个佛罗伦萨的堡垒的破坏，并对其家族在佩库斯纳的圣安德鲁的财产安全表示担忧，因为那里离南托斯卡纳区很近。而在这之前，伯纳德甚少记录军事事件和政治事件。他命令家丁返回佛罗伦萨，将其财产分文不少地取回来，并确保其羊群被重新安置在安全的地方。

有一妙招似乎对打破可能导致佛罗伦萨投降的军事僵局至关重要。1479年12月，洛伦佐打算实施这一妙招。

有一点必须注意到，那就是来回滚动的大炮、生锈的盔甲以及陷入泥浆里的骑兵马鞍上的皮革，从一开始就已经影响了佛罗伦萨这座城市的日常生活，并且这种影响旷日持久。国库变得空虚，作为共和国财政基础的羊毛交易也不可能以一次不成功的突围来捍卫。一种简单的、不是很精准的手枪作为令人震惊的新武器被引进，当时在一场战斗中，米兰8000名步兵中有2000人都在使用它。这表明在1479年的秋天，战争双方都预料到了尽管米兰和佛罗伦萨之间存在脆弱的联盟，但是双方都期望引进先进的武器以便产生一种额外的威胁。

即使一场战争的灾难没有爆发，这场瘟疫本身所带来的灾难也是前所未有的，而瘟疫患者的蔓延和财政上的困难，使得这场灾难加剧膨胀。因此，按照洛伦佐一贯的炫耀式风格，他在圣诞前夕与其最主要的敌人那不勒斯的费兰特国王安排了一次停战会面。面对面的谈判或许能够结束这场杀戮，即使这也意味着洛伦佐需要冒着生命的危险。他没有选择逃至托斯卡纳海岸区的一个小港口，而是乘一艘谨慎安全的小船向南驶向那不勒斯首都，向他的米兰同行请教，正如他们在那不勒斯也向其同行请教一样。某种程度上来说，那不勒斯的反应并不那么令人沮丧。他将受到那不勒斯的欢迎，即使他的旅程可能需要礼物的打点才能顺利进行——而他则马上下达了送礼的命令。

在费兰特国王看来，自美第奇家族领导人庄严地踏进那不勒斯这座古老的城邦后，使得接下来两个月的谈判已经跟停战没有多大关系，而是让每个人都确信这是佛罗伦萨的一次战败。艰难的交涉产生了一些让步——洛伦佐不情愿地赔偿了一些金钱，割让了共和国的部分领土。当勉强默认了这些损失时，他成功避免了一次更加糟糕的军事和政治灾难。一个重要的时刻在接下来的 8 月到来——土耳其人带领小型舰队在意大利奥特朗托港口发动了侵略。教皇的敌意此刻减少，西克斯图斯也与其他人一样认识到了停止内乱，一致抵抗共同的“异教”敌人的重要性。战争逐渐结束，1481 年 12 月，美第奇家族在罗马的银行重新开张。

1480 年，11 岁的尼科洛·马基雅维利第一次进入不那么有诗情画意的应用数学领域，开始学习算数学和商业会计，这些课程作为其拉丁语课程的补充。同年，他 5 岁的弟弟洛托也开始学习拉丁语课程，而第二年他们便更换了第三个家庭教师——帕古罗·萨索·达·隆西里翁爵士。帕古罗教授尼科洛古希腊语的一些基本知识，但是尼科洛似乎对此并无太大兴趣，也没有证据表明他后来保留了任何古希腊语知识。

也是在这一年，伯纳德说他 12 岁的儿子已经开始写简短的拉丁语作文，并且能够将意大利语翻译成拉丁语。他阅读了查士丁尼的羊皮卷《摘要》手稿，这本儿童通用标准版的历史书籍是他父亲从邻居皮耶罗爵士那里借来的。从称呼来看，“爵士”表明他可能是一位牧师或者公证人。“爵士”是为法学家保留的称号，包括法官和骑士。伯纳德也经常被称为“爵士”。

尼科洛的新家庭教师帕古罗（保罗）爵士是一位牧师，在佛罗伦萨大教堂（也叫圣母百花大教堂）开设学校并为神职人员授课。他在大教堂的学生大多是佛罗伦萨显赫人家的儿子，其中不乏许多和佛罗伦萨政府有密切联系的家庭。帕古罗那时候已经因其显著的知识成就而为人们所认可。作为维吉尔、卢克莱修、奥维德和提布鲁斯等作家作品的译者，帕古罗通过会话解析、修辞分析以及拉丁语学习来帮助学生翻译古希腊哲学家——尤其是古历史学家和政治作家的著作，如李维和西塞罗的作品。

帕古罗把这些 12 岁到 15 岁不等的学生组成了一个智力精英团队，而其他同龄的孩子当时则被送到了一些指定的以算术为主导的学校。而且帕古罗的两名学生彼得·克里尼托和米凯莱·威瑞诺很快就因诗人的身份声名大噪。虽然 1487 年，年仅 18 岁的米凯莱英年早逝，但是在去世前已经发表了其著名的拉丁语作品《韵律对句》。这本著作条理清晰、充满智慧，即使与古罗马诗人马提雅尔的短诗相比也不逊色。佛罗伦萨的一些人文主义领军人物纷纷对米凯莱的早逝表示哀悼，包括克里斯托弗 · 兰迪诺——他也写了一本关于但丁《喜剧作品》的令人钦佩的评论。他将米凯莱看作被命运女神捉弄的文学界杰出的高贵灵魂。

伯纳德对尼科洛所做的记载，开始逐渐断断续续，越来越少，尤其是一些没有数据支撑的猜想几乎没有用处。但接下来的几年又开始变多，1481 年尼科洛再次出现在伯纳德的《随记》里，被指派每个月替父亲向一位布匹商人或多或少支付一些现金，作为其女儿普莉玛维娅的部分嫁妆（伯纳德也会给一些实物，比如几桶酒和几瓶醋，对于伯纳德来说，这是一笔不小的开支）。

15 岁的普莉玛维娅和 23 岁的弗朗西斯科 · 韦纳奇的婚礼在有步骤地安排着，按照惯例，家长之间对嫁妆进行了协商。为普莉玛维娅婚礼做准备的这些步骤，同样也是惯例，通常会持续数年。最后一个步骤就是婚礼，于 1483 年 6 月 15 日举行。那天晚上的庆祝晚宴结束后，在女方家里举办的婚礼也就圆满结束了。最后一个步骤是 7 月 6 日的送亲，新娘出现在队伍中，前往丈夫的家里。

普莉玛维娅的这场婚礼看起来奢侈昂贵。束腰外套、优雅的蓝色羊毛（或者驼毛）衬衣以及蓝色丝绸大衣外套——这些花费了她那并不富裕的父亲大概九百弗罗林。如果要估算婚礼的全部花销，还要算上亚麻织物、床具、崭新的衣物、两个摇篮以及她储存的财产，或者说新娘的陪嫁钱（超过五百弗罗林）。这笔钱多年来被伯纳德用来投资城市管制基金，这在务实的佛罗伦萨是一种风俗。婚礼的花销最后还要算上在她父亲看来开销适度的婚礼宴席。

1486 年，尼科洛再次出现在伯纳德《随记》中的记录里。那时他 17

岁，随伯纳德一起离开佩库斯纳的圣安德鲁。为了装订书本，他似乎很乐意将价值“三瓶红酒和一瓶醋”的钱支付给当地的一个书商，以确保他能够制作出一个有价值的索引。经过漫长的等待，这本书终于装订完成，虽然坚固优雅，却一点也不独特——两个钩子将木质板用皮革半裹着。简朴的外观掩盖了这本书珍贵的价值。

尽管尼科洛了解许多上过大学的人物的事迹，包括一些著名学者和教授，但是他本人是否曾经上过大学？如果上过，怎么上的？在哪上的？这些问题都不得而知。尽管他没有选择成为一名专业的学者，他对文字工作和历史勘查工作的名声还是迅速外扬，尽管其早期教育之后的直接教育途径仍然令人困惑。

1487 年，伯纳德突然停止了《随记》的写作。当时尼科洛可能开始参加佛罗伦萨的一所大学的课程。这所大学建于 1321 年，是佛罗伦萨的第一所大学，当时学校财政状况已经在走下坡路，但是学校却经营得风生水起。他甚至还可能去了共和国在比萨新设立的大学。这所学校是 1473 年由洛伦佐 · 德 · 美第奇投资建立，并设立了专门的法学院、医学院和神学院。但是这些课程似乎远不能满足他的热情。

1480 年到 1481 年在校期间，他可能听了受人尊敬的诗人安吉洛 · 波利齐亚诺有关古希腊语的技术基础以及拉丁语雄辩术的演讲，或许也听过克里斯托弗 · 兰迪诺关于古修辞学和诗歌（意大利语）的演讲，也可能听马西里奥 · 费奇诺讲述过柏拉图主义的细微差别。也是在这里，他可能第一次遇到了当时已经声名远扬的演说家和学者马塞洛 · 维尔吉奥 · 阿德里安尼。马塞洛比他年长 9 岁，是一位著名的拉丁语学者，同时也是迪奥斯科里德《药物学》的翻译者。《药物学》是 1 世纪的一本药典鸿篇巨制，或者说是标准的医师圣经。尽管马塞洛对此书的翻译并非完美无瑕，但是其表现出来的加入市政管理的政治野心跃然纸上，而且让人觉得充满魅力。

保罗 · 乔维奥，一位不诚实且充满敌意的神学作家，在 15 世纪 90 年代初的时候认识了尼科洛，其关于尼科洛的一句评价可能是将尼科洛和与大学学习联系起来的唯一证据。保罗的《马克西姆》是一本记录当代名人的合集，他在书中声称尼科洛在阿德里安尼的指导下“采摘希腊的拉丁花朵”，尽管这一行为并没有得到证实，且人们对作者本身也存在怀疑，但由此可推测尼科洛的这个行为就是在大学里进行的。可以清楚的一件事情是在这个时间前后，或者是几年之内——很可能是在 1494 年前，尼科洛开始投身于自己的学术生涯中。是否有人指导不得而知，他抄写了古罗马剧作家特伦斯的戏剧以及卢克莱修的力作——超过 7000 行的诗歌巨作《万物本性论》。

这些努力使他不可避免地受到了学术上的训练，这可以被看作是消除了他教育上的阴影之举。之所以这么说不仅仅是因为抄写名作教会他把握拉丁语（可能也有意大利语）的语言风格及流畅性，掌握在那个时代的佛罗伦萨社会里如何前进的技巧，甚至是进入这个城市政治生活的技巧，也是因为这些抄写工作本身就独具魅力。

由于尼科洛几乎“消失”了 10 年，这 10 年被称作其“隐匿”的 10 年——大概从 1487 年开始算起。由于这消失的 10 年，我们应该更多关注尼科洛的那些手抄本，因为这是理解他才智发展和艺术才能发展的关键。

特伦斯（大约公元前 185 年—公元前 160 年后）是一位剧作者，当尼科洛开始对其有所了解时，他仍有六本戏剧作品留存在世，其中两本是《安德罗斯女子》和《自我苦恼》。受到早期希腊戏剧的影响，他是古罗马第一个在客厅喜剧的修辞和戏谑方面有所建树的大师。客厅喜剧是一种低俗的戏剧，色情、肮脏、带有侮辱性却又不失趣味。卢克莱修（大约公元前 95 年—公元前 55 年）是古罗马最重要的哲学经验主义大师，或者说是后柏拉图哲学教义的大师。他以一种既平和又灿烂的风格来表现这些哲学教义的魅力，将清晰新颖的想象与措辞的逻辑性和朴素性相协调。

在尼科洛所处的时代，特伦斯与卢克莱修都不为人所欣赏。尤利乌斯 · 恺撒嘲笑特伦斯为愚蠢的只会关心家务的人，卢克莱修则被反科学的罗马人解雇。卢克莱修推广并提升了希腊哲学家伊壁鸠鲁在原子和遗传方面的见解。这些见解中包括了有关受其影响的学科还有遗传生物特征的基本原理。这些远远走在其时代前列的激进观念使得卢克莱修在同时代人眼中变成了一个小丑。

尽管特伦斯的戏剧于1470年才第一次被印刷，而且仅仅是在斯特拉斯堡地区，但是他很早之前就为人文主义者和中世纪学者所了解。相比之下卢克莱修则被遗忘了。《万物本性论》被波吉奥·布拉乔利尼（1380—1459）于1417年（或者是更早的70多年前）从几个世纪被遗忘的黑暗中解救出来，而且很显然他是从德国福尔达的一个修道院里找到这本书的。波吉奥是一位作家兼学者，他就像一位猎人，执着地寻找古代手稿，并且发现了许多西塞罗和昆体良已经丢失的作品。他的儿子后来由于参加“帕齐阴谋”而被处以极刑。

特伦斯与卢克莱修很轻易地就吸引了尼科洛的注意，因为两位罗马作家表现出的独特的风格，或者说作品中结合自然主义所呈现的人文主义生命力深深吸引着他。在他的时代，后者被理解为一个以证据为基础的描述物理世界的方法。到了15世纪后期，自然主义的影响已经蔓延了几十年，这在画家和雕塑家当中尤为明显。然而上述两位罗马诗人（如果说像特伦斯那样能写出生动剧本的剧作家也能被称为诗人的话）已经预测到了它的美学基础和现象学或实际经验中蕴含的真理，并且这种预测比其他任何人对此的预测要早1600多年。

在他们的影响下，尼科洛的人文主义倾向，或者说他迄今为止的教育，开始踏上了一个新的征程。无论是他的人文主义倾向，还是他用自然主义观点描述和分析世界的倾向，都被注入了一股强大的智慧和活力。作为一个抄写员，在卢克莱修大量大胆的文章中，尼科洛至少发现了三处这种智慧和活力——这些分别与想象力、政治国家的基础以及黑死病瘟疫有关。

人类的想象力——或者更精确地说是精神意象——在中世纪时就已经不

受待见，在尼科洛所处的时代仍然如此，所有的幻想都被看作是自我欺骗和错觉。与今天人们将幻想看作是奇思妙想、梦想、白日梦或者重新思考问题的一种引人入胜、激动人心的方式不同，在中世纪，幻想被当作是一种以自我为中心的虚幻和妄想。如果有可能，卢克莱修也许会鼓励尼科洛去接受一个关于想象的更为现代的理解——这会被证明是一种有用的工具。卢克莱修的观点是幻想拓宽了人们的视野。因此，幻想最终引起了认知的产生。以上论证是可以成立的，因为不管是粗糙还是精炼的意象，它们都是由客观物体提供，并进入人眼，使其能够被看见。

> 那些以各种方式在四面八方飞来飞去的物体表面的脆弱薄膜，这些薄膜在空气中相遇后很容易混合在一起，比如蛛网和金箔……这些……穿过人体的缝隙并使得脑中那些微妙的事物运动起来，由此产生了知觉。

理由是什么？它依赖于大脑的敏捷，并且大脑在伊壁鸠鲁学派所解释的宇宙的起源就同时存在。大脑灵活的特质使得大脑不仅仅是一个静态的器官：“因为大脑本身是精致微妙的，而且在不可思议地运动着。”

换句话说，从卢克莱修的伊壁鸠鲁学派的观点来看，大脑与身体一样，不是一个物体，而是一个过程，它既展现了也构成了一种更高级形式的机能。即使身体进入睡眠状态时，大脑还在像触角一样颤动着，或者说按照自身的方式运动着，就像宇宙中以原子为基础的漂浮的粉尘及颗粒那样运动，尤其是像宇宙中最基本的情感和性爱那样。爱被理解为掌管着一切生物的幸福。结合一切现象潜在的近乎平静的特性来看，爱维持着它们的恢复与新生。因此，尽管卢克莱修对享乐主义和快乐持蔑视态度，并且信奉清教徒主义的信条，但他还是坚定地认为厄洛斯（即爱神）是一种力量，传递了一个战无不胜的过程：

一个并不美丽的女人有时候会成为爱情的目标。通常一个女人自身会为了迎合男人的爱好而使自己保持光鲜和聪明，让男人很轻易地就与她分享他的生活。除了这一点，爱情就是在一点一滴的习惯中慢慢建立起来的。

他关于国家和政治的观点也在沿着相似的路线发展：任何社会都是一种运动的形式，而非某种固定的机构——无休止的流动变迁就是其具体表现。王者的崛起因此引起了贪婪欲望的膨胀，并最终导致弑君行为的出现：

（并且）因此国王被杀死。堆积的灰尘下躺着古老高贵的君王宝座和庄严的权杖。君王头上的徽章浸湿在血泊中，为暴徒所践踏，它的辉煌为其昔日至高无上的崇高身份哀悼。曾经那么令人畏惧的一切现在却惨遭蹂躏。因此国家事务的管理落入了暴徒手中，昏暗不见天日，每个人都挣扎着想要赢得统治权和霸权。然后一些人开始展示如何基于确定的权利和被认可的法律来建立一个宪法体制。饱受生活暴力折磨而疲惫不堪的人类自然而然地迈入了另一个社会，在这个社会里，人人通过暴力和复仇来表达愤怒，而不是像现在的社会这样，通过平等的法律去容忍愤怒。自那以后，人们对生命中奖励的喜悦被对惩罚的恐惧所冲淡。一个人陷入他自己犯下的暴力和错误行为中，这些行为反之又通常报应在他们的创造者身上。

并且这种情况也同样被认为是暂时的：只有自然法则表现出来的宁静或者物质宇宙更深层次的结构才追求永恒。更甚的是，没有人能够使自己完全脱离一定程度上的犯罪本质，他们都存在着游离于文明边缘的暴力倾向：

一个人若是通过自己的行为打破了维护社会安宁的共同契约，那么他将很难再过着平静不被打扰的生活。即使他向上帝和人们隐藏了他的罪行，他自己的内心也会感到不安，担心罪行不能永远被隐藏下去。他不能忘怀那些经常被提及的故事——人们在梦中或者胡言乱语时说出了自己曾经做过的坏事，将隐藏许久的罪行曝光在光天化日之下。

战争同样也被看作是不可避免的：

人类永远都是毫无意义、无足轻重的苦难和牺牲的受害者，无法认清在占有和真正的快乐生长的道路上到底设置了哪些障碍和限制，因此他们在没有结果的担忧中郁郁寡欢，了此一生。正是这种不满驱使着生命稳步向前，直至遥远的大海。也是这种不满从大海深处激起汹涌狂暴的战争浪潮。

在人类动荡起伏的背后，还存在着更强大的浪潮。某些情况下，大自然会做出巨大的、支配性的并且冷酷无情的调整，比如：

当一些偶然与人类不相适宜的大气层不可避免地在运动时，有害的气体开始蔓延，像薄雾和阴云那样飘荡，所到之处必定带来混乱和变化……因此，毫无预警地，这种新的毒气或者落入水中，或者正好落在生长的小麦上，或者是人类其他的食物上，抑或是落在动物们赖以生存的牧草上，又或者这些有毒的气体只是悬浮在空气中。因此当吸入这些被污染的空气时，我们不得不一并将这些外界的元素吸收到体内。

令人震惊的是，鉴于他对内心的安宁最终将普遍流行的信仰，卢克莱修竟然对灾祸的惨状进行了详细的描述，并总结出了其对于万物史诗般的描绘。在他的描绘中，宗教是一种迷信，但又不可或缺。卢克莱修在最后时刻创作的这些宏大的诗歌（也许并不完整）不能不对年轻的马基雅维利产生深刻的影响，因为他近来也看到了或者听到了一些类似的惨状：

> 苦难在很大程度上从乡村转移到了城市，因为那里聚集了每个地区受到灾祸影响的农民，他们拥在道路上，挤在住宅里。这里，沉闷令人窒息的围墙里，塞满了成堆的受害者的尸体……在大街上和公共场合可以看见许多残废的躯体，四肢丧失了一半的知觉，在破布下挤作一团，显得污秽而又肮脏不堪。皮肤和骨头上没有任何东西可以遮蔽，就那样悲惨地死去。埋葬的时候尸体身上的褥疮和泥垢，令人作呕。每个神圣的神殿里都居住着尸体……在这一刻，对众神的敬畏和崇拜几乎没有任何分量：它们都因眼下的苦难而遭摒弃。

这些苦难与卢克莱修享乐主义世界里的其他所有东西一样，仍然是一个变化着的过程，是一种一直在展开的行动。因此，由于对卢克莱修这本史诗般作品的抄写，尼科洛自身的人文主义训练至少经历了一次挑战。而且似乎很有可能，尼科洛的人文主义开始从早期冒险的古文物文献学转变为一种看待世界的方式，将这个世界的一切看作是一系列交叉的且无穷无尽的变化。毕竟奥维德很早就在他的《变形记》这本书里介绍了一些与此有关的东西，而尼科洛早在学生时代就已经阅读过此书。

第八节 诗歌与美第奇家族

尽管尼科洛的诗歌简洁刻板，但水平已经遥遥领先。他在二十几岁的时候创作出来的两首诗，或者两首合组歌中，他以隐含的语言提到了洛伦佐·德·美第奇的儿子朱利亚诺。并暗示米利亚诺和尼科洛是朋友，并且可能是亲密的朋友。

这两首诗似乎都要追溯到1492—1494年，属于他第一批存留下来的文字资料的典范。这证明他像以前所有的文人那样，受到拉丁古典文学、彼特拉克以及希腊罗马神话集中人文主义文章的熏陶。同时，这也暗示着一种对政治意想不到的着迷，尽管对此没有详尽的阐述。

这两首诗被收进一个小册子里，同时被收录的还有洛伦佐·德·美第奇的十首抒情诗以及安吉洛·波利齐亚诺的一首诗歌。桑德罗·波提切利（1444—1510）在一些书页中欣然地绘制了插图。鉴于尼科洛诗歌的田园诗派风格，这些插图中至少有一幅特别恰当地描绘了一位坐在阳光普照的岩石上穿戴整洁的牧羊人，在平静觅食的羊群面前悠闲地吹着笛子。

然而，看似田园的纯真却是伪装的，甚至这种纯真将会误导人们理解尼科洛的诗歌，误导人们理解古老的田园诗派传统中的许多虚情假意及天真的诗篇，这些诗篇可以追溯至古希腊和古罗马：

众神的天赋，愿你屈尊
接受我做你忠实的臣民；
望你不蔑视我做你的仆人；
我一心想让你高兴
——这是我唯一的愿望，
我很顺从，你只需考虑如何支配我；
尽管我站在

粗野的牧羊人的行列，当想起了你，
我就翱翔于低俗人的上方；
一旦我知道你接受了我的礼物，
你将会看到我飞翔得更高，
这礼物来自背诵你的赞美诗。
除了所有的这些，无论我拥有什么我都会给你；
你看到的兽群是你的，另外，
我正是你的一只可怜的羔羊。

撇开羊群、牧羊人以及奉承某些备受尊敬的人等田园诗的惯例，一种出乎意料的粗糙以及一种暗含的自知便显现出了——这两个人之间的阶级差别。

在佛罗伦萨以及欧洲这个有着森严等级制度的世界里，即使尼科洛可能是无名的贵族家庭的后裔，朱利亚诺也已经在等级排名中具有确定的位置，就算他只是一个市民。在那个时代，几个世纪以来政治上所激发的趋向民主的革命的影响下，地位差别的本质无疑比它自己本身的含义更难把握，虽然革命的理念在那时鲜为人知。现代人更熟悉阶级的残酷性，并且更清楚地注意到由阶级所引发的奴隶制度的情况。

了解尼科洛时代的阶级差别的程度同样是困难的，它依然是世界上等级制度的顽固遗留物。广大民众认为解除阶层就是解除神圣的规则，这是一种既荒谬又激进的思想，而且最终不可能实现，几百年来这种信念就以社会和经济的发展为理由而存在着。尽管他同朱利亚诺之间存在着友谊，尼科洛诗中纯粹的奉承从某种角度被认为是一种认识的方式或许更合适一些。它可以使我们认识到二者之间社会阶层的区别。

一个相似的暗示出现在第二首诗的开头处，在诗中自我矛盾表现得很明显：

永久生活在这森林中的牧羊人，

不管他们有多年轻，
都在告诉你他们的区别。
用你巧妙且高贵的天赋，
用你多样的方法和策略，
使得他们高兴地返回羊栏。
你是仁慈的：如果由于命运女神或爱情
让他们中的某个人变得痛苦，
你将用甜言蜜语重塑造其满足感。

诗中的赞美之情似乎并不复杂，然而再三考虑之下读者就会意识到这种满足的本质是荒诞的。如果“甜言蜜语”足以重塑一种理想的境界，然而它的敌人不仅是意料之中的“命运”，更是“爱情”，这事实上是在田园世界里上演的一种不适当的冲突：爱情被构想为一个敌人，一种更加普通、更加卑劣的存在。在充满喜悦的田园世界与更加残酷的现实世界之间，相似的冲突出现在诗歌的下一个三拍中，它构成了诗歌中心章节并介绍了他的主人公雅辛托斯，即朱利亚诺·德·美第奇的化身。在古希腊神话中，尼科洛能够从奥维德的《变形记》中回忆起漂亮的斯巴达王子被描述为阿波罗深爱的人。当他过早地死去时，阿波罗将自己的血滴转变成一种与他齐名的花，它的叶子闪烁着一种优雅的预兆，预示着绝望的经典感叹：

雅辛托斯，我仍然是赞颂你名字的人，
并且使它成为每个活着的人的记忆，
我把它刻在每一个树干上，每一块岩石上，
因为你杰出且卓著的美丽

和高尚的行为，
使那些谈论到并记录到你的人理所应当感到光荣。
通过给我们提供一个如此至高无上的奇迹，
通过与我们分享美丽，
天堂揭示了他们有益的力量；
每一颗灿烂的星星在你这颗星面前都会褪色：
首先它凝视着顶部的价值堪比任何皇冠和王权，
其次这种壮丽控制每一个容貌和涟漪，
自然在告诉我们它的价值和力量。
其余的部分你可以通过自然观察到：
你听到他优雅的布道声，
那声音可以使大理石变得充满灵性。

诗歌中流畅地提及繁星、王室以及其他的对照——树干由于刻上了深爱人的名字而闪闪发光，星星由于大理石变得有灵性而褪色，以皮格马利翁的风格回应着雅辛托斯的心声——这种流畅性甚至可能是在暗示身体上的欢爱，至少对现代读者来说是这样的。诗人爱情在政治层面上似乎和好色联系在一起。因而，通过暗示的含义来看，诗歌的字里行间似乎涉及同性恋的爱情。

如几个评论者认为，尽管没有充分的证据证明，雅辛托斯的神话看来是支持这样的读物。在奥维德版本的故事里，深爱着主人公的不仅有阿波罗，还有被他拒绝了的西风之神。带着嫉妒的愤怒，西风之神在一次运动比赛中用磁性吸引阿波罗用力投掷的铁圈，使铁圈疯狂地飞来飞去，并且猛烈地撞击到了雅辛托斯的头部，将他杀死。

没有显著的迹象表明尼科洛在这篇诗歌想要呼应整个神话，而不仅是提及相关的部分。实际上，他的诗歌很快变成了对阿波罗的赞美诗，而且丝毫没有提及“佛罗伦萨人的恶习”：

你伟大的价值起到了如此积极的作用，
神圣的阿波罗，通过你的力量，我力图
尽力赞颂你的雅辛托斯。

一直到最后，这首诗歌都没有将重点放在性爱上，而是平淡地放在古罗马神圣的友谊观上——友情——同样也放在声望本身，或更加狭窄地放在支持复苏的罗马女神法玛身上。雅辛托斯的“荣耀”显而易见地鼓舞了弥尔顿，一个半世纪之后，随着文艺复兴时期罗马传统的复活，弥尔顿将其描述为“贵族思想的最后衰弱，以此来嘲讽享乐并寻找艰苦的时代”：

我不缺乏优雅，
我的愿望是获得这种名声
来到处建立你的荣耀。

正是这种获取名声的挑战成了诗歌的主题，而名声则是通过诗歌本身以及诗人对权势显赫的市民朋友的效忠得以获得的。贝诺佐·戈佐利在装饰过马基雅维利家族宫殿墙壁之后，还作壁画装饰了华丽的教堂，而美第奇家族雅致豪华的宫殿就位于距离教堂不远的地方。雅辛托斯故事的寓意似乎在宫殿的环境中很合适且应景，正如那两首蕴含着田园－政治含义的诗歌一样，为诗人自己指出了一个光明的未来。

美第奇家族教堂中，由贝诺佐画壁画进行了装饰，在壁画中，尼科洛那奇妙的诗歌之树背后，在那刻着雅辛托斯名字的峭壁之后，以及那些在雅辛托斯的光辉前褪色的星星背后，那骑在马上、神情严厉的波斯妖僧里奋勇向前。他们穿过戏剧性的墙壁永远向伯利恒挺进。他们由洛伦佐、皮耶罗一世

(洛伦佐的父亲)、他的女儿甚至还有贝诺佐的老师弗拉·安杰利科陪同着。在暗淡且神圣的天空下，成群的士兵以及他们优雅的仆人，穿着奢华的蓝色和深红色长袍和斗篷，护卫着他们。

当尼科洛14岁时，他父亲伯纳德撞上了一个可以让自己声名远扬的机遇。这个机遇同样也是发生在美第奇宫殿里，伯纳德胜利的微光直至今日仍旧衬托着他儿子的成功。这件事情同样围绕着一份出版物展开。巴托洛梅奥·斯卡拉的《法律和审判的对话》在一片称赞声中于1483年问世，在这份出版物中，伯纳德成为一场对话的参与人物，即在一场与斯卡拉的虚构的辩论的一名律师，他们讨论了关于完美的法律应具备的基本要求这样一个棘手的问题。

完美的法律是否应该随着社会变化的状况而发生改变，或者像原来被理解的那样保持像神灵一样的稳固？在与斯卡拉的对话中伯纳德被描述为一个具有人文主义倾向的人，他把理想的法律看作是不变的。这个观点是自由主义的，因为它将法律审判屏蔽在腐败之外，而这种腐败就是律师他们自己所谓的傲慢和投机取巧。尽管他在为自己的立场辩护，伯纳德还是探讨自己与他友善且重要的对手之间的共同基础。

睿智的斯卡拉是佛罗伦萨的首席法官。作为一位著名的历史学家和寓言故事的作者，直到1497年去世为止他一直担任首席法官职务。在1483年，他将《对话》献给洛伦佐·德·美第奇，作品汇集了在他的新宫殿的奢华中庭里，或者说是在离美第奇宫殿不远处的地方——皮因提小镇，他与伯纳德的辩论。

在那些日子里，与《对话》一样，他和伯纳德都受到了热烈的欢迎，并被吸收到美第奇的令人敬畏的文坛社交圈中。10年之后，伯纳德的儿子，在他的两篇诗歌中塑造了洛伦佐的儿子朱利亚诺的人生传奇，这无疑补充并扩展了这两个家庭之间的联系。

第九节 宗教改革

似乎无人知晓吉罗拉莫·萨佛纳罗拉一开始是从哪儿出现的。人们或许会想象出一种令人吃惊的出现方式——在一幅破损的基督教风景画中隐约可见其身影，早在1492年就已经有人开始为解释他的出现做了一些准备工作，将他看作是一位富有魅力的改革者。

这些准备工作既包括他个人，也包括许许多多佛罗伦萨的民众和领袖人物。他们对萨佛纳罗拉的反应是不一样的——感兴趣的、蔑视的、忠诚的、热情的，最后还有暴力相向的。然而最初这些准备工作似乎并不存在，或者说与几个世纪后出现在世界舞台上的历史人物的可预见性相比——如拿破仑和列宁，又如汤姆·佩因、杰斐逊、墨索里尼、阿道夫·希特勒、甘地以及波尔布特等——萨佛纳罗拉的出现并无明显预兆。正如对社会的冲击可能从政治和宗教范围的一端产生，也可能从另一端产生，并且这些冲击有的令人欢欣鼓舞，有的则令人心生不满，人们对这些历史人物的评价也是褒贬不一。

还有似乎很明显的一点是，政治改革通常是向前看，而宗教改革则通常是向后看。如果马克思主义或者民主主义，甚至是法西斯主义和纳粹主义能够为人们创造一个乌托邦或者更加幸福美好的未来，那么在牧师或者教士看来，一个无比神圣的过去正在向他们招手，召唤他们去寻找被世俗腐败所摧毁、已经失落了的精神上的纯粹。

萨佛纳罗拉似乎并没有赢得明显的喝彩。布道时，咆哮般的控诉中充满讽刺："在初期的教堂里，圣餐杯是用木头做的，高级神职人员如金子般珍贵；而现在的教堂里一切都颠倒了，圣餐杯变成金子做的，高级神职人员却像木头一般。""啊，佛罗伦萨，佛罗伦萨，佛罗伦萨，因为你的罪恶，因为你的残忍，因为你的贪婪，因为你的淫乱，因为你的野心，你必须承受许多苦难和悲伤。""仔细思考，充分思考，因为灾难将要侵袭你。""这座城市不应该再被称作佛罗伦萨，而应该是窃贼的匪窝，是卑鄙和血腥杀戮滋长的肮脏地方。这里的一切将被贫穷侵袭，万物都将变得不幸，而你的名字，将从牧师变成可怕的人……一个从未耳闻的时代将要到来。”

这些宣言连同许多更高智慧层面上的政治理论一起，从费拉拉的那位纤瘦的、尖酸刻薄的多明我会修士口中喷涌而出，他那肥厚的嘴唇，鹰钩一样的鼻子，惨白憔悴的身体，都让人产生一股强烈的反感情绪，直到他开始开口讲话。

伴随着鼓舞人心的眼神以及在诅咒、宽恕和赐福中抬起的手指，他的声音经常在庞大的人群中爆发出来。那声音听起来富有涵养又充满热烈之情，连米开朗基罗都说永远不会忘记。人群中受过教育的和没有受过教育的，都全神贯注地听着萨佛纳罗拉的说教。他受大众欢迎并不是偶然的。在做学徒的几年里，他设法成功吸引了“一些傻瓜和为数不多的几个女人”的注意力，然而持续时间不超过几分钟。而这之后，他又花了很长的时间去训练如何保持情绪和声音颤抖。

在他事业的巅峰时期，超过 13000 人都拥挤在佛罗伦萨大教堂听他关于灾难和胜利的宣言，这些宣言既具有超凡的魅力，又很具有抨击性。而尼科洛也是人群中的一分子，他站在了最后。那时候已经到了 15 世纪 90 年代后期，兰度西是一位早期的哭泣者，或者说是萨佛纳罗拉的狂热支持者，他发现这位黄褐色皮肤、打着手势的牧师“受到人们如此的尊重，以至于那么多的男男女女都跟随着他，甚至只要他说一声跳进火坑，他们也会照做。许多人都把他看作是一位预言家，而他自己也声称的确如此”。

他之所以能够成功，一个很重要的原因是巧合。当时恰逢 1500 年——千禧年的一半——即将来临，萨佛纳罗拉便借此机会披上迷信的外衣对民众进行布道。这个可怕的时刻激起了许多关于世界末日的恐慌。而当时法国人入侵、贫穷蔓延和宗教怀疑，进一步煽动了普通民众的情绪。

法国人的这次入侵使他一跃成为宗教领袖，他和他所率领的圣战牧师们对教会的大范围腐败，以及宗教正堕落成一个令全意大利瞩目的权力象征而感到不满。他敏捷的才思、渊博的学识（这是家族遗传：他的祖父曾经在帕多瓦大学教授医学）和他慷慨激昂、忠贞不贰（或者说偏执）的性格相互平衡。正如他的批评者认为的那样，他并没有指望这些品质能够爆发出巨大能量，能够推动佛罗伦萨进行一场真正的社会变革。而真正的社会变革是一个被一些人排斥的目标，因为如果这个目标能够实现，那就意味着他们要彻底放弃财富，并且强迫自己改变内心。

萨佛纳罗拉 15 世纪 80 年代第一次来到佛罗伦萨，并在那里待了 5 年。他来是为了让每个人都皈依到他的事业中去，从这一点来看，第一次以失败告终。当他于 1490 年 1 月（那时候尼科洛 22 岁）重返佛罗伦萨的时候，他将自己看成一个重生的、拥有了天赋的预言家。他那训练有素的自信被这种可怕的梦想所冲击。他将自信与游说穷人相结合，赢得了更加庞大的听众群体。

1491 年 2 月 20 日萨佛纳罗拉发表了《布道 5》，他在这本书印刷版本的页边空白处写道："我说过，恶魔用大人物来压制穷人，使他们无法做出任何有功德之事。"

那时候萨佛纳罗拉曾经用他不可思议的精明预测到了两个新的政治发展，而这两个政治发展也开始帮助他实现其宗教改革的总目标：洛伦佐·德·美第奇遭受痛风的折磨，身体状况一天比一天糟糕，并最终死于疾病；法国国王查理八世很有可能将要实现他的勃勃野心，从北方发起侵略，夺取他觊觎已久的意大利领土。

1492 年 4 月，洛伦佐去世，那一年尼科洛 23 岁。洛伦佐的去世引起了一个尴尬别扭的处境。共和国真正的掌权者邀请萨佛纳罗拉重返佛罗伦萨，而他不仅答应了邀请，而且还在圣马可教堂的讲道台上谴责其东道主不仅轻浮放荡，还支持诸如波提切利等一些艺术家的那些在他看来肮脏不堪的色情作品。可能是出于平静，也可能是出于好奇，但无论如何洛伦佐临终前在向萨佛纳罗拉寻求宽恕，尽管这个传统并不值得推崇，但显然他还是毫不犹豫地这样做了。

洛伦佐的走向死亡的过程带来了野蛮迷信的复活，几十年来对艺术的昂贵赞助也戛然而止。迷信从来都没有彻底消失过，但是现在人文主义思想、自由主义精神和经验主义探究都被抛到了一边。死亡场景本身在沿着崎岖不平的道路前行。

洛伦佐43岁的时候在痛苦中退位，退位后来到了他在佛罗伦萨城外山区的卡瑞奇别墅。这位米开朗基罗的早期赞助者向他的儿子乔瓦尼告别，因为乔瓦尼打算前往罗马寻找新的生活。他还接受了朋友们的最后一次来访，见了即将继承他职位的儿子皮耶罗最后一面。洛伦佐给皮耶罗提了一个很直白的建议，要他确保能够每天早起，尽其最大的努力去处理政府的事务。尽管皮耶罗看起来精神饱满，但他的自以为是以及对行政细节的粗枝大叶，仍然不能让人放心。

洛伦佐在美第奇别墅最后的日子里，安杰洛·安布罗吉尼——洛伦佐悲惨的同情者——为他朗诵托斯卡纳诗歌。一位不负责任的医生建议将一些宝石和珍珠磨碎，并倒入没有什么实质作用的药酒里。这位垂死的领袖尽管对此心存疑虑，但还是喝了下去。

可怕的异常迹象非常多。马西里奥·费奇诺说有一个噩梦般的幻影——一个巨大的怪物在他的花园里拖着脚步行走；黑暗中母狼的嚎叫令人毛骨悚然；奇怪的光芒照亮了佛罗伦萨黎明前的天空。4月5日的夜里，或者4月8日洛伦佐刚刚结束他生命中最后一次呼吸的那个周日，闪电击碎了布鲁内莱斯基教堂顶部的灯具，大理石球和砌石碎了一地，碎石头和碎砖块像瀑布一样落下。当得知这些石头和砖块向着他的宫殿汹涌而来时，洛伦佐的希望坍塌了，他说："我必死无疑。"

尽管洛伦佐的葬礼盛大壮观，参加的人群也很庄重，但或许由于许多人都感受到了他优雅的灵魂中那冰冷的自私，因此人们对他的哀悼既不发自内心深处，也没有在整个城市范围内进行。葬礼在圣洛伦佐教堂举行，他被埋葬在多年前遭到暗杀的哥哥旁边。而在接下来的几个月里，皮耶罗并没有鼓舞人们对美第奇家族统治的未来保持信心。萨佛纳罗拉继续对周日去教堂做礼拜的听众进行责骂性的布道，训诫他们应该为那些贫穷家庭的妇女、小孩和患者提供援助。新上任的美第奇独裁统治者似乎没有意识到他们所面临的困境。

皮耶罗追求王室的显赫。他那用缎带装饰的马匹和挑剔易怒的眼睛，仿佛都在表达对那些于他而言微不足道的荣耀的不屑，尽管这些过去的荣耀对他人来说令人向往。他对多米尼加的天主教修道士的行为感到困惑，并加以蔑视嘲讽："你们这些身处污秽的低贱肮脏的奴隶，随着你们的意愿堕落吧。让你们的身体里装满葡萄酒，让你们的腰部在淫荡中渐渐松懈，让你们的双手沾满穷人的鲜血，因为这就是你们的（命运）。但是你们要明白，你们的身体和灵魂都掌握在我的手中，不久之后，你们的身体将被鞭笞蹂躏，最终化为泥浆。"

许多有影响力的佛罗伦萨人，包括萨佛纳罗拉都开始相信，法国国王查理八世也许真的会实现他的愿景，因为这位国王拥有一支超过 3 万名士兵的精锐军队，并且为其配备了齐全的装备和最新的长管加农炮。1494 年，查理八世率领军队入侵了意大利。谁也没有料到的是，在一次懦弱的行动中，皮耶罗将与查理八世一起使自己的城市蒙羞，或者他的背叛将导致他被美第奇家族所抛弃，接着他们将被逐出佛罗伦萨，萨佛纳罗拉取得胜利。

法国这位年轻的国王于 1483 年，即 14 岁时就继承了王权。实际上多年来他已经习惯将自己看成救世主，应该养尊处优。他计划通过战争以及安排的一个与佛罗伦萨和罗马的投降协定，来巩固他对那不勒斯王国的要求。这个要求不仅基于法律的纠纷，而且也基于他充满热情的净化基督教的使命。

回溯至 1485 年，查理八世进入鲁昂的时候，在一幅精心制作又不无夸张的画作中，他安坐在代表正义、谨慎、节制、和平与圣洁的隐喻中，每一个品质都表明上帝通过他忠诚的思想和身体传达旨意。就是这样一幅活色生香的画面，让他原本幼稚的思想得到激活，令他兴奋不已。到了1494年秋天，这种被大多数彬彬有礼的法国人所赞赏的满口恭维的宣传，后来甚至演变成一种思想，即他生来就带着救赎全世界的神圣使命。

出于无能、恐惧、兵力匮乏，以及需要与法国建立联盟，以此获得法国国王的支持来对抗国内愤怒的敌人，皮耶罗在查理八世一进入意大利的时候就将比萨和利沃诺重要的港口，连同共和国边疆的要塞，一起授权给了他。而要塞的那些指挥官似乎迫不及待地想放下武器。皮耶罗还向国王许下了20万弗罗林的承诺。毫无疑问，他希望法国不要对这座城市发动攻击。

执政团得知了查理八世对驻守在佛罗伦萨要塞菲维扎诺的士兵进行了无端的屠杀，并且对佛罗伦萨人提出了恐怖的警告，如果共和国反抗他，后果将不堪设想。执政团对此不堪忍受，给予了愤怒的反击。而愤怒的反击违背了皮耶罗向法国国王投降的初衷。一群杰出的市民联合起来对抗皮耶罗对佛罗伦萨的背叛，这些杰出市民中就包括当时著名的萨佛纳罗拉。

与此同时，一场灾难也在等着皮耶罗。会见完查理八世从其营地回来之后，皮耶罗被佛罗伦萨那些有恃无恐的官员折磨得疲惫不堪。而在查理八世的营地上，一切都给皮耶罗留下了深刻的印象：象征着皇权胜利的蓝色丝绸旗帜在10月的微风中呼呼作响；厨师、成群的妓女和士兵们漂亮的妻子在盛大的营地鲜花丛中闲逛。皮耶罗试图对一些带有羞辱性的事件不予理睬，这其中就包括他曾经被拒之于市政厅的大门外。

皮耶罗曾经一度被一群叫喊着的市民攻击，有时一群暴徒从市政广场的塔楼上向几乎手无寸铁的护卫队投掷卵石。于是皮耶罗听从了他仅剩的为数不多的几个朋友的建议，撤回到自己的宫殿。他这样做了，但是毫无效果。人们对他、对美第奇家族以及对日渐飘摇衰落的政权的尊重，正在迅速崩塌瓦解，一如当年他们对公民自由的压迫。当这个令人沮丧的事实击穿了他虚幻的世界时，那天晚上，皮耶罗带着他的妻子、堂兄朱利奥以及随从、家臣，连夜坐马车和骑马逃往威尼斯。逃亡途中各种银器家当叮当作响，还有一些他们最后时刻成功带出来的贵重物品。

一个小时之内，应皮耶罗之邀，查理八世派遣他的高级将士前往美第奇宫殿，为其到来安排住宿，而这些将士开始洗劫这座宫殿。法国官员们被从街道上汹涌而来的市民和其他人层层围住。而只有通过执政团召集军队才能阻止这种行为，保护好这座宫殿。

尽管如此，查理八世仍然按照原计划进行，并于11月17日正式进入佛罗伦萨。他骑在马背上，头顶军用华盖，在几乎半空的街道上以一种庄严的、独裁者姿态的步伐穿行于一万多名士兵中。首先他要求将皮耶罗曾经拥有的权力和威望都转交给他。当执政代表团的首领萨佛纳罗拉对此表示轻蔑的嘲讽，并拒绝和斥责了他以后，这位国王一脸的惊愕。

这位牧师在这一刻似乎很奇怪，他之前曾经预言说作为意大利和大教堂堕落腐败的对抗者——这位法国国王——一定会到来。

接下来的几分钟开始上演一部匪夷所思的戏码。这在接下来的数年中都将广为流传，而且不仅仅在佛罗伦萨，甚至在意大利和整个欧洲都传播开来。直至一场更加血腥的教会放逐、折磨拷打以及刽子手的烈焰来预言此次戏码的终结，即一场带有政治和宗教性质的戏剧弥补了全体国民被侮辱而又无比虔诚的愿望。

然而，在萨佛纳罗拉看见查理八世的那天早上，他清楚地认识到，维持美第奇家族强大的能量已经变得很困难，就像要维持一个没有任何证据支撑的假说一样。与此同时，人们对一些事情并没有猜到。人们想当然地认为他对许多事情都毫无头绪，比如他的思想中蕴含的政治内涵，或者那些即将要成功的更加大胆的思想，抑或是他现在开始在事件中扮演的非凡的角色。这个事件后来实际上演变成了一场宗教政治革命。这场革命时而隐藏在黑暗中，时而又暴露在光天化日之下，革命侵袭既微弱又粗暴野蛮。这一段将被记录到欧洲历史中，而这段历史并没有如记录的或者人们认为的那般强大。

当既称呼查理八世为佛罗伦萨和意大利的灾难根源，同时又称其为佛罗伦萨和意大利的救世主时，萨佛纳罗拉从口袋里掏出一个银制的十字架并在他的面前夸耀。很显然，萨佛纳罗拉是想借上帝的愤怒来威胁这位国王——而这位国王似乎也因这些话语而哭泣——除非他能够立刻重新召集他的军队，并以最快的速度离开罗马和那不勒斯。

萨佛纳罗拉阿谀奉承和劝诱哄骗双管齐下，引诱查理八世同意相关事宜，并于 11 月 25 日同佛罗伦萨的执政团签署了一份协议，紧接着就向南转移其部队兵力。这是查理八世最初在那不勒斯受到热烈的接待并加冕为那不勒斯国王之后的一次失败。萨佛纳罗拉发现自己由于成功化解了一场佛罗伦萨大决战而受到人们的欢迎。

随着美第奇家族退出舞台，他开始在掌控这座城市的政治生活的渴望中欢欣不已。他声称对于处于重生的古老共和国来说，自己的出现是非常必要的。此外，他还一直在政府和教堂听众面前再三宣称自己带来的祥瑞之兆。他认为，这个城市的未来应该与他的步伐保持一致，即一个他经常提到的关于命运十字架的梦想：十字架的一端是黑色的，悬挂在罗马上空并放出致命的箭；另一端是金色的，高耸在耶路撒冷的上空，暗示了佛罗伦萨的灾难以及上帝赐予的选择。市民将不得不做出决定。

萨佛纳罗拉开始沉浸到实际权力中，由此产生的策略上的转变对许多人来说既有吸引力又合乎情理，并且这一点后来对尼科洛来说也是很明显的。他宣称自己已经准备好打造一个新的、能够带来社会进步的、法治的政府。他还承诺，新的政府将杜绝出现任何独裁者的角色。公众对美第奇家族普遍的厌恶将会随着他们虚伪的执政委员会的瓦解而消除。

作为政府委员会的替代，萨佛纳罗拉促成建立了一个更具有代表性的大理事会。该理事会的成员全部由佛罗伦萨的市民组成，并且按照威尼斯共和国的方式安排人员，但是没有总督职位，因为他对一个单独的、有权势的统领可能滋生的腐败表示怀疑。同时，他还旁敲侧击地暗示了一项对他来说至关重要的事业——新崛起的政府要表达基督教的理想。

暂且不说——他因作为共和国名义上的救世主而确保他收到了参与制定宪法机制的邀请——这将是前任官员为组建一个新的政府来替代原来政府所做的尝试。在绝大多数人看来，似乎不管怎样，他们的努力都只是一个脆弱的替代品，换言之，即他们的努力与民众愈发强烈地要建立一个基于民主原则的政府的愿望是不相适宜的。

然而这并不是这位牧师首领想要建立的真正的民主，或者说是一个站在中立角度回应普通民众对于文明和物质需求的具有代表性的制度——比如和其他许多现代民主制度一样，会力求保护少数群体的利益。至关重要的是，他必须恪守圣经，对世俗的财富采取蔑视态度，还要遵循中世纪思想，将死亡看作是一个通道。死亡提供了对天堂和地狱的展望，而政治则可以点亮一条救赎的道路。

甚至帮助穷人这件事，与其说是一个目标不如说是一个惯例。市民都必须献身给上帝的共和主义王国，或者献身给上帝在地球上的半个代表，即神圣的国王。实际上，萨佛纳罗拉寻求建立一个新的耶路撒冷："你将被祝福，佛罗伦萨，因为你很快将成为天堂神圣的耶路撒冷。"

然而，社会变革的同时，也受到了许多最严格的思想的禁锢。恐吓的压力以新的形式出来，束缚扼杀了任何保护隐私和个性的机会：焚烧书籍；焚烧虚荣和一切物品，尤其是被看作有助于消遣娱乐的艺术作品；成千上万强壮、训练有素的童子军在扫荡赌博窝点时暗中监视他们的父母；妇女列队宣讲福音（她们经常将注意力集中在限制兽奸的法律上，尽管目前为止似乎只有一个"兽奸者"被执行死刑），并且人群中爆发出神圣的恸哭和尖叫。

当公众的行为与虔诚的目的重新排列组合时，这些歇斯底里的团体——换言之这些被解禁的暴民——开始随着民主的发展成倍地增长着。萨佛纳罗拉的政策导致的一个结果是，相比较于精神增长的方式，他那神圣的政治屈服于宗教的乌托邦世界，以一种麻痹社会的方式更容易实现。最终这煽起了一场怀疑和恐怖的风暴。

萨佛纳罗拉最激动人心的严厉而又充满痛苦的革新实际上隐藏在未来的几个月里。1494 年末，萨佛纳罗拉进行了一些哲学的布道，这些布道都非常受欢迎，尼科洛很可能听过。在任何一场布道中，萨佛纳罗拉都起草了一份在他看来是基于亚里士多德哲学信念的辩解书，力图抚慰那些受教育的群体在美学和人道方面的忧虑。尽管如此，他也并没有遗忘那些没有受过教育的群体。本质上来讲，在由被隔离的男人和女人组成的武装支持者面前，他依然主张物质世界是一个骗术。基督教哲学家，如奥古斯丁和亚里士多德的继承者阿奎那，已经表明了信念足以将灵魂传递到上帝那里，宗教和其他类型的教育则显得没有那么重要。

正如他的许多听众所意识到的那样，这个辩论存在魅力的同时也给自身带来了危险，包括社会秩序混乱。他敦促人们为了表示诚意而遗弃知识，认为这是救赎最重要的手段和方法。在此过程中，他似乎批准了人们暴力激情的释放——只要支持基督教信条，这些行为他都鼓励。

马西里奥·费奇诺尽管对萨佛纳罗拉拥有大量的跟随者深感羡慕，但还是记录了这个仅以忠诚为基础的热情中暗含的自杀式陷阱。结合另一个开始于 1495 年的颠覆性论点，即抨击松懈的、军国主义的教皇制度，这可能会招致报复和反击。在抨击批评教会和神职人员的同时，费奇诺还坚持认为修道士应该被特许有“不受敌人攻击”的权利。

大规模的公众清洗行动也随之到来。这次清洗包括在市政厅前焚烧了一些内容狂妄的作品，包括绘画、挂毯、扑克牌、睡袍、花式帽子、素描、镜子以及家具等，这些物品高高地堆在广场上的撒旦雕像前面，一直达到雕像的顶端。印刷书籍和古籍都化为灰烬，伴随着赞美诗以及跳跃的、晃动的熊熊大火，仿佛是一首为燃烧虚荣浮华而唱的赞歌。这些都伴随着他持续攻击罗马教廷之时而发生。几个月后，即 1497 年 7 月，他被逐出教会的事实公之于众。

波提切利是萨佛纳罗拉反对“不纯洁”运动的虔诚支持者。据传他的工作室里住满了“懒汉”、享乐主义者以及其他一些不能确定身份的人，并且他还将自己的一块画板用力扔到火焰中。菲利比诺·利皮也做出了同样的举动。

尽管并没有证据证明是萨佛纳罗拉下令燃烧篝火，但是他的愤怒的确像催化剂一样刺激了这个事件的发生。这是一座燃烧着宗教热情的城市，虔诚的戏剧在上演着，新的宗教社团每周都在应运而生，并且一直贯穿了15世纪90年代甚至更久。在这样一座城市里，对基督教信仰的确认以及宗教虐待的行为司空见惯。偏执的冲动引起了公然的爆发，其中就包括一到两次反对犹太人的运动。

在记录这些骚乱时，城市特有的东西不应该被忽略，如街道、房屋、塔楼和桥梁，更不用说由教堂、女修道院以及一些大修道院组成的关系网络。宗教的光环不论其是否具有煽动性并像警察一样维持治安，其仍然是耀眼的，并且渗透进充满古老的、仿佛被魔咒催眠般的城市空气中。

宫殿的护栏外，或者说是由广场改建成的圆形剧场（这些剧场用来上演神圣而又神秘的戏剧以及“亵渎神灵”的街头剧），圆石铺砌而成的街道上到处悬挂着发出可爱响声的铃铛，日日夜夜地为做礼拜报时；遮盖着的壁龛里出现了大量大理石制作的着了色的圣徒雕像。

施洗者约翰和圣托马斯管理着露天广场。救赎的十字架在铁匠铺挂起，也在杂货店的购物车、酒馆旁以及每一个或精致或破损的门前挂起。

一些具有先见之明的教堂（其中最奢华的是圣母百花大教堂），像具有指引性的鲜花一样飘浮在这个关于拯救、折磨、罪恶以及美好的复杂的蜂箱上。一些更为朴实的教堂则凭借其他东西来吸引人们的视线——或者是最靠近的过梁上的祈祷，或者是充满了来自《创世纪》传说的古老木门，抑或是耶稣的热情，也可能是在地狱中饱受折磨痛苦挣扎的罪犯所受到的惩罚。

穿过所有的广场，哥特式的大钟、飞拱、半圆壁龛展示着它们平静的红色触角以及绿色的大理石和玻璃。每隔一段时间，在由类似唱诵的圣歌、赞美诗以及神圣的合唱组成的音乐中，成群的信仰基督教的家庭和医院人员不停地弯腰，为每一个忙碌的灵魂、为日常事务奔波的男人、女人、小孩送去慰藉。他们也会在绝望的时刻跪拜在一些神圣的柱子前面。他们被剥夺了一切，却仍然心怀希望。

正如人们想象的那样，教廷在被多明我会牧师所攻击、被教皇的恐惧和憎恶所滋养，以及被诸如马西里奥·费奇诺的洞察力所预见时，不会需要花费很长时间就能意识到危险的存在。

按照风俗，1498 年 3 月 25 日应该举行庆典。庆典的前几个月，执政团向罗马派遣了一位新的大使里卡多·拜奇。他将代表佛罗伦萨的利益，而这种利益现在看来是与萨佛纳罗拉的利益背道而驰的。共和党被逐出教会的可能性已经唤起了人们的恐惧。如果这位鲁莽的修道士不顾禁令，继续发表他那狠毒的布道——这看起来似乎很有可能发生——那么将会引起严重的政治、经济以及军事后果。

萨佛纳罗拉于 3 月 2 日和 3 日在圣母百花大教堂分别发表了两篇最具诅咒性的布道，当时尼科洛也是千万听众中的一员。许多人都感觉到他那“恐怖的”的风格变本加厉。直到 4 月份转移到另一个阵地——圣马可教堂。亚历山大六世（原名罗德里哥·博尔吉亚，1492 年开始任教宗）犹豫、审慎、嘲讽而又心怀不满。如何处理一个叛乱的首领？他在执行禁令和置之不理之间摇摆不定。而人民对这个首领的欢迎程度可能正在慢慢下降。

尼克洛当时已经快满 29 岁。一年多以前，也是就 1496 年 10 月 11 日，他的母亲巴塞洛缪去世。然而对母亲的哀悼并没有影响他去教堂做礼拜。

他曾经给被派遣到罗马的新大使拜奇写了很多私人和官方的信件，其中第三封信件里出现了他早期的政治分析，并且对萨佛纳罗拉的态度和风格进行了小心谨慎的解释。

这封信件由于揭露了他与佛罗伦萨政治权力和军事权力的密切关系而变

得重要。尽管他没有任何官方立场，但显然对拜奇很熟悉。即使他在信件中使用了惯例的正式言辞，这封信还是表明了他们的关系远非泛泛之交，进而证实了他们之间是真挚热忱的情谊，而非同事关系。拜奇提出了他的观点，而尼科洛则回信中说到“与你的愿望一致”。这封信同样令人印象深刻的还有其巧妙的措辞，让人读来觉得作者既冷静客观又能感同身受。一种稳重而且深思熟虑的敏捷，推动他们进行了清晰而又直接的讨论，最终将鲁莽草率的结论抛光打磨，这超越了这项任务的任何要求。

尼科洛可以进行不带偏见的观察，对与他身份无关的事情进行记录。在此过程中，他表现出了相当于自我发问式的好奇心。对于那些不确定的细节，他能够清楚地解释明白，并且他的判断都是准确稳重且明智谨慎的。由于活泼的个性特征，他在字里行间就如何掌控权力的问题，向拜奇提供了一些思路，这表明他自己本身并不讨厌亲自掌控：

寄给你的，正如你的意愿那般，是大量有关那位修道士的阐释，你首先应该知道一旦这两个布道词……被发表……他说如果他的布道词不是来自（上帝），那么（上帝）也会展现（一些）迹象。一些人说，他这样做……是为了团结他的支持者们，并且加强这些人对他的保护，害怕新的执政团（已经当选，但是还未向公众宣布）或许会反对他。

尼科洛立刻就注意到了萨佛纳罗拉对自身安全的恐惧与担忧，以及他为了唤醒他的支持者而采取的夸张的方法，即唤起人们对外界威胁的恐惧：

萨佛纳罗拉极度担心自己的安全，他相信新的执政团并非不想伤害他——并且已经确定相当多的市民（应该）会和他一起被打倒——他开始极度恐惧。

对骗术的敏感导致他极度看不起接下来要上演的戏码，他认为那是萨佛纳罗拉试图欺骗他的听众的伎俩。他对萨佛纳罗拉用来迷惑听众而采取的具有讽刺意味的借口深表怀疑（“至于普通人所说的、所希望的和所害怕的，我都留给明智的你去判断；你对这些问题的判断将更甚于我，因为你完全了解我们的性情，清楚这个时代的本质”），这表明他的警觉几乎在每一行里都很明显地存在着，他在信尾写道：

> 他力图使他们（执政团和民众）与罗马教宗产生冲突，并且转而支持他，他会说：你所能想象出来的最邪恶的人是什么样的，罗马教廷就是什么样的。因此据我判断，他按照时代需要行动，并且据此粉饰他的谎言。

“谎言”这个词很刺耳，紧接着是关于萨佛纳罗拉的布道以及其曾经提及的摩西杀死古埃及犹太一位恶毒的奴隶首领的总结——这位牧师已经将自己比作摩西，他的反叛与摩西一样，是具有英雄主义的。

尼科洛要求拜奇“在回复中告诉我你对这个时代的状况以及人们关于形势看法的评价，不要觉得这是个相当麻烦的事情”，在他看来，文明正在分裂，时代在坍塌，核心精神不复存在。

他的话语显示了疲惫不堪的人们在难以捉摸的阴影中徘徊，眼睛探寻着已不甚了然的美德（“告诉我……你对这个时代状况的评价”）。他的假设强烈暗示了萨佛纳罗拉引发的骚乱将会引起一种反应。毫无疑问，这个反应将轻易就挑起双方的对抗。同样，这个反抗可能既险恶又暴力。尽管那时候还没有人能够知道，马丁·路德将在德国南部发起宗教改革的运动，并且这个运动“将不会停下它的脚步”。如果有人曾被授予预言家的远见，那么这个预言似乎同样重要。

第二章　战争与外交

第一节　处决以及一次官方任命

因此，在29岁的时候，由于一些相辅相成的原因，马基雅维利开始在自己的世界里节节高升：他小有名望的家族；他的野心，作为观察家、政治分析人以及记者的关系与能力；他的机智、教育背景以及对佛罗伦萨的忠诚；美第奇家族的流放；萨佛纳罗拉的革命及其反抗、所受的折磨以及最终的处决，这一切让他晋升至政府职位，纵然这一职位徒有虚名、领域窄小，却也是填补了重要的空缺。

在萨佛纳罗拉影响深远的4年里，冰冷的痛苦肆意蔓延，各路病态的歪风日益猖獗并且在1498年5月合而为一，那时距尼科洛将报道发送给拜奇不过几个月的时间。这其中必须提及的是饥饿穷人的数量急剧下降以及梅毒的剧烈爆发，这种疾病有可能是查理八世那放荡的军队带来的。

共和国被教皇禁令所威胁，直到5月8日修道士束手就擒，随着他的被捕而来的，是数以千计虔诚的支持者与反对者，那些蔑视他、反对他、唾弃他的派系们要求处决他，一旦这些人有可乘之机，他们就要将他杀死在现场。

街道上满是咆哮的人，他的双手被绑，被推搡着向市政广场走去，他将在那里被囚禁起来。在重大案件中，按照惯例要将犯人带到市政广场，审问和拷打则在宫殿塔楼顶端的一个房间里执行，这个房间又被称为“小旅馆”。这是一个冰冷无情的地方，其严酷苛刻预示着在这里逗留片刻都会难以善终。

事到如今，他因诸多问题而备受指责，但不应将城市中的所有问题都归咎其身。这些问题中首当其冲的是，随着财政的恶化以及疫病的蔓延，共和国唯利是图的士兵无力再度收回比萨，而在此之前比萨已经被皮耶罗·德·美第奇割让给查理八世，当地居民坚持抵制佛罗伦萨统治的复辟。

更为致命的是他的断言：他是上帝指定的预言家。无论他怎样以象征性的梦对信徒们信誓旦旦地加以证实，无论他怎样熟练机智地操纵法国国王，他那宗教的傲慢使得马西里奥·费奇诺理由充分地指控他为“专横狠毒”，并且施行“恶魔般的欺诈”。

在他布道的圣马可教堂里，贮藏着一大批走私来的小型武器，其中包括火炮。这些武器的发现，使得对他的控告有增无减，虽然他坚持说自己对任何抵御或者是叛乱的计划一无所知。

他的结局虽然令人惊恐却也是意料之中的，正如他那未来的声望一样难以确定。他与两位牧师追随者一起接受了来自方济各会修道士弗朗西斯科·达·普布利区的挑战：在3月25日那一天，通过火的考验来证明他那无可置疑的神圣是不是不可撼动。

这一可怖的行为将在公共场合展示，通过致命的火焰证明他与上帝之间千真万确的神秘联系，虽然他心知肚明决无可能成功。有证据表明，在接受弗朗西斯科的挑战之前，萨佛纳罗拉试图通过数小时的神学辩论逃过一劫。即便如此，几个星期后，他还是难逃在市政广场上遭受酷刑的命运，他们将其胳膊猛地扯断，导致了他无以言状的痛苦，而这使得他承认自己是个迷惑众生的骗子。

随后，他否认了自己那被逼无奈的招供，虽然不再为人所信。包括兰度西在内的许多人都坚信是恐吓最终让他吐露真言，即使最后他似乎也接受了火的考验。如今看来，面对四面八方无法平息的憎恨，尤其是在毫无生还可能的情况下，而且再不能仁慈地阻碍殉道者的献祭之美，他也就选择了任由事情顺其自然的发展。

当他在不同环境下被接二连三地残酷焚烧之后，很长一段时间里，他的信徒们依旧对他尊敬有加，其中包括未来的历史学家，也就是马基雅维利的朋友弗朗西斯科·圭齐亚迪尼。几十年以来，圭齐亚迪尼辩论道："如果他是善的，我们在自己的时代里见证了一位伟大的预言家；如果他是恶的，我们则见证了一位伟人，他知道如何在公众面前煽动起如此显著的事业（他的宗教—政治的革命），而这些煽动从未失手过。"

一场突如其来的4月阵雨结束了这场火的考验——坏天气取消了考验，这从某种程度上来说似乎是上帝对其解救的迹象——虽然在5月8日他再次被执政团逮捕，并且遭受了第三次的关于异端邪说的审讯，他同样也面临着另一形式的火场考验：处以绞刑之后接着被当众焚烧。

市政厅中挤满了新近任命以及选举出来的成员，这些成员替代了他的支持者。他们起初决定以一种火场考验的形式将他活活烧死，但是，据兰度西记录，在5月22日（准确地说是在23日），一个星期三的早上，这八名心怀敌意的当局官员（他们被称作的"八人派"）"决定将（萨佛纳罗拉和他的两位牧师追随者）处以绞刑并焚烧"。

为了以防不测，前一天晚上绞刑架已在走道上被建好。这条走道从市政厅的入口一直延伸到前方的广场，也就是预先被选作火场的地方。一个圆形的平台被搭建在走道的最末端，平台上面竖着一个高高的木质十字架，用以绞刑和焚烧（如今这一地点醒目地嵌着一块粉色大理石碑）。萨佛纳罗拉的敌人反对这种不同寻常的绞刑架，因其看起来似乎"他们要把他钉死在十字架上"，绞刑架的横向木块被锯下以避免耶稣殉道的暗示。

一大群人聚集在一起观看对三位牧师漫长的处决仪式，尼科洛极有可能置身其中，甚至包括被放逐的妇女在内，都不想错过这特别的场面。

教皇的使节弗朗西斯科·瑞莫林，宣告了他们反上帝以及人类的罪状。新圣母玛利亚教堂寺院的一位多米尼加修女——托马索·萨尔迪脱掉他们身上僧侣服饰并除去其他所有物，其中可能包括经文，他们每个人仅被允许穿着简单的白色袍子。被交予执政团当局处以惩罚，一旦死刑令宣布，按照惯例，他们将被剃头和净身，并且沿着走道被带到绞刑架下。

萨佛纳罗拉的两位追随者先被处以绞刑，当绳索套在他们的脖子上的时候，他们颂扬着耶稣的名字。随后萨佛纳罗拉自己走上绞刑架，虽然他的嘴唇一直在动，口中所言却轻到无人能够听清。他似乎已经选择以一种可敬的沉默来面对死亡，以此来纪念十字架上的上帝。

三个人死去没几分钟之后，刽子手就点燃了他们身下的木头、干草以及火药以焚烧他们的尸身，或者更为准确地说，是清除他们存在过的任何证据。火药保证火焰燃烧的速度以及热度，熊熊大火燃烧了长达数小时之久。他们的脖子原本是绑在铁架上支撑尸身，最后却连同躯干、胳膊、手臂和腿依次掉落下来化作灰烬，混杂着辛辣的硫磺气味以及肉身灼热的腥臭。

余烬全部被收集起来扔进了阿诺河内。他们的身体的遗骸至少可以吸引朝圣者，然而却没有一丝一毫被保留下来，用以平息成千上万的哀悼者。

然而值得一提的是，数日之内一些女人被发现在绞刑地祈祷。很快其他人便加入了她们，甚至直至今日，几个世纪之后，萨佛纳罗拉的历史纪念碑依旧极具凝聚力和吸引力。

悬而未决的疑问仍然尚待解决。萨佛纳罗拉虔诚而激进的意义，如同模糊的影迹在日新月异的历史上空颤动——从尼科洛的信件来看，是那样的引人入胜却又令人畏惧。那瘦小僵硬而心思悲悯的人被绑在灼热的绞刑架上，那绞刑架不知为何看起来依旧像是十字架。

1498 年 6 月 19 日，马基雅维利被任命为佛罗伦萨共和国秘书厅的第二秘书长。此时距萨佛纳罗拉死去还不到一个月的时间。法王查理八世也去世了，可能是死于梅毒，当他在安伯瓦兹城堡与皇后跑去看网球比赛的时候，不慎把脑袋撞在了门上。

这位 29 岁的佛罗伦萨新任官员另外担任一个职位，即为“自由与和平十人委员会”的政府机构充当秘书，其简称为“十人委员会”。这两个职位都提供了行政服务的机会，从而可以在最高层次上影响政策。二者均需要最高权力机关支持，而第一个职位则是双重选举的结果，选举通过八十人理事会和大议会进行，约有 3000 市民参与其中。即使是货币有所贬值，但这两个职位合起来也能够提供一份体面的薪水，这份薪水将近 130 弗罗林。

对于那些了解他的人来说，马基雅维利能够进入佛罗伦萨政界并且能够迅速得到提升，在他们看来完全是意料之中的事情。这两个职位都不是轻而易举就落入他手中的，而且可想而知，当他得以进入决策会议厅时，内心是多么的喜悦满足。市政会议厅对于他的家族成员来说是非常熟悉的场所，一连几代人都曾经在这里办公（例如，富裕的亚历山大 · 菲利普 · 马基雅维利，或者是从前的旗手，保罗 · 迪 · 乔瓦尼 · 马基雅维利）。少年时期，他曾经在清晨里穿过阿诺河去上拉丁课，而如今河中的水流更为湍急，这位成熟的年轻人穿河而过去往市政厅的办公室，在那里他专心致志地处理国家事务。

他的办公室在如今已被修复的韦奇奥宫的第二层楼上，现被称为市政厅。那座形态迥异、巨大优雅的建筑物坐落在城市中心，大约是在 1313 年竣工，顶部装饰以高度超过三百英尺的伊特鲁里亚风格式塔楼。

他的办公室窄小且天花板很高，从一幅生动的肖像画中可以了解他大致的办公情景，这幅肖像由桑蒂 · 迪 · 提托所作，那些古老笨重、污迹斑驳的桌子、蜡烛、纸张以及墨池早已无迹可寻——这些东西属于他以及为他服务的大约七位秘书。

他虽然瘦小，但精力旺盛，透着一股急匆匆的神态。他在信件中经常提及要迅速而紧迫地担当责任——清晨里，当他走向市政厅入口时，他总是略显匆忙地穿过下面的广场。

当他穿过市政厅那两扇巨大、牢固、束以铁条的大门时（这两扇门在夜里会用结实的钩子以及安全栓紧紧关闭），他一定会注意到米开罗佐·迪·巴托洛梅奥（1396—1472）所建造的优雅喷泉，它就坐落在第一个庭院之中。温泉中展示着韦罗基奥的作品，一个有翼的丘比特抱着一只过于巨大的海豚：它坐落在共和国政治中心的门槛处，成为别具特色的自我嘲讽。

当他匆匆走过这一建筑物时，那些杰出的艺术品就围绕在身旁，这些艺术品很少具有讽刺意味，而是一种美的光辉在惊艳的艺术品身上流转，其中大多数艺术品是按照佛罗伦萨传统风格加以装饰、抛光以及安置的，这种传统风格可以追溯至70多年前，着重展示那个时代的都市富丽（也就是洛伦佐时期的宏伟），是一系列巧夺天工的组合：手绘的眼睛，褪却的色彩，张牙舞爪、奇形怪状的铜质手臂，释放的激情，史诗一般的战争，冷静而神秘的嬉戏、欢爱以及虔信的瞬间。

这样引人入胜的景象无处不在，在你走过众多的大厅、走廊、会议室、标准办公室以及殿堂时，它们就在你的眼前一一呈现。它看起来像一个关于政治的艺术馆，抑或是一场杰出的宣传，旨在宣扬那个美学作品颇为丰富的时代。

当他匆匆经过那些形态各异、熠熠生辉的艺术品或者是在它们之间驻足时，当他扫视这儿的一幅画或者是那儿的一件雕刻品时，当他被石质作品那生动的线条吸引长达好几分钟时，他一定在有意无意间受到了这些艺术品的影响，虽然这些影响不曾被史学家提及。那些凝神思考的时刻一定对他的鉴赏力影响颇深，这些鉴赏能力在诸多方面对于美学以及美的修辞模式贡献巨大，而这一切重要到足以使他更为确切地理解自己当下的境况甚至是职业生涯。

比如说，建筑物的那些中心房间构成了共和国的官僚、外交以及谈判中心。它们彰显着井然有序的秩序，以及动乱、战争、荣誉甚至是谋杀等随时可能发生的风险。在中层楼那宏伟的圣主大厅内，可以追溯至1472年的理事会议在此召开，它那格子天花板由贝内德托·达·马亚诺和他的弟弟朱利亚诺设计，当时用镶金的鸢尾花图案以及玫瑰花图案镶边。佛罗伦萨徽章接二连三地展现在墙顶的饰带之中。

教皇克雷芒七世保留着他那昂贵而独特的红白地砖，这些地砖被设计成圆形以及椭圆形状。一条装饰华美的走道通向精美绝伦的圣主大厅，这座大厅由萨佛纳罗拉下令建于1495年，为他那更具代表性的新大理事会所用。圣主大厅的设计理念出自西蒙·迪·托马索·德尔·波拉约洛，房间面积超过13000英尺，并且保留了它那迷人的风格。直至今日，这里仍旧是难以替代、精妙绝伦的充满传奇故事的场景，让人联想到古代战争、契约、怪诞事物以及传奇恋人。

访客大厅，即重要人士的官方会见厅，是按照贝内德托·达·马亚诺的设计理念修建而成。它那镀金的方格天花板，金色枝蔓以及叶子勾勒的壁缘，至今为止依旧如同尼科洛所在的时代一样富丽堂皇。巧夺天工的色彩使人联想到神秘的天地，这番天地与政府机构那寻常的办公场所大相径庭。它似乎将平淡的现实提升至无限深远的历史与精神高度。

具有美学价值的奢侈品强调自由的乐趣。在更为自由、日益成熟的政治氛围中，它们散发出清新的气息供人鉴赏。闯入视线的手绘树枝，刷好的睫毛上的细节，阴沉的乌云横扫过画家那混杂的天空，甚至是在欢庆的金色中偶然出现的轻浮色调——这一切都有可能动摇至关重要的抉择。

巴塞洛缪奥·斯卡拉，马基雅维利的同事及朋友，死于1497年，坦白说是死于为美第奇政府鞠躬尽瘁地效劳。他为美第奇政府担当使节长达15年之久，死后留下一个空缺的位置，而其他的官员将会填补这个位置，迫切地想要在新政府之中指点江山。同样的命运在亚历山大·布拉塞斯身上延续，他虽没死，但是当萨佛纳罗拉被拘捕、囚禁并处决之后，作为一个萨佛纳罗拉从前的支持者，他被解除“执政团秘书”的职位。如今马基雅维利取而代之，在他两年的任期中，第二个年过后，假如他想要继续任职，他将不得不参与任期一年的选举。

他的头衔与职责中掺杂着些许官僚的混乱。在他上任之前的数年内，每一个头衔及职责都被重新界定过两次，虽然现今的调查、阅读其信件以及其朋友的信件使其更为明晰，并且为更好地理解他的作品铺平了道路。最为重要的是，对于他自身以及执政团来说，“秘书”的原本意义至关重要，需要得到承认。相比于那些整理书籍、听取来自于上级的命令的助理而言，尼科洛所担当的政府秘书不仅仅是要保守国家秘密。他占据着一个特殊的位置，在这个位置上他被要求检验从前的政治决策对于今日的影响。政府的秘书部分是因其历史洞察力而被招募，这其中自然涉及军事、政治的机密契约。他们有可能要掩盖当代的冲突。政治的领域总会堆满了被违背的契约的碎片。雄心勃勃却惨遭失败的政策或许也一同被丢弃在这里。

被人文主义思想所教育的政府的秘书们，包括第二秘书长马基雅维利在内，因而被要求探究一个悖论。如果说共和国的未来中包括社会的、军事的挑战，潜在的暴力纠纷则需要用历史的方法来解决。这些纠纷或者涉及当地贵族，诸如卡特琳娜·斯福尔札，或者是与比萨家族之间的纠纷，而随着法王查理的去世，法国有可能会被卷入其中，或者会在诸如威尼斯这样的意大利城邦激起的狂妄。从古至今，成功的外交需要任命初露锋芒的历史学家担任秘书，至少他们应对历史上的各种喻义十分敏感。

与他手下的秘书相比，马基雅维利的工作需要承担更多的责任，其中包括研讨、思虑、辩论、差旅以及通信。除此之外，他有可能被派去采访事件，他要如同记者一般加以汇报。

一封信大约三到六天可以到达罗马，到达威尼斯和米兰则需要两到四天，而到达法国宫廷则几乎需要一个星期的时间。他所写的长信一般都是官方信件而不是个人信件，虽然他在写这两种信时都展现出他的自信、审慎、反讽、颇有洞见的智慧与热情。

比如说，在1499年7月24日写给“十人委员会”的一封信中，他尽情展现独具特色的严峻深刻手法、敏锐而有力的笔触，以及15世纪公报中那司空见惯的华丽。

他在处理自己的官方信件时，通常情况下是不加以编辑的，他会在不恰当的文字下面画一条线，用这样的处理方式避免任何以示隐藏的涂抹，因为涂抹在官方（或者是公共）文件中也许会激起令人不快的怀疑——认为他在试图掩盖。

他将信件对折两下，写上地址，并用火漆印封以保安全，三天到一周左右，他可以收到回信，信件极及频繁。

墨水经常渗透过厚厚的纸张导致难以阅读，这样的情况出现在他在1499年7月寄给“十人委员会”的一份信中。虽然，他的那支笔永远保持着惯常速度书写，但有时因为着急，他也会时不时地在书写过程中拆开一个单词，或者是把某些字母写得摇摇摆摆，或者是犯些粗心大意的错误，这样的情况出现在1503年由罗马写给“佛罗伦萨一位主要的公民”的一封信中。

信使靠信件传送而获得可观的收入，工作量总是相当大的，即便如此执政团的官员偶尔也会抱怨他们的报告不够频繁。实际上，几乎每天他都会以极快的速度发送至少两到三封信，每封信有好几页长。他总是在自己的写字台前一坐就是好几个小时，在烛光下盯着正方形纸张一直专心工作至深夜。运气好的话，他的信使会顺利地到达目的地而不会被抢劫，甚至是失踪。信件传递需要时刻戒备，一封信的丢失有可能对政策产生影响甚至是引起战争的爆发。

第二节　卡特琳娜·斯福尔札以及比萨危机

在 1499 年，最初的两项任务使他刚刚开始的政治生涯受到考验，其中一项是与卡特琳娜·斯福尔札谈判，他被派去商谈武器供应以及佛罗伦萨未来的武器控制权，而另一项则是去解决比萨溃败。这两项任务都非常棘手。

卡特琳娜是年轻的贵族女子，并且是米兰公爵的私生女。每一个认识她的人都描述她无与伦比，赞扬她那阳光一样耀眼的美貌，她含情脉脉的眼睛——有人说是贪婪的，有人说是不羁的、怀疑的或者是醉人的——她颇具军事魄力的无畏行为，以及令人印象深刻的诡诈智慧。她尽可能地拒绝了古典式的家庭教师式教育，而这种教育本是高贵但私生的身份所应赋予她的，她将不肯驯服的精力更多地投入马术训练以及追求感官乐趣上。

靠着忙里偷闲，她写完了《实验》一书，她的写作不仅仅是出于嗜好，书的内容中包括护身符的种类以及魔法磁铁。她相信这些东西具备特殊的法力，能够恢复家庭和谐，她还在书中编写了食谱以及异国毒药，而在这其中“威兰诺阿特麦恩”尤其令她引以为豪，她吹嘘这种东西能够提供“完美的睡眠”。

当尼科洛在 7 月中旬与她相见时，她不仅迈过了生命中几道坎，而且还战胜了一些潜在的敌人。她的父亲加莱阿佐·玛利亚在 1476 年被暗杀。她的第一任丈夫是吉罗拉莫·利拉奥伯爵，她在 1477 年嫁给了他，那时她只有 14 岁，而他却是教皇西克斯图斯四世的侄子，反应迟钝，性情残暴，而且还是“帕齐阴谋”的残存分子，他在 1488 年 4 月被刺死，尸体被扔在了弗利的大街上。

作为对谋杀的报复，她下令逮捕并屠杀那些涉及其中的人以及他们的家人，除此之外，她还随意屠杀了一批市民来恐吓所有人。如今她已是 36 岁，第二任丈夫吉亚柯莫·费欧也同样被人杀死（为了给他报仇，40 多个市民被屠杀）。第三任丈夫乔瓦尼·德·美第奇是皮耶罗·弗朗西斯科的儿子，他出生于洛伦佐家族的另一支祖系，1498 年去世，撒手离开已有身孕的她，那时她肚子里怀着第八个孩子。

她的性闻逸事数之不尽。一次偶然的机会，她曾经嘲笑过一位雇佣兵队长。这位队长坦言自己仅对战争情有独钟，因此无法跳舞和享受音乐，甚至无法沉醉于爱情之中。于是她告诉他，他应该被“涂满油膏并且塞进碗柜里”以防“生锈”，至少应该在里面待到被召唤去打仗为止。

然而在对自己的军队发号施令时，她却从不优柔寡断。在会见过马基雅维利的几个月后，当切萨雷·博尔吉亚——一个对战争生疏的雇佣兵队长，带着一支 8000 人的小军队闯入 7000 人口的小镇时，她在自己的弗利宫殿堡垒中命令军队向着街道上惊恐的市民开炮。队长围攻了堡垒，并且成功将其捕获。

当时，她想要从 60 公里之外的佛罗伦萨执政团那里索取 1.5 万弗罗林。她打算用这笔巨款来保证自己的儿子能够继续参与正在进行中的比萨战争，并购买百名武装步兵和百名武装轻骑。她 20 岁的儿子奥塔维亚诺伯爵也曾做过一段时间的雇佣兵队长。

在过去的一年中，这位伯爵一直在为佛罗伦萨执行同一项任务，但是如今执政团在给他的佣金中减少了 5000 弗罗林，这是因为奥塔维亚诺在军事事务方面不够专业，执政团保留他的职位的目的，只是为了与他的母亲保持良好的关系。

弗利处于威尼斯和罗马之间，位于共和国宿敌之间至关重要的焦点处。与卡特琳娜公国建立同盟关系，一直以来都被认为是一项良策。马基雅维利被指示前去谈判以减少奥塔维亚诺三分之一的开支，并且要与卡特琳娜达成一次重要的火药武器买卖，这些东西均出自卡特琳娜充沛的战争物资储备。如果可能的话，他还要在弗利雇佣多达 500 名步兵，派去参与比萨战役。

马基雅维利并没有见到奥塔维亚诺，但是马基雅维利却与他那迷人的母亲陷入到相互恭维以及礼尚往来之中长达一个星期之久。他注意到卢多维科·莫洛·斯福尔札，即米兰的公爵（卡特琳娜是他哥哥的私生女）的一位代理人，也经常在附近游荡，而且面对着那些不曾提及的现实与动机，他发现自己作为政治谈判家第一次感到犹豫不决。后来事实证明这些现实与动机对于任务的成败至关重要。

卡特琳娜的宫廷中回荡着古怪的喧嚣，而沮丧的马基雅维利则报告说每天都有 50 到 500 人的军队聚集起来前往米兰。这些人中有许多是来自于其他城市或者是周边村落的专业骑手以及步兵与弩兵，这些人都是他和执政团想要用来增援比萨之争的。但是那位米兰公爵却直截了当地与佛罗伦萨竞争以求增援自己的部队。他在报告中还写道："昨人在这里检阅过 500 名步兵，他们是卡特琳娜殿下派给米兰公爵的……几天前还有一支 50 名整装待发的弩兵部队，同样是被送往米兰的。公爵的秘书已来到这里招募并且支付佣金，这些人将在接下来的几天里与一位秘书一起离开这里。"

在佛罗伦萨，他的同僚们似乎对这些实际问题表现出从容不迫的态度。"我毫不怀疑，"比亚吉奥·博纳考斯在信中写道，试图让他振作起来——他是佛罗伦萨执政团的助理秘书之一，也是一名富有同情心的审计员，并且是他在执政团成立之前就已经交好的朋友——"殿下赋予了你无限的荣耀，而且她见你的信如同见你本人一样高兴。"他这样说的时候，对他的同僚在光辉的卡特琳娜宫殿履行使命露出一丝嫉妒。

从一个爱搬弄是非的密友那里，博纳考斯得知卡特琳娜肖像的复制品在弗利流传。他想要一张肖像，最好是完好无损的。"我想让你在回信的时候，邮寄一张画有女王头像的肖像画给我，这种画像在你那边已有流传。你给我寄的时候，把画像卷起来以免折坏它。"

尼科洛不在的日子里，秘书厅的办公室陷入到一片混乱以及嫉妒诽谤之中。马基雅维利办公桌附近坐的是卢卡·费思尼和阿戈斯蒂诺·韦斯普奇［亚美利哥（1451—1512）的一个近亲，他曾投资支持哥伦布航海发现新大陆]。安东尼奥·德拉·威莱也坐在他附近，他是一位助理秘书，曾经帮助马基雅维利成功上任，并在他上任3个月之后，也就是1498年8月，帮助博纳考斯成功上任。他陷入一窝蜂的抱怨之中，这些抱怨激怒了每一个人（博纳考斯写道："我祝愿他便血。"）。

博纳考斯在信中经常提及安东尼奥的阴谋诡计（"我们被首领们痛骂"），然而他自己却对执政团的领导们毫无敬畏之心，相比于领导之间的办公室政治，外交政策等许多重大问题显得相形见绌。"我被欺负……被每一个人欺负，我一直在恳求和祈祷你回来。"

秘书厅的人际关系变得日益糟糕（"因为这里除他之外，没有任何人说话管用"），而且人们的脾气也越来越糟糕，虽然"马塞洛（已经）听说你的信受到极度表扬"。马塞洛即拉丁学者马塞洛·维尔吉奥·阿德里安尼，也就是第·阿德里安尼·贝尔蒂（1464—1521），尼科洛在大学时可能已经认识了他，或者是通过大学里的人脉与其建立了联系，并且马塞洛从1497年开始就已经在领导秘书厅。根据博纳考斯所言，这位阴郁而保守、坚决又自负的阿德里安尼正在坚持不懈地"推波助澜"，力图派更多的部队到比萨以保证尼科洛军事使命的成功。

秘书厅的秘书们还关注着流传而来的消息，这些消息关系到新近爆发的战争，他们似乎肯定了但丁的观测结果，即意大利不会一日无战："消息称（法国）国王已经袭击了米兰……在过去的几天里，瑞士和德国已经互相攻击……土耳其的舰队已经从海峡冲出，据说要侵袭那不勒斯·迪·罗马尼亚；这是一件极其（可怕的）事情……而且（威尼斯）执政团已经准备自卫，除此之外，他们已经开始付钱给武装人员，他们想用这些人去攻打米兰。"

如果说共和国"在比萨的战况（同样也）越来越好"，正如博纳考斯告知他的那样，在马基雅维利看来，他自己的使命却似乎是一场失败。卡特琳娜同意接受1.2万弗罗林作为她儿子奥塔维亚诺的佣金后，过了几天，他就冷冰冰地看着她背信弃约。正如她所言，原因在于他们的交易中不曾保证佛罗伦萨将会保卫她的公国，她的儿子同样也根本不必卷入到比萨战争之中。甚至在拒绝他的提议之前，关于她那声名远扬的军火以及火药储备向马基雅维利所说的话，“她说根本就没有，并且她自己也急需这些东西。”

即使他不气急败坏也会自然而然地决定离开，现实说服了他，他的努力一无所获。然而，当他在弗利漫游时，在会见卡特琳娜之前，他就已经不辞劳苦地采访了她的一些国民。正如他向执政团所说的那样，他们声称她以及其他的统治者对于他们的利益毫不关心，“就在昨天一群村民还向我抱怨说：我们的君主已经抛弃了我们；他们手头上有太多别的事情要忙。”

实际上，他的使命根本就没有失败。卡特琳娜的踌躇让执政团高兴，这证明她需要一个持久的同盟。同样让人松一口气的是，不必再对奥塔维亚诺负任何责任，尤其不必再花一分钱。从执政团的角度来看，马基雅维利那聚焦于比萨的于 3 月 24 日完成的前一项使命，同样也产生了他所不曾意识到的效果。

他还没有参观过这座城市——如果他参观了将会是非常危险的事情——但是他曾经骑马在不远的蓬泰代拉小镇里旅行。这座小镇位于埃拉河与阿诺河的交界处，他曾经在这里与油嘴滑舌的军阀首领——伯爵雅各布 · 德 · 阿皮亚诺四世（1459—1510）打过交道。此人统治着沿海城镇皮翁比诺、小岛蒙特克里斯托，以及厄尔巴岛和皮亚诺萨岛的古老水域，在这些地方他的家族几个世纪以来一直享有领主权。阿皮亚诺作为雇佣军之一，领导着共和国在比萨的武装力量。

在离开佛罗伦萨的前后，马基雅维利以“十人委员会”秘书的身份，曾经向“十人委员会”和执政团提交了一份评估，这份评估谈及比萨的军事情形。这是一份简练、严格甚至令人惊讶的文件，尤其是鉴于他在军事领域经验缺乏，这也许是存留下来的他在战略策略以及战争方面最早的分析。

这篇文章题为《论比萨诸问题——致“十人委员会”之官员》，他显然并非意在将自己的分析加以发表。相反，这篇文章是零碎的，作者只是毫无铺垫地长驱直入处理着他的问题，暗示出这篇文章仅用于在负责战争的官员之间的内部传播。

他认为，关于比萨的一切讨论都应以此为前提，即这座城市是否能够通过武力或是外交以及感情呼吁而重新夺回，“是否能够通过围攻而重新夺下，或者说使用其他的激进方式能否产生效果。”在排除后者时，他强调了那种持久的痛苦感觉，这种感觉上升为愤怒，并且在动荡、持久而血腥的战争形成的过程中，这种愤怒在双方的许多人心中变得根深蒂固。

在1496年发表的一篇文章《抵御佛罗伦萨的批评者》中，伯纳多·斯卡拉在谈及比萨时表达了同样的苦楚：“难道我们没有为救助比萨而倾尽所有吗？难道他们所想到的、所要求的一切我们没有慷慨地给予吗？税收被取消了。税务官以及治安官这样的职位被允许在地方继续存在，就像是比萨自由时那样……（然而）就在我们需要他们的坚定以及勇气的时候，比萨却造反了。当我们的共和国竭力维护其自由时，他们却趁机造反，当我们救其于水火之中而他们欠我们人情时，他们却选择拿起武器、发动战争。”

值得注意的是他那苦闷挫败的语气，他在暗示佛罗伦萨在战争中的任何纵容默许都与经济上的野心无关——尽管比萨作为共和国的主要港口非常富有——他们的默许更多的是因为感到羞耻。神圣的信任已经荡然无存，博爱已遭嘲笑。这种情感不仅滋生于比萨战争，而且在这一时期的其他意大利战争中比比皆是——说到这里，西克斯图斯的帕齐战争被很自然地联想到。这些冲突可以证明，虚荣似乎比金钱更能激起军事反应，即使金钱终将被看作目的。愤怒感经常比肮脏的心更能诱发屠杀。

马基雅维利剩下的分析集中于比萨之战应该如何组织上，应组织两个还是三个坚固的军事营地？每个营地需要几百人？他们应被安置何处？或者说是应被安置在多高的战略点上？以及在围攻或者封锁时，为夺取胜利而有必要使用的大炮的最佳数量应有多少？他毫不怀疑来自这座城市的抵御将会十分顽固，当城墙挡不住攻击被推倒时，他毫不怀疑佛罗伦萨是有希望胜利的。痛苦已被转化为策略。

无论如何，这些就是他的关注点。几个月前，在他还未会见卡特琳娜之前，也就是 3 月里，他曾骑马去见雇佣兵队长雅克布 · 德 · 阿皮亚诺，这些积累下来的、基本上堪称专业的知识技能，使得他思虑得更为深刻。换句话说，他用了大量的时间研究战争围攻的策略、与归来的士兵以及军备专家讨论战术问题。

即使如此，单靠专业知识是远不够的，关于阿皮亚诺的一个更加微妙的问题让他起了疑心——阿皮亚诺的军营里那时已住满了士兵。他不仅在过去的一段时间里为奸诈的贵族家庭以及其他敌对城市而战，其中包括比萨，而且如今开始要求一笔额外的付款来支付他的服务——这也是马基雅维利造访的直接原因。在已经达成一致的获得 22400 弗罗林惊人数目之外，他还要求 5000 弗罗林。他的理由是佛罗伦萨的另一名雇佣兵队长，雷米奇奥 · 达 · 马西亚诺伯爵已被许诺得到更大笔的数额。

"十人委员会"给马基雅维利的指示是在估量过财政状况之后给出的，并且基于从 1498 年 8 月阿皮亚诺就已经试图改变谈判条款中的其他项目这一事实。直到 1499 年 2 月，阿皮亚诺一直拖延着不肯在佛罗伦萨军营露面：除了他已答应提供的 200 名步兵，他要求再增加 40 人（一个步兵花费多达 14 里拉［意大利货币单位］，7 索尔迪［意大利铜币］。步兵数目的增加会让共和国日益减少的战争基金更为吃紧），而且就在此时此刻，他毫无征兆地开始提出增加佣金的要求。

马基雅维利被下令决不妥协，或者说在所有的这些问题上都要含糊应对、迷惑阿皮亚诺：

你将……向他展示我们的安排，这些安排是讨他欢喜的，但是这些安排仅限于模糊笼统的条款，以便使我们无论如何都不承担任何实际责任。

马基雅维利也深知他们的弱点，即一个有能力且唯利是图的军官也许不会履行契约中的条款，并且因此而失去成功的机会。“总而言之，如果他用决裂来威胁你，你就先随他去发泄个够，然后再给予答复，同样你也要尽最大努力劝他耐心一些。”

他们紧张的关系存在着破裂的威胁，阿皮亚诺会退出并且带走他的军队，延误战争的胜利，或者使获胜的可能性破灭——更为糟糕的是他转变立场——这些都不能被轻视。这些指示是高瞻远瞩的。

最后提到的是，涉及某些更为严重的方面，“十人委员会”的怀疑同样容易为人们所理解，虽然这样的结论仍有待确认，这恰恰映射出政治世界中瞬息间的变幻莫测。在这个世界里没有朋友、没有敌人、没有联盟，也没有目标；在这个世界里没有多少东西是清晰、稳固的；在这个世界里军事关系也许会被仅仅看作肮脏的交易。得出这样的结论也许不足为奇。

在比萨冲突中有着不为人知的不确定性，而这种不确定性似乎变成了人类更为宏大的行为的基础。正如某些人开始意识到的那样，它所带来的结果就是，持续地将不确定性推崇成一种价值。换句话说，马基雅维利使命的主要目的，恰恰在于维持适度的不确定性。

这就是现实主义，或者也可以被理解为一种流行的新现实主义。通过劝说阿皮亚诺接受他所答应的支付款额，尽管这让他像阿喀琉斯那样在帐篷中生闷气——马基雅维利达到了预期成效，即暂时减缓这位指挥官那让人不能接受的要求——坚持要更多的军队。

第三节　军事窘境

一种新型的管理秩序在某个时刻进入了人们的视野，这种管理秩序或许正如今天人们所认为的那样，是对军队以及政治管理机制戏剧性的调整。政治和军事上的不确定性，是在难以理解的条件下发展起来的，并且似乎渗入到人类敌意的根基之中。

对于马基雅维利来说，“十人委员会”的指示远不如政治的晴雨表更具有指导性。在它们之外，存在着新兴的并且影响力日渐增强的紧张与担忧。

无穷性那微弱的暗示——中世纪哲学最大的疑问——如同闪闪发光的潜在阴影在不断推进的历史地平线上阴森地逼近。终于，在一个半世纪以后，它的迷惑开始扩张，它将诱导许多人做出更符合实际的选择，而非选择静态的宇宙业已存在的东西。这种新的未知状态风靡起来，并且似乎将以逐渐强烈的趋势上升。

这在今天看来是一个自然的相互反应，不稳定性逐渐增长的地位已经开始促成它的对立面——彻底的稳定性——的生成，这种稳定性通常伴随着对军事甚至政治专制主义的渴望。

一个魅力超凡的专制主义长官的呼吁，就能够在当前军事和政治的不安中赎回中世纪那消逝的美德。他拥有财富和机敏，他像一个军国主义的萨佛纳罗拉，或者一种灵丹妙药，他是奇迹和胜利的制造者。一个独裁者也许会挽救许多正在衰退的古老价值，即使是用粗鲁的方式，甚至以政治自由为代价。

对成千上万的忠诚痛哭派（piagnoni）来说，萨佛纳罗拉的记忆仍然不断地鼓舞着他们。不仅代替他的佛罗伦萨首领没有出现，而且街道上也已是无法无天。早至1498年6月，仅在修道士死后的很短时间里，兰度西就曾记录到，在夜里持续不断地发生了大量的谋杀和争斗。这些冲突似乎与焦躁不安的年轻人的娱乐有关。他观察到，“每个人”都沉迷于“一种邪恶的生活”，并且在夜里整个城市里随处可以看见拔出的剑，人们在新市场里点着蜡烛到处赌博并且丝毫不感到羞耻。地狱似乎敞开了大门，悲痛降临到了那些尝试摒弃恶习的人身上。

兰度西直截了当地下结论说，这些人的道德崩塌了，在萨佛纳罗拉死亡的余波中，战争给市民们所带来新一轮的摧残可以被窥见，这可能更好地解释了这帮人的行为。当战争的需求波及每一个人时，当军事的不确定性在蔓延时，政府为支付永不休止的战斗而征税，这些税收用于满足士兵、火药以及加农炮的需求，几近引起了暴乱。

“十人委员会”挥霍无度。在一段时间内，委员会名存实亡，并且没有给它的成员留下可以换届竞选的机会，不过作为结果，马基雅维利作为秘书的这一职位不仅变得更加安全而且更加重要。政治争吵随处可见，这些争吵起于对共和国雇佣兵的怀疑。

无论如何，城市中开始显现奇迹，这明显地提供了与神灵相接触的机会。1498 年 6 月 10 日兰度西记录了看似不可思议的现象，它们发生在“赛尔维（servi）和 tiratoi 的草地上（用来晒干和拉伸衣服的巨型开放的建筑物)”，就在老桥下游，金色的毛毛虫爬在人们的脸上，或者他们的“眼睛和鼻子上，(并且）他们的头部像是戴了一个皇冠，而面部则环绕着一个头饰(一个光环)”。

从未出现过的生物长着金色的身体和黑色的尾巴，它们吞食着所有植物，“黑刺李的灌木丛变成了剥去皮的白色枝干”。许多人都相信这种毛毛虫似的动物肯定是萨佛纳罗拉自身的显灵。它们似乎表现了天国所传达的真理，即萨佛纳罗拉的生命属于流金岁月。在它的余波中“野草（不得不）被拔掉；那么最无用且不为人喜爱的黑刺李，将被（毛毛虫的）尾巴侵蚀着，也就是说，将被那些接踵而来的毛毛虫吃掉”。这种奇怪的生物消失了，但是作为一种带有喻义的展示，不久之后它们似乎激起了一种更为古老的感知现实的方式，这种日渐消逝的方式源于中世纪，由信仰支撑，并且将现实看作一张寓言的挂毯。随着这种方式的苏醒，城市古老的管辖区再一次感到被遗弃，似乎一种伟大的信仰消逝不见。

同样，在它们苏醒的过程中，历史上的先例似乎已经预见了不确定性将会渗透到许多人的生命里。这些先例虽然发生在一个多世纪之前，却仍旧具有着巨大的威胁。受教育的商人、贵妇以及贸易者，连同政府与教堂的人，不仅记着“帕齐阴谋”之后的死刑处决，并且还受到列奥纳多·布鲁尼著名的《佛罗伦萨人的历史》的教唆。这本畅销书在早期经常被引用，它令人恐惧地反映了1378年“紧跟在外界和平之后的内心嘈杂”，并且伴随着云集的暴乱以及“激昂暴徒的鲁莽”。恐惧看似是新近产生的，而实际上却是由自身对于暴力的热衷而激发的，这个令人恐惧的神灵似乎是真实的。

随着现代阶级反抗的到来，惊慌之神已经孕育了一个混乱的世界：

> 大规模增长的暴民团伙，掠夺了执法官的宫殿。然后，在愤怒的压制下，这帮暴民回到了传道者的宫殿，并强迫传道者放弃他们执法官的职位，并将他们送回家，使他们沦落至普通公民的境地……这帮暴徒（接下来）胜利地进驻到宫殿中……正是在这一天，一群人被召集在一起，他们批准了许多涉及城邦政府的新法律。最主要的革新就是手持正义之旗的旗手永远应该从最低阶层人群中选取。

这场看似离奇的、令人惊讶的原始革命坍塌了，被共和国武装得更好、训练有素而无比坚决的市民摧毁了。然而在颠覆的社会中，令人毛骨悚然的游行仍然是一个“永恒的例子，警告着这个城市首领，提醒着他们不要让民间动乱力量发展为暴徒的程度。因为它一旦抓住要害就很难被控制，而且随着数量越来越多，它的力量会更加强大”。

凶残的攻击再次搅醒了不安的灵魂，使他们再度受到惊吓，尤其在1499年所有遏制暴徒的法律似乎不再有效。在充满惊吓的社会环境中，人们似乎在为更糟糕的情况做准备，而这个社会在许多重要方面已经变得面目全非。

1499年8月1日，当共和国的雇佣兵已经前进至比萨的时候，马基雅维利从弗利返回。至少战争状况正在改善。这种可能性在8月6日变得更加肯定，强有力的大炮轰炸的威力使得人们对整个战役恢复了信心，但是这种新的乐观很快被证明是错误的。6日，雇佣兵队长保罗·维塔利指挥士兵用大量的加农炮，将比萨的外城墙“撕开”了一条长达40码的裂缝。每个人似乎都在期待着其他报道将蜂拥而至，来证实巷战正在进行或者宣布城市的陷落。

在1498年6月1日的一个精心设计的典礼上，维塔利接受了职位任命，人们普遍地认为他很有能力、精力充沛但为人残忍。作为翁布里亚的卡斯泰洛城里的一位勋爵，他对在战争中使用个人军火尤其是像步枪一样不精准的火绳钩枪，持着近乎普遍的贵族偏见。他认为任何一种类似的武器都是非军用的，但是他不反对使用更有杀伤力的加农炮和迫击炮。

近至1498年前夕，他在布里战争中取胜之后，下令将所有抓获的威尼斯枪手的手掌砍掉，因为按照他的信念来说，他们背叛了军队荣耀的原则，他们使用手枪将远处的一个铠甲战士残酷地射杀，甚至在并没有实际打斗就将其杀死了。更令人担心的是，维塔利经常被控告与比萨的敌人——皮耶罗·德·美第奇以及美第奇家族的其他人员勾搭。他们想重新掌权，人们普遍将其看作是很危险的。尽管存在这些问题，维塔利对战争的处理似乎产生了实际的效果。在几次耽搁之后，他的战术推进了军队的发展，使得似乎他们能够与皇室相匹配。

同他的弟弟维泰洛佐，以及竞争对手雇佣兵队长雷米奇奥·达·马西亚诺齐心协力，佛罗伦萨大理事会批准了一个行动计划，而这个计划鼓舞了两兄弟——他在占领卡希纳之后似乎期望可以赢得比萨的胜利。在战场上，200名全副武装的弩兵同他一起出现，这种阵势震慑着比萨的指挥官，以至于士兵开始溃散并逃跑。他们的溃败使得他对比萨的猛攻成为可能。

8月10日，通过占领比萨的一个重要的堡垒——斯塔姆佩斯，维塔利为预期的最终侵袭做着准备。然而在此时，毫无原因地，他令人羞耻地表现出军事上的怯懦无能，这引起了人们对他忠诚的怀疑，至少怀疑他所做的承诺。他的行为招致了早已在佛罗伦萨市场流转的谣言。被先前的军事失败所激怒的暴乱人群，更加激进地发泄着愤怒，而不是公平地对待这一切。马基雅维利似乎也受到了影响，他认定维塔利是个叛徒。

最主要的理由是维塔利拥有无法企及的优势，即一旦占领了斯塔姆佩斯，他就能用重武器将比萨的外城防御工事轰出一个裂缝。令人无法理解的是，他没有抓住机会猛攻这座城市。更加莫名其妙的是，他延迟了进攻，甚至是撤退了，并且根据一些人的叙述，他强迫想要冲向前的士兵撤退。

不管这种夸张行为的动机是什么，他继续推迟着行动。确切地说，他这么做也许不是出于不忠诚，而似乎是成功吓到了他。来自执政团的一批愤怒的信件劝告他继续行动（这些信中，涉及他“推诿”以及“欺骗”的部分，可能是马基雅维利写的），然而，这些信没有带来任何变化，并且到最后，他的军队中爆发的一场疟疾使得死者遍布各处，死者中包括他的几名长官，这使得他在9月14日被迫撤退。比萨人再一次守住了比萨，而且已经恢复了元气。

维塔利的下场以令人恐惧的速度迅速转变。马基雅维利可能也出席了执政团的秘密讨论，决定先诱导他骑马返回卡希纳，然后在那将他逮捕并带回佛罗伦萨加以处置。他的弟弟维泰洛佐，同样也是被通缉的人。但他已经感觉到了危险，并在最后一刻成功地逃走了。

9月29日夜，自负的保罗·维塔利被举着火把的一小队护卫兵包围，他被链条拴着带到了佛罗伦萨的大广场。他被吊在刑具上拷打，一直拷打了一整夜，最后一个敷衍的审讯被匆忙通过。在整个过程中，他什么都没有说，什么都没有承认。对大多数市民来说，在这样的境况下，他的沉默只是证实了他的罪过。法国的新国王路易十二对此也表态，他毫不犹豫地接受了关于维塔利“欺骗”的报告。

尽管马基雅维利曾强烈要求以公平的方式进行审讯，但不用说公平，这场审讯本身就带有更多的预审和恶意。这一局面是由一场军事惨败造成的，期间十艘装满了弹药和火炮的装驳船沉入到阿诺河里。它们后来被打捞起来，但是不久之后，其中装载的许多货物又都被比萨人偷走了。

因此，维塔利被强制押回佛罗伦萨之后不到一天时间里，他就被定为典型的叛国罪，正如兰度西所描述的那样，在市政厅被斩首，他被悬挂在走道上，也就是矮护墙后面的走廊里，从而使得下面黑暗中的人群能够看见他最后的时刻。“人们期望他的头颅会被扔向广场。但头颅并没有被扔下来……而是被插在了一支长矛上，悬挂于窗户上示众……旁边还放着一支燃烧的火把，于是每一个人都能看清楚他的头颅。接着人们四散而去，人们认为正义已经被实施，城市的伟大荣耀得到了伸张。”

马基雅维利支持这一行为，并且从这位贵族士兵被斩首中得到伸张正义的快意。几周之后，卢卡的一位不知名的执政团的秘书以贬抑的口吻写下了——如他看到的那样——对这位共和国的雇佣军长官鲁莽的、不道德的处理。马基雅维利在一封信中以讽刺和愤怒的口吻予以回复，这或许是他在通信中第一次显露自己冷酷的谴责。他控诉这位官员“给我们的共和国带来了这么大的耻辱”。他补充道：“我选择无视这种恶意……你信件中满是这样的恶意。”他举例说明了“维塔利的背叛”以及“他的过失所给我们带来的（军事）上不计其数的麻烦。”作为“十人委员会”的一名秘书，他似乎对匆忙审讯中不可靠的证据不感兴趣，“不论他是否承认这是一个过失，（他）理应遭受无止境的惩罚。”

第四节 随法王一起迁徙跋涉

马基雅维利的父亲伯纳德于 1500 年 5 月 10 日去世，那时他大约 70 岁（他生于 1425 到 1430 年间）。在父亲去世之后，根据他起草于 1483 年的遗嘱，尼科洛作为在世的两个儿子之一，与他的弟弟洛托继承了佛罗伦萨的几套家宅。虽然遗嘱中不曾提及，但按照当地习俗，他与洛托也继承了位于佩库斯纳圣安德鲁的家族庄园，而那时洛托正准备担当牧师一职。至于他的两个姐妹，如果她们未婚，也可以继承财产。但是和普莉玛维娅一样，当时玛格丽特也已经结婚，她嫁给了伯纳德·米涅尔拜迪。

虽然现存的记录不曾提及尼科洛如何哀悼他的父亲，但他在少年时期与他所深爱的第一位导师之间坚不可摧的关系，以及大量记载下来的这位父亲对儿子少年时期成就的骄傲，这一切都值得追忆。同样值得一提的是，尼科洛写于早期的一首抒情诗。这首诗的写作日期不确定，大约写于他 25 岁的时候。这是一首十四行诗，写给他的父亲，那时候他去了圣安德鲁的农场和葡萄园。这是一首与众不同的诙谐诗，它由二十行构成，而附加的六行按照习惯通常是讽刺性的。这首诗写尽了散发着诱人香味的盛宴以及家庭中的戏谑。

伯纳德显然担心儿子可能吃得不够好，于是他给尼科洛送去了一只鹅。在回信中，尼科洛以夸张到近似荒唐的笔调描述了他们可怕的饮食。在十到十一行提及丹尼尔大概是一项传统，这一传统在当时很流行，许多人对此习以为常，以至于在快到半千禧年的时候，《圣经》预言家对描写所谓的丹尼尔预言的新书籍深感迷惑。这些书籍激起了萨佛纳罗拉的兴趣，它们涉及腐败教堂的革新和振兴。而《丹尼尔预言》则涉及预言家丹尼尔拒绝食用尼布甲尼撒二世即巴比伦国王宫廷里邪恶的食物，以保持日益增强的健康以及神性：

尼科洛·马基雅维利写给他的父亲伯纳德先生

写于圣凯斯卡诺的郊区住宅

他们已经住了一个多月

以坚果、无花果、豆类以及干肉为食
所以在这里再这样苟延残喘哪怕一分一秒
都是罪大恶极，决非戏谑。
正如费耶索兰的公牛，满是渴望地盯着阿诺河，
饥渴地舔着它的嘴唇，
他们盯着农妇待售的鸡蛋
以及屠夫的牛肉和羊肉。
但是为了证明连蛆虫都不会挨饿，
我必须致辞给丹尼尔，
他也许已经在读对我们有利的只言片语。
因为被迫用刀子吃面包（不新鲜的面包）
我们的嘴变得跟丘鹬一样长
而且甚至不能半睁开眼睛。
告诉我的兄弟
来这里与我一起打一场胜仗
以赢取上周四您送来的那只鹅。
如果这样的游戏继续，
伯纳德先生，你将不断地购买鸭子与鹅
却永远不能吃到它们。

诗中最令人赏心悦目的是对于三行诗节押韵法巧妙地掌控，这是受到了但丁和彼特拉克的影响，诗歌中朴实的讽刺与情感以及手法的随意融为一体。

在1500年7月中旬，广阔的世界向北部开放，并且第一次向那些好奇心敞开了胸怀，横扫了老于世故、组织更为精良的法国。尽管路易十二的宫廷曾上演过一系列混乱而愚蠢的军事失败，他们还是经常处于军事行动之

中。路易十二后来成为著名的“法国之父”，正如他的前辈查理八世一样，他通过军事冒险插手到意大利国事之中。这同路易对米兰的权利要求有关，而且他不仅是向米兰提出要求，还有那不勒斯。

从他统治时期起，这位国王就动怒于查理八世没能紧抓住意大利南部的王国，而当他从北部撤往法国时，几近失败的尴尬行径同样让他十分气愤。法国的郊区有着广阔富饶的金色农场以及上乘葡萄园，其中零星散布着优雅的酒庄。在国王统治极为顺畅的这一时期，可以毫不夸张地说，这里的村民和贵族都生活得心满意足，至少可以吃好、穿好，所以他们不愿意反抗一个心怀怜悯的王室。

正如其他有趣的文化一样，法国文化中也充满了矛盾。有些矛盾吸引了马基雅维利的注意力，这些矛盾就出现在他父亲去世后不久，当他骑着马出发经过邮局的时候，或者在路途中换马的时候。作为一位外交旅居者，他需要按照最新的指示出现在路易的宫廷上，然后停驻在里昂。

英国在中世纪晚期发明了长弓，法国对此做出了反应，比如说增加穿在骑士身上的钢板盔甲的重量和厚度。结果当法国步兵暴露在英国弓箭手大约200 米之外时，钢制箭头像雨一般地射来，造成了大量的死亡。

在制造壁毯以及法国大型织布机等其他产品方面的主要进步，以及对城镇业主相对政治自由的加强，加之对钢铁制造方法以及船只设计的改进，这一切虽然当时还未曾带来艺术以及文学的兴盛，它们其后却成了法国文艺复兴的开篇。

在过去的 200 年里，十四行诗在意大利达到鼎盛。人们争相阅读意语十四行诗或者是其法语翻译，读者中包括路易十二。在法国，他也许是将彼特拉克作为诗人而非道德家来欣赏的第一批人之一，这是潮流转变的标志。然而，十四行诗却未能引起国内的模仿，16 世纪 40 年代之前出自法国诗人之手的十四行诗无一流传下来。

在文学与哲学曾经辉煌的那段时期，在法国与意大利文化之间存在着长久的对立，并且毫无减退的迹象。法国人文主义者认为他们是“雅典人直接的后裔”。他们避而不谈他们从古罗马以及中世纪罗马那里继承来的任何东西，以及意大利在艺术、哲学、药理学等诸多领域的成就。路易的朝中成员总是认为自己比意大利统治阶级更为聪明，主要是因为他们中的任何人都不曾表现出想要创建中央集权政府的热情。

就连罗马教皇亚历山大六世，从前的罗德里格·博尔吉亚（1431—1503），似乎也同情法国那寄于意大利投降的幻想。在路易加冕之后，亚历山大六世委派自己那傲慢的儿子切萨雷去拜见新的国王，向法国保证他将会参与政治合作，以确保他们在意大利城邦之中的利益。

在1498年10月，路易欢迎切萨雷来到他那优雅逍遥的宫廷，将他比作恺撒（古罗马帝王），而这正是这位年轻的西班牙裔长官所愿意被称呼的（并且他也用这个名字签署文件），这个称呼也唤醒了他那被暗杀的古罗马独裁者式的傲慢。在那时，由切萨雷的父亲安排，路易成功离婚（在1499年5月），随后他开始尝试追求国王的一个侄女，也就是美丽的卡洛蒂·德·陈尔伯特。

作为结婚礼物，瓦朗斯公国被算入结婚嫁妆之中。它由供切萨雷个人使用的年度税收支撑，外加一支人数2000的强壮法国骑兵部队，用以补充他的步兵以及武装骑兵。这一慷慨馈赠的目的在于确保他能够协助法国在米兰和那不勒斯取得期盼已久的胜利。

在意大利，混乱往往会压倒理智。经过8年的时间，或者说自从洛伦佐·德·美第奇于1492年去世之后，马基雅维利不仅培养了有助于事业的人脉，而且还在风雨飘摇的意大利那病态的环境里加以改善。

这个狭长而多山的半岛坐落在欧洲的中心，岛上仍旧存留着罗马的帝国遗迹，这个半岛自从中世纪起就没能统一成一个日新月异的帝国。如今看来，它似乎仍不会成为统一的国家，虽然在洛伦佐统治的几年里，它一直得益于洛伦佐在佛罗伦萨与那不勒斯之间建立的意大利联盟。

洛伦佐的逝世很快瓦解了共和国与那不勒斯之间的关系。那些重要的军国主义贵族家庭的竞争热情高涨，其中包括埃斯特家族，阿拉戈纳家族（那不勒斯的一脉）以及斯福尔札家族。这些家族曾经撺掇他们的首领成立以及瓦解好战的联盟，甚至邀请外国的军队，尤其是法国、德国与西班牙的军队进攻意大利，以满足他们征服的野心，而如今他们似乎再一次更加自由地为所欲为。他们开始大幅度的堕落，使得偷窃与谋杀畅行到无法想象的程度。

大多数情况下，有效的军事战术不仅依靠半岛的相对孤立，同样也得益于几近天然的屏障，这一次也不例外。战役在狭窄的岩石峡谷、山谷以及山口处爆发。它们抵御着包围了城镇的攻击。

自从古罗马时期开始，意大利重大的军事冲突就以闪电般的速度反复进行。对袭击的恐惧使得旅行者不得不缩小他们的远足范围。守在路边的强盗团伙对林中来去的行人、工匠或者外交家来说，比大多数战火更为可怕。

雇佣兵、盗贼和杀人犯难以区分。虽然包括雇佣兵在内的许多士兵信奉宗教，但却不知民族主义为何物。只有在对肆虐冲动的压制下，才谈得上对当地贵族、贵妇以及教堂的忠诚。

在马基雅维利为他第一次离开意大利的旅行做准备时，他将恺撒的《高卢战记》装入了旅行囊里，也许他从它那通俗易懂的拉丁散文中取乐，或者是将其作为一本独特的旅行者指南。来自执政团的指令强调了行程速度，因为一场战争正在进行之中。他是否曾预料到在路易的法庭上或者旅行途中会遇见切萨雷·博尔吉亚，或者想到去世很久的恺撒将会为他提供有用的见解呢？

一直以来，执政团在政策与调动方面的决定都取决于比萨。实际上，“十人委员会”的秘书刚刚从近期的危险使命中返回。在“比萨变为集中营之前”，作为服务于共和国长官乔凡尼·巴蒂斯塔·鲁道夫和卢卡斯·代格瑞·奥比奇的助手，他在6月曾被派去佛罗伦萨军营，监督5000人的瑞士部队以及500名枪骑兵部队的部署。

这些看起来专业的援军是从路易十二那里租借来的。对此佛罗伦萨向法国的军事支持表达了感激之情，虽然每个月都要支付高达 24000 达克特的昂贵租金，这些钱被用以维持围攻比萨，也就是在维塔利惨败之后，将中断的战役继续下去。

然而，即使是这样人数众多而且装备强大的军队也开始在战役中懈怠并且佯攻，使得原本尴尬的情况沦落到危险的境地。瑞士的指挥官立即对防守减弱的比萨墙发起轰炸，而这道墙已经是被修复过的。接下来，和在维塔利的领导下一样，军队开始撤退。

佛罗伦萨并没有付给他们钱，他们的反应非常暴力，甚至超过了他们对比萨的敌意。“昨天夜里长官（卢卡斯·代格瑞·奥比奇）给您写信了。”7 月 9 日马基雅维利在“比萨前方的军营里”向执政团的长官报告道，“我们在这里所处的境遇很（可怕）；今天三点左右，大约一百多名瑞士兵来到他的营房索要酬金……他们说拿不到钱他们决不会离开。长官的承诺都不能让他们平静下来，结果在一番争吵之后，他们将长官俘虏了。”

眼睁睁看着自己的上司和意大利长官被绑架，这使他胆战心惊，除了在黑暗中求救之外，别无他法，“我一直停留在圣米歇尔的车站，就为了能告诉阁下这一情况，或许你应该采取措施阻止任何一个臣民被带走，更不用说还是被他们带走！他们原本都是服从于您的。”

愤怒的瑞士士兵在长官的头上挥舞着武器，绑架他并且以死威胁，这样的折磨竟然长达好几个小时（“我不知道，”他在恐惧中草草写道，“在我生命的最后一个小时中我所受的痛苦与折磨是否会达到这次的四分之一。”），他仍旧保持着清醒的头脑。实际上，最终他还是为自己安排了退路，似乎除此之外他无路可退，他签下了赎金票据，表明他承诺支付暴动士兵多达 1300 达克特。

他对叛乱让步的结果是瑞士士兵立即放弃了佛罗伦萨军营，数千人穿戴整洁地向北部的博洛尼亚挺进。进攻比萨的希望破灭于稀薄的空气中。

法国立即为叛乱和勒索而指责佛罗伦萨，而佛罗伦萨则指责法国雇佣兵的违纪行为。国王致以歉意：“暴乱刚发生几天后，我们就得到了酬全……围攻比萨的雇佣军队里，几个不守纪律的步兵的叛乱导致了这场暴乱……这场暴乱的发生让我们……非常遗憾。”

他许诺在战争中大幅度为佛罗伦萨增援，但是随后什么也没有做。与此同时，比萨人开始发动他们那精心策划的攻击，占领了里布拉菲塔城镇以及附近的一个要塞。同样也是第一次，他们开始接受来自邻近的卢卡的救援，而且部分是由于随之而来的形势转变——执政团与法国宫廷之间恶性循环的相互指责变成了争吵，而双方都日渐敌对、反复无常。

因为暴乱发生时马基雅维利在场，所以他是参与解决这场影响到脆弱联盟的危机唯一合适的人选。如今回忆起来，他是与弗朗西斯科·戴拉·卡萨（一位经验丰富的外交官，代替了路易前任的佛罗伦萨特使）一起，被派往法国执行任务，以平息这位法国之父的盛怒。如果可能，他们将重建两国政府的友好关系。“这项任务，”执政团宣布道，“总共包含两部分：第一，投诉……第二，辩护并申明无罪……你将……合情合理地说出我们的长官是怎样被俘虏的，这场暴行中的罪人是（如何）犯罪的，以及我们不得不承受的付出与侮辱。”最为重要的是，使者要力促法国许下坚定的承诺，在未来任何一场对比萨的攻击中都支持佛罗伦萨。

然而从一开始，当马基雅维利和戴拉·卡萨起程向北踏上多达 500 英里的旅程时，他们就遇上了一个让人恼怒的问题：追踪法国王室。当路易国王与他的随从一起去打猎探险时，整个法国贵族就消失了，或者说不留痕迹地消失于未知的地方。他们服从国工的命令，避开任何传染病可能正在蔓延的区域，比如说瘟疫。令人困惑的是，王室人士以及国王总是出现在佛罗伦萨前方几天的行程之外，他们并非故意这样做。他们一连数星期追踪法国王，然而每一次到达一座城池时王室都早已离开，于是他们筋疲力尽，资金匮乏，并且恼羞成怒地继续购买新的马匹。

马基雅维利和戴拉从里昂出发，一路气喘吁吁地经过一个又一个村庄，诸如圣皮埃尔山村，但被告知国王刚刚离开。5月8号，在寄往佛罗伦萨的信中，马基雅维利匆忙写下了自己的愤怒并呼吁执政团长官提供更多的资金，这封信讲述了他在法国郊区长途跋涉，日复一日地在马鞍上颠簸，以及当他的外交希望连同他钱包里的钱一起被消磨殆尽时他内心的焦虑："阁下您知道，我们从佛罗伦萨离开时，您付给我们的工资有多少（每月20达克特），同样您也知道付给弗朗西斯科·德拉·卡萨的工资有多少（比我们的多很多）。毫无疑问（这样规定工资）是因为您相信按照正常情况我会比弗朗西斯科花费得少。然而事实并非如此，因为在里昂没有找到伟大的陛下，我不得不像他一样配备马匹、仆人以及行装，因此接下来执政团有责任支付给我与弗朗西斯科同样多的费用。"

他的财政问题难以克服。"我相信阁下您会采取措施而不会让（我）破产，至少佛罗伦萨能够提供给我被迫在此欠下的数目。我向您保证自己的忠诚，到现在我自己已经出了40达克特，而且我已经要求身在佛罗伦萨的弟弟预支我70多达克特。"

8月6日，在讷韦尔，马基雅维利和戴拉·卡萨终于被逗留下来的皇室宫廷所接待，虽然他们被告知与陛下会见的时间不能超过一天。另外，他们与国王的第一次见面几乎像行程一样扑朔迷离。虽然"对疾病的恐惧遍布整个国家"，佛罗伦萨这两位协商者"发现（路易）的朝廷很小，这是由于场地有限而造成的"。他们向鲁昂的红衣教主乔治·德·安伯瓦兹说明了来意，使臣引他们与国王进行餐后会见，而国王则刚刚从午睡中醒来。

一切都进行得彬彬有礼，直到马基雅维利、戴拉·卡萨、路易及官员们开始着手谈判。表面的礼貌立即变为吹毛求疵、互相指责以及阴冷的预言，暗示着鉴于在比萨的失败，军事上的未来一定是无望的。暗藏的尖酸刻薄，勉强掩藏在礼貌之下，几乎要毁掉达成协议的机会。

马基雅维利和戴拉·卡萨也没能阻止他们对执政团发起讽刺性的诅咒，

对于法国来说，无论佛罗伦萨怎样做都像是在对所发生的事情逃避责任，正如他们拒绝将钱付给瑞士。尽管如此，马基雅维利和他的随行使者避免了更深分歧的产生。

8月10日，路易的宫廷再一次悄悄地谜一般地迁徙，这一次直奔蒙达尼，佛罗伦萨使节紧追其后，在从蒙泰格斯迁徙至默伦的路上，破裂的谈判在不可调和的意见下继续进行。

然而，从马基雅维利的角度来看，并非一切都是徒然。8月下旬，他在市政厅的朋友兼同事比亚吉奥·博纳考斯在信中告诉他一个消息：他的弟弟洛托终于在安排期待已久的财政支持，即使只是部分支持。

安德鲁·迪·罗莫洛是另一位秘书，他在佛罗伦萨市政厅二楼办公。他还在比亚吉奥来信的附言中提及愉快的派对和一位魅力十足的女人——她的姓名没有被告知——也许当马基雅维利在办公室度过了煎熬的一天之后，会想念她。“不管怎样，我们经常在秘书厅内说笑，而且我们经常会在比亚吉奥家里开些小派对……所以准备好吧，只要你一（回来），……她就会手捧盛放的无花果迎接你（暗指性事的俚语），而且我和比亚吉奥几天前看见她像鹰一样地待在窗边，你知道我在说谁。再给你一个暗示：她住在阿诺河旁边的修道院里。”

在他那混乱的法国历险中，从9月份拖到了11月份一直都毫无结果，执政团根本就没把钱送来，尽管洛托尽了最大的努力，尽管比亚吉奥确保钱会来，甚至最后他自己也对此确信不疑，然而佛罗伦萨与法国协约的谈判却没有丝毫的进展。

弗朗西斯科·戴拉·卡萨如今抱病在身并且前往巴黎疗养。职位交接是理所当然的事情，马基雅维利被如此告知，然而他却被困在法国宫廷不能回来，而且几乎得不到任何有关他未来职位的消息；只是像从前一样，秘书厅中的大多数人都很想念他。

“求你，尽快回来吧。”阿戈斯蒂诺·韦斯普奇在10月底写道，“我祈祷你火速回来，以最快的速度回来，我恳求（你）。”韦斯普奇被一直以来的顾虑所折磨着，他担心他的朋友会失去“在市政厅中的职位”，虽然他坚持说每个人都仅仅是“非常想见你”。“你那幽默、机智而愉快的谈话，就在我们耳边回荡，让我们感到轻松愉悦，让我们这些在持续的工作中逐渐衰退的人为之精神振奋。”

马基雅维利的娱乐天赋给他带来了许多原本匮乏的安慰，尤其是在法国的外交环境之中，而他又对当地口语知之甚少（虽然他可以听懂当地语言，并且能够将信件翻译成当地语言），他发现自己还是在大多数谈话场合使用意大利语，将古怪的拉丁短语甚至是一些拉丁句子掺入其中。

韦斯普奇打趣他说：“里帕（一个共同的朋友）补充说，你决不能留在法国，你在那里会很危险，因为恋童癖和同性恋在那里都是严厉制裁的。我们都知道你的性格是多么的美好无瑕，所以我们对他的话感到疑惑，有人问他是什么意思，他嘟囔着说，一匹马兽奸了你并且撕裂了你的肛门和臀部（啊，多可怕的罪过啊！）。”

他在信中加了一些经济和社会新闻，因为他知道马基雅维利会感兴趣，新闻的内容涉及粮食价格的严重下跌以及梅毒的爆发：“一个男人已经失去了他的生殖器……另一个人的鼻子掉下来了，还有一个人瞎了一只眼，另一个人变得非常像伏尔甘（跛足）。”

在谈及切萨雷·博尔吉亚时，他那钦佩的语气中带有一丝悲观的情绪，人人都称切萨雷·博尔吉亚为“瓦伦蒂诺公爵”，以此来感谢他从路易十二那里作为礼物获赠瓦朗斯。切萨雷的军事雄心已经开始引发普遍的恐慌，当时他刚拿下一大块意大利中心领地，正向另一块肥厚的土地进军。“瓦伦蒂诺正独自沿着弗拉米尼亚大道创造着伟大的奇迹，而且谣言正在蔓延，当他占领了法恩扎和博洛尼亚时，他将为皮耶罗·德·美第奇扫清道路以便他统治……一个伟大的国家（一项伟大的罪行）。”

韦斯普奇提到的弗拉米尼大道是一条超级高速道路，建于盖乌斯·弗拉米尼乌斯统治时期，这条大道从罗马一直延伸到法尼，它沿着亚得里亚海向北一直延伸到达里米尼。在切萨雷发动第二次重大的战役期间，他决定沿着这条极具代表性的重要大路行进，虽然多少也遇到了激烈的抵制。

考虑到博尔吉亚与美第奇的联盟可能会对佛罗伦萨构成的威胁，以及切萨雷也许会发动军队以令人眩晕的速度穿过半岛，试图重建美第奇独裁，他写道："愿上帝使一切邪恶远离我们，而（6 年以来）我们大量地参与这样的邪恶。"此处的括号是他自己标注的，涉及维吉尔的《埃涅阿斯纪》中的两行诗句，马基雅维利一定认出了这两行诗句，它们描写的是埃涅阿斯回忆特洛伊溃败的灾难，那时希腊人已经洗劫了这座城市，将其夷为平地。

第五节 对法国漫长的忍耐

"这是我们不幸的一年。"11 月 4 日，洛托在写给他"尊敬的哥哥"的信中写道。马基雅维利仍在努力打破那持续的沉默，这样的沉默在他逗留期间一直弥漫在法国宫廷，然而仍旧没有任何迹象表明他何时能够被召回国。

他刚刚得知，他 35 岁的姐姐普莉玛维娅刚去世，而她 13 岁的儿子乔凡尼由于同样的（未知的）疾病也躺在"死亡的门前奄奄一息"。洛托认为她的儿子也许会活下来，至少活到他 14 岁的生日，这样就达到立下遗嘱的合法年龄。在马基雅维利家族，对于财产的担忧总是和亲情扯在一起。

11 月中旬，路易又一次迁移到了南特，11 月下旬重新迁至图尔。像以前一样，马基雅维利骑在新买的马匹上紧跟着迁徙的路易的宫廷，他注意到其他政府和宫廷的大使们——土耳其、德意志、威尼斯、米兰——他们的求助让国王应接不暇。

面对这样激烈的竞争，一个小小的佛罗伦萨秘书能企盼自己起多大的作用呢？在 11 月初期，如他所言，感谢上帝的帮助，他终于迎来了"重建十人委员会”的报告，也就是非官方地解散“自由与和平十人委员会”，“让我们期待会从中获益。我们有权期待从一个更好的政府那里得到更完满的结局。”

“十人委员会”中的新成员也许能够达成有关比萨问题的更好的决策，虽然所有的军事决定都需要由效率较低、规模更大的八大委员会来讨论认可。“十人委员会”成员的任期是六个月，相比之下，执政团成员的任期是两个月而且不能连任。

像许多佛罗伦萨人一样，马基雅维利特别担心切萨雷·博尔吉亚可能会得到法国的支持，虽然路易已经写信给他，明确说明他反对任何入侵共和国的敲诈借口。随着拖延的时间越来越长，马基雅维利的信心越来越少，几乎不相信新的大使正在前来援助他的途中，不相信戴拉·卡萨会让法国重新有兴趣与佛罗伦萨签订强有力的军事协议。协议的缺失将会危及共和国的安全。“如果不能尽快得知您（执政团长官）的大使真的会来，那么陛下将更倾向于相信（我们）敌人的诽谤，而非我们的辩解。”

切萨雷的军队调动到了法恩扎，在他将其拿下之后很有可能注意力会集中在佛罗伦萨。鉴于此，与法王之间培养友好的关系比从前任何时候都更为重要。路易对切萨雷施加压力，大多是通过他那变化无常的教皇父亲。

11月4日在南特，路易的大臣德·安伯瓦兹主教把马基雅维利叫到一旁，“他想了一会儿说：‘保持同国王之间的友谊，随后你将不需要（他）；但是如果你失去了他高贵的恩惠，（全世界）都救不了你。’”跟随在迁徙的法国宫廷的那段时间里，正如他在寄给执政团的官方报告中谦虚地提及的那样，只要佛罗伦萨的秘书在场，或者是说他那“恰到好处”的举止，也许会有助于缓和国王的否决所带来的不愉快气氛；另一方面，拿不到钱路易什么都不会做。

与此同时，冰凉的秋风扫过法国荒芜的土地。它们吹过皇室挂毯，这些毯子在帝王永无止境的行程中折折卷卷，用以取暖和装饰，他们经常坐在点燃的宫殿壁炉之前，虽然壁炉散发出极少的热量。在户外，随着 12 月的到来，最近变得拥堵起来的畜棚和客栈点起了灯，照亮了成群狂宴的士兵。

弗朗索瓦·维永（1431—1463），一位家世不详的诗人，在马基雅维利出生的 6 年前死于这个国家北部，他没有赞美过自然，甚至没有赞美过在如今几近荒芜的小巷间瞥见的冬日羊群，也没有赞美过游荡在不断断裂的冰柱间的奶牛，他所写过的只有色情、上帝以及救赎。他那疯狂的叛逆似乎通过巴黎的水槽和小巷表现出来：

我们注定
将被大风筛落
堆积，像愚蠢的砂子一样平静
我们不似想象中那般永恒
点石成金的帝王
也不过只是一个符号、一抹色彩、一丝语调
虚幻的，辉煌的
当我们死去且离开的时候
绿草将在我们身上覆盖。

马基雅维利出使法国的使命受挫时，南部的意大利也停下来等待着。等待着什么呢？ 11 月 21 日，据兰度西描述，一场超强的暴风雪在佛罗伦萨下了好几个小时。这么大的暴风雪似乎“（以前）从来没有过”。大雪冰冻了“屋檐上滴落的水滴”，一连数日皆是如此。当城市渐渐安静下来之后，许多男孩子挤在街道上堆了许多雪狮。

第六节　婚姻以及切萨雷·博尔吉亚的少许情况

批准他回来的文件终于由执政团签署，但是只有在将“他待在宫廷的这段时间里所做的一切”都告诉来到法国的新大使之后，他才能得以离开。信过了很久才于12月12日从佛罗伦萨送达他的手中，而他花了很长的时间才骑马跑过数百英里回到家中。当他回到那熟悉的佛罗伦萨办公室中时，已是1501年1月14日。

执政团官员们都很焦虑，认为切萨雷不再掩盖自己的意图，这样的焦虑使得他们迫切地想与法国消除隔阂，于是他们调整策略付给了法国10000达克特的首批款项。执政团承诺说更多的款项会很快送来。

马基雅维利已离开佛罗伦萨大约有5个月之久。他回来之后，面对着一大堆政治和家庭问题，有一件让人高兴的事情掺杂其中：他的侄子，也就是普莉玛维娅的儿子乔凡尼活了下来，正如洛托预言的那样，身体状况越来越好。他早在10月25日就已经告知执政团的长官，说他的生活已经分崩离析：

> 您知道，我的父亲在我离开前一个月去世了，在那之后我又失去了一个姐姐，我的私事又那么乱七八糟、毫无头绪，我的财产实际上也方方面面地浪费掉。因此，我希望陛下您能够仁慈地接受我的请求（让我回去），让我采取一些措施把自己的私事处理妥当。我想在佛罗伦萨只待一个月的时间，一个月后我会回到法国，或者去任何您愿意派我去的地方。

他那满是忧郁的请求当时是被忽略掉的，在数月之后才被批准。从更为广泛的政治和军事角度来看，在过去的几个月里，甚至共和国都自身难保。

自从教皇亚历山大六世的大儿子胡安于1497年6月14日在罗马的后街

小巷子里被谋杀，并且砍坏的尸体被沉在台伯河之后（许多人怀疑是切萨雷干的），私生子切萨雷·博尔吉亚就成为他最喜爱的儿子。虽然他靠着父亲的宗教权威获得成功，但自从1500年1月在弗利击败了卡特琳娜·斯福尔札之后，他却经历了许多事情。在他职业生涯的初期，卡特琳娜的抵抗让他的士兵浴血奋战了三周。在路易十二以及切萨雷本人的威逼下，她在城堡上用炮火炸开了自己的城镇。即使在失败被俘之后她也没有放弃反抗，也许是想要把握住毫无希望的机会来博取他的同情，卡特琳娜可能曾经委身于她的侵略者。更有可能的是，她在遭受强暴之后保持着沉默。

在她投降之后，无论他们对她做出怎样花样百出的安排，最终还是把她送去了罗马。在那里，切萨雷把这位囚犯当作战利品展示在他那幸灾乐祸的父亲面前。他的父亲也垂涎于她，并且很想得到她，但是当她依然拒绝交出自己以及子女们在弗利的领主权时——她从未放弃过抵抗——她不可避免地被切萨雷扔进了圣天使城堡的牢房里。

切萨雷几乎总是向卡特琳娜展示他那两面派的手段。他那幸灾乐祸的习惯，喜欢从别人的可怕遭遇中汲取无穷无尽的乐趣，这一点显示出他那足够恶毒的个性。从以上描述我们可以注意到，如果他不曾那么迫不及待地背信弃义的话，也许他不会那么迅速地臭名远扬。对自身的约束也许会减轻大众的厌恶。

如果他对自己有所约束，他就会少招来一些寻仇的人。他的许多肖像画很明显地展现出他的脸，古板但很好看——有些人说他的脸长得很漂亮——但也有些神经过敏。无限的自恋似乎加固了脸上巨大的傲慢。除去他独有的不讲理的特质——他经常培养自己的这项技能，他那军人的机敏、所受过的人文主义教育、对于敌人的藐视、智慧、热爱绘画、对相助于他的父亲的嘲讽，这样的外表也许会被看作宫廷弄臣的脸——至少这张脸的主人不太像是能够吸引身经百战的部队为其效力。

尽管他并不粗鲁、没有光环而且缺乏宗教的灵性，他的父亲在他15

岁时还是任命他为潘普洛纳的主教，虽然他不曾对宗教表现出丝毫的兴趣——他的傲慢也许恰到好处的让人觉得很率真，尽管他的脸上一直挂着不悦的表情。

他源源不断地提供着偷窃来的金钱，而他在军事中的胜利则让他的父亲引以为豪——他喜欢用黑色教士风格的披风、帽子、手套和上衣来强调他那专制的神秘性——他似乎绝对有吸引力。那些见过他的人都会强调他那坚定不移的目光、聪敏、鲁莽以及敏锐。

他曾经一度提倡统一，如果不能实现和平的话。因此，从更为宽泛的层面来讲，他的凶残也许无关紧要，至少对于那些在他残酷统治之下的卑微民众来说确实如此：任何他所奴役、打败甚至杀害的对手和敌人都已经领教过几个雇佣兵队长的残忍。

在他对意大利政治施加重大影响的那几年里，即使是普通民众，如果被问及关于统一的问题，所有人大概都会希望统一，哪怕要通过暴力来实现，哪怕要不惜一切代价，哪怕会伴随着恐惧与谋杀。他自己则更倾向于简单的服从。

比如说，在他戏剧性地进入罗马时，也就是在1500年2月，当他走在精心策划的五百年庆典的途中时，他貌似和蔼地行进在成千上万簇拥着的、沿街观望的人群之中——其中许多人是赶了数百英里的路穿过欧洲和意大利来到这里的——他像一只流线型的船划过波涛汹涌的水面，而不是一个掌管生死的军人。

一队杂乱无章的牧师、市民以及艺术家被他那训练有素、穿着统一制服的军队冲散了。他的护卫队由一百多个男仆组成，他们身着黑色天鹅绒、黑色皮靴，手持崭新的战戟，周身熠熠生辉。他骑马走在黑色护卫队中间，他看起来总是挺拔、自豪、干净，并且战无不胜、气宇轩昂。他们应接不暇地望着他那至高无上的金色奖章，似乎在宣布着新的世界秩序，与这奖章相比周遭的一切工艺品都不值一提，这让他变得那样无与伦比。

1501 年，一系列的暴动席卷了共和国的领地。马基雅维利和他的同僚们一起努力压制。在这些参与暴动的人中，切萨雷作为同谋者卷入了利益的追逐与掠取之中。在掠取利益的过程中，他那即使不曾涉及其中至少也有所染指的行为，考验着佛罗伦萨的外交技巧以及执政团松散的应对。几个月后，他们仍旧没有多少改善。佛罗伦萨对于经济、艺术、政治的回应总是远远超出对于军事威胁的回应。

马基雅维利想要维持领土完整的愿望依旧很强烈，所以在那一年的 7 月中旬，他第三次被派往皮斯托亚去处理最糟糕的一场暴动。那时正值佛罗伦萨的盛夏，热浪足以让汗水浸透衣衫、让人心急火燎。虽然他只是去几天，却是干劲十足。也许是因为家中正在为他准备人生道路上的一场戏剧性变化：他将与玛丽埃塔 · 科尔西尼成婚。

关于他的未婚妻，我们掌握了一些细碎的片段以及模糊的线索。在他年仅 32 岁的时候，他向她示爱并且求婚，那时他的父亲和姐姐刚刚去世不久。玛丽埃塔是卢多维科 · 科尔西尼的女儿。与马基雅维利一样，她出自没落的贵族家族的一支，她的家族的根源能够在佛罗伦萨历史中追溯到，可以一直追溯到 14 世纪的精英商人阶层。科尔西尼家族也进入了当时的政府圈子。1500 年，玛丽埃塔的姐夫皮耶罗 · 德尔 · 尼罗当选为“十人委员会”成员之一，而马基雅维利就是担任这个委员会的秘书一职。

在有限的资料里，玛丽埃塔很少被提及，她的形象无一例外的是一位心地善良、深情体贴、思想深刻并且内心忠贞的女人。马基雅维利本人似乎对他的妻子充满了真挚的感情，虽然后来或许有所淡化，但至少最初的时候确实如此。虽然那时在佛罗伦萨以及欧洲婚姻常常是反复无常的，仅仅象征着最为实际的安排，目的在于生儿育女以维护家族的名誉和经济利益。对马基雅维利来说，有可能另外一个问题也极为重要，也许随着结婚仪式的到来，这个问题变得更为重要。他继续居住在几近荒弃的圭齐亚迪尼山区宫殿之中，他在这些房间中与世隔绝地生活着，处处都勾起他对家庭生活的渴望。

1501 年 8 月，就在他婚礼前后的某个日子里，阿戈斯蒂诺 · 韦斯普奇从罗马给他寄来了一封信，信的内容决非是想给婚礼提些建议，而多半是关于亚历山大六世的，以及经常大量地出现在这两个朋友之间信中的毫无节制的玩笑：

> 而且，如果万福的教皇碰巧（来到）这里（佛罗伦萨），你和其他想要被派遣的人，无论带着你们的妻子一起还是独自去见他，他那仁慈的心都会让你如愿以偿，只要你手里有足够多的钱。

韦斯普奇的用词中满是粗俗下流的字眼，而这两位单身伙伴早已对此习以为常，虽然其中一个或许更为聪明些，为了活得更好一些已经决定改变生命的方向。

第七节　与都督见面

与此同时，一场暴动在皮斯托亚爆发并蔓延至乡村，这场暴动基于城镇中两大家族之间的古老宿怨——潘恰蒂基家族和甘塞利黎家族，他们之间的恩怨可以追溯至中世纪时期。在罗马，米开朗基罗刚开始创作宏伟的《圣母怜子图》。在威尼斯，奥尔多 · 马努兹奥刚出版了他的第一本意大利语书籍，他在书中吹嘘了自己新发明的斜体字体。在皮斯托亚，潘恰蒂基家族已逃走，大量的人在死去，随之而来的是房屋被焚。

在佛罗伦萨，“瘟疫（正）迅速蔓延”，4 月初的时候，“瘟疫蔓延到了(城市中)”，兰度西描述道，“十个皮斯托亚的市民曾向我们诉说他们悲惨的遭遇。”佛罗伦萨的一位委员尼科洛 · 迪 · 托马索 · 安蒂诺里被派遣去平息这场骚乱。

他“绞杀了暴民的代表”——这种恢复秩序的方式广为人们所接受——但是成效却并不显著，因为谋杀和纵火仍在继续。4月末，切萨雷夺下了法恩扎，在此之前他遭到突如其来的反击并且被赶回了城外。时至7月，被执政团派到罗马的韦斯普奇，正在“罗马……那重重高温之中喘息着”，他写给仍身在佛罗伦萨的马基雅维利的信中，向他提供了罗马宗教生活中充满酸醋味的材料。正如他所看到的：“除了教皇不正当地拥有一群女人之外……每天晚上做完了七点的祷告之后，就会有20名甚至是更多的女人被带去宫殿与一些人通宵淫乐，他们那样放荡，整个宫殿显然成了包容各种淫秽的妓院。”教皇的享乐主义与切萨雷的暴力行为不相上下。

马基雅维利很快发现自己陷入了一系列模糊的决策之中，这些决策能够让佛罗伦萨作为独立的政体而安然无恙地存活下来。当他被派去皮斯托亚时，那里的人口已经因瘟疫减少至大约只有8000人，他知道鉴于这座城镇的军事价值，执政团一定在焦急地等待着他的报告，因为意大利中北部的策略以及外交——正在发生变化。

就在他要离开的时候，戏剧性的变化发生了，他需要去处理由切萨雷·博尔吉亚发动的一场暗流涌动的军事演习。公爵的领土侵占活动与佛罗伦萨当下要平息法国的需要不谋而合。如果想要路易像从前一样保持同盟者的身份，就需要额外给他付钱。至今为止，作为对瑞士兵变的赔偿，执政团已经发放给他超过30000达克特的款项。而路易仍有着不可撼动的帝国野心，于是他下令军队21000人兵分海陆两路从南部入侵意大利。他的最终目标在于拿下觊觎已久的那不勒斯王国，这个王国处于阿拉戈的弗雷德里克统治之下。与一支法国军队一起行进，穿过一个又一个的村庄，他也许很容易歼灭任何微不足道的反抗。

只要继续赔款，法王就不会威胁佛罗伦萨——而且，他的到场更是消除了疑惑——但是切萨雷却带领着他那规模相对小些的军事力量匆匆向南部行进，并以轻松访问为借口进入共和国的边远地区。他计划索取领土，并随后将其并入教皇建立的罗马涅城邦，以此给佛罗伦萨当局致命一击。

在行进过程中，他的军队洗劫并焚烧了大批农场。他这样做别无他意，仅仅是要施展自己的一种策略，即通过传播恐怖以扩大自己的影响力。也许正是他鼓励士兵们去强暴、抢劫以及偷盗（相比之下，路易则约束他的军队，禁止犯罪行为，而且他们似乎也确实照做了），切萨雷的恐怖主义毫无区别地指向受到惊吓的城镇以及士兵占领的村落。而且，内心的恶魔战胜了羞耻之心。佛罗伦萨节节败退，大量的佛罗伦萨村庄被毁坏被洗劫。战争蔓延到人口集中的地区，共和国似乎处于分崩离析的边缘。

每一寸被切萨雷军队所占领的土地，如果不加以防抗，很快就可能会瘫痪在恐惧之中。这样的情形会导致皮耶罗·德·美第奇统治下的佛罗伦萨独裁政治的复辟。这位洛伦佐的继承人，如之前那样为人们所轻视，据说就待在博洛尼亚伺机而动。

几个月前，当路易承诺说决不会容忍切萨雷的任何入侵行为时，马基雅维利就在法国宫廷之上并亲耳听到他说："我们已经一式两份地写信给我们在意大利的副官，如果公爵……试图针对佛罗伦萨或者博洛尼亚发动任何攻击，他们会立即向（他）进军，所以关于这一点你可以高枕无忧。"但是，事到如今，法国皇室所做的保证已经失去了任何影响力，切萨雷似乎立即就会实现他的统领之梦。

在皮斯托亚，马基雅维利估量着这些不断增加的国内骚乱背后的含义。为了平息那些自从1351年以来就处于佛罗伦萨控制之下的城镇，他建议允许被放逐的潘恰蒂基家族以及他们的支持者回来。重建先前的文明社会将会为抵挡切萨雷发起的袭击提供天然屏障。复兴旧体系似乎也同样恰合时机，因为甘塞利黎家族和潘恰蒂基家族几个世纪以来一直互相竞争，并且在政府运营过程中，一直作为势均力敌的派系忙于争取职位。

最终，经过数日以来不断命令那些掌权之人放弃对于潘恰蒂基家族的禁令，他似乎终于觉得可以心无牵挂地回到佛罗伦萨。即使纠结的状况不曾理清，但至少平静了许多。于是他在10月份归来。那一剂良策并没有奏效，抢劫、威胁以及谋杀以更大的规模卷土重来。

似乎对马基雅维利是否能够解决皮斯托亚的僵局难下定论。我们也不能推测他的这一尝试是否受到了众人的支持。他的上诉被评估，执政团衡量着他的可信任度，或许他会在某一个微妙的时刻被召见。除却别的不提，他在出谋划策中获得了越来越多的乐趣，这一点很值得注意。

所有的这一切对理解他随后很快被任命为弗朗西斯科·索德里尼的秘书至关重要，此人是沃尔泰拉的大主教，即皮耶罗的弟弟。弗朗西斯科刚刚开始在共和国的政坛中崭露头角。（虽然他并不知道）他还将被任命为终身的正义旗手。在那个节骨眼上，也就是1502年那个不祥的夏天里，他被派去与切萨雷会见商谈。当执政团又一次叫停马基雅维利正着手做的工作时，他的技巧和经验得到了更加充分地利用。

从6月初一直到现在，阿雷佐一直在反抗共和国。这是一座位于瓦尔蒂扎纳的重要的托斯卡纳城市（峡谷城市），同样也是切萨雷想要归入罗马涅的一座喧闹的北部临城，这座城市正是抓住了佛罗伦萨优柔寡断的特点才起而反抗的。这一地区的其他城镇及城市，包括科尔托纳和圣塞波尔克罗在内，也加入反抗之中。

正如意料之中的那样，阿雷佐的造反得到了维泰洛佐的支持，他是被处决的保罗·维塔利的兄弟。他已经被招募为切萨雷的雇佣兵队长，并且控制着一支庞大的军队，虽然切萨雷以他那一贯的表里不一否定着他们之间的军事关系。在佛罗伦萨，据报告，维泰洛佐在皮耶罗·德·美第奇的陪同下已经进入阿雷佐，但是维泰洛佐的单独出现对于许多人来说暗示着切萨雷正在着手布置一场阴谋，准备将佛罗伦萨的政府换成自己手下的人，并很有可能是被皮耶罗领导。

佛罗伦萨的不祥预感向人们敲响了警钟。一场反对精英阶层成员的起义迫在眉睫，这样的威胁在街上被广泛传播，虽然大多数人都错误地怀疑起义者会支持切萨雷和皮耶罗。人们呼吁将这些贵族派逮捕并烧掉他们的房子。

执政团立即向法国的路易发送了紧急请求，要求他立即带着军队回归，以防他毫无察觉地被利用并被赶出意大利。与此同时，阿拉曼诺·萨尔维亚蒂和其他杰出的执政团成员试图为军队集资以对抗一场意料之中的入侵。据估计，当切萨雷拿下附近的领土之后，就会对这座毫无抵抗力的城市发动最后进攻。

一年多以来，他手下士兵施行性暴力的传闻层出不穷，造成了巨大的恐惧。早在1501年5月18日，兰度西就在他的日记里写道："一整个早晨，我们只听到瓦伦蒂诺军队作恶的声音；他们不止洗劫了卡尔米尼亚诺，还带走了他们找到的所有女孩，这些女孩被从附近乡村找来集中在教堂里。"一位丈夫被迫看着切萨雷的士兵强暴他的妻子，而这样的事情并非罕见。

结果马基雅维利、索德里尼与切萨雷的第一次会面非常不顺利，他们没有聊很多，而且气氛也很不愉快。6月24日，一场仓促的骑行之后，他们被安排见面，这时太阳刚落山两个小时（按照旧时根据教堂仪式的钟声来判断时间的方式来说，也就是"夜里两点"）。他们的会见地点被安排在乌尔比诺，那是一座著名的公爵宫殿，里面壮丽的藏书室长久以来"被许多人看作全意大利最美丽的藏书室"。切萨雷在前一天刚刚占领了它。

一头银发的62岁蒙特费尔尔特罗公爵和他那聪慧的第二任妻子巴蒂斯塔·斯福尔札一起建立了全欧洲最好的手稿收藏室之一。(他的妻子从3岁起学习拉丁语，而在她14岁订婚时，她的拉丁语演讲以及对古希腊哲学、数学的精通震惊了全场听众。）如今他们已经去世20多年。他的儿子圭多巴多，孩童时期就曾出现在他们那令人震惊的父子双人画像中，如今已是30出头。他自己也成为一名雇佣兵队长，但是在切萨雷诱骗他解除自己城市的武装之后，他就已经携家带口逃离了那座大屋：切萨雷已经提出为附近的战役租借大炮。

无论是圭多巴多那心无城府的慷慨，还是他对切萨雷的父亲以及博尔吉亚家族的忠诚，甚至包括他最后的恳求在内，丝毫都没有影响到切萨雷的背叛行为。实际上，在烛光映照的平静夜晚，当马基雅维利、索德里尼与博尔吉亚家族首领一起待在戒备森严但事实上已经几近荒芜的宫殿里时，如果他们有所留心的话，他们一定会注意到切萨雷的军队已经开始将许多价值连城的宝石装饰、金色修边的手稿以及古版书籍从这个著名的藏书室中掠走。

在切萨雷的主动要求下，与其见了面，不过胆战心惊的执政团要先回答他的问题，讲明他们对他的政策。他们希望路易十二能够送军队来以帮助他们击退发生在阿雷佐的叛乱，前提是不必冒犯切萨雷，这在当时是一个非常不切实际的想法。切萨雷对他那衣着端正、行为得体的客人毫无耐心，尤其不耐烦他们强调佛罗伦萨的友善。似乎只有佛罗伦萨的投降能够引起他的兴趣，他显然希望以协商而不是入侵来达到这个目的。

他们讨论了一整晚，一直讨论到第二天晚上，马基雅维利在一封长信中报告了他们的讨论。字与行间有着些许空隙，匆忙之间还有一些省略，这显示出这三个人的急躁，当他一字一句地引用切萨雷本人所说的话时，语气中有种令人不安的紧张：“我不喜欢这一届（佛罗伦萨）政府，我不相信他们。你们（佛罗伦萨）必须马上更换政府，并向我保证履行你们所承诺过的……如果你们不想和我做朋友，你们就试试与我为敌吧。”

据马基雅维利所言（在他整理写下并由索德里尼签名的叙述中），对教皇军队的这位都督挑衅的语调，佛罗伦萨人好像傻乎乎地视而不见，切萨雷的父亲任命他为上都督。他们觉得“他们的城市有最好的政府，这届政府很有决断。既然他们自身对于自己的政府十分满意，那么他们的朋友也应该对其满意”。

他们那不屈不挠的方式似乎不起效果。切萨雷简单地宣布了他的军事目标，他会坚持让执政团忍气吞声，直到最后彻底投降，从而将整个共和国的漫长边境归入罗马涅之中，“（在这件事情上）我希望得到明确的保证，因为我太明白你们的执政团对我不怀好意，他们会把我像暗杀者一样抛弃，而且他们已经将我抛入了教皇与法王之间可怕的冲突之中。”令人不可思议的是，他竟然表示要强迫顽固的维塔利从阿雷佐撤退，以此来向佛罗伦萨展示他的好意。

至此，至少从马基雅维利的报告中可以看出，他几乎没有意识到他正参与那个年代里最重要的政治领导协商谈判。他以后会发现，甚至不用几个世纪，就在几十年后，这位指挥官就成为政治和军事潮流的标志，虽然此刻他只感受到他那深深的鄙视。

在这争分夺秒的时刻，他们对彼此的敌意扭曲了政治上的思考。马基雅维利对切萨雷所说的话也没多少兴趣，他不承认切萨雷所说的关于佛罗伦萨政府的话多少是有些道理的。当时，人们正争论着政府应如何构成。作为妥协，马基雅维利被授予史无前例的荣誉。他从236位候选者中脱颖而出，被任命为终身正义旗手。而他就置身于普遍不真诚的祝贺声中，面对着切萨雷不肯罢休的恶意。

即使在这样紧张的情形下，马基雅维利还对切萨雷的性格做出了可靠的总结，这些总结足以昭告世人。尽管与这位比自己还要年轻几岁的政治冒险家打交道十分恐怖，但马基雅维利表现得却一点也不像个新手。“这位君主有着轩昂且杰出的气场，这种气场是如此的强烈以至于战争中的任何大事对他来说似乎都微不足道。为了扩大领土、增加荣耀，他永不疲惫、不畏艰险。他的军队仰慕他，而他把全意大利最好的士兵聚集在身旁——所有的这一切，加上他那永远的好运气，让他所向披靡、战无不胜。”

对于他的描述，马基雅维利还补充道：坚定不移。与切萨雷的第一次会面以冲突而唐突地结束，佛罗伦萨的代表们留下来记录了全部过程，第二天与他们见面的却是切萨雷的同盟——奥尔西尼家族。他们也想让佛罗伦萨屈从，与此同时他们还口是心非地暗示道，法国的路易可能会站到切萨雷这边。

一波未平，一波又起。那天晚上，当马基雅维利和索德里尼第二次与切萨雷会面时，他们被告知外交情形已发生了变化。如今他们面临着最后的通牒，这位领导人身上的粗鲁似乎毫不奇怪。马基雅维利已经描述过他的圆滑，他能够“在其他人不曾注意到的情况下，把自己安置在别人的家中”。4天之内，执政团必须按照他的意图将佛罗伦萨安排妥当，否则就像他所说的那样，他将部署 2.5 万人的兵力，他认为这种方式是恰当的。

虽说危险越来越大，然而切萨雷宣称部署 2.5 万人肯定是犯了一个粗心的战略错误，虽然他这么做也许是为了恐吓众人。经过四处小心翼翼地打听，马基雅维利发现这位指挥官最近的军营在 3 英里之外，加上托斯卡纳区的其他军营，士兵也少于他所宣称的数目。加上骑兵，他的军队人数不会超过 16500。

即使数目相对少些但依旧是巨大的威胁。这个数字大到足够让佛罗伦萨在那天晚上做出这样的决定：马基雅维利应该快马加鞭地回到佛罗伦萨，而索德里尼依旧留在后方同公爵协商争取一丝一毫的可能，甚至把通牒拖后一点儿也好。

因此第二天（6 月 26 日）一大早他就跨上了马背，像是在一路追他自己送出去的报告。他的目的在于亲口向执政团讲述切萨雷的最后通牒，让他们加以斟酌、做出选择。

切萨雷建议佛罗伦萨向他提供一份契约，或者与他正式联盟，使他在得到大笔资金的前提下，监督着共和国的军事事务，包括他们的军队在内。但他的要求被拒绝了。

路易的一批法国军队迅速地向北行进，穿过阿诺河流域直奔阿雷佐——难道是命运女神的介入吗？行程似乎不太顺利。日子一天天过去，他主张对已经被驳回的契约开始进行重新谈判。他的坚持被大家沉默地接受了。执政团也因法国有可能向他们提供援救而重新欢喜起来。意识到他所面对的困难，切萨雷陷入了沉默之中。

从盛夏到夏末的这段时间里，马基雅维利被派去执行重要的任务，这一次的任务指向阿雷佐，他一共去了那里两次，一次是在 8 月，另一次是在 9 月。他去那里意在促成法国恢复对佛罗伦萨统治的援助。他两次逗留的时间都很短，不超过一两天的时间——比起他的谈判技巧，他骑马的耐力似乎在任务执行中得到了证明。法国指挥官在一开始的时候在掌控城市方面遇到一些阻力，但随着他们的进军，这座城市或多或少地落入了他们手中。让阿雷佐的市民放弃对佛罗伦萨的抵抗这一类顽固的问题也都需要斡旋。

马基雅维利准备回到他的朋友和妻子身边，在他取得了又一次颇有成效的成功外交之后，他得以回到自己那在市政厅里的办公室里。他的妻子刚刚成为年轻的母亲：她在夏天开始的时候诞下了一个女孩，取名普利姆亚娜。

家庭生活从未能够约束住他。10 月初，他被派去执行另一项任务，这样他再一次来到了切萨雷 · 博尔吉亚的移动指挥部。因为最近切萨雷企图摧毁佛罗伦萨，马基雅维利此行的目的在于保护佛罗伦萨的利益，再一次转移切萨雷那想要占领共和国的野心。

切萨雷从未放弃这样的野心。实际上他刚刚与法王在米兰秘密会见，随后悄悄溜回了自己的军队之中。在这场会见中，他向路易保证会提供重要的军事支持，以保证法王在攻打那不勒斯的战役中抵抗西班牙。然而，切萨雷的根本目的却在于使法国不再支持佛罗伦萨。这标志着他的计划似乎也没有顺利进行，他的旅途也不顺利。在乌尔比诺到米兰之间来回的旅程中，他不得不偷偷摸摸地来回于这两个地方，他这样做是为了伪装自己。

第八节　调查权力之源

马基雅维利的新任务是前往切萨雷的指挥部，他离开了风景如画的乌尔比诺双峰山，来到了伊拉莫。之所以会有这样矛盾的任务，主要是因为几十年来佛罗伦萨的体制中一直存在着危机。这一危机产生于民主派和共和派之间的固有的矛盾。一方面，它与大多数人对于权威的怀疑有关；另一方面，一个政府如果想要得以运行，就会需要某种权威。

几十年来，人们对佛罗伦萨处理这一问题的方式置于怀疑的境地。皮耶罗·德·美第奇统治时期糟糕的经历，以及在此之前的洛伦佐统治经历，使大多数得具有影响力的人更加坚定地支持通过公共机构来限制权力集中。然而，在极其密切的监督下，有效的决定几乎不可能在危机中迅速做出。

在这样的情形下，甚至连政策的制定也是一个遥不可及的理想。对于个人自由的过分纵容也同样会助长军事上的懒散。佛罗伦萨人的愤世嫉俗同样也适用于政府当局，参与选举共和国官员的委员会成员被慎重地分层挑选，而且官员的任期都很短，这些都显现出佛罗伦萨人愤世嫉俗的这一特点。这些限制的根本目的在于压制任何独裁主义倾向。

与此同时，坚持让委员会掌握一切权力加重了官僚主义的不作为现象。像马基雅维利这样的高等公务员也被迫每年参与一次秘书厅第二秘书长的竞选。在他们为期两个月的短暂任期中，执政团人员不得不参与太多的竞选，他们几乎连喘气的时间都没有。他们刚刚任职就要离职，甚至当某些人偶然地获得了再次选举的机会，长期任职或者是阶段任职的机会也不在他们的掌握之中，更不用说在政府机关持续积累工作的实际经验了。

与其他社会阶层相比，贵族更反对频繁变更的佛罗伦萨体系。起初，反对声音没有引起重视，他们提出的增加执政团成员的任期至三到五年的提议，没能在大理事会赢得足够的支持。

另外一项建议是设立终身正义旗手的职位，这一决议起初被驳回，却在1502年出人意料地通过了。原因在于这个提议开始吸引许多市民的眼球，虽然不包括贵族在内，这些市民意识到变革的必要性，但是他们更担心整个政府群体的潜在权力，尤其是在任期延长的便利情况下。结果是皮耶罗·索德里尼在9月份被终身任命。

大家同意这个高贵正直、务实雄辩的人担任这一拥有强大政治权力的高薪职位，虽然还是有许多人认为他不可靠。在执政团看来，即使他不够聪明，但他是一个努力工作的人。他能够任职主要有三个原因：第一，作为谈判者他十分机敏；第二，据说他和贵族以及其他派系有着不为人知的交易（实际上这一观点毫无根据）；第三，在对萨佛纳罗拉的暴力斗争中，他一直十分冷漠，也就是保持中立。

如今，马基雅维利和皮耶罗·索德里尼的关系越来越好，很快成为可靠的朋友。加之马基雅维利与他哥哥弗朗西斯科之间的亲密关系已经十分稳固，他的事业蒸蒸日上。

皮耶罗曾经作为一名间谍，为切萨雷·博尔吉亚工作过一段时间。这发生在一年之前，并且这份经历使得他熟知公爵的恐吓策略。他在寻找一位与自己背景相似的同事来支持他、为他服务。

就像现存肖像所展示的那样，这位魁梧机敏的共和国新任正义旗手似乎十分老练，他的成熟藏在沉思的眼睛以及敏感的注视之下，这些暗示出他那对于艺术与政治都同样热情的性格。从一开始，他就没有在信中简单地称呼马基雅维利为“尊贵的先生”，而是称他为“我挚爱的朋友”。

在他被选为旗手之后，皮耶罗（从切萨雷的指挥部）直截了当将一封写给所有人的简短的字条也寄给了他，这个字条跟几头被偷走的驴有关。

> 我……替某些人给你写这封信，在过去的几个月里，他们的6头驴在杜兰特城堡被阁下（切萨雷的）一些优秀的士兵偷走了（两个带着运货驴队的佛罗伦萨人被绑架到城堡，这座城堡被切萨雷的财务处长所占领）……我想烦请您以我的名义在尊贵的君主面前提及此事。首先，请您向他表达我的敬意；然后请您向他诉说被偷走的6头驴的事件，也许看在我的面子上，他愿意把这6头驴还给……我们的车夫。请为这件事情接二连三地恳求他。

索德里尼顽固的姿态——初看似乎是暴躁的——但实际上是他扎实的外交的前提。这突出了他那务实的习惯。这一细节为那些与他打交道的人提供了信息，也可以说是奠定了基础，使他们能够以此为基本原则明智地处理更加具体的问题。

这位新任的佛罗伦萨领导人相当精明，换句话说，他的精明不在马基雅维利之下，从一开始这两个人就并肩作战。在战争、谋反以及后果严重的政治失误中，团队合作至关重要，正如马基雅维利的机敏在恢复与切萨雷关系的过程中那样重要：

> （他在10月7日迅速地向执政团汇报道）从佛罗伦萨离开之后，我发现自己的骑马状态不是很好，而且我确信我的任务需要我快马加鞭，于是我在斯卡尔佩里亚稍作停留（比如，将慢马换成了快马），马上就争分夺秒地来到了这里，我到的时候大约是十一点钟。我立刻把马匹和仆人抛在了身后，穿着旅行的装束出现在阁下面前，他极其亲切地接见了我。

面对着与日俱增的威胁，如今这位老练的官员不会浪费一分一秒的时间，甚至衣服都来不及换，就算是要一身褶皱地出现在阁下面前，他也不会耽误一分一秒的时间，更不用说在大汗淋漓的骑行之后洗漱一下了。时间比从前任何时候都更能泄露他们的计划、谣言以及传闻。

因此，从一开始他就竭尽全力地讨好切萨雷，也许最为巧妙的是他向切萨雷揭露了那些企图谋反灭掉他的人："我（立即）……谈到（强大的）奥尔西尼（家族）的背叛，谈到他们是怎样与追随者见面的（或者那些著名的同谋者中最坚定的几个人），以及他们如何试图狡诈地引诱阁下们（执政团）与他们所有人联手。"或者一起发动叛乱，粉碎公爵在意大利中部的军事野心，甚至有可能要暗杀他。

当时，毫无疑问的是一场重大的叛乱已经酝酿了好几个星期，这场叛乱由主要军事家族的户主以及切萨雷信任的副官、雇佣兵队长和公民联盟谋划。因此，马基雅维利推测到，如果不露破绽地佯装关心切萨雷的利益，也许他们之间的关系会得到改善。

喝下一两杯当地的酸葡萄酒、吃下几大块当地的粗面包之后——盛传这两样东西对筋疲力尽的旅行者身体有益——他坐在了四方形堡垒的客厅里，这座堡垒是为保护最近被俘的卡特琳娜·斯福尔札而建。这座城堡墙厚 15 英尺，护城河深 40 英尺，牢固地抵御了近期的炮火，同样也是一个绝佳场所，用以告知切萨雷，执政团已经拒绝了三位奥尔西尼兄弟中的两人以及其他谋逆者的邀请，这其中包括怒火冲天的维泰洛佐·维塔利。切萨雷说维泰洛佐曾经“匍匐在他的脚下，一把鼻涕一把泪地”恳求他进军佛罗伦萨。这一切都迫使佛罗伦萨人参与到行动之中，试图将他引入战争灾难。

尽管言辞真诚，马基雅维利的这一计似乎只给切萨雷留下了很浅的印象。切萨雷有自己的间谍机构，他已经知晓这场阴谋。至于那些涉及其中的人，他自有一张名单：詹保罗·巴利奥尼（人称“佩鲁贾的暴君”），安东尼奥·达·韦纳夫罗（潘多夫·彼得鲁奇的流动间谍，锡耶纳的统治者），奥利维罗托·达·费尔莫，维塔利自己以及现居住罗马的红衣主教贾姆巴蒂斯塔·奥尔西尼，还有他的兄弟保罗和弗朗西斯科。

大概是作为回应，公爵只是轻轻地点了点头，皱起眉头流露出一丝轻蔑痕迹，漫不经心地向执政团以及佛罗伦萨人民表达了他的感激之情。然而，马基雅维利却认为他的时间没有白费，他们仓促的会面意在将他重新引荐至公爵的朝廷之上，所以不能说这场会面毫无价值。因为一种相互之间的信任已经建立，并且这种信任是非常有用的。马基雅维利赢得了公爵的一些信任，而对于马基雅维利来说，在他谨慎的一生中，他只将自己的信任给过公爵那美丽博学的妹妹卢克雷齐娅。他甚至期盼能从公爵那些微妙的巧合中受益。他几近绝望地与切萨雷交换着信任，而且还是在这种需要保密的情况下。

几个月之前，也就是在7月和8月的时候，切萨雷以十分相似的方式接待了马基雅维利的同乡列奥纳多·达·芬奇，他似乎比马基雅维利的名气更大一些。列奥纳多那位于佛罗伦萨的工作室距离马基雅维利的宫殿仅有几个街道的距离。没人知道马基雅维利来伊莫拉之前，他是否认识这位50岁的艺术创作家。不过，他们似乎都听说过彼此。尽管如此，马基雅维利和皮耶罗·索德里尼还是向公爵推荐了列奥纳多，说他的技能可以用于军事工程及建筑，他是那样的灵活而有能力，足以为他扩张领土出谋划策。

无疑是在圣徒传记的作用下，马基雅维利至今仍被人们仰慕。在人们的记忆中，他是一个沉着的人，留着蓬松的胡须，有着十分深刻的精神以及内在世界。在50岁的时候，他胡须满面，忙于制订计划和自我推销。那时，智者的沉着中还流露着学者的直率。

1502年夏天，列奥纳多作为公爵的贵宾身在伊莫拉，当时马基雅维利也在伊莫拉。在这个满是粗野雇佣兵的小镇里，这位艺术家为卡特琳娜的堡垒布局制作复杂的草图，并以切萨雷的军事工程师的身份对堡垒的高墙、护城河、护栏、走廊以及窗户进行测量，积累至关重要的军事和数学数据。

在刚刚过去的那个夏天里，因为一场旅行列奥纳多得以继续留在那里，这场旅行同样也是切萨雷出资资助的，在这场旅行中，他得以走近附近土地肥沃的省份，他的行程遍及乌尔比诺、佩斯卡拉、里米尼和切塞纳。在行走过程中，他不仅出于职业好奇记下了一些与建筑相关的问题，还记下了农民的一些更为细小的习惯，比如说，他们喜欢用前轮极小的马车，当货物多到足以使马车散架或者是翻倒的时候，这种马车推起来就十分费力。

8月在帕维亚，切萨雷已经深知列奥纳多的天赋，于是给他开了一张不受限制的通行许可证，并称他为“我们最杰出、最挚爱的建筑师以及总工程师列奥纳多·达·芬奇，他奉命研究我们国家的地方和要塞”。列奥纳多很快被派上了用场。10月初，当他随切萨雷参与福松布罗内的一场沼泽战役时，他临时搭建起一座木桥，让公爵的军队得以过河并镇压一场叛乱。在其他地方，列奥纳多检查了防御塔并且提出了改进意见。他勘测了炮火以及迫击炮的最佳位置、军事逃离路线、海港、军事集合地点以及城堡的薄弱处。他为伊莫拉起草了一份地图，并且修正了瓦尔蒂扎纳的旧图以表现突出的土地轮廓，这份地图时至今日仍然以精准著称。他在地图上精准地展示了广阔错综的水路，创制了一张包括湖泊、池塘、溪流以及河流的地图集。

他以对比鲜明的颜色来标注他的制图作品。或许在伊莫拉时，他曾与马基雅维利讨论过佛罗伦萨要打败比萨所面临的持久挑战，他们或许也曾关注一个大胆的计划，即通过使阿诺河转向来将这个城市与大海隔开，从而使它面对陆上入侵时无处可逃。在交给执政团首席长官的报告中，马基雅维利不曾提过列奥纳多以及他们的计划，他这样做是合情合理的，因他的报告很有可能会被切萨雷的间谍读到，如果他提到过这些，那么他将面临极大的危险。然而，数月之间，这两个人就完全被这个计划吸引了，他们那时极有可能已经一起讨论过这个计划。

就像之前执行其他任务时一样，马基雅维利的报告如潮水般接连不断，报告的长度和频率都说明他关注切萨雷办公室里所发生的一切，包括商业的、外交的、军事的以及秘密的事物。这些报告中满是对他的能力的描述，包括他是如何兴风作浪，他怎样让他的敌人放松警惕，他怎样平息盲目的仇恨，他怎样用谎言安抚不满的人，以及他是怎样在让受害者一如既往地崇拜着他施行极端的背叛行径。

马基雅维利有些报告长达几千字，由此可以看出他的工作效率。在11月20日、22日、26日、28以及29日，他至少写了七封内容丰富的长信让信使替他发送，这其中还不包括他在12月6日以及18日所写的信。这些信大多在漫长的工作过程中写完，为此他常常工作至深夜。与此同时，他还身处切萨雷军事计划的神经中枢，或者是身处武器修理和分配的交叉点上（包括新式武器和防护），也是军事演练与和平洽谈的交叉点上，这位“十人委员会”的秘书是如何找到时间写报告的呢？

他在自己密密麻麻的信中经常流露出对于共和国的忧虑（“在我离开公爵时，他再一次提醒我告知您，如果您继续犹豫不决的话，您一定会全盘皆输；但是倘若与他携手合作，您也许就会胜利”），信中还奇怪地透露着危险（“我们发现他所有的敌人都已经全副武装，并且时刻准备点燃一场大火”）。

许多份报告都集中讲述切萨雷是怎样努力增加军队人数的，因他的军队总是不够精良而且人数持续在减少。信中暗指了他的一些做法，这些做法在当时看来还是相当激进的，他要从罗马涅以及其他被征战的地区整团整团地招募士兵，而不是继续单一地依赖雇佣兵。“5天之前，他从自己的城邦招募了6000名步兵为其卖命，而招募这些人一共仅用了两天的时间。”

士兵的招募非常容易，这的确具有很大的吸引力，但切萨雷的心思却并没有只是放在扩充人数、整装待发的军队上，而是要获得他们足够的忠诚，他努力让他们相信，他们是为房屋、家园以及自己的利益而战（对于普通士兵来说，这只是一种妄想）。“他公开对武装士兵以及轻骑兵们宣称，他会付钱给他们所有人……像对待本国士兵一样对待他们，于是他们立即报名应征到他的麾下。”

对于切萨雷来说，随着这一新军事手段的运用，胜利在狭长的意大利半岛得以顺利推进——几个世纪之后，在欧洲，类似的情况发生了。拿破仑就运用了这一手段，尤其是当这位法国国王向东穿过欧洲进入俄国的时候，他所取得的进展都归功于世界上第一部征兵法中的条例。这种手段能够将卓越的策略与土生土长的士兵以及他们的利益结合在一起，更不用说那些闪电般的攻击、撤退、反击以及伏击了。这一套战术是在经过奸诈的算计之后得以成型的。

第九节 惩罚和统治

马基雅维利几乎不算是一个可靠的丈夫。他10月份刚刚抵达伊莫拉，他的朋友比亚吉奥·博纳考斯就急匆匆地用潦草的字迹写信向他说道："马多娜·玛丽埃塔经她弟弟之手给我写了封信，询问你何时归来。"

在玛丽埃塔看来，由于她丈夫高强度的外交活动，一旦他离开了家，离开了佛罗伦萨，他几乎就像消失了一样。最初她很惊讶，后来就变得愤怒：

> "她说她不想写信，她正大动肝火。她觉得很受伤，因为你曾经承诺过她起码会待8天。所以看在魔鬼的面子上回来吧，这样她的子宫（也就是指他们的性生活，不过比亚吉奥此话是在打趣而非认真）才不会遭罪。"

魔鬼就体现在他那充满紧迫感的细枝末节中。他的外交工作可能会缓解这种紧迫，但是不管是行动迟缓的马匹还是妻子的抗议，甚至就连妻子连连抱怨他想买下的一件时髦黑色斗篷也阻止不了他的外交活动，他甚至不顾玛丽埃塔的反对，早已将斗篷预订下来并请人寄给了他。比亚吉奥在10月21日的信中写道："马多娜·玛丽埃塔知晓了斗篷这件事（你通过我订购的那件），（又一次）大发雷霆。"就在马基雅维利离开之前，他为她的一个仆人安排了婚事，并且安排得"很好"，这算是减轻了她的烦恼，但是她仍然想打听到他大概给那个女人付了多少嫁妆钱。

另一方面，他的斗篷得有新帽子相配，他要求用奢华的黑色锦缎制作这顶帽子——价格根本不成问题——也就是说，尽管他并不是一位使节，这顶帽子也要恰到好处地迎合他作为一位执政团首席长官代表的身份。洛伦佐家族中的一位商人提供了材料，这位商人害怕让玛丽埃塔付款，于是将账记入了马基雅维利的私人账户。"我不清楚今晚能否拿到（你的新）斗篷，"比亚吉奥记录道，“如果我拿到了，我就寄给你；如果没有，我会第一时间通知你……既然我不得不耐心点儿，你也得耐心点。”同时，玛丽埃塔也许是厌倦了，于是就去她姐夫皮耶罗·德尔·尼罗的家中待了几天。

尽管索德里尼当选为行政长官，他们还是处于阴谋和侵略的不断威胁之下，更何况政局也是动荡不安的，鉴于此，似乎更容易谅解这些看似琐碎的服饰争端和婚姻中受忽视的问题。在佛罗伦萨，关于许多政府人员因工资微薄而起的争吵也比往常更加频繁地爆发。在马基雅维利参政的第一年间，他的工资还固定在 128 个金弗罗林。几个月来，普通民众也感觉到了军队的困境。法国国王难道不会改变主意中断对共和国的支助吗？兰度西写道，早在 6 月，城市的五大城门——圣乔治、圣米尼亚托、拉朱斯蒂奇亚、皮因提以及博迪齐沃拉·阿尔·普拉托——就被下令关闭以防御入侵，因为大门可能会在晚上被敌人“试图打开，而且在白天的时候（反动）信件也有可能被送进来”。沿着阿诺河居住的房主受到警告，不要把梯子留在河里。令切萨雷满意的是，博尔格起义了，安吉亚里投降了。

佛罗伦萨自身开始变得混乱不堪，如兰度西所描述的那样，像一个“受伤至死”的人，成为众人嘲笑的目标。两百人的军队由执政团召集起来，这已是最低人数。每天都能在教堂的布道坛那儿听到提升他们士气的讲话。绞死的人和等着用刑的绞刑架形象——发出轻蔑的冷笑——全都被涂画在了政府雇员和官员的房屋外的墙上，其中包括索德里尼家的墙。11 月 1 日是在政治上具有重大历史意义的一天，这一天不满的情绪稍有些消散，“索德里尼，（现在被正式任命为）终身旗手，他与新一届执政团成员一起入驻了市政厅。佛罗伦萨全城的人都聚集在了露天广场上，因为这样稀奇的事从未在我们的城市中发生过。每个人似乎都有望生活在舒适之中。”

然而事与愿违的是，人们对于在佛罗伦萨能够过上舒适生活的最后期待，还取决于切萨雷能否粉碎指向他的阴谋，至少目前看来确是如此。由于马基雅维利需要尽快得到关于切萨雷的最可靠情报，他延长了自己在伊莫拉停留的时间。整个11月他一直逗留在那里，一直待到了12月，不过他也许是心不在焉的。他的热情随着病倒而进一步消退。在11月末，他曾写信说自己感染了一场“猛烈的高烧”。在12月初，他在附言中说如果自己继续生病，就很有可能会被“装箱”送回家。与其说他那神秘莫测的疾病是真实的，不如将其看作他的一种策略。他恢复得相当快，因在接下来的信件中，他只字不提自己的病。

正如他之前所执行的关于切萨雷的任务一样，密切监视公爵那不可预料的一举一动可能已失去了任何实际价值，他可能早已得出了这一结论。一位佛罗伦萨的官员可以在佛罗伦萨发挥更大的作用。12月14日他说道：“我留在这儿已没有多大用处。”在秋季那几个月期间，私人信件中那些纯粹的怪念头似乎加重了他的徒劳感。巴托洛梅奥·鲁菲尼是他的一位朋友，也是秘书厅的一名同事，将他的信件描述为“深受欢迎……你写的笑话和妙语……惹得每个人都开怀大笑，乐不可支。”

对于他的官方报告，人们的赞美依旧滔滔不绝，而且人们希望他将报告写得更长一些。他有这种天赋，他可以借助细节虚构出一种令人信服的氛围，还可以让读者置身于切萨雷那时进时退的阵地，而切萨雷就在阵地上训练军队、发号命令开炮攻击，这一切对于马基雅维利的上级来说都是至关重要的，马基雅维利的报告可以帮助他们把握自己的处境。

切萨雷的敌人奥尔西尼家族只是笨拙地隐藏了他们的动机，而马基雅维利在讲述他们的时候，曾注意到公爵称他们为“一群破产者”，公爵为自己的这种说法辩解道：“他们之所以不愿公开反对我，是因为他们正迅速而大量地攫取我的钱财。”他嘲笑地说，只要他的父亲罗马教皇和法国国王支持他，“傻子”才会冒险反对他。他的同盟“已经在他的支持下点燃了一把巨火，就算是奥尔西尼家族调来所有的水也不能浇灭”。

在秋季的最后几周里，正如马基雅维利认识到的那样，伺机等待之后，切萨雷想出了一个能够一举消灭阴谋者的计划。这个计划可以突破当下的威胁并让他取得胜利，会让他摆脱恶意的邻居和虚假的伙伴，在他看来，他们会在最后的紧要关头暴露自己为“背叛者的”间谍。他命令马基雅维利去告知执政团：“我并不缺乏真正的朋友（法国国王和他的父亲），如果能将你们执政团纳入我的朋友之中，我一定会很乐意，不过他们同样要立即让我知道他们是否愿意这样做。如果他们不能，我会忽略他们，即使我到了水已经淹到了我的嗓子眼儿那种程度，我也决不会再次提及我们之间的友谊，但是我可能始终会遗憾自己有那么一个邻居，自己既不能提供任何友好的支持，也不能从他那儿收到任何回应。”

起初，他的计划中充满了慷慨的姿态，他恳请自己的敌人为了和平和金钱而撇开彼此的分歧。这看起来是一个好得令人难以拒绝的请求。无论如何，正如阴谋家们所估计的那样，他们若是拒绝则可能会刺激他采取危险的报复。回想起来，他们的怀疑似乎不太现实，虽然他们提供了有力证据，证明了切萨雷那非凡的领导力。截至1502年9月末，不仅他所掌控的兵力远比他们所知的更弱，而且他们自身的境况也已大幅度改善。

占领乌尔比诺以及重建圭多巴多之后，蒙特费尔尔特罗公爵作为统治者重新就职，他们集中力量占领了附近的村庄。他们的胜利在切萨雷心中敲响了警钟，但是他成功地伸出和平之手，预先阻止了任何伤害。他说那些公然反抗他的人只能够保留他们已经占领的区域，他仅仅是坚持自己在名义上的统治权。他的这一让步让那些急于看到他失败的人掉以轻心。10月初，保罗·奥尔西尼被派去与他会面协商，意在结束所有的敌对。

从一开始，切萨雷就认为，这些协商，或者说后来变成冗长的争议，由于犹豫不决和相互欺骗，在涉及边界问题、复杂的条约条款和管理问题时就会陷入困境。同时，马基雅维利提醒执政团，一支强有力的法国枪骑兵开始涌入伊拉莫和其他阵营里——他们大约有400人，随之还有一支自由民队伍，总共大约2500人——连同上百人的军队也涌入其中（切萨雷的父亲拨款给他们，而枪骑兵在几周之内就收到了“法国国王的六车银币”）。

令人迷惑的是，他那和平的请求似乎成了备战的开始。11 月 20 日，受到切萨雷那真诚而貌似单纯的信任的影响，马基雅维利写道：“没有人会认为在和平谈判期间公爵会做出战争的准备。”他承认：“步兵连也正在返回这里……（假如说）切萨雷不兑现他曾经做出的承诺。”

可是两天后，马基雅维利感觉人们对他的信任有些下降：“我认为我非常了解他的人格，那是完全不可能的。”他让执政团放心，他说他觉得与其“激怒公爵”，还不如设法“安抚他”。马基雅维利认为激怒公爵是毫无意义的，最好是等他“来和我谈论这些相关问题……他活着只为了追逐他自己的利益，以及那些看起来与他利益相关的东西，而且他不会信任其他任何人”。

尽管这些事情令人迷惑不解，大家还是期待切萨雷和他的军队能迅速离开伊莫拉。切萨雷同样也尽可能暗示大家，他承认说，重新安置他的军队可以有效地平息对他的计划的焦虑。12 月 10 日清晨，在马车、靴子、骡子、行李和马匹那令人窒息的嘈杂声中，军队不辞而别。军队在暴风雪中排成了波浪形，以悠闲的步调向弗利行进。

马基雅维利计划第二天跟随军队而去，可是他口袋里只有 7 个硬币。这些钱很快就会花完，他可能又得向公爵和他的官员申请食物和住宿，甚至还得申请一条抵御寒冷的毯子，这样的情况起码得延续到执政团给他送来钱，而这次拨款他们送来得很迟。这突如其来的贫困所带来的后果就是，大概在两周之后，当大屠杀爆发时，马基雅维利发现自己身在切萨雷的军队之中，尽管并不表明他接受了他们即将做的事。

直到 12 月 14 日，他从切赛纳，即罗马涅王国事实上的首都写信说道：“我亲耳听见他所说的话，注意过他说这话时的每一个用词和句子……观察到他在说这些话时所打的手势，但我本人仍觉得这些话是难以置信的。”在城镇的主街道旁，公爵建立了数量庞大的最新军事基地，这件事情让马基雅维利身处麻烦之中。

12 月 23 日，马基雅维利又从切塞纳给执政团写了一封信，这封信不慎遗失了，于是马基雅维利又写了一封，他在信中提到，切萨雷的总督拉米罗·洛库已经被捕并且“囚禁在塔底”。这位总督自1500年在罗马涅任职，他是一位狡诈的雇佣兵队长，人人都惧怕他实施酷刑的手段，他通过这种手段来支持公爵的权力，但是他自己却被暴露是阴谋的一部分。“大家担心他会为民众牺牲，民众却情绪高涨地觉得他罪有应得。”

拉米罗被捕后激动的言辞为他在几小时后将要遭受的处决拉开了序幕。甚至连他的死亡方式都具有可怕的含义。“今天黎明的时候，人们在公共广场发现总督已经被切成了两段，他的尸体还留在那儿，因而全体民众都能看到。他死亡的确切原因并不为人知晓，人们只是知道阁下乐意这样做，他这样做是为了展示自己有权随心所欲地成就或是毁灭一个人，这要看这个人有多大的利用价值。”

正如许多人所理解的那样，随着证明切萨雷在公众中展示自身权力的证据的出现，一项新的镇压政策开始运作起来，这项政策对切塞纳的控制比起拉米罗统治时更为血腥。通过实施精心谋划的恐怖行为，切萨雷似乎正在将任何有异议的迹象从他不断升级的专制主义统治中铲除。

塞尼加利亚是位于亚得里亚海米萨河口的港口小城市，曾经在公元前82年被庞培将军以及公元408年被阿拉里克洗劫一空。洗劫塞尼加利亚被列入了切萨雷的日程，并且是他的下一个目标。和其他城镇的情形一样，阴谋者们聚集在这里迎接他，庆祝他们刚刚安排好的和平。然而，他们却被抓捕，他们的士兵被切萨雷的人收缴武器、杀戮以及收编。这场突然发动的袭击在城市的大雪中延续了长达十多个小时之久，——洗劫伴随着纵火、强奸和谋杀——马基雅维利亲眼看见了这一切，不过他并没有亲临现场。几个合谋者猜到了将会发生的事情。但不管怎样，他们还是决定见一见切萨雷，他们这样做就如同羊入虎口。

在绝对信奉宗教的世界里，背叛依然是最可耻、最矛盾的犯罪行为，被看作是一种古老的罪行，根据宗教概念，它使人一文不值，它甚至超越了卑鄙的绑架和刺杀行为，它最初的代表就是受人唾弃、丑恶可憎，却曾经属于天堂的神圣天使：撒旦。他被从天上驱逐到最下面的冰冷沼泽地，也就是但丁笔下的地狱，即使在不太热衷于宗教的人群中，这一背叛的后果也不会完全被遗忘。

在那天清晨，维泰洛佐怪异地向他的士兵们告别，他在漫天飞雪的白色中骑着暗示和平的骡子走上前去欢迎切萨雷，他没有配备任何武装，他如此彬彬有礼，甚至脱下了自己的帽子。切萨雷决定在从法诺到塞尼加利亚的途中接见他，并且早已分安排好了军队，他隐藏了大致有好几个分队以避免任何可能的伏击，这几个分队占到了他的军队数目的一半。在奥尔西尼的兄弟和他们士兵的一致同意下，他宣称将塞尼加利亚作为未来的礼物送给切萨雷，他这样做是出于对切萨雷动机的揣测。切萨雷似乎已经准备好用他那一贯富有魅力的感激表情接受这份礼物。

当维泰洛佐要求对塞尼加利亚的控制权时，奥尔西尼家族曾经援助过他。但是就是在那之后，在切萨雷的要求下，他和自己的同盟奥尔西尼家族的两兄弟以及奥利维罗托·达·费尔莫一起将军队驻扎在了城外。按照计划他们应该一起进城，不过雇佣兵奥利维罗托·达·费尔莫的疑虑无法平息，其他人不得不催促他答应与他们一起骑行。争论一直持续到 12 月 31 日的早晨，这五个军人随后一起前往一座优雅的城镇府邸以赴庆祝宴席。切萨雷那一丝丝看似无辜的微笑，在寒冷的空气中回应着他们那充满希望的眼神。

城市本身看上去洋溢着希望，天气虽寒冷但却是怡人的，从马基雅维利的报告以及接下来的描述中可以推断出来。阿拉曼诺·萨尔维亚蒂在 12 月 23 日给他写了一封鼓舞人心的信，信中表示在即将到来的年度第二秘书长的选举中，他一定会得到肯定的结果，当时马基雅维利似乎还没有收到这封信。“我相信，你的缺席将不减少你连任的机会，尤其是因为你的所作所为广为人知，你的天性这样迥异，你注定要被人恳求，而不必去恳求别人；因为你为执行公事而身在国外，这一切有利条件更是有增无减。”

像许多其他的信件一样，也许是在马基雅维利搬迁在一座座城镇之间时，萨尔维亚蒂的信件被延误了。因为这一原因，他似乎也没有得到玛丽埃塔最近一次发脾气的消息，比亚吉奥在12月21日写的信件中对此有所提及。马基雅维利对她的爱答不理，她多少有所习惯了，但对他的欺骗，她则痛苦不已。她成为他的妻子已经一年多了，然而她却依旧没有拿到在婚礼上曾经许诺给她的嫁妆："马多娜·玛丽埃塔正在诅咒上帝，而且……她觉得自己被抛在了一边……她的身体和她的财产都被抛弃了。就算是为你自己考虑，请尽快为她安排下和其他女人一样的嫁妆，不然我们就得一直听她的诅咒。"

那天早上，切萨雷和他手下的雇佣队长们来到了寒冷刺骨的街道上，马基雅维利与塞尔维亚蒂的眼睛和耳朵定格在了他们身上，随后他们的注意力又转到一队包围了一小群人的士兵身上。他们曾经像维泰洛佐一样不服从于公爵的领导，而如今他们与他一起骑行，似乎是在展示有礼貌的和解。

显然，马基雅维利被这样的场面吸引住了，而且也一样被接下来毫无征兆发生的事情吓了一跳："（切萨雷）在他们的陪伴下刚一进入这个地方，就立即转身走向他的守卫并下令让他们捉住这些人。就这样他俘虏了他们，而此处则被洗劫一空。"

震惊化作了恐惧，然后又化作狂舞的刀剑、斧头以及匕首，随之而来的是等在门口的士兵们被杀戮时所发出的可怕声音，然后一场大规模的屠杀降临在门内的市民身上，接下来住在附近房子里的人也被杀掉了，因为他们喜欢时不时地用火绳钩枪以及长矛施展暴力——一片的砍杀声、枪击声、劈剁声、盔甲碰撞声、马匹跌倒声以及骨头清脆的折裂声。"现在已经过去了23个小时，这场极大的动荡仍旧没有平息下来，我真的不知道我是否能够送出这封信，因为我身边没有人可以为我送信。下一封信我会写得更详尽一些，但是据我判断，这些囚犯们将不会活过明天。"

但是囚犯中的大多数人没有在当夜被处死，切萨雷在这之后拖延了几天才将他们全部杀死。奥尔西尼家族中的两兄弟以及维泰洛佐被俘虏了，在他们被俘之后，许多士兵也被捉住了，他们中的许多人在投降之时就被杀掉了，在某些情况下，一些士兵会陷入了血腥的小规模战斗之中，他们在投降之后也被杀掉了，杀戮也经常发生在被送往附近城堡的士兵之中。传单如洪水一般淹没了街道，声称“叛徒被抓到了”，意在激起切萨雷的同情心。

马基雅维利关于背叛的报告写于他对事件进行了更为详细的描述之后，然而这份报告又一次没能顺利送达，这同样清晰地说明，事情并非像他起初置身于惊慌的人群、驴子与马匹之间时所预料的那样，对共谋者的抓捕不只发生在城门，而且还发生在准备给他们设宴的房子里。切萨雷的计划有如钟表一般有效不紊地进行着，而维泰洛佐则徒劳地试图用一把匕首抵抗。“夜里两点钟，(日落几个小时之后)，(切萨雷) 召唤我过去，以世上最为严肃的态度向我表达了他的成功之喜。”

那个时候，维泰洛佐和奥利维罗托已经被勒死，切萨雷继续关着奥尔西尼三兄弟中的两位。他计划在等到身在罗马的父亲将塞尼加利亚的洗劫告诉第三位兄弟，即红衣教主贾姆巴蒂斯塔之后，他才会杀死他们。贾姆巴蒂斯塔也许会如期而至，他会骑行至罗马教廷向亚历山大献上虚假的祝贺，祝贺他的儿子取得胜利。贾姆巴蒂斯塔随后将会被逮捕并且被关在圣天使城堡，同样按照计划，正如事情所发生的那样，几天之后他会被留在黑暗中等死，有可能死于服毒。

在这之后，也就是在消除奥尔西尼家族的威胁以及彻底地搜捕其余谋反者之后，切萨雷才计划将关在监狱里的两兄弟处以绞刑。

在此刻，他清楚自己的名气一定会飞速上涨。恶名将会转化为美誉，而美誉则会变为传奇。即使这传奇被玷污过，散发出邪恶的光芒：最肮脏的历史有可能带来有效的影响。在接下来的几个星期里，正如他所猜测的那样，在佛罗伦萨以及其他地方，在从威尼斯到米兰再到罗马的成千上万的市民之间，他引诱并消灭了敌人的智谋将会得到赞美。就像是在上演一场戏，功成名就的帝王如同模特一般往往是个天赋迥异的演员。

在令人陶醉的余波中，胜利的光彩环绕着令人心醉的塞尼加利亚，切萨雷在马基雅维利面前自我夸耀，他自命不凡地赞叹自己的谋略，最后还宣称自己粉碎阴谋的目的是无私的。自始至终，他发誓说，他只是想要维持佛罗伦萨的福祉，以消除“法国国王以及佛罗伦萨共和国的主要敌人……（因而消除）那些谋划着要毁灭意大利的争端的种子，陛下您（执政团首席长官）应该对他心怀感激。”

切萨雷标榜自己，为营造有所改善的政治军事氛围而做了贡献。比起取得胜利来说，共和国的自由是他更为关心的。因此，他应该被祝贺，应该被更多地看作是解放者而非谋反者，至少也应被看作是一位勉为其难的战士。在这些宣言中存在着暗示，这些暗示是无法忽略的，引起了马基雅维利以及后来执政团的注意。这些暗示表明，他的胜利同样可以帮助他最终实现自己长久以来的目标——即使不能征服佛罗伦萨，也要统领它。

与此同时，困在塞尼加利亚废墟中的数百人身陷险境，他们陷入死一般的绝望中，在火焰、残肢断臂、狼藉的街道、玻璃碎渣的映衬下，成群的人奄奄一息、伤痕累累，他们中许多人在寒冬刺骨的风雨中缩作一团，这一切都让马基雅维利感到窒息。“你不会相信我在这里是描述军队及其下属的境况；（任何）一个（能够）找到（一点）可盖的东西睡觉的人都被看作是幸运的。”

第十节　改造阿诺河的计划

塞尼加利亚被洗劫后，会发现1503年初切萨雷正在巩固他的江山。詹纽瑞不再抵抗切萨雷，被并入到他的领地之中，翁布里亚城镇也都屈从于他的统治之下不再反抗，这些城镇东至瓜尔多，西至伊特鲁里亚人建立的城市佩鲁贾，还包括位于苍翠名山之上的台伯河西部。在一些城镇中，惊恐的市民成群蜂拥至街上，喊着："切萨雷，切萨雷！""公爵，公爵！"阴谋的影响有着重大的意义，甚至比放弃抵抗切萨雷更为重要，即使它带来了大量的恐怖、公民秩序的破坏以及持续的犯罪行为。

马基雅维利心里满是恍若隔世般的无助，他眼睁睁地看着熟悉的社会秩序瓦解消逝。"阁下……请原谅我的信件没有及时寄来。因为农民们都藏起来了；没有士兵愿意离开，他们谁都不想丢下抢劫的机会；而我的家仆害怕遭到抢劫，也不愿意与我分开。"

事到如今，混乱的暴民躲避着支持奥尔西尼和维泰洛佐的士兵，他们游荡着寻找战利品和安全处所，并且在去往锡耶纳的路途中争斗。他们进入有人居住的山谷和峡谷，吓坏了住在郊区的村民。农民们躲在许多被遗弃的房子中，而锡耶纳仍在潘多午福·彼得鲁奇的控制之中。似乎受到了很大的惊吓，他迎接着暴动士兵。其他的城镇和乡村则对他们全力抵抗。在托齐亚诺和阿西西他们吃了败仗，在丘西他们被拒之门外。

切萨雷的军队表现得并不怎么样——实际上，他们表现得糟糕至极。当他的士兵游荡到皮恩扎和萨提诺之后，他们拿下了圣奎利卡，当地所有的居民都逃走了，只留下了死去的马匹、在街上腐烂的牛、九位年迈的女人和两位年迈的男人。这些士兵用绳子绑住女人的胳膊将她们吊起来，在她们身下点火，折磨着她们以谋取钱财。她们中没有人有钱，于是被烧死。随后，士兵们洗劫了整座城市，偷走了他们能够找到的一切，砸开成箱的葡萄酒倒在街上，还纵火烧了许多房子。在阿夸彭登泰、蒙特菲亚斯空以及维泰博，他们强暴女人、毁坏房屋。

1月8日，马基雅维利身在阿西西，他依然追随公爵的军队。历尽波折之后，他终于找到了歇脚的地方，并且用执政团终于送来的钱付了房租。早在6日的时候，当他与切萨雷的士兵一起进入瓜尔多时，他就意识到自己对这位战无不胜的年轻将军已经改变了看法，或者说，意识到对他那一连串势不可当的成功，不应该以鄙视的眼光来看待。“这里的人民怀疑你们（执政团）没有写信，或者说没有以任何方式向他表示祝贺，而他最近为你们做了那么多的事情；因为他相信整个共和国都应对他心怀感激之情。他说，杀掉维泰洛佐以及摧毁奥尔西尼的势力本该花掉你们20万达克特（除非你们想要自己打败他的话），而且，你们自己……决不可能像他那样（把事情办得如此顺利）。”

阿西西位于佩鲁贾南部，在那里，中世纪的房屋与街道依旧匍匐在威严的城堡之下，而城堡则坐落在高昂的山峰之上。进入阿西西之后，马基雅维利与切萨雷的军队齐头并进。他们昂首阔步以特有的节奏行进着，而马基雅维利惊奇地发现自己开始对切萨雷的成功充满了赞赏之情。当他回到佛罗伦萨时，他回想起来觉得自己当时的崇拜太过分，他赞美他拥有“闻所未闻的幸运，超人一般的勇气和自信……（他相信）自己能够做成任何想做的事情”。

对马基雅维利而言，幸运的轮子似乎已经转向，政治的天空已经变换。一阵清风吹过山谷，一轮残酷但智慧的太阳已经升起，它也许会在整个半岛洒下军国主义的光辉。每个人，包括执政团在内，只能沐浴着它那耀眼的荣光。

这种信念不会持续太久，而事实证明它的确没有持续很久，切萨雷那并不充实的军力是一个重要的原因。此时他的军力中包括“500名武装士兵、600名轻骑兵以及约6000名步兵”。这在当时绝不是万无一失的兵力，如果雇佣兵队长乔凡尼·本提沃利肯慷慨相助、额外增援100名武装士兵和200名轻骑兵的话，这支部队有可能更具震慑力。对此本提沃利认为他“愿意为公爵的部队锦上添花”，但是即使将这些武装力量汇集到切萨雷的军队之中，旧军力还是没有强大到足够占领锡耶纳。当时锡耶纳处于法国的保护之下，而他们的同盟雇佣兵队长潘多尔福已经逃走了。

切萨雷的眼睛总是盯着好机会，他决定利用潘多尔福的轻信将其引入陷阱。然而这一次，他一贯用奉承来软化潘多尔福的计策却没能引诱住他的猎物，让他伺机逃走了。涌向陷阱的士兵被一位警惕的佛罗伦萨指挥官拦下，而切萨雷不得不放弃尝试，不再冒险试图拿下锡耶纳。

然而，马基雅维利对切萨雷的评价却并没有因其计划的改变而有所变化。一种近似神秘的光环笼罩着切萨雷。这种光环不易被驱散，尤其是此时军事传奇的氛围依旧笼罩着他的统治，无论敌友都把他想象成为神灵一样的人物。他的战绩、诡计、背叛以及胜利——这些五光十色的描述装点了他的荣耀。随着时间的推移，这一切将会延续至基督创世后的下一段新的历史中。

这样的历史很快就出现在史诗中，比如阿里奥斯托的《疯狂的奥兰多》(1532)，法国、英国、意大利、西班牙以及德国的历险小说、爱情抒情诗以及英雄小说，诸如大仲马的《父与子》，以及费里德里希·席勒和沃尔特·司各特的诗歌。歌颂勇气的血腥文化诞生了。这种文化被莽撞、无情以及醉人的壮丽所修饰。一位思想公正的观察者也许与马基雅维利得出了同样的结论：些许挫折的境遇并不会造成多大的影响。命运那不急不缓的轮子如今在切萨雷身上投下了些许阴影，但它所带来的波折其实微乎其微。逆境似乎只是增强了他命运的光泽。

这种光芒使得马基雅维利在接下来的几个月里转移了注意力，随着切萨雷在罗马的驻军，加之其他的原因，他的注意力重新回到比萨和列奥纳多及其改造阿诺河的计划上。一如既往，共和国的安全问题似乎比家庭生活的挑战更为激烈，虽然第二年春天的时候，玛丽埃塔怀了第二个孩子。

几十年以来，通过改造佛罗伦萨商业价值极高的河流来扩充防御能力是一件不言自明的事情。与地中海开通一条新的水道就能让比萨人再没机会插手佛罗伦萨的港口。比萨会处于孤立无援的境地。随之共和国将会引起法国以及其他同盟国的注意。因此，在一定程度上，共和国如果要实现独立，要么收回港口城市，要么避开比萨——这么做是不太现实的。考虑到一些新的工程技术，包括一种尚未制造的大型挖掘机，避开比萨似乎更为可行。如果这项工程被列奥纳多所操作，他——这位众人公认的工程师中最具想象力的天才——所建成的具有牵制作用的水道也许会达到足以赢取整场比萨战争的程度。

在切萨雷的宫廷和军队之中待了数月之后，马基雅维利回到了佛罗伦萨。1月23日，他也许正穿着那件昂贵的新大衣和帽子御寒。这时，他意识到对改造河道这样一项大胆工程的财政问题已经变得越来越没有把握——更不用说招募一支足以抵抗切萨雷的共和国军队了。激烈的辩论在执政团成员间翻来覆去地爆发，他们讨论是否要征新的战争税，是否要向贵族征收比其他人更多的税，是否当地牧师以及佛罗伦萨的其他神职人员也应被征税，而额外的税款则被用于军备扩张。向神职人员征税需要得到教皇的同意，而这似乎是直接在他的儿子切萨雷的脸上扇了一巴掌。这使得索德里尼第一次成为受辱的对象。

马基雅维利为朋友卷入了这些争吵之中，大多是因为他支持朋友对于战争税的提议，他用灵活的政治分析来为战争税辩护，并写成了一份演讲稿。索德里尼以及其他表示赞同的同事可能都使用了这份演讲稿，甚至有可能在大理事会演说过。引人注目的是其中那迫不及待的语气，以及对政治和历史的融会贯通，其中不乏记者般的精确和尖锐。这份演讲稿没有标明日期，表明这份演讲稿就是在当时一气呵成的，而不是像其他人所说的那样，是在几个月或者是10年之后写成的。稿中多次提及过去几年的军事冲突，虽然他说描述这些冲突仅仅是出于“修辞”所需，然而这些描述还是突出了当时情况的紧迫，以及他的听众们合情合理的焦虑。

这份演讲的题目是“在简短的介绍和辩解之后对于拨款规则我所要说的话”。题目之下，是一段按照一贯规则写成的总括性陈述。“武力和谨慎，”他宣称道，语气中透出他所受过的人文主义教育，“（创造了）世界上所有存在过的以及将要形成的政府力量。”他重点强调的是“所有存在过的”这几个字。这几个字定格了军队来源以及政治力量，点名过去是现在的老师。因此他暗示，任何关于现代问题的争论如果不顺应历史的潮流，都是毫无意义的。

受过人文主义教育的学者、政治家以及商人也许不会觉得他的演讲有任何不寻常之处。对于与他处于同一时代的这些人而言，过去似乎是压力也是乐趣之所在。看起来似乎存在争议的是他那执着的坚持，这种坚持连同他的绝对主义如同利剑一般。历史的法则被引证，它不允许任何的驳斥，也不祈求任何的例外。更为引人争议的是他用严谨的现代佐证来支持这一观点，其中包含着他对心理学的援引：“让我们不要自我欺骗；如果你愿意，让我们来审视一下我们的情形，让我们从内部找问题。”正如他所说的，“从内部找问题”暗示了共和国需要盘点他们在保护国民方面的无能。令人蒙羞的结局是“皮斯托亚、罗马涅、巴尔谷已经成了各种盗贼的巢穴和避难所。”

他回忆起不久之前，共和国对自身利益的忽视已经使国家陷入“失去阿雷佐的危险之中”，对这座城池所面临着的问题，他拥有第一手的资料。然后，他拓宽了自己的论点以提及他对于切萨雷谋略的崇拜之情，而这种崇拜与他对他们的敌意并不冲突。他促使听众们考虑“整个意大利，你们看到她在受控于法王、威尼斯人、教皇以及瓦伦蒂诺”。

转换视角的效果之一就是将讲话变成了一种宣告。对于新税收的辩论只是铺垫，随之宣布了转变佛罗伦萨政治生活的必要性，尤其是要改变共和国对于保持大规模军队的漠不关心。他的这种方式同样将挑衅、控告以及些许的希望融为一体，他的演说唤起了一种令人惊叹的理想共和国景象。

他辩论道，任何一种共和体系都需要紧紧地扎根于他所提倡的自省之中。“一些人经常从他们邻居所面临的危险中吸取经验教训。你不能仅凭借自己就变得更为睿智，你对自己毫无信心，你没有看见你正在失去的时间以及你已经失去的一切。”共和国的政治生活需要真正地掌管其自由。“你们是自由的佛罗伦萨人……自由就掌握在你们手中。我相信，对于自由你们有着这样的信念：即那些生而自由并且渴望获得自由的人将会永远拥有自由。”

如果说他的理想主义似乎有些强硬，这种强硬在为新税收大声疾呼时也许表现得尤其突出，然而他仍旧答复了一些人，这些人曾经说他只是将最为模糊的兴趣寄托在共和国自身的未来之中。至少在此刻，他的兴趣是被真切的激情所激发着。

毫无疑问，这种激情是被切萨雷的背叛所激起的。值得注意的是，他开始反思切萨雷在塞尼加利亚的背叛所带来的可怕后果——包括那几乎洗劫全城的行为。

马基雅维利决定将这一悲剧诉诸笔端加以描述，并且比他在现场时所写过的信中所描述的要详细得多。当他重新回顾那些简略的报告时——这些报告多是在战争打得热火朝天或者是刚刚结束时草就的，他意识到，如果在翔实的叙述中他以更加貌似合理的次序来讲述事件的话，就能够在使得艺术化的深刻见解为人心中原始的恐慌带来光明。文学手法能够使得次序从混乱中显现出来。避开混乱这一问题不谈，他所写出的是即使不是全世界最为精致的现代战地通信作品，也是最早的一批示例之一。

对于战地通信作品来说，作品中逼真的氛围似乎并不意味着一切，但这种氛围无疑非常重要。具体细节的描写清楚地表明了写作的模式是可以突破的。与马基雅维利关系密切的那些同行相比，诸如列奥纳多·布鲁尼和弗朗西斯科·圭齐亚迪尼，在他们对于战争的叙述中，这样的细节很少被纳入其中。但是马基雅维利提供了许多这样的细节，就像他在描述切萨雷伏兵的位置以及他们在战争中所起的作用时那样，而且他在描述中添加了自己对于参战者内心活动的揣测，这一切都在他设定场景时被加以体现：

任何一个走近塞尼加利亚的人，他们的右侧都是山脉，而山脚距离大海是那样近，于是在他们与大海之间常常只有细细的一条小路……塞尼加利亚距离那些山脚只有一支箭的射程那么远，而距离海岸不到一英里远。

在这些交代背景的笔墨之下，他或多或少地加入了充足的引文，来展示作品中特写的镜头，这使得切萨雷那转弯抹角的诡诈跃然纸上：

瓦伦蒂诺公爵向塞尼加利亚行进。当他的骑兵先锋抵达桥头时，他们并没有立即过桥，而是停下来分成了两队，一队沿河而立，另一队站在空旷的乡野间，他们之间留出一条路供步兵通过，随后步兵便径直向城中走去。维泰洛佐、帕格罗以及格拉维纳的奥尔西尼公爵在一群骑兵的陪同下骑着驴向瓦伦蒂诺公爵走去。便装的维泰洛佐身着一件绿色的披风，他看起来备受煎熬，似乎他已经意识到那渐渐逼近的死亡。鉴于此人的勇猛以及他之前的运气，死亡似乎些许让人震惊。而且据说在他要前往塞尼加利亚会见公爵而与士兵告别时，他似乎是在说最后的再见。他告诉手下的将军们，他已经将自己的房产和财产交到了他们手中。

那些精心策划的暴力事件是怎样爆发的，这在作品中有详细的描述，其中包括第一批处决（“如果［切萨雷］不阻止［他的军队］鲁莽地将那些人处死，他们应该早已洗劫了整座城市”）。

当夜幕降临、混乱停息的时候，公爵觉得处决维泰洛佐和里弗洛托的时机到了。他将他们一起带到某处勒死。两个人……都没说任何配得上他们之前生活的豪言壮语：维泰洛佐祈求自己能够匍匐在教皇的仁慈下效犬马之劳……而里弗洛托则把这一切怪罪于维泰洛佐所做的坏事。

他将笔墨集中在受害者的祈求和责怪上而并非处决的方式上，他这样做反而突出了公爵的残暴。这其中伴随着心理的恐惧，并且导向了一个理所当然却毛骨悚然的结论：

> 公爵将保罗·奥尔西尼以及格拉维韦纳的奥尔西尼公爵留作活口，直到从罗马传来消息说教皇已经抓住了红衣教主奥西诺、佛罗伦萨的主教以及雅各布·达·圣·克罗斯。在1502（1503）年1月18日，一得知这一消息，他就立即将这两人绞死在……皮耶韦城堡。

时至今日，读者才能够理解马基雅维利更深层次的目的：提供几近真实的精确性。他拒绝过分的宏大。夸张让步于反讽。这一特点贯穿于他的风格之中，凸显了他的实用主义。

这一切都暗示出为何他和列奥纳多此时以一种前所未有的紧迫来实施他们的工程——为阿诺河改道：即使别无他用，这似乎也是很实用的。

对于列奥纳多来说，从童年起，工作时一丝不苟的态度就已经加深了他对简洁的崇拜。在这一点上，作为实验主义的献身者，他同样也热衷于精打细算地节省下资金，以便在深夜里解剖尸体，揭露人体血管与肌肉的奥秘。他的《蒙娜丽莎》不仅是一幅受人委托而画的肖像，还是一幅情感模糊的曲线图。他的《抱银貂的女子》不仅表现了切奇利娅·加莱拉尼那富有争议的美，还是对于时尚的一种解读。

在他看来，不具“章法”的绘画，或者说是不具备理性知识的绘画似乎总是荒唐的。从15世纪80年代开始，或者也许早在他在韦罗基奥工作室做学徒时，他就已经开始训练自己画下水在压力下如何像变色龙一样的变化。他所画过的水流带动的涡轮机、钻头以及螺旋桨可以追溯至世纪之交。他所设计的挖泥船大概出现在1501年之后。

然而，他却从未将自己定位为彻底的现代科学家，从这个层面上来看，经验主义似乎从来不是他实践的唯一指南。在他的整个职业生涯中，他一直在与中世纪的信仰较量，即宇宙一定是有生命的，正如他经常采纳或者是质疑常识那样。对于包括他在内的所有人来说，行星根据神圣法则周而复始地进行着神圣的舞蹈，每一颗行星都固定在它们旋转的领域里。外太空以及彻底黑暗的观点，还有某些关于真空状态的概念，这一切都超出了他以及所有人的理解范围。“水为干旱的地球提供着极其重要的能量、它涌动在地球的内部，在蔓延的纹理中以永不停息的活力流动着，它充满了靠着这种能量赖以生存的每一处。”他数百次地观察过水流，这使得他了解水流在隧道、水闸、河流以及小溪中的力量，以及它们在船舶运输中的军事、商业价值。

1503 年 6 月 21 日，他抵达拉 · 维努卡的要塞，这座要塞坐落在山上，俯瞰着阿诺河低处的河段，以及距离比萨不远的平原。这一片区域刚刚被佛罗伦萨的军队占领。他的任务是检查防御工事的薄弱环节，再决定它们是否需要被加固。他在那里仅仅逗留了两天，但在 7 月中旬到下旬的时候，他回到这里绘制阿诺河蜿蜒至比萨的地图。当时列奥纳多由乔瓦尼 · 迪 · 安德里亚驾驶的六匹马拉车护送，此人还被人称作伊尔 · 皮弗罗（因为他是为执政团服务的吹笛人之一），他是本韦努托 · 切利尼的父亲。

他那使河流再次改道的提议引起了军方的兴趣。佛罗伦萨上尉弗朗西斯科 · 圭度奇说道：“我们研究了（他的）计划，并且……得出结论：这项工程很合我们的目的，而且如果阿诺河真的可以在此处改道，至少可以避免山那边遭到敌人的袭击。”首先，至少改道的主要目的是为了防御。马基雅维利并没有参与到这些讨论中去，因为 4 月份的时候，他被派去锡耶纳，与已经返回的潘多夫 · 彼得鲁奇谈判，不过并未取得任何成效。然而，毫无疑问他和索德里尼都是该计划的热情支持者，因为在他向执政团所做的报告中，他几近上百次地提及列奥纳多为阿诺河改道的计划。

列奥纳多设定了一条长达 12 英里的水渠，起点就在河流往下向比萨流去的地方。一个极大的单个水槽——可能是两个——连同深约 32 英尺的水渠将会迫使水流向南流向利沃诺，流过名为史达诺的沼泽区域进入大海。列奥纳多的许多草图都存留下来了，其中一张草图特别详细，精细地展示了工程设计。这些细节和测量暗示出佛罗伦萨官员对这一工程初步的认定。

除了这些准备工作，在接下来的几个月中，列奥纳多还投身于其他事情之中，其中或许包括绘画《蒙娜丽莎》。在进行这些工程的同时，他还承担了一项不同寻常的艺术挑战，即他为一幅大型的战争历史壁画做了一幅草图——即《安吉里之战》，这项任务同样也是受执政团所托。然而，从阿诺河创意的立场来看，他的时间没有被浪费。他把一些时间用在计算开销以及挖掘的工程需求上。

比萨的淡水都是从阿诺河中抽取的，通过改道而截断比萨的淡水供应具有十分重要的军事价值，对于这一点马基雅维利早有留心（7 月，他促使利沃诺拒绝提供给比萨哪怕是一滴水的帮助）。列奥纳多对此表示赞同，并且从其他方面指出这一工程的里程碑意义，其中之一便是新的渠道将减少佛罗伦萨与海洋之间至少 12 英里的距离，这将带来极大的商业利益，而且“为阿诺河引流”将会为农民提供他们所急需的新灌溉土地。余留下来的农田是一笔农业的“财富”。

这项工程的里程碑意义是毫无疑问的，虽然它的复杂性导致了工程的延误。列奥纳多估算道：在超过 25 英里的土地上，每英里将会耗费 750 达克特。此设想基于一种假设，即河流极高的密度要求水渠的长度达到 20 布拉奇（测量单位）宽、32 英尺深。如果这条水渠可以被恰到好处地建成，还需要建一条长达 20 布拉奇的辅助路（3000 布拉奇相当于一英里）横在它的一侧。这就需要雇用 2000 名劳力。

深冬或者早春是开工的最好时机，那时大地仍旧在沉睡。小规模的挖掘可以在炎热的 7 月和 8 月进行，或许那时他那尚在建造的机器可以派上用场，这种机器转动无数的齿轮以及铁桶从而挖掘并带出大量的岩石和土壤。

无论如何，那个夏天里满是政治、军事以及宗教的困境，这使得每一项工程都陷入延误之中。8 月 18 日，亚历山大六世在罗马去世，他在身担教皇职位的数年间与自己的儿子一起吓坏了数百万人，最终沦落到疟疾引起的发热境地。与此同时，抱怨声在他那成群如饥似渴的仆人间蔓延，他们拥堵在闷热的梵蒂冈走廊中，他们狡诈地沉默着，却以极快的速度进行着偷窃的勾当，他们不仅偷走了他的私人财产，甚至连他嶙峋的手指上戴的戒指也一起掳走了，那时他的手指已经因死亡而浮肿。

大快人心的死亡使得马基雅维利第一次来到这座古老的首都。那时，动荡的局势正撼动着恐惧弥漫的基督教世界的官僚根基，当教皇在病榻上最后弥留之时，这样的动荡在人们心中激起了前所未有的焦虑。像其他官员一样，包括那些将要聚集起来选举新教皇的红衣主教们在内，马基雅维利似乎暂时地丢掉了他那一贯的步调，虽然他仍旧在伺机为共和国寻找机会。

对于阴森逼近的死亡阴影，切萨雷一直都了然于心。自从被剥夺其父亲财产的使用权以及征战中得来的骄傲之后，切萨雷就一直在试图与自己的脆弱抗争。然而，他不曾预料到迅疾凶猛的疾病，他没有想到疾病也一样会将他打倒，也不会想象到它会绊住他的脚步。在他的父亲陷入昏迷的过程中，他染上了这场病，这场病迅速地腐蚀了他的势力并且导致他的毁灭。

卢克雷齐娅准备做一名虔诚的隐士，置身于精神的献身中度过她那仓促的余生。对于博尔吉亚家族来说，命运的巨轮这样继续向前转去。这一次，它让胜利者被击败，使掌权者窘迫。

在 8 月份的第一个星期里，这些可能性仍不明晰。两个月之前，切萨雷用武力攻占了卡梅里诺。而在此之前，他已经逼近乌尔比诺。再一次地屈从于自己对于背叛行径的偏爱，他同样也拿下了乌尔比诺，赶走了他的同盟者圭多巴多公爵，后者则逃去了曼图亚。7 月 23 日，卡梅里诺陷落的消息传到了罗马。随后传来报告说整个城市不战而降，为了庆祝切萨雷那因邪恶报复而得来的可怕的名声，亚历山大下令从圣天使城堡表达了“热烈欢迎”的敬意，庆祝的篝火被点燃，箭弩被发射，一场“华丽的盛宴在圣彼得广场举行”。

在整个意大利中部，教皇的胜利基本上已成定局，父子共同掌权的局面得以持续下去，他们建立在金钱、谋杀、行贿、偷窃以及肤浅的宗教虔诚之上的政治冒险主义本应可以自我维系的。饱受亚历山大蹂躏的梵蒂冈在亚历山大和切萨雷面前瑟瑟发抖，在他们独裁主义的观念下，教廷世界也许还会喧嚣很多年。

第十一节　首次罗马之行

在如今看来，艺术在那段时间里也得到了相辅相成的发展。在佛罗伦萨，从那年的夏天到随后的一年里，列奥纳多因其才能而为米开朗基罗所称赞，并在 1504 年 8 月被雇佣绘制一幅壮丽奇特的壁画。这幅壁画长 20 米高 8 米，表现的是战争中的胜利。而米开朗基罗在 1501 年就已经开始雕刻大理石雕像《大卫》。这幅壁画将用于对共和国的骄傲与自由的政治宣传中。

两位艺术家都各自为这样的巨幅壁画而签下了契约。然而早在壁画完成之前，这些契约就被抛在了一边，这两位艺术家也许将它们丢在了市政厅的宫殿里。在市政厅里，这两幅壁画应是互相映衬并且尺寸相同，它们将被画在对着的大理事会房间的墙壁上，在这个房间的其他墙面上挂着一些世界上不朽的图画。这些壁画连细节之处都十分华丽，每一处都竭尽了艺术家的心血，他们那令人肃然起敬的作品涉及对武器、战争、马匹以及士兵的描绘，而这一切都是观众在艺术展览中前所未见的。没有人会预料到，佛罗伦萨艺术的不确定性能够与罗马的历史不确定性相媲美。

到 10 月末，仅仅通过在宫殿例行公事，马基雅维利就已经了解了列奥纳多为绘制壁画所做的全部准备。从一开始，他就被卷入到协商列奥纳多的工资以及工作计划中去。他甚至在保证这位艺术家完成使命方面发挥了有效的作用。一份可以追溯至 1503 年 10 月的合同原件显示，提前预支给列奥纳多 35 弗罗林，之后每个月付给他 15 弗罗林直至工作完成，这份合同早已遗失。马基雅维利还准备了第二份合同，这份合同取代了第一份并且可以追溯至 1504 年 5 月。这显示出执政团对于列奥纳多持续的延误究竟有多么恼怒——拖延贯穿于他的整个职业生涯之中——如今看来似乎没有任何理由，新的截止日期被推迟至 1505 年 2 月。

不出所料，马基雅维利很快陷入到这两位艺术家之间的疯狂敌对之中，正如他在亚历山大去世后被派去罗马执行任务一样。教皇的狂热似乎煽动了艺术、外交、宣传、政治、战争以及宗教的重新改组。在某种程度上，马基雅维利似乎将列奥纳多和米开朗基罗相得益彰的热情与兴趣融为了一体。

列奥纳多壁画的独立主题是——传奇性暴力导向胜利——相对较新的圣母玛利亚教堂被分配给他用于壁画的准备工作，这似乎更合乎最近正在发生的变化。不到 30 年前，马基雅维利曾经见证这座教堂是如何被修建成的。如今，教区长的住宅也就是萨拉德尔帕帕被分配给列奥纳多作为工作室。执政团安排人去修理了房顶以防止雨水溅入，而且工作室中放置了他巨大的绘画。他在 10 月 24 日拿到了教区长住宅的钥匙，就在同一天，马基雅维利动身前往罗马，这两个人都进入了新的政治领域。

在接下来的几个月里，列奥纳多投身到实现自己那无与伦比的英雄梦想中。大大小小的亚麻布纸张拼出了交锋的战士、马匹以及激情澎湃、闪闪发光的团队，他将这一切融合在一起，一幕接着一幕地描绘了安吉里战役。这场爆发于 1440 年的战役实际上已经无关紧要。这场战役充其量只是一次小冲突，在这场冲突中佛罗伦萨的一队士兵击退了尼克罗 · 皮齐尼诺指挥的米兰军队。然而，63 年之后，在新圣母玛利亚教堂那干净敞亮、阳光透彻的工作室里，列奥纳多那勾勒出的肉体似乎被他们自身所透出的不加克制的愤怒、疯狂以及无情所刺伤。历史上无关紧要的战役被转化成饱含艺术、渲染残暴的象征。

列奥纳多草图的鉴赏者们已经注意到了它们那错综模糊的线条，模糊本身似乎是对于运动的一种新颖的探索，它似乎是永无止境的、汹涌澎湃的，并且是接连不断地存在于万事万物之中。不仅仅是某些已经远去的战争事实，就连现实本身都被诠释为一系列的波动，如同量变和质变，如同古老的奥维德混乱，甚至如同令人震惊的破茧成蝶。

他的草图流动着对生命、死亡、胜利以及失败恐怖的冥想，指向破碎的肌肉、脸庞、眼睛以及面颊。如果说安吉里的那场战役仅仅是历史的一个注脚——只有一个士兵死亡，还是死于某人的战马跌落在他的身上——列奥纳多的图画则向整个世界展现了战争的场景，而且更令人不安的是这一场景将伤亡以及变迁作为神圣的判断（这幅图画部分地依据一段夸张的描述创作而成，画的内容提及了成千上万的军队。在马基雅维利的要求下，他的一位办公室同事阿戈斯蒂诺·韦斯普奇提供了这段描述）。

唤醒一场极为恐怖的战争——甚至要展示出混杂在泥土与血雨腥风中的阴冷和恶臭——目的似乎要带着观看者一起走过那些恐怖的时刻从而抵达幻觉般的佛罗伦萨胜利。（“你必须展现出幻觉的烟雾。”多年以前，他曾经在便条中这样鼓励他手下的艺术家，“如何展现一场战争呢，你要在空气中掺杂战马以及士兵所扬起的灰尘。”）

按照要求，这幅展示痛苦的图画似乎有失敬重，然而最后却因其不完整性或者说是色彩上的欠缺而令人肃然起敬——他并没有给这幅画上色——也许是因为完成一幅致力于展现暴力的图画看起来似乎是一个悖论。又也许，这幅画的不完整本身也是无关紧要的。他的草图本身构成了对于暴力的定论，甚至包括对于其背后起着推动作用的领悟。

9 月 22 日，就在列奥纳多的第一幅《安吉里之战》草图公之于众前的一个星期，马基雅维利错过了新教皇的选举。称号为庇护三世的新任长者弗朗西斯·托德斯切尼·皮科罗米尼上任之后不到一个月就患病逝世了。这位老人白发苍苍，脊背佝偻，博学却仁慈到轻信（“我被欺骗了。”他曾经因自己低估了切萨雷的欺诈而痛斥自己），学识渊博，虽身患痛风却总是面带微笑，他成为贵族派系和宗教派系之间的折中者。

庇护三世的选举以及继承者的选择都被切萨雷·博尔吉亚鹰一样地观察着，虽然他处在令自己愤恨的虚弱状态中，但这一切都由他的眼线来执行。更为结实活跃的朱利安诺·德拉·罗韦雷（1443—1513）当选为尤利乌斯二世。他是一个忠实的狩猎、绘画爱好者，热衷于照顾怨气冲天的人，热衷于雕刻品和护理士兵。他在第一轮投票表决中几乎全票通过，这些堆积的选票是他花上千元为自己买来的。

在他的父亲去世之后，身在罗马的切萨雷无助地拧着留有疟疾病菌的床单，眼睁睁地看着自己拼凑起来的帝国开始崩溃瓦解。“（教皇的）脸……变成了紫桑葚的颜色并且布满了蓝黑色的斑点。”谈及亚历山大的尸身如何在8月的高温下迅速腐烂时，教皇秘书曾这样回忆道。被吓坏了的梵蒂冈木匠在匆忙之中将他的棺材做得过小，以至于他们不得不击打他的尸身以便塞进棺材，他的一条腿被打断了。

他下令让一个名叫麦克洛托的同盟者从教皇的金库掠夺10万达克特，这也许能够缓解步步迫近的分崩离析，然而却不是长久之计。无论多少钱都不能压制那些家族复仇的欲望——尤其是奥尔西尼家族和科隆纳家族，以及维塔利家族和罗马涅城中的其他领袖家族——他们的庄园以及其他财产早已被切萨雷和他的父亲没收掉，并且二人还对他们的领主权嗤之以鼻。

当切萨雷身体恢复之后，他企图威胁教皇红衣主教团选举庇护三世。他攻占了圣天使城堡，他决定要么就促成庇护三世当选，要么就选举一位对他更为友善的教皇。他对这个地方早就十分熟悉，虽然此时置身于这些高耸的大厅中，他已沦为了一个名副其实的俘虏。伯纳德·迪·贝托（又名平图里乔，1454—1513），教皇宫廷的一位艺术家，曾在城堡的各房间画下了大量的壁画。这些房间多半风格奇异，用以满足亚历山大那饱受享乐折磨的品位。

在塔楼下面的花园里，他曾经为博尔吉亚家族的成员画下各种各样的肖像，这其中包括切萨雷以及他妹妹卢克雷齐娅的肖像。一组不真实的场景被添加到肖像画之中，详尽地为亚历山大辉煌的一生绘制了官方的版本。这些画像歪曲地展现了在查理八世带领下法国如何入侵意大利，并且表现出国王匍匐于满面红光的教皇面前，甚至手中还为教皇握着马镫（这些画像如今已遗失）。

当罗马在成批军队参与进来的暴乱中稳住自己的时候，切萨雷试图利用城堡作为威慑周围领地的努力彻底失败了。圣天使城堡的指挥官似乎对他的钱无动于衷，并且也没有了脾气。他所做的任何试图夺回主动的努力都遭受到来自四面八方的愤恨。9 月份，切萨雷同意被抬在覆盖着天鹅绒的担架上送出罗马，他的周围全是他父亲的肖像，他一路上不停地咳嗽——他尚未痊愈——他被送往了附近的一个城镇，这个城镇是效忠于博尔吉亚家族并且受法王保护。

与此同时，庇护三世的短暂统治为马基雅维利以及其他官员提供了被派往罗马教廷的理想时机，诸如红衣教主弗朗西斯科·索德里尼，即皮耶罗的弟弟，将要参与新教皇的选举。在庇护三世去世以及尤利乌斯二世在 11 月 1 日当选之间的这段时期里，他将监管佛罗伦萨的利益，而此利益取决于与罗马之间的关系。奇怪的是，马基雅维利发现自己身处比切萨雷还要高的位置。如果他愿意（但他并没有这样做），他甚至也许可以凌驾于指挥官之上。当时他作为联络员服务于指挥官，而这位指挥官则迷惑了执政团，醉心于自己先前对独裁机制的洞见之中。

很快，世界上最为古老、最具影响力的帝国的古都占据了他的注意力。尽管马基雅维利在执行任务时一如既往地繁忙。（“你要快马加鞭地前往罗马，”执政团在 10 月 24 日向他下达指令道，“[而且] 以我们的名义……出现，[既然如今我们已经] 得知教皇庇护三世的去世，这严重地扰乱了我们的整个城市。”)

在神坛上，外形粗糙的异教徒神庙几经修复仍旧不见改善，它们散落在成片的灰草以及凝望的羊群之间。正如之后19世纪的纳塞尼尔·霍桑所言及的那样，“我们那衰败的糟糕气味”弥漫在风中。宛若许多欧洲城镇中一般，穷人以及富人的房屋在压抑的气氛中显得沉闷无趣。穷人不太在意自己在公共场合中的形象，他们无精打采地俯身门外，聊着天，打着盹，玩着骰子。马、猫还有鸽子在成堆的垃圾中翻弄着。马车在热气升腾的烂泥上飞驰而过。

近期的文艺复兴建筑镶嵌在残缺的古建筑的遗迹之间，这些建筑俯瞰着身着华丽袍子的红衣主教和大主教们匆匆走过，以及身着丝绸的使节们（其中有包括马基雅维利在内的秘书们），身着宽松外衣、头戴条纹帽子、披着斗篷的窃贼，还有小丑、土匪、奴隶、演员以及懒洋洋地游荡在广场上和小巷间的妓女们。

罗马似乎在贵族家族以及宿营的外国军队之间摇摇欲坠。这些军队大多来自法国和西班牙，他们懒洋洋地躺在宫殿的入口处。

月光审视着伊特鲁里亚、非洲以及罗马的肤色。从一处门廊到另一处门廊，人们喋喋不休地谈论着，大多是关于最近教皇选举的古怪之处。

长矛被摆在桥上，展示着已处决的杀人犯钉在尖桩上的头颅，他们被留在那里以示警告。“在夜里出去……是不安全的，”马基雅维利在一封信中详细地提及了他与红衣主教以及其他人的接触，这些人正忙于两个月内就要到来的教皇选举，“（在）夜里，我既不能派别人也不能亲自去询问是否有人……正往佛罗伦萨派遣情报员，（因为）这样做是不安全的。”情报都是通过武装守卫所护送的信使带给他的。人口不到5万的罗马因每天大约十四起的谋杀而混乱不堪。如果说绑架是罕见的，那么盗窃就是司空见惯的，而安全就像政治的稳定性一样变幻莫测。

在9月份和10月份，切萨雷来来回回地穿梭于罗马的周边城市之间，他徒劳地寻求着同盟，并企图扩大自己的影响力。他的军队已经缩减了百分之九十，只剩下不到650人。10月15日，他试图逃往奥维多，却以失败告终——他的路途被敌军所堵——他差点没能回到圣天使城堡。带着自己的两个儿子，他沿着一条秘密的通道从博尔格匆匆逃走，而在那里奥尔西尼家族已经闯进他的住宅。

庇护三世的死亡使得暴力暂时地停息下来。这也许挽救了切萨雷的生命。他用自己最后残存的威望支持朱利安诺·戴拉·罗韦雷当选教皇。这是一场绝望的赌博，代表了难以和解的敌人的利益，马基雅维利是这么认为的，他怀疑切萨雷的判断是轻率的：他的父亲亚历山大曾将朱利安诺放逐到法国，这种行为是让人难以忘却的。公平地说，切萨雷也许别无选择：曾经给人带来无限恐惧的王子如今只能激起丝丝波澜。

马基雅维利在10月27日到达罗马，那时据第二任教皇选举会议仅几天的时间，他观察着朱利亚诺如何向每个人许下美好的承诺，甚至包括切萨雷在内，他让切萨雷相信罗马涅的城市将会归还于他。

然而，这位新教皇尤利乌斯上任之后，却对纠正家族谬误表现出极大的热情，而且他坚信教廷的需求应优先于其他一切事物而加以考虑。至于当选前所做出的承诺，在与顾问们反复激烈地讨论之后，他决定置之不理。结果，切萨雷几乎立即被迫为离开做准备。相比之下，马基雅维利似乎对朱利安诺的当选感到欣慰，他在11月1日写信给执政团说道："承蒙上帝的恩惠，请允许我告知殿下（像往常一样，以一封迟到的便签告知您）维克拉的红衣教主迪·圣·皮耶罗今晨当选教皇（尤利乌斯二世）。愿上帝保佑他成为基督教世界有所作为的牧师！仆人！"

在尤利乌斯的鼓励下，切萨雷动身离开，这使得关于他的死期的流言四起，人们很害怕他会回来，因他那令人震惊的行为，他的名声依旧宛若从前一样令人畏惧。教皇当选之后，为了使人们注意到在佛罗伦萨举行的"盛大庆典”，兰度西（在 11 月 28 日）报告说：“在奥斯蒂亚，瓦伦蒂诺（已经被）俘获，而且（已）被斩首。”然后在接下来的报告中他纠正了自己：“然而，其实他并没有死。”

虽然法国军队急于保护切萨雷，但是他们深陷从那不勒斯撤退的泥潭中，而且他们还被自己的国王所遗弃，陷入了无政府状态。在罗马，法国士兵遭遇了突如其来的寒流，他们闯入附近的住宅之中，与决心把他们挡在门外的户主大动干戈。在意大利南部，盗窃和强暴的传闻已经先他们一步到达，而出于对取暖的迫切需求，他们相互依偎着蜷伏在粪堆之间。500 多人死在污秽之中，而其他人则冻死在广场上。

9 月 9 日，马基雅维利的亲戚巴蒂斯塔写信告诉他说，玛丽埃塔刚刚生下一个儿子，取名伯纳德，“一个健康活泼的儿子”，以他父亲的名字命名。巴蒂斯塔期望能够像其他人一样成为这个男孩的教父之一，正如在 17 岁时比亚吉奥 · 博纳考斯告知马基雅维利的那样，其他四位教父中就包括比亚吉奥在内。

第十二节　切萨雷的垮台和《头十年》

切萨雷在离开之前犹豫不决，他因蔑视教皇权威而被暂时逮捕，尤利乌斯将他赶回罗马之后，他开始酝酿一个绝望的计划。对于这一切，马基雅维利以冷静而困惑的心态饶有兴趣地观察着：“我们看着公爵怎样将他所犯下的罪孽一点点地赎清。但愿上帝指引着一切向好的方向进展。”在佛罗伦萨，这两个人之间频繁的接触使得他们越走越近，这让马基雅维利的忠诚受到了质疑。

“（朱利安诺 · 德拉 · 罗韦雷）可有的忙了，因为他要去兑现曾经许下的所有承诺。”马基雅维利在 11 月 1 日对身在佛罗伦萨的同事说。当时人们还不知道，他在当上教皇之后不会兑现任何承诺，“但是他现在是教皇了，我们很快就会知道他要走怎样的路线。”

不到一个星期的时间里，马基雅维利报告说“教皇对于（切萨雷）的仇恨”是“深重的。而且人们认为（尤利乌斯）没有忘记在亚历山大六世的统治下，他所遭受的长达十年的流放。”愤怒已经让尤利乌斯冲着政府官员以及军事指挥官厉声叫骂、冷嘲热讽，他洪亮的语调如雷贯耳。

意大利北部和中部陷入了军事僵局之中，而威尼斯军队企图占领切萨雷统治下的部分罗马涅地区，意大利北部和中部同样也受到了骚扰。这一系列的事情本身毫无新意可言，威尼斯的金融以及其他商业利益一直以来威胁着佛罗伦萨在这一地区的统治。而近期威尼斯的侵略气焰助长了切萨雷心里的希望，他盼望被任命为教皇的军队首领，从而恢复他的光彩。

让他感到出乎意料的是，如今教皇虽然不再心怀过度的敌意，但他仍旧是忧心忡忡，他拒绝满足切萨雷的希望，于是切萨雷拿佣金向执政团申请了一队雇佣兵。这样，他就能够带着小批的军队穿过佛罗伦萨的领土，这批军队中只有“500 战马”和 500 步兵。据马基雅维利所言，切萨雷目前所能够筹集到的军队只有这么多，而且还是用从他父亲的财产中偷来的钱支付给他们。

然而，这支雇佣军也被否决了。切萨雷轻描淡写地暗示说自己的军队可能会行军穿过佛罗伦萨共和国，比起威尼斯人所带来的危险，这在佛罗伦萨政府中激起了更多的忧虑。然而，有一点执政团是十分有把握。正如马基雅维利所了解的那样，切萨雷的愤怒似乎不再像从前那样可怕。他的性情已经变得“优柔寡断，多疑且多变”，这或许是源自“他的天然本性，又或许是因为命运给他带来的打击，而他自己又不习惯于承受这些打击，一切都让他惶惑”。

实际上，在切萨雷看来，未来是不祥的，虽然包括他自己在内的任何人都不曾想到，他所造成的结果将会在政治上产生副作用，使得意大利自此之后几十年甚至几百年中都处于四分五裂这中。人类感情用事地做出决定时，命运那无常、可怕的轮子，总是近在身旁。对于大多数人来说，命运似乎被不可阻挡的脉搏所控制着，并且是不受社会力量影响的。即使有人能够感知到命运，它的存在或许也是不可理解的。

执政团对于雇佣兵的否决激怒了切萨雷，10月10日切萨雷脸色大变。他告诉马基雅维利，尽管没有被授权，他还是会出兵穿过共和国的领土。他将亲自与威尼斯人交涉，或许他还会受到教皇的默许。他争论道，将会宣称他作为一位意大利军事领袖依旧不容忽视。

同样，他又抓住了一次敲诈勒索的机会，这似乎并不出人意料。他宣称说："如果（执政团）有所犹豫或者是不公地对待他，他将与威尼斯人以及魔鬼本身达成协议，他将在四到五天内宣布自己的决定，这几天足够他的信使前往佛罗伦萨并且拿到回信；他或者还会加入比萨人的行列，他将贡献自己全部的金钱、力量以及存留下来的联盟以损害我们的共和国。"即使在资源减少的情况下，他对欺骗、侮辱的痴迷似乎毫无衰减。

然而，这些战术很快证明是徒劳的。雇佣兵队长麦克洛托曾协助他掠夺教皇金库以及他父亲的主蒂冈公馆。当时，他指挥着军队窃取了价值几十万达克特的银子和碟盘，从而确保了切萨雷暂时的经济独立，随后带着大部分雇佣兵向托斯卡纳冲去。切萨雷动身前往奥斯蒂亚，在那里他找到了一条通往斯佩齐亚的备用航线，租下五条船将他剩余的500名步兵向北部运去。

然而在奥斯蒂亚，他却一直没能碰上适合航行的好天气，他不得不等着好天气，于是他的宏伟计划的一部分失败了。为了检测他是否忠诚，尤利乌斯下令让两位红衣主教抓住了他。他们要求切萨雷转交在罗马涅的几座城堡。让他们出乎意料的是他拒绝了。即使尤利乌斯许诺说，无论威尼斯的威胁是否能消除，无论威尼斯人是否被打败，这些城堡都会立即归还给他，他还是没有被打动。

或许是傲慢已经冲昏了他的头脑，或许他仅仅是出于无知而犯下了大错。不管出于何种原因，他的拒绝为他带来了毁灭性的结果。当威尼斯人占领法恩扎和里米尼之后，他们行军穿过了罗马涅大区。随着行军的推进，他们宣布说，他们的目的在于一举拿下博尔吉亚的罗马涅。尤利乌斯自己没有足够的军队，于是他开始担心教廷城邦即将蒙受损失。为了保险起见，他下令立即逮捕切萨雷——他们试图逃跑的最后一刻被一队武装士兵拦下——他们强制他回到了罗马。在罗马，他被关在了梵蒂冈的托雷·博尔吉亚监狱。教皇顾问力求判处他死刑，而尤利乌斯则等候着他的时机：切萨雷那逐渐衰弱的影响力在罗马涅也许依旧占据着很多人的心。如果他自己的声望在威尼斯继续恶化的话，留着切萨雷一定会有用的。至今为止，马基雅维利一直带着审慎的态度来看待尤利乌斯。他经常见到尤利乌斯，他觉得尤利乌斯受到“易怒脾气和尊贵性格”的支配，他是尖刻与理性的结合体。

从实际的角度来看，忍耐或许有用。忍耐可以削减切萨雷在威尼斯与教廷的竞争中所扮演的角色，而焦急的执政团的成员正盼着他们秘密外交家的报告，马基雅维利就是其中的一员。所有这些努力终究还是未能避免威尼斯对共和国的入侵。

马基雅维利以一贯的高效速度为执政团寄送报告，然而这却没能带来多少安慰。他在报告中描述了切萨雷的问题，同时还要求执政团为他支付邮费，而且还抱怨工资少得可怜。他的报告越来越难到达执政团，除非是派特别信使去送。道路状况很“恶劣”。军事方面的转变太快，同样也超出了他的分析，他很难跟上军事变化的脚步。

瘟疫在罗马以及罗马涅的许多地区爆发。11 月末，瘟疫爆发的消息传到了身在佛罗伦萨的玛丽埃塔耳中。随后，瘟疫也在这座城里爆发了，造成了超过 800 人的死亡。“你很清楚，当我知道你没有在那里倒下的时候，我有多么的高兴。”她写信说，“到现在为止，我听到越来越多的消息说，你那里疾病蔓延得如此厉害。”她自己也病了几天，虽然得的不是瘟疫，却也虚弱到不能提笔写信。她的身体在渐渐地恢复，她已经收到了他写来的三封信，她还盼望着收到更多。关于他们的儿子伯纳德，“在我看来他似乎很漂亮。”她写道，一边还责备自己的丈夫对此毫不关心，“他白得像雪”并且头上长着“黑天鹅绒”似的“浓密头发”。

对于切萨雷来说，未来已经一片黯淡，虽然他试图从中挣脱出来。11月30日，麦克洛托被俘，他的军队被“卡斯蒂格朗和科尔托纳的居民”缴去了武器，这些人是听从教皇、雇佣兵队长吉安保罗·巴格利昂及其旗下军队命令的。他的被俘几乎完全消解了切萨雷的军事力量，马基雅维利告诉执政团说，为了强调他的溃败，公爵“在今天早上（12月1日）……被带到了宫殿里……（并且被关在了）司库的一间屋子里。”

在骑士风度已经消逝的后文艺复兴时代里，无耻末日的钟那漫不经心的嘀嗒声不停地响着，在这一切声音中切萨雷的尊严崩塌了。他压榨过自己的士兵和官员，他诅咒过自己的父亲，他向那些自己曾经伤害过的人乞求原谅，他流下了令人质疑的泪水——或许更多的是因为理智受到了刺激——他按照要求让出了自己在罗马涅的城堡。

他的朋友因为害怕遇到更多的麻烦，甚至抛弃了他和罗马。马基雅维利看着他“一点一点地走向自己的坟墓”。虽然似乎并没有失去什么，时至1503年12月，切萨雷对于国事的影响如同幽灵一般已化为稀薄的想象，更不用说他对于军事的影响了。

与切萨雷的衰败相反，接下来4月初的日子里，身在佛罗伦萨的米开朗基罗·博那罗蒂（1475—1564）比以往更加忙碌——1503年12月18日，马基雅维利也终于回到了佛罗伦萨——米开朗基罗正忙于应对大为好转的艺术契机。

包括列奥纳多在内的政府委员会如今决定将他那“几近完工的”《大卫》雕像置于市政厅的雄伟大门一旁，以此来赋予它守护城市荣誉的象征性意义。列奥纳多想将米开朗基罗的“巨人”移到一边去，或者是移到门廊里去，反正是要放在一个不太显眼的地方。但是委员会却不顾他的反对，他们似乎一直在努力消除这两位艺术家之间那已众人皆知、怒气冲天的敌意。

他们也许在一场公共场合的交流中发泄过敌意——这样的情况以后有可能还会发生——据安东尼奥·凯迪亚诺所说，当时列奥纳多在街上被“面红耳赤地”留在了人群之中，他挑衅地让米开朗基罗给他解释但丁《喜剧》中的一段，米开朗基罗回答说：“你自己解释吧——是你设计了一匹马，是你要用青铜铸造它，当你发现铸造不了的时候，又毫不知耻地丢弃了它。”他暗指列奥纳多那只名为斯福尔札马的巨大铜雕像，他最后没能完成这座雕像。

他们之间或许还有其他激烈的争吵，这些争吵导致执政团利用他们彼此的嫉妒——米开朗基罗似乎表现得更为激烈一些——执政团为了共和国的利益刺激着他们之间的敌意。尽管如此，米开朗基罗的《大卫》还是在8月份得以安置，40多个人用了4天多的时间沿着14根大梁拉着、拽着这座沉重的雕像，那些大梁像柱子一样粗，而且还是经过润滑、改装过的。执政团批给他一间工作室，室内空间适合他用来放置巨大的草图，这间工作室可以与列奥纳多位于圣多诺弗里奥慈济院的萨拉大教堂中的工作室相媲美。于是在10月末——实际上他的合同在9月份的时候刚刚被讨论过——他开始致力于完成自己的战争壁画，他意在超越自己的对手。这幅壁画将展示卡希纳之战，按照规定安排，支付给他的里拉与列奥纳多的所得相当。

这场战争发生在1364年7月。在这场战争中，佛罗伦萨军队击败了比萨，因此提供了一个让大理事会和执政团成员满意的主题。至于列奥纳多的《安吉里之战》，或许是出于对米开朗基罗那由来已久的愤怒，这幅画并没有完成。当教皇尤利乌斯向他提供更加有利可图的任务时，他立即动身前往了罗马。

战争可以刺激文明的发展，流血和谋杀所带来的恐怖却是人类进步的前提。那时，那些难以驾驭的历史影响着米开朗基罗的创作灵感，指导着他进行壁画的工作，它们同样也影响着列奥纳多的素描，虽然米开朗基罗以自己的方式诠释它们。他的同时代人中很少会去质疑这些前提存在与否。自从马基雅维利在童年时经历了圣母百花大教堂的屠杀，它们所带来的后果让他关于这一主题形成了更为阴暗的结论。

那些表现米开朗基罗创造力的图画仅有一幅存留下来，而且是在1542年以纯灰色镶嵌版本的复制品得以流传，并且这幅《士兵沐浴》被认为是出自于亚利世托泰·达·圣加洛之手。令人惊奇的是，在军事主题的笼罩下，这张素描没有展现丝毫有关暴力的因素，图中只有21个年轻的男子，其中位于图画底端的第21个士兵只是从水中伸出了双手。他们也许是士兵，你可以看到他们怎样抬重物、穿上束腰外衣和紧身衣、爱抚他们的武器、摩拳擦掌、凝望、裸着身体指指点点或者是蹒跚而行，或是在他们放松的池塘、湖泊旁脱衣服。最引人注目的是图画的两旁都安置有其他的内容：左面是骑兵的场景，展示着骑兵们为战斗做准备，右边是对于战争本身的描绘。

米开朗基罗那史无前例的图画起初看起来像是一堆脸和肢体的巨大混杂，他将这些东西拼凑在特大号的纸张上，期盼着在1504年的秋天进行公开展出。他总是将自己看作一位诗人，这对于理解他的这幅图画似乎有所帮助。尽管他从来都没有发表过诗歌，作为一位雕塑家和画家，他似乎花费了很多时间创作十四行诗。

十四行诗那新颖的模式中混合着压抑，它吸引着人参与到冥想中去，还引人入胜地吸引人去默读，随之理性争论与强烈的自我对抗巧妙地合二为一，或者说是巧妙地激发着读者进入到强烈的自我意识中。这一切都吸引着共和国那位《大卫》雕像的作者。在米开朗基罗那流传下来的成堆诗歌中，至少有六十四首是十四行诗，有一首诗带有附诗，这首带有附诗的诗歌总共二十行，以一句（主人将他的奴隶困在最严酷的枷锁之中）开始全诗。他的第一首为人所知的此类型诗歌出现于大约1504年，当时他刚刚完成《大卫》并且开始绘制《士兵沐浴》。

它们对米开朗基罗自己来说意义非凡，因为他的战争图画展现了自我意识的瞬间。外界运动都已经停止了，从而让欣赏者能够去想象影响着这一群年轻人脸庞和肌肉的内部张力，而这群年轻人几乎毫无疑问地是在为战斗做准备。如果说列奥纳多的绘画意在勘测横扫过战场的举动，那么米开朗基罗则致力于观测一群佛罗伦萨士兵身体与灵魂之间的冲突。

因此，动作被看作是由运动引起的，也就是压抑在爆发点边缘的肌肉能量。这 20 张面孔和身体被极好地塑造成各个不同的战士。他们沉浸在惊恐、愤怒、嘲讽、怀疑、嗜血以及震惊之中，他们得到消息说在附近一座山的另一边战争已经爆发了，于是他们表现出一种怀疑、激动的反应。

米开朗基罗在描绘这一决定性时刻的过程中，收放有度地将身心一一展现，他们的身心正准备投入到挣扎、绝望以及虽然未知但仍旧可以期待的胜利中去。无论别人最终能否接受，他将这一决定性的时刻处理成了一首视觉上带附诗的十四行诗：这二十个身体可以被理解为等同于附诗的二十句诗行，这二十行诗被从水中伸出的那一双手举起而呈现在观众面前，似乎将他们作为大动荡中的象征加以展示。

从一定程度上来说，在米开朗基罗的素描里，压抑存在于一切事物之中，或者说看起来是这样的。这一方面是非同寻常的，因为它扣人心弦地暗示着响声可以以寂静的方式加以表达。一旦宣布战争正在进行或者是即将打响，这一消息一定可以被理解为冲刷过战士们那在惊恐中僵化的身体、冲刷过他们体内的冲动。然而在欣赏者看来，任何紧迫感、危机感都是通过警告建立的，而这个警告没有人听见而且人们也听不见。

结果，这张图画的巨大成功在于它表现了一种怪异的不存在感，而看画的人正在努力倾听着捕捉不到的无声警报，这样的警报又是在愤怒中发出的。一种奇怪的隔离延长了这种寂静的效果，这种隔离体现在士兵们自己空洞而迷惑的环视中，他们似乎要望进某些私密的空间里去。他们之中似乎只有位于中间的两个士兵参与到一种愤怒的凝望中。它如同一束光平衡着其他人所释放出来的焦虑。

马基雅维利自己也曾花时间专心致志地听那些几乎听不见的警报，这些警报好像真的是寂静无声的，他有时候能够成功听见那些来自山那边的寂静警报。政治与军事的黄昏已经降临在整个意大利。1504 年末，在 11 月份的两个星期内，他开始集中写下自己所听到的一切，而且是第一次为出版而写，虽然这本书要到一年多以后才会出现在市面上。他的这部作品以罗马纪事诗的形式写成，并且是按照但丁在他的《天堂》中第六篇章对罗马历史的描述方式构思而成的。马基雅维利的《头十年》宏伟地再现了“(在过去的）十年里意大利的怒火”，或者说对其进行了几近客观的回忆。

这部作品的挑战之处在于要以三行诗节押韵法的形式将意大利近期的历史，尤其是佛罗伦萨的历史呈现在 550 行活灵活现的诗句里。按计划，他的诗将追溯至法王查理八世在 1494 年发动的意大利入侵，并且推进至当前肮脏的军事文化“困境”。

最近刚刚结束的两次挫败促使他投身写下这部作品，除此之外，还有一场技术和军事上的惨败，他亲自参与了这场惨败，它让共和国付出了惨重的生命以及金钱代价，损失达到了 7000 达克特。当他回来之后，5 月份，他向执政团以及大理事会的官员提交了一份提议，提出创建新型的国民军，并且由国家资助。大家对于他这份富有争议的提议给予了侮辱性的反应，这或许也是促成他写下这部作品的原因。

按照设想，创建这支军队的灵感源自 13 世纪佛罗伦萨历史中的范例，以及他所亲眼所见过的切萨雷 · 博尔吉亚时而采用的方法。这支非同凡响的军队将以当地的志愿兵代替共和国雇佣兵。然而，单是对这样的创新进行一丝一毫的设想，就足以在大理事会成员中引起愤慨，主要是因为在部署招募工作的同时还要考虑到防御。他们坚持说，在任何情况下，都不能把这群外行变成足以保卫共和国安全的士兵。他们不仅远不能保卫国家，而且很有可能在贵族派甚至是皮耶罗 · 索德里尼的要求下，会直接占领这座城市。

虽然说有四次使命让他回到了熟悉的境况之中，如今仍不确定究竟是哪一次使命激励了他尝试去写下史诗性质的诗歌。这四次使命中第一个任务，是试图与列奥纳多合作、然后又与其他人联手进行，最后一个任务则是试图为阿诺河改道——这造成了技术上的惨败。

所有人都发生了变化，切萨雷也一样变了，作为一个士兵，他的威望如今似乎被抛弃在传奇的尘埃中。早在 1504 年 1 月，也就是在执行第一次使命时，他曾经再一次出现在法国，但并不是像许多年前那样在那里修复工事。新的西班牙威胁正在浮出水面，在一支小型舰队的支持下，他们装备精良地发动了袭击，这支小型舰队在距离那不勒斯不远处发动了入侵。这引起了整座城市的战争，而且似乎要造成南部大片意大利领土的丧失，甚至有可能会分散法国的注意力，让他们无心再保护北部的佛罗伦萨。

法国的战败将会让西班牙完整地占领意大利中部。当西班牙一次又一次地取得胜利，而法国看起来只顾着撤退的时候——国王路易已经将他的总部重新安置在了里昂——风险已经大到足够促使马基雅维利向执政团申请做出孤注一掷的行动，即让他前往法国宫廷以缓解局势，他将在仅仅六天的时间内骑马途径米兰，途中要经过数百英里的山路，这不是一项简单的任务。

他留出了两天的时间与法王路易的使者查尔斯·德·安伯瓦兹交谈，而安伯瓦兹轻率地否定了西班牙威胁的重要性。除了这两天不谈，马基雅维利赢得了这场赌注，到 1 月中旬他已经身在里昂。然而，他希望与佛罗伦萨的大使也就是他的朋友尼克罗·瓦洛里谈判，他意图诱使法国向共和国提供军事援助，尽管法国正处于明显尴尬的境地，这些举动虽然并非毫无成果，但进展得举步维艰。

他在里昂的任务失败了，接下来他在 4 月 2 日奉命前往比萨南部的皮翁比诺。战争的迹象在这里显现出来，尤其集中在锡耶纳周围的地区，这已经引起了执政团的注意。马基雅维利曾在 1499 年 3 月与雅各布·德·阿皮亚诺为工资的问题而吵过架，他似乎迫切地想要调动自己的军力协助比萨人。马基雅维利则被派去评估雅各布的战争准备。

他对这些任务的价值不怀任何幻想，他将它们看作是当前应对西班牙入侵的权宜之计。意大利也似乎正在成为满足帝王伊比利亚胃口的食物。尽管法国此时已在精良的西班牙军事力量面前卑躬屈膝，他们那衣着华丽、诡计多端的指挥官陆军大队长冈萨尔夫·费尔南德斯·达·科尔多瓦依旧放纵他们为所欲为。

马基雅维利在1500年初次访问法国之后，就已经在他那本尖刻的备忘录即《法国人的本性》中，记录了自己对法国的厌恶。这份文件中，对以为法国人一定会给予回报的偏见进行了回应："（他们）如此关注当下的利益和损失，他们丝毫不记得过去的失误，他们根本不关心未来是好是坏"；"尽管他们不能好好地回报你，但这不会阻挠他们向你许下承诺"；"他们不只是谨慎，而且还很小气"。

正如他所观察到的那样，他觉得自己试图刺激路易同西班牙作战的努力——战争差一点就发生了——就这样一无所获。尽管他匆匆地前往了北部，他还是没有在法王那里赢得热切而及时的回应，对此他一点都不觉得吃惊。据传言说，听到消息说近期在南部遭受军事挫败，路易已是无言以对。

暂且不说这些困境，马基雅维利还是巧妙地促成了一场脆弱的和平，和平的局面从1504年末开始在整个意大利蔓延，这是3月末法国与西班牙君主之间达成了停战协定所带来的结果，这份令人吃惊的协议为期三年。正如他那徒劳的外交一样，尽管没人觉得这片刻的安静能够持续很久，他还是利用这15天心无旁骛地投入到《头十年》的创作之中。

无论如何，早在4月的初期，他就已经开始写作诗歌，虽然这次写的是另外一种类型的诗歌，而且他还将为之配乐，就像是如今的一首失恋情歌。弗朗西斯科·索德里尼此时仍旧在罗马担任共和国大使，马基雅维利将这首诗寄给了他，而索德里尼很高兴收到这首诗，"你写的这首诗让我很愉快……我们应该留着这首诗，以后我们可以伴着三弦琴一起吟唱。"

这一切都不能为阿诺河计划的失败辩解，那场失败同样也是灾难性的。

一方面，列奥纳多已经不再参与其中；另一方面，一位水力专家科隆比诺代替了他的位置，但后来证明他是不能胜任的。1504年夏天比萨的一场挫败导致了军事瘫痪，因而推动阿诺河改道的热情再度高涨。在佛罗伦萨看来，持续到整个6月，比萨的前景起初看起来还是很乐观的。甚至连比萨人都知道，佛罗伦萨雇佣兵所形成的几近围城的局面，“对于一个人来说，不冒巨大的危险……是（不可能）突破的。”弗朗西斯科·索德里尼乐观地写信对马基雅维利说，“（如今）如果你愿意尽快按照要求去做，你将不会遇到太多的阻碍，你不能靠武力拿下比萨。”然而，几个星期之内，所有的努力沦为了彻底的失败。

列奥纳多的退出也许预示了灾难的到来。7月份，他的父亲皮耶罗·达·芬奇于80岁高龄去世。尽管列奥纳多和他之间的关系很冷淡，但是他的悲痛似乎是真实的。在他的两位姐妹以及九位兄弟中，他的父亲在自己的遗嘱中什么都没有给他留下。然而，9月份的时候，他已经在皮翁比诺担任了新的军事顾问职位（也许是马基雅维利为他安排的）。列奥纳多向皮翁比诺年轻的王子兼统治者雅各布·德·阿皮亚诺提出了一个新颖的想法，即用加农炮只瞄准比萨外墙的上部，从而准备在入侵的时候直接越过围墙涌入城市，而不是像以往那样不加区别地用大炮在围墙底部和中部炸开一条缝隙。

他的这一想法从未被试验过。据共和国的间谍们报告说，训练有素的比萨援军多达2000名步兵，他们中大多数都是走私而来的西班牙军队，其中还包括其他类型的武装士兵。这样的消息打击了佛罗伦萨那些早已闻风丧胆的雇佣兵。然而，在马基雅维利的支持下，数以千计的金币被筹集来，大量的雇佣工人也被招募而来，他将这些力量聚集在一起实施列奥纳多的阿诺河计划，不过将其最初的计划做了些许改动，而且这次由科隆比诺来指导。

作为一位孤傲的工程师，科隆比诺是个马虎的人。他似乎误解了前任的精确设计，前任恰到好处地将沟渠设计得足够宽大以便让河水通过，然而他竟然忘记将沟渠挖到数英尺深。当夏季末的大寸倾盆而下时，河水冲破了挖好的沼泽地，80 多位工人被淹死，或被掩埋在洪流以及泥石流之中。

剩下的所有施工队以及保卫他们的军队被命令撤离。这项工程被舍弃在一片狼藉和受惊的悔恨之中。（“将阿诺河向利沃诺改道的工程本来进行得好好的，”兰度西在 8 月 22 日说道，“但是却没有继续进行下去。”“它给我们带来了巨大的伤痛。”10 月 26 日，弗朗西斯科·索德里尼在一封信中向马基雅维利抱怨道：“在那些水域怎么会犯这样重大的错误……这样的事情根本不应该发生……都是那些工程师的错，他们犯了太大的错误。这样的错误说不定都能让上帝高兴。”）

河流改道的可怕结局也许可以看作是转折点，自此马基雅维利转而投向了更加引人注目的任务中去——创作他的那本《头十年》，这首诗不仅仅因其想象给人们留下了深刻的印象，还因为在这首诗中，马基雅维利清晰而深远地洞悉了历史，或者正如他所坚信的那样，这本书应由忠实的诗歌研究者来写。

他将自己的诗篇献给了卓越的（马基雅维利在拉丁语中称他为“杰出的”）阿拉曼诺·萨尔维亚蒂。他是执政团的前领导人，在他的邀请下，马基雅维利宣布他是用意大利文完成这部诗篇的，虽然按照一贯情形来看这是不太现实的。

他强调说，自己的目的在于呈现一段精心选择的历史，他这么做不仅仅是出于良心的原因，也不仅仅是为了阐明近期的事件，他的目的在于描绘一段意大利历史，尤其是佛罗伦萨的悲剧，他将这场悲剧定义为“苦难”。他论述道，即使不是整个意大利，佛罗伦萨也已经几乎被法国以及其他的入侵者所毁掉。共和国的繁荣已经被毁灭，而它的文化已经遭到了袭击。在绝望中，他拿起自己的笔来揭露破坏是如何开始，如何上升为一场危机，最终又如何自取灭亡的。

他同样也暗示了另外一个更为庄严的目的。他是以三行诗节押韵法的形式创作史诗的，那些受过教育的人将会认出这种押韵法，它曾在最伟大的诗人但丁的笔下达到完美，并在彼特拉克的十四行诗中上升到极具表现力的高度。尽管他打算涉及可怕事件中血腥的暴行，他提到自己意在从中发掘美学的治愈力量。他的诗歌将会被赋予著名的语言学音乐美和隐喻美。它们将在语调与音律之间展现魅力，而这种魅力比痛苦更加宏大。一种信仰的崩塌，甚至是一场悲剧，但是他坚信在这样的混乱中能够找到救赎。

令他和他的朋友惊愕的是《头十年》几乎立刻被剽窃，这个事实也许表明了这首诗的成功。一部盗版作品出现在 1506 年早期，那时第一版刚刚出版几个星期。

这本书的美学价值同样也吸引了不少注意力。“几年前，”（佛罗伦萨）陆军上将埃尔科莱 · 本蒂沃利奥在 2 月 25 日写信向他说道，“我收到了……你的诗，简介了过去十年的历史。看到你在诗中如此优雅地讨论发生在那段时光里的事情，我情不自禁地羡慕你，我深刻地赞扬你所写成的作品。”

这首诗所唤起的沉痛过去征服了本蒂沃利奥，但他似乎忽略了马基雅维利对于未来的见解。这首诗描述了查理八世在意大利的入侵与撤退，讲述了法王路易的入侵与撤退，并且在对这二者所作的行文之间，总结了切萨雷所发动的波及托斯卡纳和其他地区的拉锯战。随后，《头十年》在它最后的诗句中将全部的精力倾注到“未知的救赎之路上”。

正如马基雅维利所暗示的那样，这条救赎之路就是让共和国成立自己的国民军。“我们相信娴熟的舵手（暗喻皮耶罗 · 索德里尼），相信船桨，相信航帆，相信绳索。如果你（佛罗伦萨）打开战神玛尔斯的寺庙，这场航行将会变得容易而短暂。”

救赎近在咫尺，但是只有那些愿意打开玛尔斯之门的人能够得到，也就是要发动战争，并且让共和国自己的士兵去作战。马基雅维利将他的呼吁定格在共和国曾经的苦难之上，他将佛罗伦萨看作是由于自身的被动而非外界掠夺的受害者，他渴望去拯救而非召集那些被忽略的庞大人才，当读者理解了这些,《头十年》便凝聚了悲剧的力量：

> 所有的托斯卡纳人都处于混乱之中。就这样你失去了比萨以及其他的城邦，美第奇家族将它们给了法国人。所以当你从压迫了你60年的束缚中解脱出来时，你本该欢欣雀跃，但你却高兴不起来。因为你看到你的城邦一片废墟；你看到你的城市处于危险之中，处于法国的傲慢与骄傲之下。

当他描述查理八世统治下法国的残酷时，当他描述在过去的几个星期里他如何向国王的侄子寻求军事援助时，三行押韵法似乎闪现出了令人惊叹的光芒：

> 就这样他带着所向披靡的军队踏上了这座王国，宛若一只俯冲的鹰或者是一只疾飞的鸟。

当他提及平民百姓所承受的痛苦时，他笔下的历史开始闪烁着暴露出的恐怖：

> 若要讲述所有伤害、围城期间的诡计以及死于高烧的所有市民，将会花费很长的时间。

在最后的诗节中，马基雅维利在回忆共和国的穷困（“我必须得讲述多少布满鲜血的山路，多少布满鲜血的沼泽，讲述死者如何游荡在广阔国度与城邦的变迁兴衰之中”）。这些诗节闪现着痛苦而令人怜悯的风趣（“因此我的精神备受煎熬，时而被希望所征服，时而被恐惧所占据，如此的煎熬以至于我的精神一点点地消耗殆尽”）。

尽管这些诗句显露出筋疲力竭的忧虑，却因马基雅维利与他的同时代人共有的坚持而令人欣喜，他们坚信历史是有意义的，即使这意义是残酷的。他的这种信念无处不在，而读者则有可能忽视各种各样的伪装性叙述（回忆起来也许是这样的，路易十二拯救了佛罗伦萨而非入侵了佛罗伦萨：然而，按照马基雅维利的说法，他所描绘的切萨雷欺骗他名义上的盟友进入西塞加利亚——他称这位公爵为“吹口哨的蛇怪”——似乎是恰当的）。他坚信，作为一首赞歌，写给文明秩序的殉道者，而非写给一个已经迷路的、备受嘲弄的民族，这首诗也许会在记忆中停留长久。

第十三节　无政府状态与国民军

然而，就在不久之后，而且是在共和国的小镇而非佛罗伦萨，当新的混乱在城市与农村中蔓延并很快发展为新的大规模暴乱时，他成功地利用姗姗来迟的准许，为他的新民兵组织招募了成百上千的士兵。经过训练、武装之后，投入战争中与敌人较量的时候，他们表现如何呢？他们是会逃跑，还是会奋起而反抗呢？反抗对于雇佣兵来说是极为罕见的行为吧？

切萨雷似乎放弃了他的机会并且选择了逃避，最终他还是投降了。因为教皇尤利乌斯的代理人——红衣教主马克西米利安·卡瓦加尔占领了卡塞纳和贝尔蒂诺罗的两处城堡，而且由于尤利乌斯妄想公爵的其他城堡也转交给他，因而切萨雷于 1504 年 4 月在奥斯蒂亚被释放。

切萨雷很快乘船逃往那不勒斯，在那里，他的叔叔红衣教主路易斯·博尔吉亚迎接他。而西班牙指挥官贡萨洛对他的接待则冷淡的多。他的计划仍未改变：雇佣军队（他设想会得到西班牙的帮助），席卷北部，重新收回他在罗马涅丧失的领土，恢复他先前那不可一世的权威。

西班牙国王亚拉贡的斐迪南德二世（1452—1516）对于切萨雷的个人幻

想（对于他来说似乎确实如此）毫无同情之心。他毫不在意切萨雷是自己的同胞，他以背叛来回应他。比起支持自己侄子恢复失地来说，他更急于讨好教皇，在 1504 年 5 月 27 日，他下令逮捕了切萨雷。

切萨雷被剥夺了城堡、士兵、武器和金钱，他沦落到耻辱的贫穷之中，背上搭着不干净的衣服，沦为了国王的阶下囚并被粗鲁地运往西班牙。当他到达时，他被关在了地处亲奇拉的皇室堡垒中。没过多久，费迪南德就开始担心也许堡垒并不能关住他——切萨雷的同情者，或者说那些仍旧痴迷于传奇的人，尝试着一次次的逃跑计划——费迪南德将他转移到麦地那·德尔·坎波的一处更加安全的城堡之内，在那里他被更好地看守。

在马基雅维利的职业生涯中，他对流放不甚了解，虽然与现代版本的惩罚相比，无论是在政治方面还是私人生活方面，惩罚的意义和效果都不一样。在他的时代里，流放带有一股黑暗、可怕而静默的味道，与现代精神折磨的残酷相比，流放在心理层面上更为温和一些。这些现代精神酷刑包括：剥夺感知的实验、药物致残、针扎、电击以及通过洗脑而实现的人格攻击。

在半基督教的世界里，流放的惩罚虽然含有侮辱的意味，然而却暗示着救赎的可能性。它也许闪现着怜悯那模糊的可能性，甚至是神圣的痕迹。在让身体充满恐惧的同时，它会保护甚至是滋养灵魂。因此，在 16 世纪的佛罗伦萨，流放或者是放逐的惩罚所带来的不快在马基雅维利看来是大有裨益，这能够让他思索自身的感受，尤其是在他第一次面对大理事会的大多数人有可能将他驱逐时。大理事会中更为保守的成员对他在政府中的位置怀有敌意，或者说他那煽动性的意图使他们提高了警惕，主要是因为他从 1504 年开始一直支持成立一支国民军。他让佛罗伦萨在军事方面取得成功的目标已经引起人们的怀疑。

在他的时代里，放逐经历似乎可以被理解为是在日落之后游荡于非法的佛罗伦萨消遣之间，或者说是在托勒密基督教的宇宙世界里回想宇宙的信仰，毋庸置疑，这样的一种理解方式是大有裨益的。

节日庆典、司法判决（绞刑架上的处决以及绞刑通常在夜间进行）、犯罪（城门处的走私、抢劫、谋杀以及大多数日落之后的行径）、饮酒纵乐以及非法的性追求，所有的这一切都等待着那独一无二、享乐主义、与世隔绝的夜幕降临在城市那烛光点亮的街巷之间。炼金术与魔法，随意制成的护身符与雕像，巫师与巫婆的大锅，篡改的咒语，忧郁的面具，星辰装饰的帽子以及咒语铸件——每一个物件都用于保佑更好的友情、财运、孩子以及交欢——这些物件可以在附近的街角买到，或者是在日落之后与炼金术师、巫师以及巫婆谨慎的约会中买到。

男孩们之间的爱情仍旧迷人且秘密地受到欢迎，尽管残酷的法律要求处决或者是放逐所抓到的任何沉迷于其中的人。派里奇亚教堂时常有男妓出没。老桥附近的布克酒馆坐落在与其同名的小巷子里，名为圣安德鲁又叫戴尔利诺的酒馆就位于旧市场附近。这两所酒馆提供青年男子之间的交易，这些年轻男子也许在大教堂广场也曾被人发现过，至少几年之后他们就被赶走了。其他的旅馆也容许同性恋，包括波图切、查索尼诺、费科、马尔瓦基亚、帕尼科、波尔科等等。

这些阴郁的建筑物中，摇曳着暗淡的灯火，用于隐藏顾客以及卖主的身份，以防他们被徘徊的警察发现。建筑中满是矮胖柔软的身影、木制的酒桶以及埋头于拭擦三弦琴的乐师，他们服侍着那些急切而疲惫、愤世而幼稚、萎缩而孤独的客人们，他们就在离市政厅不远的地方喧嚣着，而马基雅维利和他的同事们则在市政厅辛勤工作到深夜，破译信件，权衡国务开支，书写他们的报告。如果他们从工作中稍有分心，肮脏的消遣就在街尾等着他们。

这附近也兴起了一项更为让人惊叹的消遣，这项消遣同样也是在夜间才出现，即展示无云雾缭绕的星辰、行星以及天使，也就是大多数人所构想的天堂，这些展示物是可望而不可即的。人们同样也相信，这些星辰使人们瞥见上帝的思想。它们如此接近上帝的思想，它们带着粗野翱翔于鹅卵石铺砌的黑暗之外，质疑着尘世的乐趣，它们如同罪恶一般不可错过。在街道上那暗淡灯光的照耀下，金钱买来的性爱与精神自由之间的对立更为明晰。

那些游荡在街道上的人——且不提那些被关在更为黑暗的乡下的人——对于星系的奇迹非常了解，这些奇迹隐没在直白的黑暗背后，而黑暗就在地球与其他星系之间蔓延。从远古时期开始，西方人就已经懂得微小的星辰其实是上帝那遥不可及的智慧，它们的光芒穿过古老的黑洞，恰似神圣的针孔刺穿地球与其他星系之间的空间。如果说天堂是遥不可及、高高在上的，那么星辰的相对靠近则更为让人安心，它们暗示着未知的无限空间。救赎存在于不可测量的广阔范围之外，高尚的行为可以穿过这一范围抵达。

正如每个人所感受到的，生命中的残酷选择就在他们的脚下，或者是悬于他们的头顶。不确定性——这样的观念刚刚开始流行，而且在大多数情况下，黑暗保持着它的活力。正如无宗教信仰以及其他迷信信仰的列奥纳多长久以来所参透的那样，这个世界上缺乏的不仅仅是光。

因此，在马基雅维利的世界里，很少有人鼓吹那些折磨人的怀疑，这些疑问在几十年之后被哈姆雷特、麦克白、堂吉诃德以及朱丽叶所阐述：令人焦虑的对生死的叩问，或者是更为孤独、闭塞、现代的人类处境。良心沦丧所带来的恐惧似乎是可以驾驭的。虚空是未知的。

“别走。”弗朗西斯科·索德里尼在1504年5月29日力劝他道，当时他关于国民军提议的第一轮辩论刚刚结束，他陷入了似乎是已成定局的幻灭之中。“也许这一天没给你的支持，在另一天将会给你。”在整个争论过程中，马基雅维利一直将红衣主教也就是皮耶罗·索德里尼的弟弟看作自己信任的同盟。“承办国民军是一件多么必要多么明智的事情，那些反对的辩论是很不合适的。他们不应该怀疑这支武装力量，组织他们不是为了一己私利，而是为了公利和便利。”

然而直到1505年晚期，许多人仍旧心存怀疑。当时，皮耶罗已经安排将此事纳入用八十位委员组成的更小型的理事会中加以表决。他辅之以一篇长篇论述，讲解了国民军应如何被设计和经营，这篇论述是由马基雅维利写给“十人委员会”的。然而，在赢得小型理事会支持招募共和国士兵的过程中，索德里尼却像少数的几个人一样，只是在投了反对票之后便陷入了阴郁的沉默。

1506年1月之前的新投票给予了马基雅维利一直在寻求的通行证，并且把他带到了共和国的农村——比如说穆杰罗，此地位于起伏的山区，遍布着农场以及村落，童年时他曾在这里度过夏天的几个月，就住在他母亲的哥哥也就是舅舅乔凡尼的家里。

他向东继续骑行到达卡森蒂诺以及其他村落，一路上咨询税务记录、向记录员寻求帮助，然后又下令让所有年龄在15到40岁的储备士兵向他汇报。

罗马人按照序列部署不同的年龄群体，他们将老兵的战斗方阵放在年纪较轻以及经验尚欠的年轻士兵后面。年轻人抵挡主要攻击，而老兵则被雇来作为经受过考验的援军。

重要的是，虽然马基雅维利不曾在军队中服过役，这却并未影响他获得许可招募士兵。就连他政治上的敌人也意识到他的行政以及战斗经验是广泛的。他知道围攻的节奏、武器的设计与制作、攻击的后援、军事供应问题以及如何规划军队构建的必要财政。他曾经花费数年的时间集中精力阅读古希腊（翻译版）和古罗马军事史，以及他们对于成功战斗模式的叙述。他还阅读了许多其他的书籍，这些书籍为战略出谋划策并且讲述了共和国以及帝国时期的罗马是如何卓有成效地打赢那些战争的——这些书籍的作者包括李维、色诺芬、普鲁塔克、塔西佗、波利比奥斯、弗朗蒂努斯、韦格提乌斯，以及近代的权威作家，诸如列奥纳多·布鲁尼。

这并不是他第一次招募国民军。就在他们徒劳地想要改道阿诺河之前，共和国的雇佣兵在比萨一溃千里时，他曾招募了超过两千名本地士兵来服役。这是一支纪律散漫、参差不齐、举止粗鲁且缺乏训练的队伍，却成为远征队伍的一部分。如果说他们曾承载了“十人委员会”最高的期望，最后他们还是一无所成。没有一个佛罗伦萨士兵曾在比萨打过仗，但是他们中的许多人却应征而来。

然而，招募多达 1 万人的前景却面临着非同一般的难题。从农村来的每一个士兵都恰恰是因为他们居住地远离城市而无任何威胁才被应征入伍的。如果说大理事会的成员担心国民军有可能会攻下首都，那么这些士兵还因彼此城乡之间的敌意而暗暗较劲，他们之间的嫉妒、竞争以及联盟往往可以追溯至几个世纪之前。

"(在征兵）这件事情上，有两个问题给我带来了最大的困扰。"2 月 5 号马基雅维利写信给执政团说道，"问题之一就是这些人不服从纪律的顽固习惯，另一个问题就是不同民族之间的敌意，(比如说)，佩罗纳诺和坎帕纳，"它们之间仅一山之隔。

士兵往往拒绝入伍，除非保证让他们服务于本村或者是本部族的领导。即使不能答应他们的条件，仍旧有些人愿意入伍，不过要允许他们在一年的特定时间段内自由服役，通常不是在收获以及种植的时期。战争不会考虑人们是否方便，一个军队的有效性依赖于其可靠性——大多数人对于这样的事实视而不见。在接下来的大雪封路的几个星期里，马基雅维利面试了数百位候选人，这些人都是精心选出的。除了少量的佣金，共和国还承诺免除他们的税，这对少数士兵来说是具有吸引力的。有一个地区，他只接纳"大约 700 个精心挑选的士兵"，而应征人数是入选者的两倍。当然，这是很少见的情况。

他那新近招募的军团也需要首领来监督他们，他们还需要武器，比如说长矛和短剑。这些都得从佛罗伦萨运来。大多数在 3 月 5 日被调来，随之而来的还有标志性的旗帜、徽章。大雪延误了所有东西的抵达。

雇用一位总指挥官也是十分重要的。为了赢得国内人民的信任，大家一致同意这位指挥官不应是一位佛罗伦萨人（指挥官自己有可能会谋反夺下城市)。因为军队士兵缺乏经验，他同样也应是一位雇佣兵队长。2 月份回到佛罗伦萨之后，马基雅维利确定了他的第一个候选人，即切萨雷·博尔吉亚那被俘获的、知识渊博的亲信——麦克洛托。他刚刚被教皇尤利乌斯从监狱中放出来。然而，麦克洛托那邪恶的名声——他偏爱无缘无故地绞死敌人，并且经常这么做——使他为人们所厌恶、所躲避。他在八十人理事会中得到了冷淡的支持，而一些具有影响力的市民却对此持保留意见，比如说弗朗西斯科的弟弟皮耶罗·圭齐亚迪尼。皮耶罗担心麦克洛托那残暴的性格很容易失控，并且冲自己的手下发泄。然而，在 4 月 19 日，他还是被雇用了，而且在接下来的那个夏天里，他果然秉性不改地指挥新军队中的 150 人发起针对比萨农场的袭击。他点燃房屋，杀戮牲畜。一年之内，他就不出所料地被免职了。不久之后，他在战争中被杀死。

2 月 15 日，兰度西记录下马基雅维利的征兵状况。其中大约有 400 人，在正义旗手皮耶罗·索德里尼的召集下，在市政厅前的广场上集合。城市官员为这些“佛罗伦萨农民”提供了一套制服，“一件白色的背心，一双半红半白的袜子，一顶白色的帽子，鞋子，以及一片铁胸甲和许多长矛，还给了他们中的一些士兵（火绳钩枪）。（这个团体）被称作部队。还派给了他们一位长官（他十分精明，来自他们之外的一个地区），他将带领他们并且教他们如何使用武器。他们是士兵，但是却（待在）自己的屋子里，在需要的时候出现。”

兰度西反映了公众对这支国民军的热情。“据命令，应该在全国范围内以这种方式（招募）数以千计的（这样的士兵），这样我们就无需再使用任何外国人。对于佛罗伦萨来说，这是有史以来安排得最好的一件事情。”无论这样的安排是最好的还是仅仅是实用的，马基雅维利的军营保持着独有的特色，关于这一点兰度西未曾想到。几个世纪以来，法国、德国和西班牙所指挥的军队中都包含部分的平民士兵。然而，自从 1445 年法国的查理七世进行军事改革以来，军队就由国王来组建，而且由听命于他的士兵还包含谋逆的贵族构成。马基雅维利的创新（他的朋友比亚吉奥称之为他的

“发明”）基于这样一个原则：一支国民军要对其他国民负责，也对国民机构负责。

这一变化暗示着战争与政治之间关系的转换。好战、动乱、憎恨以及军事奸商的狡诈，这一切掩藏在谎言下的动机，在很大程度上，都可以通过军事上的安排而得以压制，而且军事安排是在与其他市民的联合下部署在民众之间的。至少各种可怕的冲动将会减少。正如马基雅维利所预料的，关于这一转变，一个重要的先例在西塞罗时期的罗马共和国军队中可以找到。在西塞罗时期，士兵宣誓效忠于自己的指挥官而非国家，这是一个极大的危险。最终，个人的忠诚超过了爱国主义，导致了共和国的陷落。这是马基雅维利决意要避免的一个错误。

他的《佛罗伦萨城邦军事组织的论述》是一部关于成立新国民军的法律，根植于他早期对于国民军的描述。这部法律在 1506 年 12 月得到了广泛的立法支持。它规定在和平时期国民军由市民委员会也就是九人指挥委员会管理，而在战争时期则由“十人委员会”管理，马基雅维利继续保持秘书的身份不变。

第一任九人指挥委员会在 1507 年 1 月 10 日被选出，马基雅维利被任命为第一任首席委员。这一职务使他极为满意，虽然这意味着他要做大量的工作来改善新的军队。此外，由于他将成为九人指挥委员会的首席委员，在许多人的眼中他已经为政府机构尽忠，而且与以往相比，他能够有更多的机会在更高的层次上影响政策。

值得注意的是，在整个共和国，暴力的氛围使得国民军的支持者人数激增。除了这些可以追溯至 1500 年之前的暴力，入侵的敌军也不断地骚扰着农民和市民。恶棍、暴徒以及杀人犯常常成群出没，散布着他们的恐怖，激起了人们对于军事权威的普遍期望，军事当局可以在共和国的城镇及乡村间随意行动，无论将会对个人自由带来多大的风险。

诸如弗朗西斯科 · 圭齐亚迪尼这样的历史学家记录下了被谋财者杀死在

床上的大量市民、无辜洒下的鲜血、随心所欲的刺杀以及发生在偏远小道、巷子以及树林中的仇杀与抢劫。

这些罪行单单靠新的军事行动是无法预防的；但军事行动的出现也许会带来慰藉，尽可能消除城市和农村的阴影。

尤利乌斯就任教皇不久，很快就被人们称为“武士教皇”，这揭示出他决心利用法王与西班牙王之间脆弱的和平，在风平浪静的局面下，可以让他在拿下罗马涅大区的同时掌控重要的毗邻地区。威尼斯有可能遭受欺凌。

对于战争的偏爱诱使他发动了一场入侵。在1506年8月25日、26日，马基雅维利刚刚从招募成功的梦中回过神来，执政团就命令他给尤利乌斯送信，暗示说共和国将支持他袭击佩鲁贾和博洛尼亚。马基雅维利加入了尤利乌斯的行军，当时军队正行至距离罗马东北25英里的内皮，士兵们身着熠熠生辉的盔甲，吹着悦耳的管乐器，耀武扬威地在郊区穿行。他与教皇在奇维塔·卡斯泰拉纳被一群听众围住，于是在那里他发表了激昂的演讲，“赞扬（他那）美好而崇高的目的”。

马基雅维利被命令陪同教皇，同时也力劝他将武装力量控制在400人之内，并且“每两个弓箭手共用一支弩”。这支队伍还包括一组乐师、一组配备道具的唱诗班、厨师以及24个红衣主教，他们中的大多数人对于参战毫无热情。

让每一个人吃惊的是，尤利乌斯宣布说，他的目的是在整个已被认可的教皇城邦范围内，重建教皇权威。马基雅维利向他保证说，不仅执政团将会支持他的努力，而且在共和国的领土上他有望得到通行证，如果他需要的话，甚至还可以得到援军。

尤利乌斯吹嘘说“他的口袋里满是士兵”。几个贵族已保证向他提供充足的援兵。他的战役按计划将持续数月，甚至一直打到秋天，但正如马基雅维利谈到的，一封10月9日从弗利寄来的信中所提及的那样，执政团也许已经认识到，如果尤利乌斯顺利的话，这场战役将会使“（他）所主要依赖的法王不受限制地保卫教堂，保护意大利，反抗那些想要吞噬它的力量”。

9 月 27 日，尤利乌斯从佩鲁贾出发，佛罗伦萨的代表们尾随其后，一路上经过弗拉塔、古比奥、切塞纳、弗利、帕拉佐洛以及伊莫拉。旅程的初期，他们没开一枪就踏进了佩鲁贾这座古老而巍峨的城市。当它那阴郁的统治者詹保罗·巴格里奥尼放弃自己的政权，并将他的城堡、要塞以及人质交到教皇手中时，马基雅维利大为吃惊。詹保罗·巴格里奥尼是一个六亲不认的刽子手，他乐于将敌人的尸体成堆地摆放在街道上，他曾经是切萨雷·博尔吉亚的同盟，他是一个窃贼、一个投机取巧的杀手，而且他的家族统治这一区域超过一个世纪之久。“如果他没有伤害前来夺权的人，”马基雅维利报告说，“那只能是出于仁慈和人道。”

仁慈与他毫无关系。尤利乌斯那狂暴的性格、夸张的言辞技巧以及重建联盟的可怕能力，加之教皇职位的威严、突然爆发的愤怒所带来的恐惧，这一切都使得他能够实现自己的许多目标。马基雅维利曾经回响于他的《头十年》中的理念，即意大利将被攻击或者是“吞噬”，开始渗透进他最近写给执政团的报告里。

9 月 13 日到 21 日，也许是在 9 月 27 日，待在城中的时候，他写下了一篇不下一万字的关于命运女神的论述。他将自己成型的想法以一封信的形式写就，最后他也许并没有将这封信寄出。在此期间，他似乎还写下一首长达 192 行的诗歌，即《命运的章节》。这封信写给皮耶罗的侄子乔凡尼·巴蒂斯塔·索德里尼（1484—1528）。三行诗押韵法在某种程度上成为他最为喜爱的韵律，这首诗就是以此韵法写成的，同样也是献给 22 岁的乔凡尼·巴蒂斯塔的。

这封信的不寻常之处在于他解决了一个难题——究竟什么是命运？信中是以通俗易懂的术语加以解释，从其他作者那里借来的技巧更巩固了这部诗的理性色彩。比如说，诗中最后几行所描述的一系列史前寓言画就在很大程度上归功于薄伽丘的《十日谈》、亚瑟王流行传奇、新古典主义浪漫故事，而杰弗里·乔叟那著名的“骑士神话”就是基于其中的骑士精神、骑士制度和典雅爱情写成的。

古罗马诗人斯塔提乌斯和西班牙诗人兼哲学家波伊提乌的影响也可以在马基雅维利笔下那栩栩如生的意象中找到，虽然他们的影响不是特别大。信与诗歌似乎都是强烈的失望所带来的成果。在佩鲁贾那阴沉的背景中，堆满黑色光滑巨石的伊特鲁里亚给了他无限的启发，而在政府建筑以及教堂中他可能看到的那些画卷也有助于他的构思：佩鲁吉诺的《耶稣变容壁画》，以及在市政厅一旁的两座商人大厅中陈列多年的《牧羊人的崇拜》和《六位古代英雄》。

“我的命运，”他在写给吉安·巴蒂斯塔的信中以一种怀疑的语调说道，“向我（展示了）这样繁多而丰富的事物，我不得不毫不惊讶地承认，无论是在阅读还是生活中，我都没有体会到这些人的行为以及他们的处事方式。”拿两位古代将军汉尼拔和西庇阿来举例子，他们一个“残忍”且“奸诈”，另外一个“虔诚”且“忠诚”，他强调说在他们那难以驯服的西班牙和罗马民族之中，这两个人都取得了“一致的成就”。不同的品质似乎与他们所取得的成就毫无关系。同样的情况也出现在至善的人和至恶的人身上，信仰、性格和智慧一定影响不大，他觉得这样一个悖论是折磨心智的，但却引导着他去检验命运那矛盾的本质。

马基雅维利将命运女神看作最残忍的，她掌管着圣徒之外的一切人类事物，可以将她理解为专门司管与环境和人类相关的事情。这些事物不断地变换，它们同样也是不可预知的。然而，人们总是跟不上变化，或者说无法适应变化。与时俱进在他看来在短期之内是棘手的，而在长期内是不可能的——哪有人能够不断地改变他的性格和方法呢？——这决定着人类的成败。结论之一就是成败不仅仅是不可预测的而且是无法避免的。“因为无论是从宏观上还是微观上来讲，时间和事物都是经常变换的，而人类并不随之改变他们的想法以及做事的方式，所以人类会一段时间运气好一段时间运气坏。”除了人类处事方式和习惯这一顽固性之外，人类还往往是“短视”而且幼稚的，并且“不愿意约束自己的本性”。当只有变换的环境在暗地里破坏着人们的努力时，“（命运女神似乎）随之也变得无常，她控制着人类，将人类置于她的束缚之下”。

尽管情形如此，从政治角度来看，一切似乎是万无一失的。“在长久以来居民普遍善良、忠诚并且虔诚的地区，残酷、奸诈以及不敬在统治过程中可以助新统治者一臂之力。”反之亦然，对于新统治者来说，善良、忠诚以及虔诚也同样适用于残酷、奸诈以及不敬长久盛行的地区。即使在环境和人民无情变换着的情况下，也可以取得政治上的成功，但是却只能通过矛盾的政策。然而，他们的成功将不会影响到道德上的考虑，因为道德总是与成功毫无关系。

他那关于命运的诗歌也同样强调现实。命运女神“暴怒地统治着”而且“经常把好人踩在她的脚下，将坏人扶持起来，而且不管她向你做出何种承诺，她都会毁约”。命运女神栖息在最暗淡的宫殿里。在宫殿的房间里，一切伟大的精神以及所有仁慈的念头（慷慨）“都衣衫褴褛地站在一边”，而欺诈和利益却在嬉戏玩乐。在命运女神那多变的行为中，只有那些善于在她的轮子之间跳来跳去的人才有望逃脱她的专制，甚至他也不能一直这样成功逃脱，“因为当你围着幸运美好的轮子边缘转动时，命运女神已开始在半途中调转她的轨迹”。

因此，正是这种统治着我们的神秘力量成功地打败了我们最迫切的需求，这种力量是瞬息万变的，所以命运女神的宫殿里也同样处处都装饰着“那些胜利者的（历史）画像，她从中获取了极大的荣耀”，这些挂着的艺术作品重述着残酷压迫者是怎样奴役着世界上的民族：埃及人、亚述人、米堤亚人、波斯人、希腊以及其他国家的人。只有那些足够幸运的人才能够在命运女神的轮子改变轨迹并且将他彻底压倒之前去世，从而似乎是在她那野蛮的游戏中将她打败。

当马基雅维利身在佩鲁贾时，他曾在尤利乌斯充满军事和宗教色彩的氛围中草草写作，那时他一定听说过一位众人皆知的人物，他那些关于命运女神的评价中有许多可以适用在这位人物身上。他就是英俊智慧的红衣教主乔凡尼·德·美第奇，朱利亚诺的弟弟，年龄31岁。20岁的时候，马基雅维利曾经为他写过许多恭维的诗歌，而早已去世的洛伦佐将这些诗歌都收集在了一本书里。洛伦佐的儿子皮耶罗作为一名难民与美第奇家族一起逃离了佛罗伦萨。他已经在1503年12月，在为法国对抗西班牙时，死于加里利阿诺河上的沉船事件中。乔凡尼如今成为美第奇遗产的保管人，他同样也对佛罗伦萨共和国充满了敌意，而且马基雅维利也深知他们的欲望，他们打算某一天推翻共和国并且以自己的政府取而代之。

第十四节　德国之谜

在征战不断的德意志公园中，军国主义与文化之间的冲突似乎从未平息过，在法国，情况虽然有所缓和却也是冲突不断。它们之间那独特的世仇把那些名声卑微的国王消耗得一点脾气都没了，就拿德国来说，神圣的罗马准皇帝马克西米利安一世（1459—1519）至今为止都没能选举就位，而他的帝国如今也只是形同虚设。他那入侵意大利的幻想也被耗尽了。

阿尔布雷特·丢勒画笔下的著名肖像展现了大约10年后的马克西米利安，那时马基雅维利早已被派往德国与其会见协商。画像中的马克西米利安卷发齐肩并掺杂着白发，心不在焉、彬彬有礼，忧郁浮现在他那突出的罗马式鼻子上。马克西米利安长得既精致又刚毅，他的美也许就游离于这两种极端之间。直到9岁他才开口讲话，然而他却成为掌握七门语言的大师，其中包括法语、英语、意大利语、西班牙语和拉丁语。他对于打猎十分痴狂，他追逐着猎物直到随行的人筋疲力尽，直到连猎物都已经深感厌倦而逃离了树林。他是一个饮食清淡的人，死于吞食大量瓜果之后。

对于马基雅维利来说，他是一位军事改革家，他在荷兰创立了第一支正规的德国步兵军队。他经常在战争中由于错误地估计敌军力量而战败。他容易原谅犯错的人，他经常沦落到落魄的境地，而且花许多时间来借钱。他是一个优秀的神枪手，却经常临阵脱逃。

有许多故事涉及马克西米利安那逃避而好斗、身无分文的举动，它们在塑造浮士德传说时发挥了作用，甚至参与到《浮士德传》(1587)的创作中，成为克里斯托弗·马洛创作伊丽莎白一世时代戏剧的来源。他的性格优柔寡断，他在出兵准备入侵意大利的时候又改变了主意。在其他场合下，他也是犹豫不决的，比如说，他曾经放任法国的查理八世诱拐他的准新娘布列塔尼的安妮，却又娶了她。从 1507 年早期开始，佛罗伦萨执政团的九位成员对于马克西米利安进攻意大利的计划变得极为担心。

法德之间的对抗不断地将共和国向相反的两方拉扯。政府的领导成员心情烦躁，他们担心法国会在 4 月入侵，在入侵过程中热那亚会被攻下，这样也许不会促使马克西米利安把佛罗伦萨一贯的保护者——法国——一同从意大利赶走。这场战役也许有助于他当选神圣罗马帝王，而他对此期望已久。这场战役能够统一广阔的神圣罗马帝国。当马克西米利安在康士坦茨湖举行过盛宴之后，佛罗伦萨的担忧加剧了。马克西米利安在宴会上迫使众多的德意志的王子们为他入侵意大利提供金钱和军队，从而为攻占罗马走一条捷径。

最初佛罗伦萨所面临的窘境——该如何应对德国的威胁——让执政团做出提议，派遣马基雅维利去往马克西米利安的宫廷察探国王的动机和军事实力。在这个过程中，他将搜集关于德国的情报。然而，索德里尼的提议遭到执政团成员的反对，而大理事会的成员则因嫉妒马基雅维利，加之对索德里尼的怀疑而驳回了提议。

大家接受了妥协的办法——“十人委员会”倾向于派遣阿拉曼诺·萨尔

维亚蒂以及皮耶罗·圭齐亚迪尼——他们将弗朗西斯科·维托里（1474—1539）选为使者。他的家族是贵族，他的家位于圣神教堂地区的宫殿，距马基雅维利和圭齐亚迪尼的住宅不远，而且他们家族许诺为他们子孙提供人道主义教育，他们持有外交使命的国书。维托里在1507年6月出发，与此同时，法王与西班牙王正在萨沃纳举行会议，此处距法国控制的热那亚不远。德国威胁当前，两位国王都急于向彼此声明自己的友谊。

马基雅维利发现自己终于派上了用场，但却是在8月，当索德里尼将他派往锡耶纳的时候。此时，他的任务是与教皇的使节——圣十字教堂的红衣教主伯纳迪诺·卡瓦加尔协商。当这位红衣主教听到扰乱人心的消息说，参加马克西米利安在康士坦茨湖所办宴会的某些王子已经接受了入侵意大利的计划时，他有可能也一样心神不定地前往马克西米利安的宫廷。

任何可行的策略如今都被拿来拖住国王，包括筹划安排他在德国而非意大利被加冕为神圣罗马皇帝，而且还奉承地派遣教皇的“使节（去分散这位皇帝的注意力）”，并且还以教皇的高度赞赏来确保万无一失。

锡耶纳人也对德国感到恐惧，于是他们给尤利乌斯使者礼物，供他在旅途中使用，而教皇的支持中那微不足道的暗示却给了他们希望，“两只剥皮并加工好的小牛犊、六只剥皮加工好的羊，十三麻袋谷物……十二桶酒，九桶家禽（每桶六对），四桶鹅（每桶六对）……十四道海鱼菜肴，十二对白色蜡炬……（以及）二十四个碎杏仁饼（即水果蛋糕）。”这些礼品是否让红衣主教在去往瑞士至德国北部那被深雪覆盖的、崎岖的路上过得轻松点不为人知。他的努力不足以阻止一场入侵，当这一点变得明晰的时候，马基雅维利在12月25日也被派去了德国。他做了最后孤注一掷的努力，他骑马绕道康士坦茨尝试用金钱——也就是5万达克特的贿赂——实际上是一笔报偿金——去平息执政团的恐惧，两个星期，他孤立无援、快马加鞭地穿行过黑暗密布的丛林。

从他的外交生涯开始的那一天，长途骑行就是繁重费力的，而行程的意义却是不能确定的。1月11日，当他抵达阿尔卑斯山区的波尔扎诺时，他已经花掉了执政团为旅程而给他的110达克特。让他欣慰的是，他发现维托里正在德国宫廷里过着奢侈的生活。

因为这一引人注目的事实，以及某些王子拒绝参与到国王的意大利战役中去，而且瑞士不乐意与法国一起去打仗（他们最终派遣了6000人的军队来协助法国），至少有了避免入侵的一丝希望。“你想要在两个小时内(找出的答案)，”在餐桌上，萨沃伊公爵的一位使者迪斯维利对马基雅维利说，“而这个答案是我在许多个月里都没能找到的。这个国家非常谨慎，而国王在做每一件事时都恪守着极度保密的原则。如果他搬家了，只有当他在路上走了一个小时之后，才会让他的厨子跟来，所以没有人知道他正要去哪里。”

也许这样动荡的局势还是有好处的，因为它为马基雅维利提供了深入研究瑞士人以及德国人的机会。他所了解到的一些东西涉及军事（“那里有大约4000名步兵和1000名骑兵可以作战”）、外交、文化和政治。他的详细报告让执政团满意，这些报告涉及将瑞士在政治上组织为行政区，即权力共享的分配系统，这在意大利更为保守的政治界是不为人理解的。他将自己的发现写进长篇官方报告中，这些官方报告是和维托里一起写成的，当这两个人成为朋友之后，甚至官方报告的段与段之间都是合作写成的。

对德国与奥地利全面的洞见暗示着他那不断增长的几乎是包罗万象的欲望——他想要剖析不为人知的社会。他在马克西米利安的宫廷逗留了6个多月，一直到6月的中期。回到佛罗伦萨之后，他写下了“关于德国事物的第二份报告”。这份报告的目的在于为他的同事们可靠地总结潜在北方敌人的心态与习俗：

德国人是富裕的……因为他们以貌似贫穷的方式生活着。他们既不盖房子，也不买衣服，更不把自己的房子装饰得极为奢华。对于他们来说，有足够的面包和肉就已经可以了，除此之外，他们只需要用来防寒的炉子……每个人都过着符合自己阶层的生活……钱财不会从他们的国家流失，因为人们满足于他们的国家所产出的一切，因而他们享受着粗糙而自由的生活，他们不会应征去打仗，除非支付给他们巨额金钱。

迄今为止，对于德国人的“巨大财富”他已经掌握了足够多的信息，这些信息对于衡量他们的军事效率是十分重要的。至于马克西米利安的个人财富，在准备作战的时候，他觉得自己“可以随心所欲地使用”，“德国的力量是任何人都不能怀疑的，因为它有大量的人口、财富和军队。”他观察到德国人的节俭，如果与这个国家大量的武器储备以及常规训练的可怕军队相结合，能够让帝国皇帝高度备战。然而，为数众多的所谓德国“自由城市”却给帝国皇帝带来了一个策略性的难题。他们也许会默默地支持佛罗伦萨所盼望中的和平：德国自由城市的雄心集中于保持商业关系而并非发动战争，因为他们能够在与意大利的交易中大量获利。

马基雅维利至多参观过几座瑞士及德国的城镇，但他的论断却是铿锵有力的，这一品质也许得益于他曾阅读过恺撒和塔西佗的著作。即使他并未一五一十地阅读，但他们的社会历史论断也如同模型一般甚至影响了他的风格。他们向他展示该如何去掉多余的成分，向他提供了一种文雅的、类似于用手术的方式以达到站得住脚的社会概括。他将这一罗马式的方法与自己的直觉，以及他那训练出来的经验主义法则相结合，他的这种直觉曾在与外交家、官员以及非政府人物的会见中得到检验。这一切加在一起，使他获得了充分的文化理解，这种理解往往是建立在琐碎的证据之上的。

当德国人侵迫近的时候，如果说他和维托里一起与马克西米利安的商谈是徒劳的，这么说是不公平的。起初，他们商谈的目的在于拖延国王计划的执行。随后，一旦这些计划被放弃了，佛罗伦萨人也可以被看作是在他们的奔走间发挥了作用。

马基雅维利被授权用5万达克特来安抚马克西米利安那扩张领土的欲望。这些钱被分期支付，起初支付了3万达克特，随后执政团将总数提升至6万达克特。然而，几经回避，帝国皇帝起初还是拒绝了这微不足道的金额，但是随后他遇上了麻烦，他没能通过康士坦茨湖的宴会获得所需的强大德国兵士的支持。更为糟糕的是，他那准备不足的入侵——在他那优柔寡断的性格影响下——经过一系列的成败，最后以被威尼斯人击败而告终。1508年3月，他们“心怀抢劫的念想”而被引诱进山谷，大约有“1300名（他的德国）步兵，在一位鲁莽的长官指挥下”遭到了袭击，先是当地的民众从上方往下扔石头，随后他们被6000名威尼斯的骑兵和步兵包围，1000多名士兵被杀死。

因此，这位国王的军事能力似乎未能展示成功。显然，他的军事能力决不能与切萨雷·博尔吉亚的灵活机智相媲美。而据马基雅维利所知，切萨雷本人在一年前遭遇了灾难。1506年，几个西班牙贵族怂恿他逃离了麦地那·德尔·坎波，于是他逃到了纳瓦拉。在那里，许多人还记着曾经作为魔鬼化身的他是多么无情。他心怀希望，希望能够在路易十二的统治下收回他的特权，但是如今他发现自己的法国庄园已经被征用。而他所偷窃来的那些资金，曾经存在热那亚银行之中，如今已经在教皇尤利乌斯的命令下被盗走了。

他因自己的雄心壮志而沦落到失败境地，虽然他参透了王侯生活的表里不一，而这样的洞见仍为马基雅维利所崇拜。在1507年3月11日，他冲在一支转交给他的军队前面，先是拿下了小城拉腊加，随后紧接着在比亚纳城堡前投入了另一场战斗，他试图也将这座城堡攻下。突然他发现自己孤身处于山沟里。一队他追击的敌军骑兵掉过头来将他从马上拉下并杀死。他们剥去了他的盔甲和衣服，阉割了他，随后将他的尸体放在岩石下面滴血。切萨雷遇难的消息让他的妹妹卢克雷齐娅陷入了极度疯狂的悲伤。她“夜以继日地呼唤着他的名字，折磨着自己”。她的生命即使没有结束，也已经毁掉了，也许主要是因为她的哥哥死时年仅31岁，无论他曾经做过什么，但这样死去似乎有悖于他那令人惊叹的能力。

相比之下，马克西米利安的意大利战役以一种完全尴尬的尾声结束：1508年6月，他被迫与威尼斯人签订了一份为期三年的休战协定。5月份，据维托里所言，马基雅维利“遭遇了一次不幸（与他的健康有关）”。这场病似乎“很严重”，而且有可能是胆结石。虽然据维托里观察，按照当时的术语来说，这种病被描述为“血液中的脏气”。马基雅维利的病迫使他回到佛罗伦萨接受治疗。

第十五节　在比萨的胜利

第二年9个月之后，他发现自己似乎处于职业的巅峰时期。起初，情况看起来并非如此。如今他的身体已经痊愈，并且担任九人指挥委员会的首席委员一职，就在去年夏天，他还被要求指挥国民军。他运筹帷幄地指挥国民军去袭击比萨农场、房屋和士兵，甚至一直打到了比萨的城墙下。这些袭击深受执政团和佛罗伦萨人的支持，他们从未如此迫切地希望结束长久以来的叛乱，而这些叛乱正在耗尽共和国的财富。他的战役在8月21日打响，随之他一直在圣米尼亚托和佩夏招募应征入伍的士兵。

他毫不犹豫地参与到士兵每日的突袭中，参与到埋伏甚至是战斗之中。正如2月22日一张简明便条上所表明的那样，当时他正处于比萨下方的阿诺河上，他是在库斯的一家工厂附近的营地中写下这张便条的：“我们在这里……观察着是否有任何新的船只试图开进来（解放这座城市），如果有，我们要阻止它，就像是我们阻止其他船只一样。”

他的策略是蓄意挑衅。其目的在于进一步孤立这座高楼林立的城市，手段就是阻断想要闯入的船只。数百支军队参与其中，还在河床上钉上了黄铜链和支撑木堆以形成一道栅栏。计划颇有成效地进行着，而且将带来决定性的成功。正如他所预见到的，如果说法王拒绝如此严酷的手段——试图公开地将比萨人围困至投降，他们自己很快也觉得没有必要继续这么做。

1月20日，佛罗伦萨同卢卡签订了为期三年的协议，协议规定卢卡将拒绝向比萨提供任何援助。4月份，共和国的军队俘获了60匹马以及一群企图在比萨城门走私从卢卡运来的谷物的人。60人被杀害，54人被逮捕，他们被绑着拖回了佛罗伦萨，并在欢呼的人群面前游街示众。

在4月，至少有20人死于加农炮的轰炸下。佛罗伦萨监狱中的比萨俘虏士兵被拉到公众人群面前展示，“因为我们听说比萨人也对我们的人做了同样的事情。”比萨人要求和平的主张以及进行持续不断协商的提议都遭到了怀疑。

3月份，当马基雅维利全神贯注地忙于战争与和平之间来回反复的工作时，比萨人申请让皮翁比诺的雅各布·德·阿皮亚诺，也就是马基雅维利在早期谈判时期的老相识来代表他们。封锁已经在发挥可怕的作用。即使心存怀疑，“十人委员会”还是下令让马基雅维利离开比萨军营前往皮翁比诺会见雅各布和其他的比萨代表，然而结果却让人丧气。“我在……周一离开军营，并在昨天到达皮翁比诺……一个小时之后我拜见了君王。”雅各布将他介绍给了比萨代表，然而马基雅维利很快就意识到他们那和解的想法只是一个笑话。“（他们提议说，执政团）应该把他们全部都留在比萨城墙内，并且替（他们）自己拿走他们剩下的全部主权……他们（说他们）认为，就算是（执政团）只能拿到一个头衔，这对于执政团来说也是一份大礼，因为（他们）自己都从未获得这个头衔。”

他发现他们的言论完全是在侮辱性地浪费时间。他告诉雅各布说他正在被他们取笑（“阁下您一定明白，这些绅士们只是在取笑你。”），随之他就回到了自己的军队和士兵之间，在某种程度上这变成了一场个人之间的战争。

5 月份，执政团对他的安全表示担忧。他们试图说服他退休，但他回答道：“我知道（在卡希纳）任职将会少些危险、少些劳累，但是如果我想要避免危险和劳累，当初我就不会离开佛罗伦萨。”

他想目睹整场战争的渴望已经不可撼动。“在这里我有用武之地，但是（在那里）我一无用处，我会死在彻底的绝望中。”他的回信是从梅扎纳的军营寄出的，但是他要来回地往来于军营之间以下达指令——一共有三个军营——每一个都挤满了士兵，夜幕降临的时候，士兵们会在一列列帐篷排成的小巷中唱歌，这让气氛变得十分活跃。他组织新的士兵队前来营地，他召开战略会议，他为小规模的战斗做准备，他尽自己最大的努力及时向这些人付钱，他的资金大多来自于“（当地）政府商店”，这些商店控制着“面包的销售”。物资短缺引起了暴乱。面包来自瓦尔·尼维尔附近的公社，但是正如他在 5 月向执政团所说的那样：“我已经亲自体验过那些公社是如何办事的，他们今天送来大量的（东西），明天就会什么也不送。”

5 月 20 日，局面似乎出现了转机。四位比萨使者骑马进入瓦尔·塞吉奥的营地，他们极其渴望和平。据那里的三位长官首领报道，他们来之后，“与我们讨论了很久，而且……无论他们来这里还是继续前行去往佛罗伦萨处理细节上的事情，一个令人满意的结果指日可待。”延续 15 年的战争，加之那些不可预知的战役终于要走向尾声，而且是以共和国所欢迎的方式。几天之后，也就是在 1 月 1 日，“村民们”，也就是住在城市周边的农民们也都请求和平。“我们了解到，”长官首领写道，“他们真的再也坚持不住了，如果和平的希望破灭了，比萨一半的居民将被饿死。”

停战似乎变得可能，按照指令，马基雅维利与几个比萨的代表被护送着前往佛罗伦萨。6 月 4 日，他加入了官员议会参与签署比萨投降文件，他的名字就位于共和国秘书厅第一秘书长马塞洛·维尔吉奥的名字下面。当他当着共和国“十人委员会”的面签字的时候，一只鸽子从市政厅一扇敞开的门中飞了进来，它立刻被许多人看作即将到来的美好日子的预兆——它在他们的头顶上飞翔。

这一切发生在早上 10 点，正如兰度西所回忆的那样，“宛若一个奇迹”，它活蹦乱跳地“绕着（内）庭飞翔……撞到了墙上，跌落在（他们的）脚下……（他们的）议会（陪审团主席）想将它捡了起来却没能抓住它，只有几根羽毛留在了他的手中。（这）被认为是一个好的预兆，尤其是在这一时刻比萨人已经签署了协议——它是现实的象征，象征着一切邪恶已经结束。”

这只鸽子之所以被看作奇迹还有另外一个原因：它让他们想起了机械鸽，它是“圣灵的标志”。自从 12 世纪以来，每个受难周的星期六，它都会飞越穿过卡罗乔到达坎托纳塔和圣母百花大教堂的线绳。任何一个了解佛罗伦萨怎样庆祝复活节的人，都会理所当然地认为这座城市进入了神佑的时刻。

在 6 月 8 日的那个星期五，在三位佛罗伦萨委员以及 1000 名士兵的陪同下，马基雅维利见证了比萨的大门打开，并且终于走进了这座城市。战争结束了。就像其他战争在结束时那样，前几天城市陷入了乌烟瘴气的混乱。当战败的一方冲入他们的征服者的营地时，角色似乎转换了，征服者们伸出了友谊之手以缓解他们的饥饿之急。

街道上，被炸毁的房屋、广场以及塔楼的重建工作已经开始。商店重新营业。在佛罗伦萨，即使马基雅维利本人并不在场，即使官方不曾下达赞扬，包括领导者在内的每一个人都在祝贺他，认为他取得了稳固的军事胜利。

这里的所有人都已得知光复比萨城市的消息（6 月 8 日，阿戈斯蒂诺·韦斯普奇在写给他的信中说道），我无法表达他们有多么的高兴、多么的欢腾、多么的欣喜；从某种程度上来讲，每个人都乐疯了；虽然现在还不到午后 3 点，城市上空却已满是烟花……如果我这么说不会让你太得意的话，我敢说你和你的军队如此棒地完成了这么多的工作，你们不仅没有拖延进程，反而快马加鞭地使佛罗伦萨的事物正常运转起来。

马基雅维利在比萨胜利中所发挥的作用在民间处处受到赞扬。他的一位朋友兼同事——菲利普·卡萨维奇亚——比萨的一位委员在6月17日写信告诉他："这座神圣的城市（比萨）被攻下了，我祝愿你从中获益，因为说实在的，在很大程度上，你个人在夺取它的过程中发挥了很大的作用。"菲利普属于第一批赞叹马基雅维利的国民军的人，他们赞叹国民军在取得胜利中所发挥了重要的作用，"我觉得你在变成一个预言家，比包括希伯来在内任何国家的预言家还要伟大。"他补充说他自己的时间如今都花在钓鱼上，地点就在离他家不远的钓鱼场，"我给你留了满沟的鲑鱼，还有一瓶酒（比如说）你从未尝过的那种……我在这个月末左右安排了（一场）钓鱼派对，就等着你来了。"菲利普所坚持举办的那场乡下垂钓度假确实吸引了马基雅维利，"拜托，尼科洛，赶紧回来，写几行字告诉我你身在何处。"

显然，他照做了，并且将这样的生活状态一直延续到接下来的5个月。直到11月10日，他又被派去执行任务，不过这次是前往曼图亚以1万达克特收买马克西米利安，使其放弃插手比萨的投降，随后他回到佛罗伦萨处理平淡无奇的办公室工作。也许就在此时，当和平的宁静降临在了这一乐观的外交时刻，当威尼斯在虚弱中饱受着折磨之时，他转向了更为琐碎的追求。直到他写出那篇无关痛痒的讽刺文章《优雅社交圈的规则》时，他所做的一切才为人们所知，他很可能是在这几个月内写成的这篇文章（文章中提及米开朗基罗的《大卫》）。

就算是当时重大战役在整个意大利北部爆发，从稍微宽泛的意义上来讲，国际上的氛围也已经对讽刺更为包容。贯穿繁荣的欧洲西部、北部以及中部——在意大利也能够觉察到——一种新的怀疑主义、恶作剧以及玩笑正在日益膨胀，这种怀疑主义表现在双关语的运用以及讽刺、淫秽系列作品的发表。这种品味转换的灵感可以在意大利人文主义学者作家波吉奥·布拉乔利尼那里找到，他曾经发现了卢克莱修《物性论》。大约在1474年，他出版了一部破旧污秽的散文诗集《黄色小说》，其中满是欢乐的故事和逸事，他将这本书编成了一本笑话书。

这本《黄色小说》被广泛地模仿。它影响了《蒂尔的恶作剧》（也就是《猫头鹰玻璃》）那未知的作者，他是个没有原则看似自由的德国无赖，他的漫游冒险故事在1500年出版于斯特拉斯堡的约翰内斯·格鲁尼格自由出版社。大约是在1508年，这些故事出现于一本配以汉斯·巴尔东·格里恩所作木版画的书中。汉斯是阿尔布雷特·丢勒最杰出的学生之一，他连同其他优秀的艺术家一起促使《恶作剧》的作者开始在他那卓绝的职业生涯中将自己打造成德国最著名的民间反英雄作家，他的作品成功地流传至今，并且以十几种语言翻译成400个版本。

在法国，当时弗朗索瓦·拉伯雷（1490—1553）20岁；在英国，当时托马斯·莫尔（1478—1535）31岁。他们那令人捧腹大笑的作品尚未让整个世界为之愉悦，这些作品随后很快会让他们声名远扬。然而，马基雅维利的《规则》，却以它那嘲讽的侮辱暗示着满是蔑视和社会批评的讽刺精神已经开始席卷许多欧洲国家。然而，《规则》决不能代表马基雅维利最好的作品，它们的特点是精致、灵活并且颇具实验性。对这本小说最为精确的理解也许在于它展示了佛罗伦萨上层社会的伪善，以及缠绕在伪善之下的残酷。

同样，正如他所暗示的那样，《规则》纯属是娱乐性的。“一个圈子里的小姐和绅士们”（他这样起头）“（聚在一起）参加聚会，像往常一样（做）有意思的事情，但这些事情往往也很无聊。”这个“优雅的”圈子对于娱乐的追求也是需要建立在规则之上的，如果圈子里还没有规则，那么其中一个“头脑灵活的”成员——也就是马基雅维利自己——决定建立规则。

正如他那不甚张扬的提议所暗示的那样，任何一个不遵守规则的人都要付出代价，而规则本身意在将圈子的虚伪暴露在智慧之下。“在一天之内，任何一位不曾将他在一场聚会中所说所做告诉他人的，将按以下方式受到惩罚：女性犯规者将把她的拖鞋钉在任何人都可以看到的显眼位置，上面还要挂着写有她名字的便条（这也许会暴露她脚上的污渍）；男性犯规者必须将他的连裤袜的内侧翻出来挂在显眼的地方供所有人观看。”对排泄污迹的暗示展示了如何将排泄物作为讽刺的武器初步应用于文学之中，这一手段后来被应用在“低劣的”《蒂尔的恶作剧》故事中，以及更为后来斯威夫特的《格利佛游记》以及《奇迹之最》——也就是《对我的出生、教育、生活方式、宗教、政治、学习等的精确描述（1720）》中。

正如任何名副其实的讽刺一样，《规则》写得毫无保留，它尖酸地从讽刺过渡到调侃再到蔑视。作者认为他所处的更为广阔的世界正沿着同样的路线向前迈进，当然，这一点是不确切的，而且也是不可设想的。

第十六节　一个政府的瓦解

马基雅维利和共和国从未期待命运女神会给他们带来了如此的好运。比萨重新归入到共和国的版图中，这让公众们信心大增。威尼斯在 5 月份被康布雷同盟打败，这个同盟在 1509 年春天就已在法王和德国马克西米利安之间形成。随后，罗马教廷认可了一个至少在大理事会中得到广泛认同的信念（几乎只有索德里尼一个人保持着怀疑的态度）——任何危及共和国安全的隐患已暂时被消除。

佛罗伦萨依旧依靠着路易十二的保护。法王与教皇之间，正如佛罗伦萨与教皇之间一样，继续保持着友善的关系。如果说在法国的坚持下，马克西米利安——这个打败威尼斯与比萨的后期参与者必须被支付 4 万达克特，那么约计 1 万达克特的第二批付款将于 11 月份在曼图亚兑现，而马基雅维利将亲自去支付。执政团要求他将行程扩展到维罗纳，他可以把这次旅行当作一次收集情报的机会，以打探威尼斯的实力，从而为再次发动战争做准备。

威尼斯的机会似乎不大，至少来说是不确定的。在佛罗伦萨人看来，他们并未感到身受威胁。佛罗伦萨人几乎没有注意到另外一种不确定性，这种不确定性看起来并非无关紧要：乔凡尼·德·美第奇野心勃勃，想要推翻索德里尼和共和国政府，使其家族掌权。从前，这位花花公子穿着红衣主教的袍子，尽管他受过令人仰慕的古典教育，他还是将粗鲁的行为、狡猾的好斗秉性以及一个纨绔子弟对权力的漠不关心发挥到了极致。通常，他放任自己几乎只对食物、欢爱、玩笑以及衣服感兴趣。然而，他那阴谋的意图犹如托斯卡纳那传染疟疾的蚊子一样，在他那看似平静的大脑中嗡嗡作响。这或许早该引起人们的注意。

11 月末，马基雅维利将共和国的达克特支付给了马克西米利安在曼图亚的代理人。在 22 点时，他抵达了维罗纳，那里市民们的敌意引起了他的注意，他们十分惊讶于威尼斯的战败。“平民百姓们都支持威尼斯。”他递交了一份关于维罗纳的驻军以及其他军队的报告（“驻军中包括德国步兵”——不多于 1000 人——其中还有西班牙、意大利、勃艮第以及法国的骑兵和步兵），而且还收集到在城市附近漫游抢劫的威尼斯军队的情报：“（他们的）士兵……忙于在乡村周边抢劫掠夺，而且我们每天都会看到听到空前绝后、无比惊奇的事情，所以整个乡村军民的脑海中都满是复仇的愿望。”

在这些本职工作都做完之后，他开始消遣他那秋日的时光，“构思着我写给‘十人委员会’的讽刺作品”，而且“好好地放松着自己”。他常常不知不觉地陷入胡言乱语之中，“我已经没有信可以写给皇帝，所以……我有可能被当作间谍逮捕。”直到 12 月 8 日，他开始信手涂鸦地编写胡话，他将写好了的作品寄给了弗朗西斯科·圭齐亚迪尼的弟弟路易吉（1478—1551），也就是未来的政治家和历史学家，这是一封离奇的信，却成为一篇讽刺杰作。当然，比起他之前所写的《规则》，这似乎是一篇更为复杂的尝试性散文。表面上，正如他所说的那样，这篇散文描述了几天前他在维罗纳与一位妓女的邂逅。一丝隐秘的动机却从第一个词儿开始就一直飘浮于整封信之中："路易吉，地狱的钟声见证了命运如何伸手摆弄着人们，让他们在相同的境遇下遭遇不同的结果。"这一观点听起来很熟悉，主题似乎与他早些时候写给索德里尼侄子的那封关于命运的信很相似。虽然这封信用于回应路易吉的一个戏谑的纸条（早已丢失），在这封信中，他沉迷于激情地与一位刚刚"交欢"过的女人再度"交欢"："为何你刚刚跟你的女人'交欢'完就想再来一次呢，而且你还想接着再来一轮。"

然而，马基雅维利对路易吉的挑战所做出的回应却始料不及地转变为情节、人物，成为了一篇新闻式的极好故事，称之为故事是毋庸置疑的。这篇故事中结合了丰富且富有悬疑气氛的新闻以及夸张的语言。故事暗示说，荒谬可笑的戏谑故事一定正在暗暗酝酿之中：

> 不过，说到我，为何我来这儿三天之后就神魂颠倒了呢，因为我饱受婚姻的饥荒，在我碰见一位给我洗衬衣的老女人时，我就失去了控制。她住的房子有一多半位于地下，房间里唯一可见的光是透过门投射进来的。

正如他所暗示的那样难以置信，他似乎被领入了破旧的、洞穴一样的舞台场景之中——这个古怪的地方还能好到哪去？——他的这位"洗衣工"向他展示了一件衬衫，希望他能够买下：

> 我真是个幼稚的蠢货，就这样相信了她而走了进去。一走进去，我就在黑暗的环境中分辨出角落里蜷缩着一个女人，她用毛巾半遮着自己的脸，表现出一种做作的温顺。这个老荡妇拉住我的手向她走去，说："这就是我想卖给你的衬衣，你可以先试一下再付钱。"

对于她那厚颜无耻的邀请，他感到一种恐惧，尤其是当这位“老鸨母”迅速地离开之后。无论怎样，他还是向她猛扑过去，即使他发现这件“衬衫”的“大腿肥胖，私处阴湿……而且她的呼吸散发着恶臭”，他还是精力充沛地扑了过去。这里的环境如同噩梦，这样的境遇是如此污秽，沮丧一直充斥在他的意识之中。任何一个读者，只要有受过良好教育的路易吉一半的机警，此刻都一定会感觉到一种自嘲式的调子在蔓延。

由于地下房间是如此黑暗，使他没能发现眼前的表演有多么的拙劣。房间里“唯一的光线”从门口漏入，而门是关上的，一丝阴森的迷雾以及强迫的急促充溢在他那受惊吓的感觉之中。这也许象征着一个看似荒谬的神话，在神话中他发现自己与一个未知的、隐形的女人交欢。从某种模糊的隐喻的角度来看，他跌跌撞撞地进入了柏拉图哲学洞穴的荒谬交欢版本，在这个洞穴里，一切真实的东西只能通过反射在墙上的影子加以捕捉。

这也是为何他一旦与她开始交欢，就立即掌握了主动权，虽然他那冷酷虚伪的情绪以及沉默的嘲弄——但是他在嘲笑谁，又在嘲笑什么？——掩盖了他低落的心情，用现在的观念来看，他是处于一种嘲讽的、令人生厌的恐怖中。看到这里，读者的情绪也随之跌落到此种状态。

> 我想看一眼这件商品，于是拾起一块点燃的木头，点亮了上方的一盏灯；木头几乎从手中掉落时，灯才被点亮。啊！我几乎当场被吓死，这个女人太丑啦。

丑得难以置信，简直超乎任何人的想象，除非她是从某些混乱的神话或者是民间传说中跑出来的角色。他开始滔滔不绝地和盘托出她那些肮脏的细节，几乎令人作呕：“她长着一丛半黑半白的头发……但头顶却是秃的（多亏了她的秃顶，你才能看见在上面闲逛的几个虱子）。”“在她那窄小起皱的头中间……有一道暴跳的瘢痕。”“在每只眉毛的末端……都垂着一串虱卵；”“一只眼睛睁着，另一只耷拉着，而且其中一只比另一只要大。”

她“没有眼睫毛”，而且一个“朝天鼻低低地卡在脸上”——她的这种风格让人想起某些虚构小丑的脸，他们在佛罗伦萨的节日里淫荡地在人群中飞着媚眼，又让人想起匹诺曹一样的人物，在化装舞会上一溜烟跑过——甚至连“她的一只鼻孔都是撕裂的，里面还满是鼻屎”。

他涉足夸张以及古怪拙劣模仿的领域，而这一领域似乎充斥着大量广为人知的民间故事主题，这些主题紧紧地围绕着她以及她所扮演的角色：年轻人与老情人相好的主题，骗人的勾魂精以及被迫变身的女巫主题（虽然一般是被迫变身为女巫），比如说乔叟的《巴斯夫人的故事》。甚至连他的叙事技巧都是在效仿波吉奥的《黄色小说》、薄伽丘的《十日谈》以及奥维德的《变形记》，或许最为栩栩如生地效仿了奥维德对于罗马民间故事的重塑，在这个故事里一个老女巫被当作年轻的妻子。

她的嘴长得很像洛伦佐·德·美第奇（在讲述欢爱俗事的过程中他似乎也不能抵制政治性的嘲弄），但是却咧向了另一边，而且口水正从那里渗出，因为她没有牙，她管不住自己的口水……只要她一张嘴，就会吐出那样可怕的恶臭，从我的眼睛、鼻子这两个门户到最微妙的感官都被这种恶臭所攻击，我的胃变得如此愤怒以至于它再也不能容忍这种愤慨：它起而抗议，它的确反抗了。我吐了她一身。

他那不幸的嘲弄似的洗礼性呕吐在如今看来是为一场风骚的旅途画上了句号。它甚至揭示出，这整个病态的故事起初看来似是瞄准了路易吉，但实际上，它越过了他的朋友指向了自己。

换句话说，他这些刻毒的胡话并非指向某些丑陋的女性形象，也不指向虚构的“衬衫”，甚至也不指向柏拉图式黑暗中的一个类似于潘多拉盒子的房间，而是指向自己对性爱那自欺欺人的习性。除此之外，还指向往往掺杂在各种性欲中的迷人幻想的破灭。虚构的柏拉图式洞穴中一场轻佻的忙乱摧毁了他的自我中心。

在这里讽刺呈现出新的风采。从很大的程度上来讲，马基雅维利彻底改造了讽刺的方式，将它重新设计得不是对生活的无限夸大，而是对自欺以及情感挫败的丑陋倾向提起控诉。这两者映射到彼此之中，并且上升为一种不受实际经历阻碍的杂音，或者是上升为一种基于内心恐怖与冲动的低俗喜剧。与此同时，这个故事在大量的经典主题下运转。它获得了声望，给人们留下了深刻的印象。他的信似乎浸润着一种黑暗而疯狂的壮丽。也许所有这些品质已经开始在文学创作中成为小说的辅助手段，或者说释放了紧张的自我意识。

也许因为这一原因——他一直在看着自己虚张声势——他觉得自己有资格以这样的话为这个厚颜无耻的寓言故事自圆其说：“我发誓只要我身在伦巴第，我若再起淫荡之心就让我万劫不复。”“以后经历再恶心的事情我都不会害怕了。”

或许这并非偶然，如今他的生活中似乎满是流言蜚语。在之前的几天里，嫉妒和野心，无论这些嫉妒和野心是否直接指向他，无论是在秘密地酝酿还是被人驱散，它们已经让他的一些最为亲密的朋友开始担心，这些朋友都在热心地保护他。在他经历妓女这场黑暗中的冒险之前的一两个星期，或者说在他杜撰这场冒险之前的一两个星期，有关他的流言已经在佛罗伦萨传开。他刚刚完成另一个尖刻的讽刺作品并将它寄给了路易吉，正如他自己所形容的那样，这份作品有些“打油诗”的味道，是一首 187 行的三行诗节押韵诗（此诗附加了一行），题为《论野心》。

首先让我们来审视一下这首虽不滑稽却激动人心的诗，因为它为即将到来的流言中那更加肆意的场景铺设了舞台：这首诗似乎是他的《论命运》的姊妹篇。如果先前写下的那首诗（它们在长度上也相似）探索了变幻的人和环境如何成为人类成败的根源，那么他的这首《论野心》则挖掘了一个类似于人类成败的谜题。不过这首诗却是以一种向内的方式来探索灵魂问题的，并且他在诗中熟练而更为详尽地构建了整出戏：

> 噢多少次了，当父亲紧紧地把儿子抱在怀里，一支长矛刺穿了两人的胸膛。/另一个人舍弃他那祖传的房子，诅咒着残酷无情的神灵，而他的子孙们则被痛苦所包围。/噢，世上从未发生过这样奇怪的事情！每天都有太多的孩子经由切向子宫的刀剑而诞生。/母亲向她那被伤痛所奴役的女儿说："我养大你，却要让你投身痛苦的婚姻，却要把你嫁给残酷的夫君！"/沟渠和溪流中满是肮脏的血液，落满了头颅、腿、胳膊以及其他支离破碎的东西。/捕食的鸟儿、野兽、狗如今成为了他们的家族坟墓——噢，可憎的、可怕的、反常的坟墓！

这些意象能够跳脱出自身的限制而带来一种可怖的文学乐趣，穿过病态到达诗性的震撼。诗中所描述的痛苦也许是巨大的，但是语流却处于宁静的控制之下，诗中的精准不受憎恶情绪的阻碍。罪行被呈现得同样可怕但却更具文学性，也就是说诗中虽满是精准描述，但意向却更容易为人所理解。

野心作为宇宙中的力量而非个人的驱动力被呈现出来。它也许像伊甸园一样古老，如亚当与夏娃的反抗以及第一次谋杀那样久远——"当人类诞生在这个世界上，(野心与贪婪也同样降生)"——但是却被重置于人类的思想与心灵之中。思想、心灵和灵魂被看作基础力量，这种力量中蕴含着变化多端的毁坏与重生，它们已经成为黑暗与光明，脉搏里跳动着天使与恶魔的因素。有些人可以抗拒它们的引诱，但是没有人能够抵制它们的试探。那些最为神圣的男人和女人也许会追求神圣，即使如此，任何的追求、任何的神圣都可以看作是在为野心的毒药保守秘密，是在传染伪善的思想。与其说人类的愿望是从内部被腐蚀的，不如说人类的愿望是被出卖了。

当他专注于这首诗的创作时，一位身份不明的蒙面人在“两位证人”的陪同下，拜访了一位号称“法律捍卫者”的公证人的家，正如比亚吉奥·博纳考斯在12月28日从佛罗伦萨寄给他的信中所说的那样。这个人宣称由于马基雅维利的父亲伯纳德名声不好——他并没有讲明冒犯其父的具体理由——“你决不能继续行使你所担当的职务”。伯纳德的罪行也许是欠债——他曾经是个特例——这在共和国是个很严重的问题。实际上，这本应该剥夺他的儿子获得政府任命的一切机会。无论债务是不是祖上传下来的，在法律的眼中，欠债都是耻辱的。

比亚吉奥很担忧，虽然他似乎一直都属于紧张不安的那类人（“不要一走了之，不要以为我把事情想得太糟”）。他猜想马基雅维利也许会对这整件事情一笑了之（“别拿这件事情开玩笑，别不当回事。”）他已经在努力为他的朋友减轻可能的法律后果，并且是通过他自己的人脉。“法律会尽可能地支持你。”关于这一点他是认同的，但是“这个时代的本性”以及“太多的”人会对“你的案子”说长道短（“你的敌人很多，而且他们不会因任何理由停下脚步”）。这说明这个令人不齿的事情已经广为大众所知，而且“遍及了每一个角落，甚至是妓院里”。

比亚吉奥附言道，目前最好的办法就是留在维罗纳，“不要为任何事而回到这里”；“还好你不在这里，你在这儿的话”，诽谤的大风更有可能铺天盖地席卷而来。实际上，这一阵风很快就吹过去了，至少马基雅维利在1月2日就回到了佛罗伦萨。然而，就在那时，这一事件却揭示了他脆弱的一面，即从他的过往中飘来的那个受伤的鬼魂一直被嫉妒的憎恨纠缠着。在不愉快的戏剧性事件中，一些征兆可能已经被预测到了——比亚吉奥认为他已经发现了它们——虽然在某种程度上它们被掩盖了。

无论如何，马基雅维利还是一度离开了数月之久，起初是奉命去招募新的军队，其中包括骑兵，之后是去推动佛罗伦萨在法国的利益。一波新的政治黑暗搅乱了变幻的军事地平线。

在这一时刻，尤利乌斯二世令人不安地操纵着军队、敌意、被压制的野心和权力。他的举动威胁着共和国准民主主义的未来。联盟退化为背叛。除了对艺术的贡献，比如说他鼓励米开朗基罗并委任他设计西斯廷教堂。从他担任教皇的第一天起，他就一直坚定不移地实现着两项对于他来说最为宝贵的抱负：将外国军队从意大利国土上赶走；扩张教会的权力。

他与路易十二、马克西米利安联手击败了威尼斯，这似乎为满足他的渴望提供了一个支撑：即威尼斯人他们自己。威尼斯人的力量目前触手可及——如果加以驯化，他们也许会强有力地支持他的利益——他构想出一个策略，这个策略也许能够让他从意大利打听到过去的两个联盟的消息：路易手下的法国与马克西米利安手下的德国，虽然有关他目的的种种迹象将不可避免地在佛罗伦萨人之间引起不安。

一如既往，共和国指望强大的法国作为抵挡外界威胁的守卫而置身于意大利。同样，像以前一样，执政团希望金钱和奉承能够支撑起最薄弱的军事防线。因此，马基雅维利第三次前往法国宫廷的任务意在保护脆弱的佛罗伦萨与法国的联系，如今法国宫廷已经搬回里昂，正准备搬往地处布洛瓦林立于悬崖之上的皇家城堡。1510 年 6 月，他前往法国的旅程目的在于巩固佛罗伦萨与法国的同盟，并且最好不要削弱共和国与罗马教皇之间同等重要的关系。

然而不幸的是，在佛罗伦萨的一小部分亲美第奇派渐渐变得焦躁不安起来，这一小部分人由贵族和其他心怀不满的市民组成。一些机会主义者连同他们的追随者只是被打压下去，却从未被放逐。这些人正在寻求机会报复，而此事可以追溯至十几年前萨佛纳罗拉革命以及对于皮耶罗·德·美第奇和他家族的驱逐，这与尤利乌斯的目的不谋而合。结果在城市内外，敏感的政治及军事溃疡已变得越来越疼痛。正如弗朗西斯科·圭齐亚迪尼几年后所观察到的那样，触发这样的局面其实是统治者自身的癖好。如果说马克西米利安看起来是“困惑糊涂的”，那么尤利乌斯则似乎是“满腹嫉妒的”，一想到德国皇帝有可能成功登基为“维罗纳君主”，他的内心就充满了苦楚。

尤利乌斯最好的赌注似乎在于激发法国与亨利八世统治下的英国之间沉默的敌意。为了推进这一意图，他邀请威尼斯的首领官员们，连同他们的大使一同前往梵蒂冈教廷。在这样极为神圣的环境中，他接受了他们的跪拜，“他坐在（自己那）靠近黄铜大门的教皇椅子上，……（置身于）红衣主教以及大量高级教士之间”。他赦免了他们贪赃枉法的罪行，解除了一项禁令——这项禁令曾在数月前确保他拿下他们，将他们召集在教堂里，就这样引领着整个威尼斯的统治阶级支持他夺取意大利北部的夺权计划。

在其他人放弃的情况下，马基雅维利成为执政团在法国的唯一代表。除了这些繁复的教廷回旋，他无用武之地，他只能眼睁睁地看着自己的使命沦为满是推脱的欺诈行为，以及许下一个个承诺保证佛罗伦萨会给予财政上的支持。共和国是否能够买通一条路，从而摆脱最近对于其独立的威胁，这似乎仍旧是不明确的。谣言同样也开始四起，传说尤利乌斯急切地想要将乔凡尼·德·美第奇召回佛罗伦萨，从而切断法国对共和国的支持。比起一场军事袭击，城中的一个亲美第奇的、亲梵蒂冈教廷的力量对他实现自己的野心来说作用更大。

马基雅维利在 7 月 7 日到达里昂，他刚从安伯瓦兹红衣教主 5 月 25 日的去世中回过神来。安伯瓦兹是鲁昂的大主教，在先前执行任务的时候，他作为马基雅维利在法国的支持者曾与其保持着联系。他拜访了红衣主教预期中的继承人，弗罗里蒙·德·罗伯特将军，他是国王查理八世和国王路易的大臣，也是法国的财务主管。他以“无上的仪式和礼貌”与罗伯特接洽，“因为他是共和国一位关系特别好的朋友”。

同样，马基雅维利几乎立刻会见了国王，国王表示自己需要“知道谁是自己的敌人、谁是自己的朋友”。马基雅维利使他相信，执政团首席长官的友谊是他这次使命的核心所在。但是考虑到国王对于尤利乌斯反法动机的担忧，以及对共和国希望与罗马保持良好关系的了解，他会提供“更为肯定的保证”。在接下来的几天里，在佛罗伦萨同事的协助下，马基雅维利着手提供这样的保证。然而，路易的怀疑并未减轻。“国王重重地给了我一巴掌，”他在8月初写道，“我将忍受除了丧权辱国之外的一切。”他闷闷不乐地附言道：“如果教皇向我表现出一点点的喜爱，哪怕只有指甲盖那样小，我也会张开手臂迎接他。”

马基雅维利长久以来都相信“法国人的性格天生多疑”，而且“正是这一点（加剧了）他们对（承诺的）追求”。“如果战争在教皇与法王之间发生，”他向执政团首席长官提议说，“你将不可避免地要表明自己支持哪一方。”另一方面，路易认为自己是个有原则的人。“皇帝（马克西米利安）……催促我与他一起瓜分意大利，但我却一直在拒绝……然而，如今，教皇（也许会强迫）我这么做。”

8月8日，马基雅维利与罗伯特一起骑马进入乡村，认真琢磨着战争的前景。而他的私人生活正在加剧地干扰着他的工作，虽然这样的干扰有时候是安慰人心的。在佛罗伦萨，一位身份不明的信使，可能是马塞洛·维尔吉奥·阿德里安尼手下的一位抄写员，让他一直能够知道家里的事情。8月末，这位信使写道：“你的妻子身在这里，而且还活着，你的每个孩子都以自己的方式生活着。”

“佩库斯纳的圣安德鲁农场那贫乏的收成”，一定不会让马基雅维利高兴；而佛罗伦萨的官员在招募附加军队时的不称职也一定让他很失望；他那位信使对于共和国前景暗淡的估计一定让他心灰意冷，“在我看来，我认为无论如何，这都会发生在教皇与教廷之间，就像是在威尼斯所发生过的那样，局势如此紧迫以至于陷入（战争与战败之中）。”

8月24日，路易患上了“在全国蔓延的”类流感疾病，这使得关于提供“更为肯定的保证”的协商中止。马基雅维利也被感染，并且花光了所有的钱，这让他立即发出了恳求。在那几个星期里，尤利乌斯的兵力不断地增强，他拥有了好几百枪骑兵；他下定决心挑起法王与西班牙王之间的敌意。马基雅维利的私人生活出现不少异常之处，比如说，他得知自己的兄弟洛托身在布林迪西南部的莱切，用油画交换布匹赚钱。在里昂，他开始与一位名为珍妮的妓女交往，他在先前执行任务时认识了她。据弗朗西斯科 · 索德里尼的一位朋友兼代理人乔凡尼 · 吉罗拉米所说，她的陪伴一定程度缓解了他的孤独，因为她“对（他）情有独钟”。

在那几个月里，丑闻似乎从未平息。5 月 27 日，他就被匿名指控犯有鸡奸罪。据说，他与一位“卷发女人”沉迷其中，她被称作卢克雷齐娅或者是拉 · 里齐亚，是他婚前就认识多年的一位妓女。最后，指控被撤销了，但是涉及非法性行为的说法，哪怕仅仅是轻微的暗示，也是极其不利的。在整个欧洲，这种事情被臭名昭著地归于“佛罗伦萨的恶习”，这样的事情大多被认为涉及年轻的男孩，并且应该以最为严厉的方式加以惩罚。

到 1511 年 1 月，尤利乌斯那不断加剧的侵略欲望朝着奇怪的方向横冲直撞。礼仪毫无意义，安全更是如此，而鲁莽却压倒了一切。耻辱围绕着这位基督教廷的带头人展开，每个人都极其震惊，而他自己却毫不在意。他认为自己那被玷污了的尊严丝毫没有受到影响，他继续带领着军队攀爬围困城市的城墙，在连天炮火中制订围困计划，当一颗炮弹高速地飞过他所在房子的厨房时，他对其嗤之以鼻。比起身在罗马时他与男孩子之间放荡行为的谣言，战争似乎都没有那么重要了。马丁 · 路德也许曾在 1510 年到 1511 年拜访过这座城市，他可能成为尤利乌斯性丑闻的目击者，7 年之后，这样的经历帮助他发起宗教改革。

马基雅维利在 1510 年 10 月回到了佛罗伦萨。他在法国的使节任务，被执政团委派的使者罗伯特 · 阿齐亚沃力所代替。在接下来的几个月里，委员会中的争吵、谈判以及表里不一的笑脸和不断加剧的暴力，共和国和教皇如今都变成了无能为力的看客。路易与马克西米利安之间想取代尤利乌斯的阴谋被教廷的军队所羞辱。威尼斯和西班牙的军事力量插手进来。大多数有见识的人都意识到共和国将会不可避免地卷入到教皇与法国国王之间的战争中。

佛罗伦萨终于认识到与从前相比，他们从未如此迫切地需要忠诚的共和国军队，需要更为坚实的防御。在 1511 年 1 月和 2 月，索德里尼将马基雅维利派往比萨、阿雷佐以及波吉奥皇室，向他们的防御工事提供建议。3 月份，他在瓦尔蒂扎纳逗留了一段时间，在那里他招募了未经训练的轻骑兵。早春的时候，他带领着他们在市政厅前接受检阅。不谈共和国的统治大局，就从索德里尼自己的角度出发，政治与军事的局势继续在沉浮，他似乎对这些颇具压力的阴影漠不关心。

无论是出于自负还是迟钝的原因，这位终身的规则倡导者或者说旗手，如今对自己知名度的下降变得漠不关心。关于这个问题可以追溯至好几年前，相比之下，人们似乎对美第奇家族开始怀有敬意，尤其是对红衣教主乔凡尼，他“曾经因了不起的奸诈而扬名四海”。

截至 1512 年 8 月，教皇的时进时退，法国的进攻与撤退，在与尤利乌斯联盟下建立西班牙军队，以及伺机通过入侵共和国而占领法国——这一切令人懊恼的事态都逐渐削弱了索德里尼的影响，并且点燃了早已动荡的局势。地方军队的行动集中于仅离佛罗伦萨 12 英里远的小镇普拉托。从某种程度上来讲，他们暗示着共和国合法的政府极有可能发生变化。

社会上承受着外国军队威胁以及自身内部的冲突，在评价社会环境时，战争和坏天气的因素不应该被忽视。在接下来的几个月里，许多场惊雷以及冰雹都会在迷信的佛罗伦萨和罗马军民间拉响警报。对于兰度西和其他人来说，这些来自天空的不祥之兆从 1511 年 8 月 24 日起就已经开始降落人间，在此前后教廷注意到教皇尤利乌斯在 9 月 22 日颁布了针对佛罗伦萨的驱逐令。“我们听说伦巴第大区的克雷马遭遇了一场可怕的冰雹，每块落下的陨石都重达 150 磅，导致屋顶被砸坏，许多人和牲口被杀死……此时（9 月 4

日），天空中可以看见火团，晚上，在佛罗伦萨……在此日期之后的那一晚上（11月4日），半夜里两个巨大的霹雳落在了佛罗伦萨，”炸弯了“（米开朗基罗的）‘大卫’底座上的青铜带。”

自然的干扰——除了以上提及的还有其他灾难发生——在许多人看来似乎与西班牙、法国以及教皇士兵在共和国及其附近所施行的“暴行”有关：拉文纳被洗劫，沃尔泰拉也同样被洗劫（“一个长着角的人类怪兽刚刚在那里诞生……这些事情就发生在怪物诞生之后不久”），而在罗马涅大区，西班牙被法国人“抢劫”。1512年8月，一场冰雹袭击了罗马，降下的冰球“像鸡蛋那么大”，这场冰雹将白昼变为黑夜，杀死了牲畜并且撼动了神像。

在西班牙人侵之前，普拉托附近的农民已经被迫逃离。路上以及“整个平原上”都填满了逃难的马车长队，这些队伍“排起来有一英里多长”，他们穿过外城门向安全地带逃去。“可怜的女人和孩子们，”兰度西写道，“他们载着自己仅有的财物，任何人看到他们都会情不自禁地潸然泪下。”

据寺齐亚迪尼说，1512年8月，索德里尼向大理事会发表了戏剧性的演讲。如今看来，这样一次演讲似乎是不可能的，而编造一篇适当的演讲一直是历史学家的长项。但有一件事是肯定的，那就是他一定发表过类似于演讲的言论。索德里尼辩护道，虽然西班牙人要求他辞职，但这不能代表他们的真正意图，他们觉得他是无足轻重的，而且共和国受到了威胁。（据圭齐亚迪尼所言）他辩护说：“我时刻准备着为保护您的利益（以及为了数千名听众的利益）付出生命的代价，而放弃您所赋予我的执法官职位似乎更容易，这样做可以让我摆脱麻烦和战争的危险。”他呼吁手下的市民“明智地仔细考虑”并且“参与到维护和捍卫（他们的）自由中去”。无论实际情况如何，他的呼吁使得大多数热衷于捍卫民选政府的人达成了一致，他们同意他继续任职。

鼓舞人心的是，在马基雅维利的协助下，佛罗伦萨如今已经招募了超过 17000 人的当地军队。三到四千人被派去了普拉托，此地是西班牙指挥官雷蒙多·达·卡多纳的攻击目标。这位所谓的总督，在自己部署的领域里仅有 5000 名步兵和两架小型加农炮。因为他的军队一直举步维艰地维持着，而且依靠他们那低效的火炮，不可能攻入普拉托那人群拥挤、高度武装、城墙林立的街道——这座城市是个优雅的地方，因为弗拉·利普·里皮的诞生地而名扬万里——佛罗伦萨政府希望能够达成停战协定，从而挽救大量的生命。

事情也许本应该如此——大多数人都期待事情能够这样合情合理地发生——如果索德里尼不做出不合理举动的话。圭齐亚迪尼称他一贯“胆怯”，有些人相信只要西班牙军队与差不多同等数目的军队短兵相接，西班牙军队一定会撤退，而索德里尼对此毫无回应。8 月 29 日上午，双方都在等待协商的信号，他的绥靖政策导致西班牙不顾一切地发起对普拉托的攻击。

雷蒙多把加农炮架得更高，他在地面指挥着，尽管其中一架加农炮在第一次发射时爆炸了，但还是在靠近炮塔的墙上炸出了一个宽 12 腕寸（古时的长度单位）的洞。从这个开口处，他的士兵们撑起了云梯爬了上去，杀死了两个留在炮塔上的看守，然后冲到了普拉托的街道上。守炮塔人员的被杀，吓坏了其他的人，因为没有人曾预料到他们会死，从而瓦解了防卫军队的斗志，这些毫无经验的士兵吓破了胆、落荒而逃。随之而来的是对懦弱的人们进行的野蛮杀戮——这让西班牙人大为吃惊——并且给共和国带来了悲剧性的后果。

随之而来的大屠杀究竟达到了怎样的程度依旧不为人知：9 月 16 日在写给一位身份不明的贵妇（也许是伊莎贝拉·德·埃斯特）的信中，马基雅维利提到有 4000 人死亡，兰度西报道有 5000 人，而巴塞洛缪奥·塞雷坦尼（一位同时代的历史学家）则说有 4500 人。屠杀所带来的恐惧远远超过了这些数目。

当共和国的志愿者们丢下武器，逃进附近的房屋时，2000 名女人和孩子冲进了大教堂。如果不是红衣教主乔凡尼·德·美第奇带着雷蒙多的军队骑马到来，并命令他的军队守住教堂的各个入口而将他们救下的话，他们一定已经被西班牙军队的长矛、斧头、短剑和匕首杀死。但其余的数千人都被砍死在街道上，大多数都是男人。富人们被绑架勒索赎金；穷人们则被谋杀并肢解。在夜里，普拉托城墙周围的荒凉地区回荡着惨叫，他们难逃一死，而他们已经毁掉的房屋在熊熊大火中点亮了背后的天空。

大屠杀在佛罗伦萨市民中造成的影响是深刻而重大的。兰度西将这次屠城看作“我们罪孽深重”的后果。佛罗伦萨的使节很快被派去与雷蒙多商谈，并且接受了他索要的 6 万达克特赎金，以及将索德里尼免职的要求，随之他被软禁，美第奇家族回归。令人窒息的恐怖使得许多市民以及其他人“轻而易举地沦为压迫者的猎物”。佛罗伦萨人本来就不习惯捍卫自己，他们甚至不愿意为了自己的利益而挣扎几下，恐惧更是让他们呆若木鸡地沉默着。共和国的领导者们则似乎已经瘫痪了。

在接下来的几天里，马基雅维利毫无意义地与索德里尼耗着时间，他们试图达成一个挽回颜面的解决方案，但是尽管他们如此努力，一纸宣布城市投降的投降书还是在 8 月 30 日被签署。守卫市政厅的士兵被撤回，忠于美第奇家族的大批俘虏从监狱中释放出来。这座监狱就位于如今的威尔第剧院所处的地方，也就是威尔·德尔·佛索和皇帝党路之间。美第奇家族的大批拥护者蜂拥着“在四处狂暴起义”，他们拿起武器攻占了市政厅。

索德里尼被困在宽敞的办公室里，他派马基雅维利前往仍旧掌握着共和国武力的弗朗西斯科·维托里那里，以便安排他的逃亡。一切被安排妥当，在支持美第奇的人群被劝服不再攻击他之后，虽然他仍旧被愤怒的敌人围困，他还是匆匆地逃往了维托里的家中。日落之后，在维托里和“一大支护卫队”陪同下——马基雅维利留在了办公室里——佛罗伦萨共和国的首席执政官毫无颜面地离开了。起初他向锡耶纳逃去，但是他很快改变了路线前往拉古萨，也就是如今的杜布罗夫尼克旧城。

在最为绝望的时刻，他放弃了这座城市，虽然当时他的生命危在旦夕，而乔凡尼·德·美第奇很快抵达城中。许多人都觉得他们察觉到了共和国逐渐冷去的尸身。总而言之，一位陌生的统治者那凶吉未卜的手势不可当地降临在这座城市。

第三章　流放至托斯卡纳

第一节　自由的余波

从索德里尼离开后的几个星期开始，马基雅维利在接下来的几个月里一直继续保留着他那第二秘书长的职位，或者说他是被允许继续保留着这个职位的。这绝不是在暗示一切都是顺利的，甚至连流血事件也没有完全被避免，只是偶然发生的暴动和屠杀不再影响普遍的和平。而米开朗基罗和列奥纳多尚未完成的壁画仍旧挂在大理事会房间的墙上，不被外界所打扰。

早在9月1日，乔凡尼·德·美第奇的弟弟朱利亚诺便抵达了城内。他洗漱剃须，穿起便服与朋友们一起四处散步，满心羡慕地望着周围的一切。普拉托稍微富裕的市民仍旧被监禁着等待赎金，这样的情形持续在发生。乔凡尼已经准备就绪，在几队士兵以及武装市民的陪同下，他先是出现在市政厅广场上，徘徊在通往市政厅的几处入口，随后便进入了市政厅。

在重大政治变动的早期，得胜的西班牙士兵继续涌入佛罗伦萨，试图卖掉他们洗劫而来的战利品。他们处处受到憎恶，愤怒而挫败的市民们将他们引诱到灌木丛里杀死。

乔凡尼则带着老练和谨慎把握着到手的权力。他很清楚，他需要做更多来阻止一场佛罗伦萨起义，而不是仅仅专横地发表言论，强制执行自己的愿望。总而言之，他知道要使自己合法化。因此，从一开始，他就向市民们保证，他回到自己的家乡城市这一举动不应被看作是在推翻残暴的萨佛纳罗拉政府。9月14日，在200名骑兵和提前安排好的追随者的陪同下，他正式宣布回到了自己的城市。享乐将被允许，生意、节日以及教育可以继续。虽然他表示反对，但也没能阻止他的支持者们在市政厅前的大广场上安排一场支持美第奇的游行。这场游行立即引发了全面复辟美第奇家族的要求，正如马基雅维利所说的那样，复辟“他们祖先的荣誉与尊严”的要求也随之而来。

9月16日，美第奇的一位指挥官梅尔基奥·拉马佐第，“与他的士兵们”以及其他人，一起（闯进了）市政厅里，高呼着“帕勒，帕勒”（舞会、舞会：意指美第奇家族复辟的呼声）。这座……城市立即武装起来，（美第奇家族）的名字在四处回荡着。这场暴动足以给人留下深刻的印象，然而它却没能压下持续的敌意，正如乔凡尼所认识的那样，闹剧决不能泯灭对他们家族的怀疑，他们怀疑他们家族十分着迷于权力，实施更具说服力的措施是必要的。

因此，拿下市政厅之后，他被允许召集国会，也就是一群千姿百态的市民的集会。在大广场上，在西班牙士兵监视下，他们顺从地投票废除萨佛纳罗拉大理事会。同时，他们创立了亲美第奇派的代替委员会，并将正义旗手的任期从索德里尼的终身制减少至14个月。而政府机关则转交到了乔凡巴蒂斯塔·里多尔菲手中，他是弗拉泰斯基教会的一位著名会员，萨佛纳罗拉的追随者，这个派系多年以来一直在将索德里尼较富裕的敌人拉入他们的行列之中。里尔多菲坚持说，他决无计划让旗手的任期超过两个月。

在这个节骨眼上，乔凡尼·德·美第奇被“说服”同意组建一支管理团队。它的权力将是广泛的，而且可以随心所欲地进驻共和国的任何城镇、村落以及山谷。他将管理团队的人数控制在46人，他还狡诈地任命了许多索德里尼的支持者，其中包括皮耶罗·阿拉曼尼、雅克布·萨尔维亚蒂以及皮耶罗·圭齐亚迪尼。这些人品质卓越，而且管理团队暗示说，要继续保持由代表参与的政府形式，以免城市成为美第奇一时性起的表演场地，这一切都赢得了市民们的支持。与此同时，共和国的秘书们，包括马基雅维利和他的同事在内，继续在市政厅一如既往的工作。

以上的每一项安排都暗示着为何马基雅维利从一开始对继续任职就没有感到多么不自在。这些安排给他带来了希望，他可以为新政府而努力工作，他从一开始就对此充满了兴趣。随后的变动清楚地表明了他于 11 月 7 日被解雇有多么蹊跷。毫无征兆地，管理团队宣布他们已经“将他解雇并且完全驱逐了”。他手下的秘书们也有一位也被解雇了，那就是他的朋友比亚吉奥·博纳考斯。

再加上马基雅维利在 9 月 29 日写给朱利亚诺的那封信，这场解雇就更奇怪了。马基雅维利在年轻时曾给他写过一些诗，他仍旧行使着第二秘书长的职责，他提出了自己的看法，他预测了美第奇家族也许会如何“赢得与你方之间的友情，而你方不会加以拒绝”，这种预测最后上升为对微妙政治局势的心理分析。他毫不怀疑美第奇政府对此将会很欢迎：“我……应该留意到（在管理团队中讨论之后）……将会做出这样的决定：每年你应该从佛罗伦萨公社中得到……4000 到 5000 达克特作为房屋的偿还金。”公共支付将会被安排，从而在佛罗伦萨的认可下，造福新的管理机构。

第二封支持他们的信题目为“给美第奇派的敬告”，这封信写于他深感迷茫的时刻，也许意在为自己那黯淡下去的火光添油加温。9 月份，他作为九人指挥委员会之首负责共和国军事的职位也同样被免去。而曾在普拉托洗劫过程中遭到打击的国民军则被美第奇家族看作潜在的煽动力量，如今也已经被解散了。“我希望能够提醒你，”他随之催促自己的两位兄弟，尤其是乔凡尼，正如可以推测到的那样，“要反对那些建议你揭露皮耶罗·索德里尼缺点的人，他们会说你会从中受益。”

他继续说，诽谤被放逐的佛罗伦萨前执政团成员不会带来任何成果，就美第奇家族而言，任何试图侮辱他们的言行都会取得适得其反的效果："通过揭露他（他们）会毁掉他的名誉，但却决不会巩固（他们）自己的地位，只会巩固那些……敌对的个人的地位……那时，（比起他们自己）这些敌人将会在民众中更具影响力。"

诚然，马基雅维利写下这些文件的动机也许是不真诚的。在冒着危险的情况下，索德里尼曾在拉古萨写信给他，并对他的回信深表感激："我了解你以及你那领航的指南针；如果这只指南针将被人责备，我也不会责备它半句，何况根本不会有人责备它。"

马基雅维利所有的防御行动都毫无效果——至少没有记录表明这些行动成功过——在10月份接下来的三天里所发生的一切似乎充满了邪恶。至少表明乔凡尼和朱利亚诺只是将他看作是索德里尼的一位顽固不化的忠臣。否则该如何解释新的执政团在11月10日判决在佛罗伦萨的领土上监禁他一年，这样的判决又如何上升为在意大利各城邦之间的长期监禁的？又该如何理解他们下令禁止他进入市政厅，随后又下令要求他支付1000弗罗林金币的保释金呢？他拿不出这样的一笔巨款，只好由他的朋友比如弗朗西斯科·维托里为他拼凑。又该如何解释执政团最终解雇了共和国最有价值的一位公务员呢？

更糟糕的事情发生了。自从1511年1月3日那件不愉快的事情发生之后，针对他的仇恨已经在逐渐形成之中。那天，皮耶罗·索德里尼发布了叛国罪的公告，罪犯涉及任何一个住在红衣教主乔凡尼以及其弟弟家中的人，包括任何一个和他们有瓜葛的人。菲利普·斯托茨，共和国最富裕的男子之一，在此之后很快就揭露了一场针对皮耶罗的阴谋。这场阴谋显然是由乔凡尼组织的，他曾经竭力促成皮耶罗·德·美第奇的女儿克拉丽斯与菲利普的婚姻。这场阴谋则意在对在婚姻中设立障碍的行为进行报复。这场婚姻本来能够保证美第奇家族对共和国的强大影响力。马基雅维利在阻止这场婚姻中所扮演的角色，以及他对索德里尼发布叛国罪的公告的支持都被记恨在心。

如果此时反对乔凡尼的阴谋被揭露，他自然会被怀疑为同谋者。

确切地说，这件事情发生在1513年2月，在不那么动乱的时期，这种事情也许会被忽略为无足轻重的事情。一场正在推进的阴谋，或者说只是看似如此的一场阴谋被揭露出来，阴谋指向美第奇家族的两位弟兄，而且极具讽刺地发生在他们对马基雅维利的态度刚刚开始好转的时候。他在市政厅挥汗如雨地工作了14年却惨遭驱逐，而且就在他被解职的一两个星期之后，他又被传唤盘问支付国民军工资中可能存在的违规。他露面了——乔凡尼当时也在现场忙碌着，他指挥着撤掉几个大厅中的木制品，以便把它们改造成自己军队的营房——他回答了他们的指控，并没因管理不善而被宣判无罪。

当一张潦草写下的单子被发现时，情况就没有这样简单了。这张单子上写有八到二十个可能反对乔凡尼的谋反者，而马基雅维利的名字排在第七位。这张单子是从皮耶罗·安东尼·博斯克里的口袋里掉出来的，他有一个完美的搭档阿戈斯蒂诺·卡波尼——他们似乎把自己看作是现代的布鲁图斯和卡西乌斯团队，或者是将佛罗伦萨从新的美第奇-恺撒政权中解救出来的解放者，他们拟订了一个粗略的计划，意在暗杀乔凡尼，或许还要暗杀他的弟弟。其他的同盟者们都不知道博斯克里的名单，马基雅维利也不知道，他在被逮捕的时候就发誓说自己不知道。他宣称自己是清白的，这也许是真的，但正如他曾经发誓怀疑美第奇家族一样，都是毫无效果的。他被关进了监狱加以拷打和审讯；博斯克里和卡波尼则被判处死刑。

狭小肮脏的监狱牢房中关押了大约40个囚犯，共和国似乎在监狱的黑暗中崩塌了。拷打的痛苦和死亡的威胁证实了一场最为古怪的艺术展示中所表现出来的预言，而这场艺术展示就在两年前曾在城市中上演，也就是在1511年狂欢节期间上演的。所谓的“死亡之车”由皮耶罗·迪·科西莫所设计，并被秘密地建造于教皇大厅中。

那些见过这场展示的人在他们的余生中都对此难以忘怀，人们对于皮耶罗所做的凯旋的“死亡之车”所表达的意义也是褒贬不一。这辆战车由结实的黑色水牛拉着，每一处都画有发着磷光的人体骨骼，这些骨骼散落在光洁雪白的十字架上，而十字架上则坐着一个巨大的人一样的东西，这个东西扛着一把可怕的镰刀。

人们忧虑地盯着建在战车之上的一组坟墓。当轮子嘎吱作响地滚过时，战车在一片“吟诵”声中时不时地停在这里或者是那里，那些吟诵声实际上是风过时发出的恐怖声音。各种坟墓张开了，黑色形状的东西从坟墓的开口处爬了出来，这些黑色形状物也由绘制的骨骼装饰而成。迎接他们的是微弱的号角声以及低沉的肃穆。正如瓦萨里所描述的那样，尸体形状的东西骑在瘦骨嶙峋的黑马之上，环绕着战车而行。多年以来，这场可怕的展示为狂欢节中可怕的想象设立了标准，正如在表演大卫的赞美诗时突然升起的一阵颤抖的咏唱。人们窃窃私语说，皮耶罗与他的骸骨马车一起游荡，意在唤醒被放逐的美第奇，并使他们复辟。他们仿佛复活了，他们很快就会回来给这座城市带来恐惧。

命运，或者是其他类似的东西已经降临在马基雅维利身处的牢房中，也降临在绞刑刑具上面，正如同多年前对待萨佛纳罗拉一样，国家权力赢得了回报。马基雅维利的手被绑在身后，他身处满是拷问台、铁质刑鞋、拇指螺丝以及漏斗的房间里。他还被拉到外面的街上，酷刑在公众面前上演，即使他的证词被接受了，他似乎也已经屈服于手腕处的扭伤。每一项酷刑都残忍到足以让他的肩膀脱臼。

从任何程度上来讲，这样的惩罚都是可怕的。然而，在这样的惩罚实施之后，正如那些似乎可信的证据所表明的那样，他令人震惊地几乎立即投入到诗歌写作中去，从他的性格来看，这似乎是可以理解的。借助于他最喜欢的诗歌形式——带有附诗的十四行诗形式，他坦率地描述并控告了发生在他身上的一切。这首诗是写给朱利亚诺·德·美第奇的，目的在于从他那残忍的手指间掰出仁慈。许多年之前他曾经给这位美第奇兄弟写过赞美诗，而且朱利亚诺也是个有修养的人，所以，马基雅维利借助于诗歌以及给朱利亚诺写诗似乎不只是最后一根稻草，而且他这样做也是恰到好处的——不管怎样，马基雅维利给他写诗就像是曾经寄给父亲那首关于鹅的诗一样谨慎而熟练。最为重大的区别在于境遇的变化，如今环境变得邪恶而警醒。

就在写这首十四行诗之前，也就是1513年2月23日，黎明前大约一个小时的时候，他听到牢房外在吟诵着一句话——保佑他们。这是一队黑头僧侣在领着定罪的人走向死亡时所吟诵的惯常咒语。博斯克里和卡波尼正要被带去斩首。

一些读者仍旧怀疑马基雅维利是否会在这样恐怖的环境下写诗，更何况当时他那么痛苦，还写出了这样满是复杂意象的十四行诗，何况诗中不乏收放合理的夸张和讽刺的语调。也许可以这样设想，正是这样沉浸于文学之中，正是这样与逆境相抵抗才具有实际的意义——不然，他该在什么时候写诗呢？几十年来，他都在学习写这一类型的诗，他都在学习跟得上潮流的华丽措辞，他知道即使这些诗歌不能争取到他的美第奇听众，也可以迷惑他们的情绪：

> 朱利亚诺，我的腿上带了一副镣铐并且肩膀上绑了六根绳索，其他的痛苦我避而不谈，因为在这里他们就是这样对待诗人的。/破旧的墙壁上阴森地爬着如蝴蝶般肥大的虱子，在隆斯瓦舞中（在法国史诗《罗兰之歌》中被描述的血腥战场）以及树丛中的撒丁岛上也不曾有过这样的恶臭，/而我的这间豪华旅社确是如此。一阵哗啦啦的回响声好似朱庇特主神和所有的贝洛（埃特纳火山）/正在投掷雷电，一位囚犯被栓起，另外一些则被解开，他的锁具、钥匙以及螺栓碰撞在一起；另一位囚犯尖叫着，“我离地面太高了！”/吓坏我的是临近黎明的时候，我在睡梦中听到：“为他们祈祷！”/好吧，就让他们走，我祈祷道，只要您降仁慈与我，您这样做会使您的盛名超过祖祖辈辈。

诚然，他不是第一位被剥夺了相对安逸的生活并且遭受不公正囚禁的作家。他也不是第一位面临过处决的作家。与他同时代的《圣经》翻译家威廉·廷代尔（1494—1536），几个世纪之后的陀思妥耶夫斯基以及再后来的约瑟夫·曼德尔斯塔姆，等等。许多作家都遭受过这样的厄运。然而，他也许是面对着处决的恐惧却依旧在描述其粗俗、无能以及愚蠢的第一批人之一；他也许还是第一位立即就这样做的人，正如一个现代记者一样。

他在自己十四行诗中提及其他人的处决，同时又合情合理地祈祷自己能够获救。此外，这首诗似乎没能脱离现代诗歌那不可释解的紧迫氛围。让这首诗与众不同的是，它在字里行间所坚持的独特冷静，这使得它在残酷的流泻时，与但丁以及米开朗基罗的诗歌区别开来。

引人入胜的是这首诗歌不曾引用任何套路，这使得它成功地与那些诗歌区分开来。这种奇怪的省略——比如说，将向宗教致意的内容省略——使得这首诗歌脱颖而出，但这不能证明这首诗歌是在证实无信仰，因为这和宗教似乎是毫无关联的。至少，这首诗不能作为将正常心智与痛苦和疯癫隔离开来的东西。与此同时，这首诗充满了严酷的幽默感，也就是打趣的成分——而且，也许是因为这首诗没有得到任何回应，几天之后，他似乎送去了另外一首诗，在这首诗中他将自己描述为一个荒唐的家伙：

昨晚，我恳求缪斯，带着她们甜美的古筝和甜美的歌声来安慰我，好让我见到陛下您、得到您的原谅，/一位显现的缪斯对我尴尬地说道："你是谁，胆敢召唤我？"我告诉了她我的名字，而她，为了折磨我，给了我一巴掌打在脸上还封住了我的嘴。/她说："你不是尼科洛你是达兹（众所周知的安德里亚·达兹，他是马塞洛·阿德里安尼的追随者，也是第一秘书长的秘书），因为你的腿和脚被绑了起来，你还疯子一样地坐在这里，满身链条。"/我试着做出理性的回答，但她答复道："继续穿着你的破烂戏服演你的傻

子吧。”/所以给她一些证据，尊贵的朱利亚诺，证明我不是达兹，
我是我自己。

还是尤利乌斯二世的死在救他出牢狱这件事上发挥了更大的作用。在罗马，69岁的尤利乌斯二世在计划发动下一场军事战役时，开始发烧并于2月2日去世。正如威尼斯的使者记录的那样，在1月的最后几天里，他的身体开始日渐衰弱，然而他的头脑是清醒的，这位从不认为自己可以静静坐着的教皇战士，这位甚至有可能拥有卓越生涯的艺术批评家，意识到死亡正在迫近。他尝试了九种酒，判断哪一种能够恢复他的健康。没有一种酒能够如愿。于是他把红衣主教召集到床边，指导他们自我献祭的德行。其中最为重要的是要拒绝买卖圣职，而这遭到了一些人的反对。

他的女儿费莉斯要求恢复自己的教皇特权，尤利乌斯拒绝了她。之后一大群崇拜者追随着他那洒满香水、缀满饰物、裹在皮毛中的尸体，一直到埋葬他的地方，就在教廷的底层，他被葬在叔叔西克斯图斯四世附近。这些崇拜者们拥挤在一起，其中数百人试图亲吻他那裸露的脚趾。除了他的精力、智慧以及虔诚，自从担任教皇以来他就从未收敛自己那司空见惯的火爆脾气，而如今看来不再那么的令人不安了。他接下来的继承者乔凡尼·德·美第奇没有意识到自己在基督教世界里地位的变化。他年仅37岁，但同样身体状况不佳，多汗、纵欲、焦躁，而且正如许多人所知道的那样自负。他正坐在一顶行程飞快的轿子上一路从佛罗伦萨向南颠簸而来。

通过自己与乔凡尼之间共同的朋友，马基雅维利请求乔凡尼让自己重获自由，其中包括弗朗西斯科·维托里。乔凡尼在3月11日全票通过当选教皇利奥十世，于是特赦了所有的囚犯，甚至连他们的罚款都一并免除了。在特赦令的恩惠下，马基雅维利的努力似乎是多余的。教廷中燃烧选票的烟雾点燃了佛罗伦萨的喜悦。包括自由的特许在内，善行将会随之而来。

兰度西报告说，在如雷贯耳的炮声以及不断的“帕勒！”“唯一的教

父！”喊叫声中，几乎城中所有的木头都被从屋顶上、大门上、栏杆上、家门上、走廊上以及马姆齐大桶上拆卸下来，成千上万的市民高兴到忘我的地步，他们在成百上千的房子前面燃起了庆祝的火堆。

“当整座城市都在狂欢的时候，我被从监狱中放出来了。”3月13日，当马基雅维利回到家中，观望着长达三天的街道欢庆时，写信对弗朗西斯科·维托里说道。维托里身在罗马，如今是佛罗伦萨新教皇的使者（起初他是作为尤利乌斯的使者被送往罗马的）。

马基雅维利感到自己的未来是不确定的，尤其是金钱方面，他还有妻子和五个孩子要养活：伯纳德、普利姆亚娜、洛多维科、巴塞洛谬和奥吉多。弗朗西斯科和他的哥哥保罗尝试着为他与教皇交涉，却以失败告终，而当时另外一个孩子很快就要出生。

他对牢狱生活保持着讽刺的态度（“我不会再重复自己受辱的那个长长的故事，我只会说命运竭尽所能地虐待了我”），如今他感到宽慰（“感谢上帝，一切都结束了”），他焦急地帮助自己的弟弟洛托在新的教皇体系中得到一个职位（“我请求你和保罗都能支持他”），他迫切地想要找一份工作（“如果可能的话，[教皇] 或者是他的家族也许可以雇用我为他们服务”）。

他被自己承受痛苦的能力感动了，这让他非常的愉快，“我很愿意你能从我的这些麻烦中汲取乐趣，我如此直接地承担了它们，所以我对此感到骄傲，我觉得我比自己想象中更男人。”诚然，“余生里，我都会感激尊贵的朱利亚诺（这暗示着朱利亚诺也许收到了他的监狱诗歌）和你的保罗（维托里也向他提供了帮助了）。”但是，他几乎身无分文，而且还要继续被困在共和国的领土上长达九个月之久，他只能盼望着勉强度日。

然而，他谈论道：“我会以一种让（每一个人）都有理由为我骄傲的方式生存下去。”他回忆说童年里父亲债台高筑，而他曾经为此忧心忡忡，虽然从农民的立场上来看，他的家族从未处于极度贫穷之中，“我生于贫穷之中，从很小的年龄起，我就学会了如何节省着过日子而不是大手大脚地花钱。”

正如他对弗朗西斯科所承认的那样，节省度日并非令人郁闷到已是唯一的出路，弗朗西斯科是了解他的。“所有那些人（他之前的同事）都向你致以（他们的）问候。”马基雅维利写道，并且还在信中主动掩盖最近发生的一些寻欢冒险，他那欲盖弥彰的掩盖更加证实了他并非艰难度日。“每天我们都拜访某个姑娘的家”——也许是一位前女友，或者是他那些书中的一个妓女——“来恢复我们的精力”。然而，快乐并非一切，一种古怪的渴望开始萦绕在他的脑海里，他似乎发现自己正在向一个秘密的深处窥探。“就这样，我们继续标记着时间……享受着此生剩余的时间，而在我看来我正在弥补自己的生命。”

第二节　在圣安德鲁撰写历史

随着新教皇就职，佛罗伦萨的政治关系陷入了一片阴沉与混乱之中。马基雅维利和他的家人决定暂时住在位于阿诺河南岸的宽大家宅中，他们家宅的门牌是 5 到 7 号，就在教堂的后面，位于天主圣三桥和真主阿拉卡拉拉桥中间，距离圣灵教堂大道和狭窄的科威雷利大道拐角处不远。

以那里为起点，短时间内就可以穿过其中的一座桥，去往对他来说还很亲切的市政厅，然而他在步行的过程中却没有了先前的自信。而且他也没有真的这么做。接下来的 8 个月里，无论是独处还是与家人团聚，他在这座城市待的时间还不到 3 周。取而代之的是，他与家人一起隐居在了处于佩库斯纳的圣安德鲁山区的朴素庄园之中，这座庄园是从他父亲那里继承来的，距离城门南部有 9 英里曲折的路途。他或是待在庄园的葡萄园中，或是徜徉在夏日的温暖里，或是待在当地的农民之间消耗着时间，捕鸟、写信——信件通常相当长、相当深刻，他沉思的内容多是关于历史和政治的。

乔凡尼动身去了罗马，他在4月初参加了加冕仪式，这让他得以目睹表兄朱利奥在“极度的欢喜”中升至佛罗伦萨大主教的位置。如以前那样，疯狂的庆祝带来了一次欢喜的焚烧活动，这一次焚烧的是在“大主教宫殿背后的房屋”。

弗朗西斯科·维托里总是低估自己，至少他将自己的使者角色看得微不足道。事实证明由于他表现得太过谦逊，不能在新教皇面前为马基雅维利争取利益（“非常抱歉我只能够为你提供这么多”）。乔凡尼的弟弟——朱利亚诺——也到达了罗马，此时的他已经成为罗马的贵族，兼任梵蒂冈教会军队的指挥官。他对在佛罗伦萨行使管理权表现出轻微的兴趣。在1513年8月，乔凡尼任命了政坛的一位新人——他20岁的侄子洛伦佐·德·美第奇(1492—1519)，任命其为这个城市的名誉执政官，不过他将听从教皇的建议，这是可以理解的。然而，由于洛伦佐缺乏经验，他那专制、易怒的性格让他总是吹毛求疵、行为做作，这一切都使任命进行得不那么顺利。

新教皇的上任在意大利的权力中心打开了一个缺口。这个缺口很快就招来了意大利军事舞台上的“演员”——法国人、德国人、威尼斯人以及西班牙人，他们提出了夸张的声明，要求获得财富和权力。接下来的7个月里，也就是从3月到9月，熟悉的外国军队一个接一个地竞相加入到军备竞争中，他们或是联合在一起战斗，或是边退边战，或是一边舔着伤口一边斗嘴，或是在血迹斑斑的懊恼中撤退。英国的亨利八世对他们之间那日渐汹涌的冲突施加着压力。

马基雅维利从维托里的信件里了解到这些冲突，为寻求他的意见，这些信件被送到他那安静的圣安德鲁避难所里。偶尔他会回信，他在信中会谈及自己对军事和外交的看法。“如果我能与你交谈，”他在4月9日写道，“我除了在你的脑中装满空中楼阁（或者思索）之外别无他用，命运女神可以作证，因为我不知道该如何谈论丝绸或者羊毛贸易，如何谈论赢利或者亏损，我只能谈论政治。”

他将自己的精力用于安抚意大利的乡村，用于镇压一再席卷许多意大利城市的冲突，而过去十年里，他在外交和军事上所做的努力似乎在他眼前化为烟云了。洛伦佐，这个经过后天培养而成的罗马人，很快就开始无视教皇给他的建议。他开始自己经营佛罗伦萨，他将这个城市的财产用以支付自己士兵的薪水，而这些士兵很快将被用于战场之上，来完成他那宏大的征战之梦。

马基雅维利在政治上陷入了孤立境地，不过这种境况并未蔓延到他研究的哲学领域。他住在山顶上的小村庄中，那里有单行的、长长的街道，身处其中会让人热得难受。如人们今天所见，街道上的一些供应商在兜售着奶酪、面包和其他杂货；还有一些供应商们站在一排石头房子里面。有的房子看起来装饰华丽，它们分布在通往圣卡西亚诺的古罗马驿道上。同样，圣安德鲁俯瞰着缠满葡萄藤的壮丽斜坡。古老的橄榄树、柏树、橡树以及粉色、蓝色和淡紫色的花朵遍布在灌木苍翠的山谷中，一切都宛若从前。夏天，刺耳的蝉叫回响在唯一的一条通道上，回响在周围的田地间，这里浓郁的田园气息让人心生倦意。

也许从未有人将一场自我放逐安排得如此镇定、灵活且充实——创作了《变形记》的奥维德不算，他是被奥古斯都放逐到帝国边境濒临黑海的一个山村里。尽管那里环境恶劣，他还是把一切经营得很好。但丁也不算，他在14世纪被驱逐出佛罗伦萨，成为一个徘徊的、茫然的无家可归者。圣安德鲁那略显孤独的、塔楼高耸的教堂伫立在城市中一条街道后面的斜坡上，而这座可爱的城市就坐落在几座房子所俯瞰着的遥远地带。从某种角度来看，马基雅维利的与世隔绝似乎能够更好地抚慰他那被都市困扰的灵魂。

置身于教堂之上、尘世之中，忧郁的夏日空气弥漫在荒芜的石造建筑中，石头破裂了，有些建筑物是用古老的磨石重筑的，那些粗制的窗户很有修复的必要。然而所有这些现在都成为了他家的一部分。沿着这条路走很短的时间就可以到达通往佛罗伦萨的斜坡，再走几英里远就可以瞥见圣母百花大教堂。在远处树木的映衬下，教堂像灰白的胭脂宝石一样闪烁着饱满且诱人的光彩。

马基雅维利在圣安德鲁拥有一口井和三座建筑，其中包括奥比尔盖齐奥，也就是所谓的“可怜的客栈”，它就位于旅馆的后面。他和家人们都在那里生活起居。长久以来，小旅馆一直相当于一个简陋客栈或是中转站，为地里干活的人提供着方便。去往佛罗伦萨、锡耶纳、圣卡西亚诺的旅行者会在这里停留，而两英里外每周都会有农贸市场。穿过这条路——也就是从前的雷吉亚罗马道路——一座结实的石头建筑就会映入眼帘。建筑中，壁炉上刻着的家族盾形纹章依旧能够清晰可见，里面还有榨油机、酒榨机和牛棚。藏酒的地窖后面刚好还有一个蔬菜园。

尽管这里的风景纯朴、恬静、漂亮，然而却鲜有奢侈品。马基雅维利继承了一座农场，外加一座葡萄园和一些分散的额外土地。他丝毫没有顾影自怜而是很快地适应了新环境，虽有些令人吃惊却是至关重要的。外交活动很快地让于位种植庄稼和修复栅栏。不过他没有放下对军事的分析，至少没有一直放下。

6月6日，路易十二和他的梵蒂冈联盟在诺瓦拉的战役中被西班牙和米兰的军队打败。在寄给维托里的信中，马基雅维利写到随之而来的军事骚乱。“考虑到当前的局势，我很担心要签订新的协议，就像担心会爆发一场新的战争一样。”7月，与亨利八世的军队较量中，路易再一次惨遭失败。这促使法国国王放弃了为意大利未来发展所制订的所有计划。而这位佛罗伦萨的前秘书长似乎对这一切漠不关心。他利用白天的时间维护葡萄藤、打猎（猎物大部分是画眉），利用晚上的时间读书、思考历史，并且每天在烛光下花四个小时写下了对李维最初的思索。他必须掌握罗马作家所写的古代历史和其他书籍。他从朋友和自己的书房里找到了这些书，并且用驴将它们驼到了圣安德鲁。

如他在信件中所表明的那样，在他的观念中，历史在某种程度上占据着最重要的地位，他在 1513 年 8 月 10 日寄给维托里的信中提及："我乞求你仔细思索人类的大事，它们应该被重视；并且思索世界的强国——尤其是那些共和国——是如何发展的。你将会意识到最初人们是如何满足于能够防卫自身，如何满足于不被其他人控制；随后，他们基于这一点，发展到对他人进行攻击，且力图控制别人。"

历史似乎比日常带来了更大的安慰，或者说至少从他完成自己的《头十年》以来，历史开始变得宽慰人心。他打算拓展对佛罗伦萨"悲剧"的叙述，也就是说打算将 1509 年之后的事件写入《第二个十年》中去，但迄今为止他还没有尝试这样做。

取而代之的是，他将注意力分散到了其他地方，他开始关注第一世纪的罗马历史学家，对于这些充满活力却饱含悲情的哲学家，人们鲜有研究，知之甚少。罗马帝国的谜团前所未有地让他着迷，他着迷于蕴含在其中的使人眩晕的成败，以及它与当今有趣的联系。从某种程度可以确定的是，自孩童时代，罗马帝国就一直以人文主义的迷幻吸引着他。而且，在他 7 岁的时候，他的父亲曾为李维的 1476 年版的《史记》编纂过索引部分。

他是否参考了伯纳德的那部李维《史记》的旧版本呢？这部书原有 142 本，但仅保留下来了 35 本。他参考过此旧版本的可能性是很大的，并且他在乡村庄园中研究罗马历史学家的时候，可能经历了一次无罪辩护。伯纳德的索引描绘了古代的政治世界，如今他可能将自己对于罗马和现代历史的理解加入了其中。这份索引能够以一种新颖的方式为进一步的政治研究——或者说为新的科学发展——提供动力，从而使这个家族的贡献更加显著。

原创性对他来说至关重要，并且可能从来没有像如今这样重要过。他打算在随后的序言写作中继续坚持原创，此序言为他第一本以散文形式的写成的作品而作——《论李维的头十年》。原创意味着冒险。或者如他后来所评论的那样，原创就像他与同代的探险者们所经历的冒险那样险象环生。探险者"（在美洲）寻找新的大陆和海域"，在这个过程中经历着未知的风暴和航线。任何一个作家，只要他致力以原创，“给每一个人带来收获”，并且希望以此“建立新的系统”，那么他必然会招来“麻烦和困苦”。单是这一点，就足以让这样的冒险得到认可。大多数人将会“更加积极地去责备而非赞扬其他人的行为”。因此，在圣安德鲁的山区中，从他最初在文学界进行的最大胆的突破开始，他就已经注意到潜在的新危险，将会威胁到他那已被破坏的名声。始料未及的耻辱陷阱能够轻易地摧毁创新的道路。

10月23日维托里从罗马写来了一封信，在信中他向马基雅维利推荐了其他的罗马历史学家，诸如塔西佗、弗洛鲁斯和苏维托尼乌斯，他建议马基雅维利阅读他们的作品来“消磨时光”，也许这些作者也同样轻易地激发了他的兴趣。甚至更早时期的历史学家，诸如撒路斯提乌斯和波利比乌斯，影响了他《论述》中的几个章节片段，而且这几个片段更为优雅，宛若松露。

然而，他和李维在性格、背景以及历史态度上相当吻合，这似乎造就了李维那不可抵抗的吸引力。最重要的是，对于同一个问题——变化在这个世界上是如何产生的——两人达成了一致。变化也许是任何历史阶段中最重要的成分。无论是对李维还是马基雅维利来说，变化的根本因素存在于主导着历史舞台的演员们的个性之中，存在于命运的变幻莫测之中，也就是他人和环境的变化之中，存在于美德之中，存在于演员们的力量和技巧之中。力量和技巧与伦理道德没有丝毫的关系，这二者被看作是与政治成就毫无关联的因素。

除了两人之间的这些相似性之外，这两位历史学家与公共生活之间的关系也几乎平行。从某种程度上来说，身在罗马的李维扮演了局外人的角色，而这对他那身在佛罗伦萨的后继者来说，是确之凿凿的事实。马基雅维利深知自己没有赢得所处时代重要领导者的信任，同样李维也没有获得奥古斯都的信任。他们两人似乎也分享了一种理念，即他们的文化即使在胜利的时刻，也是失败的。“（李维写道）我想让我的读者们追踪我们道德下滑的过程。首先，我想让他们观察道德的基础是如何堕落的，道德基础犹如古老的教导一样丧失了意义，随后，我想让他们观察飞速加快的瓦解，接下来再观察整个大厦的坍塌，以及我们既不能容忍我们的恶习，也不能直面补救措施时，我们在现实中所面临黎明前的黑暗。”对李维来说，也就是对马基雅维利来说，1500年以后，历史仍然是“病弱思想的一副最好的药剂……（在历史中）你可以为你自己或者你的国家找到警醒，要把好的事情当作范例，而卑劣的事情和彻底腐烂的事情则要避免。”

一开始，马基雅维利的成文原则就是写下142个短小的评注章节，这个数字和李维那众所周知的历史书籍数目相对应。虽说很多书已经遗失，但事件表存在于除了两本书之外的所有书籍中，于是事件表被保存了下来。马基雅维利更大的计划是阐释政治机构、国家的诞生和兴衰，但却不是以系统的方式阐释。如他的题目所表明的那样，他的方法将会是散漫的、杂乱无章甚至是非正式化的。他从来没有解释过为何他将注意力集中在李维的前十本书，并且对这些书他也只是松散的涉及。他的风格是沉思默想，他的方法是引经据典。这将为他提供足够宽阔的空间，用来偶然地提到奥维德、维吉尔和其他具有相关见解的诗人。

亚里士多德、柏拉图以及近期的空想主义思想家，比如萨佛纳罗拉，用他们的政治目标为准则记叙了过去，以及人类幸福应该是怎样的，例如，对于亚里士多德来说，“每一个国家……都是为了美好的前景而建立的。”马基雅维利计划将自己的评注限定在真实发生的事件上。惯例将被限制而不是被排除。一种新的政治认识将会以这种方式温和地在世间浮出水面。它的前提要受到证据的基本检验，所以它的基础是以经验主义为依据的。从当前事件中得出的结论，将以过去发现的范例和事件为准则。他的理由是常人都能理解的：如果人们没有随着时间的推移而改变——这是一个重要的前提——那么不可避免地要去找寻现在与过去之间的联系，这样做必然具有启发意义。历史或许不是周期性的，但它将以不同的方式伪装起来呈现出类似的现象。

1513 年夏季，他将正在创作的《论述》也纳入了另外一种模式，他将其划分为了三本书。第一本书将讲述国家如何确定它们的形式、公民以及机构；第二本书将讲述国家如何变得成熟，其中包括对国家间战争类型的描述；第三本书将讲述国家是如何发展至衰败的。在国家分崩离析的过程中，衰败往往是阴谋造成的。在这本书里，设计同样是自由开放的。部分与部分之间或许会重叠。在书中，离题是可以容忍的，个人回忆也是受到鼓励的。关键之处在于不能忽视任何重要的政治事件，也就是说尽可能地不让任何“新鲜的鱼”逃离他的“渔网”。作者也同样拒绝将错误的事实堆积在一起，并且抵制不切题的结论。在更为现代的时期，不管是出于有意识还是无意识，理想和意识形态都不会再受到鼓励和支持。

《论述》在字里行间也将提出：不可能在任何情况下都将某一种立场鼓吹到是准确无误的。例如，道德规则有时对于一个国家的政治健康是具有破坏性的，甚至可能是具有颠覆性的。马基雅维利的方法将成为这些例子的矫正物，这些方法甚至可以矫正他天性中那给事物强加意义的欲望。就像蒙田的随笔所遭遇的情况一样，别人从不将他的作品看作是已经完成的。这两人的作品经常被拿来加以比较。

自 1513 年夏日以来，他所集合起来的评述似乎是一个混杂物，但其中的确蕴含着原创性色彩。正如他后来在引言中所明确说明的那样，他早已预见到，对那些读者来说，如果他们期望在他的作品中找到其他大多数历史作品所具有的逻辑性，那么他的方法和结果对于他们来说将是一个挑战。在作者与读者之间，一场决斗一触即发，这场决斗将在诸如布鲁尼等人那不相上下的历史论述面前上演，值得赞誉的是他们的论述也同样依赖于证据和研究。书中避免了讲述故事的惯例——精挑细选的开头、中间和结尾。这样做的目的在于尽可能地在事实中揭示混乱。

截至 7 月中旬，他已经完成了第一版本的主要部分——也就是《卷一》，尽管早期写下的零散部分可能正在被更改以及调整。

至此，不断演变的主题一直与现实和反思结合在一起，这一主题一直处于变换之中，并且被赋予了社会、政治以及军事的多样性。他同样也强调了人类本性中基本的恒定性，但这看起来与他的上述论断毫无冲突。变化的原则或许也是初次被视为是由两种因素控制的。第一种因素是人类的非理性以及所产生的后果，这是一个反中世纪的理念。第二种因素是无聊（还有谁曾考虑过？）——这是令人吃惊的：

> 由于万事万物处于永恒运动之中，而且永远也不可能保持静止，那么国家自然地就会兴盛衰落，困境迫使他们采取许多行动，而这些行动将不会受到理智的影响……（如果）天堂保佑国家处于（一种特定的状态）……从不被……卷入战争之中，那么（它的）持续的宁静也将会使它失去活力，或者会激发内部的纠纷，这些纠纷合在一起，或者说其中的任何一次，都将导致（它）毁灭。

简单地说，战争可能产生自对于娱乐的需要，或者说战争是为替代惰性而产生的，却被冠以了看似宏大的起因。他对政治的看法支撑了这种假说——他将政务看作普遍的绝望事务，这些事务不断地受到情绪的威胁。

共和国的历史表明，只有公民将控告谴责的权力与法律的规则相结合，他们才能够抗衡情绪泛滥的力量。“除此之外……没有其他方法可以将共和国组织得更加坚定且稳固。这样当坏情绪发作时……法律也许早已设定了一种方式供其自我排解。”“对共和国来说拥有法律是必需的，从而提供给……群众发泄仇恨的机会，这些仇恨可能是针对任何市民的。”

在维护国家利益方面，尤其当这个国家是共和国政体时，他赋予了宗教十分重要的角色，尽管在那些将他视为不知悔改的反基督徒、反牧师、反教皇或者反宗教角色的人看来，他这样做似乎是让人费解的。“凡是认真阅读过罗马史的人，都会看到宗教在控制军队、团结人民以及维持人民遵纪守法中起到了多大的作用。”“在任何公民社会中，宗教（都是）最必要且最可靠的支撑。”不过这并未表明他对上帝和教堂的态度有任何的改善。

但这或许是没有必要的。正如他坦言的那样，很久以来他就已经将人类看作是善与恶的结合体，而不是单代表其中一方面。而1505年他在佩鲁贾所见证的一切重新检验了他关于大屠杀的早期信仰。在这场大屠杀中，詹保罗·巴格里奥尼向尤利乌斯二世投降了，鉴于他的军事优势，他这么做是出人意料的。改变一个人的思想或许既是合理的，同样也是实际的。或许最好将记忆理解为修正智慧的一种工具。早期他深信巴格里奥尼仅仅是被尤利乌斯浮夸的能力征服了，现在他承认尽管佩鲁贾统治者邪恶，但是其情感的复杂性比预想的还要可怕。

对于那些刚刚卸任的重要人物，诸如切萨雷·博尔吉亚和路易十二，马基雅维利也改变了自己的看法。他似乎更愿意将他们的成就归因于佛罗伦萨的恐惧、肤浅和愚蠢，而非他们异乎寻常的能力。“优柔寡断是软弱的共和国所犯下的最糟糕的错误，以至于不管他们采取什么行为都会受到武力的控制……他们的弱点在于从不允许自己下决心做任何存在疑惑的事情。”

当作品《论述》的《卷一》内容不断扩充的时候，他开始更加重视王子和高贵的人物，诸如国王和教皇而非半民主的共和国。至少此时此刻，他开始将注意力的焦点转移至独裁者、公国以及领土之上。共和国的模式或许不适用于每一个人，“把（它们）建立在存在着公平的地方，反其道而行之，将规则建立在极度不平等的疯狂地带”。为了建立一个稳固的共和国，他建议采取措施消除贵族和悠闲的富人，不管是以驱逐、征税或者是谋杀的方式。

时至盛夏，他已经形成了稳定的生活作息来适应农场生活和他的写作。这表明，他的兴趣可能从继续写作《论述》转变为创作一本截然不同的书籍，并且在7月底，他已经开始整理他的作品。他的新书或许产生于他的评注，然而在这本书中，他将更彻底地集中描述君主们。乡村生活激励着他在字里行间注入出人意料的创新。

大约在这个时候，玛丽埃塔生了一个女儿。虽然母亲活了下来，但是女儿却在三天后夭折了。马基雅维利感觉到身体状况很好，“但是在其他任何方面都是病怏怏的”。他说“感谢”上帝“迄今为止还没有遗弃我”。

他致力于清晰的写作风格，这对于《论述》来说是很重要的，并且对任何一本新书都是至关重要的。8 月 4 日，在寄给了乔凡尼·韦纳奇（他的侄子、朋友兼知己）的一封信中，他倾诉了自己的想法：“我鼓励你用一种清晰的风格写东西……这样无论何时（人们读到你的信），他们都会思考，因为你写作的方式如此详细，仿佛你本人就在那里一样。”在他日渐好转的日子里，这位新闻报道者、历史学家以及诗人不仅与他的观点一致，而且两人都在为一项新事业的诞生而排练。

11 月，他的创作进入了佳境。与其他作品相比，这本书似乎显得有些格格不入，其他作品有的以所谓的“君主之境”那种中世界说教传统写成，有的则将主题设立在统治之上，诸如马焦和迪奥梅德·卡拉法的《在国王和好王子的办公室》。实际上，这本书在新颖性方面很快超越了《论述》。

维托里取笑他那非同寻常的沉默。他给他的朋友寄去了一个作品，作品中描述了他自己作为佛罗伦萨的使者在罗马度过的典型的一天，他这样做多是为了促使马基雅维利描述在圣安德鲁的生活。在罗马，维托里的日子过得很好，他购买了“一栋有着许多小房间的住宅”，这座住宅距圣彼得广场不远，却花费了远远超出他所能承担的价钱。他十点起床前往了教廷。在那里他和教皇交谈了 20 个字，同朱利奥·德·美第奇交谈了 10 个字，同朱利亚诺·德·美第奇交谈了 6 个字，而和微不足道的官员们之间的交流则更少，从他们的窃窃私语之中，他就可以推测出一天的流言和政治新闻。

他的外交工作一结束，他就匆忙赶回家和家人以及宾客们一起吃饭。他们玩纸牌游戏，下午稍晚的时候会在城门处骑骑马（他有 7 匹马加上 9 个佣人，其中包括一位专职牧师）。他会利用夜里的时间阅读罗马历史学家的著作，比如李维、弗洛鲁斯、撒路斯提乌斯、塔西佗、苏维托尼乌斯，“以及其他写与皇帝有关的作品的作家”，比如希律一世和普罗科皮乌斯，“同他们在一起时，时光就这样流逝过去了；我思考着，罗马曾经使世界震颤，而可怜的它却不得不忍受这些帝王们。”

12 月 10 日，马基雅维利上了维托里的钩，他回复了一封信——这封信已经成为他最著名的信件——在信中他描述了自己在圣安德鲁的日子，让他的朋友知道，他正制订了一个新的写作计划，并且这个计划已经在分散他的精力。他也许把自己创作的结果寄给了维托里以寻求支持。他对这些稿子感到焦虑，他觉得自己有点像那只格言里的狐狸与一只狮子狭路相逢，他在 8 月的一封回信中也曾这样描述自己。他也许屈服于忧虑，他“几乎都要吓死了”，他感觉恐惧就“藏在一堆灌木丛后面凝视着自己”。然而，尽管要“绞尽脑汁”，他也将尽最大努力尝试回答他朋友想要知道的信息：

> 我日出而作，走进一片正在修整的灌木丛中；在那里我花几个小时检查前一天所做的工作，并同樵夫一起消磨时间，他们通常和自己人争吵或者是和邻居辩论。我可以告诉你关于这片树林以及在这儿经历的一千个故事。

然而，他却限制自己不要这样做，取而代之，他却提及自己怎样提着装画眉的“鸟笼”闲逛。他随手拿起“一本书夹在腋下，但丁、彼特拉克或者一位不太重要的诗人，诸如提布鲁斯、奥维德，或者是类似的一些人。当我读到他们那无限的激情和恋爱故事时，我就会想起自己的激情和爱情，这些回忆会让我高兴一会儿。”

在家用过午餐之后，他就会前往家后面的小旅馆。在那里，他会同旅店的老板、一位屠夫、一位磨坊主以及烧窑工匠们消遣时光，一起度过整个下午。他在双陆棋游戏中大声争吵并以他的方式高呼着，“把霉菌从我的脑海中清除，将怨恨从我的命运中消除”。夜幕降临，他又回到家中，或者在拐角处的房屋中潜心学习。在这里，接下来的几个小时里，他和作品跌跌撞撞地从夜晚的空气中走了出来，“在门口，我脱下白天沾满了泥土和灰尘的工作服，换上了朝廷和宫殿的服装。”

这些服装包括他的紧领长袍在内——一件像参议员穿的宽大的红色大衣，它是佛罗伦萨市民的象征。由于他的父亲债台高筑，直到1488年，当19岁的他成为市民时，他才可以穿上这件衣服。大多数佛罗伦萨人将这件紧领长袍看作同古罗马参议员的宽外袍一般珍贵，而这座城市被看成是罗马的女儿。因此，对于他来说，穿上它的渴望似乎无比强烈。尽管遭受过排斥、逮捕、拷打以及免职，一旦他穿上这件市民的服装，或者根据受尊崇的传统打扮了自己，他就感觉自己重新回到了充满文明的古代世界，他感觉自己在那时的思考者当中穿梭，并且漫游在古代和现代的历史中。“穿戴整齐之后，我进入了庄严的古代法庭，在那里，我受到了他们热情的接待，我享用着那里的食物，这食物是单独为我准备的，我天生就是为美食而存在的；在那里我问心无愧地和他们交谈并询问他们的动机……出于人性的友善，他们回答着我的问题。”

这里的环境很优美，再加上田园式的隔离，这一切都很适合于《君主论》的创作。“但丁说一个人只有在消化了他所理解的事情之后，他才能真正理解这件事情，（因此）我已经草草记下了和他们交谈中所得来的收获，并且以此写成了一篇短小的文章——《君主论》，其中我尽可能深地钻研涉及该主题的思想，谈论一个公国的定义（也就是一切业已成立的领地，而这片领地也许与世袭国王很少或几乎没有关系），君主国的范畴，它们如何成立、如何维系以及为何灭亡。”确切地说，多年以来他所倾力研究的最重要问题在于它们为什么会灭亡。

第三节　权力和记忆

这本迅速写完的书，虽然在长度上还不及日后写成的《论述》的五分之一，但毕竟带有回忆录的意味。他在书中所做的追忆与从自己的人文主义信条中得出的推断融为了一体。

从几个方面来看，这本书都是相当生动有力的。最为突出的是，虽然他一再提及古代历史和罗马历史学家，但他所回忆的似乎基本上都是自己的过去，以及在亲眼所见那些君主的一举一动之后所得来的经验。《君主论》是一本与时俱进的书，其次，正如《论述》至今所展现出来的那样，他经常变换自己对于过去的看法。比如说，使节人员口中所说的切萨雷·博尔吉亚，信中所写的切萨雷·博尔吉亚，与出现在这些书中的切萨雷·博尔吉亚多少有些不一样；第三，在一些方面，他的措辞与风格是不同寻常的，这使得这本书与其他的政治书籍区分开来，这些方面至今仍然影响着人们。

他在文学上的转变不涉及句子的长度以及修辞结构，文章中的句子依旧保留着鳗鱼一样的尾巴，而这种句子在其他意大利作者的作品中也是可以见到的，不过他们的句子中没有那些“圆形的句号以及令人印象深刻的大词儿”。他的转变与私人信件中常见的如火般亲密的措辞有关，也就是信中的活泼与傲慢。如果说他在行文方面的明晰是超群的，那么他的坦率则如同泼溅的冰水。书中的主线也是近乎完美的。正如人们所经常注意到的那样，《君主论》在探讨政治权力领域的同时，提出了如何获取并维持权力。而权力始终是书中唯一的主题。

因此，他在精简的二十六章中不曾关注信仰、权力的乐趣，甚至也不曾关注残酷。他只是在最后一章中，恳求将意大利从外国入侵者的手中拯救出来，而这一章也许是他日后加上的。“意大利被奄奄一息地扔下了，她等待着一位能够给她疗伤的统治者。”无论是出于尴尬、厌恶、同情还是怀疑，随后他试图将这本书的内容伪装得与权力无关，比如说伪装成受压制的共和主义，然而，这样的伪装注定是自相矛盾的。

这本书几乎是围绕着背叛这一权力的重要方面加以展开论述的，书中还论述了背叛所涉及的领域和方法，如何实施背叛，如何改进背叛，如何约束背叛所造成的后果从而逃脱背叛所带来的惩罚，对背叛加以改善并且使之完美。然而，人们却从不以赞成的目光看待背叛的策略。人们也从不将它们看作指导原则。相反，背叛策略被描绘成一抹邪恶的微红色彩，就像是达尔文传奇中的爪与牙，在改善君主制以及其他政治制度的适应性中，它被看作是至关重要的，也许就像是一位医生为了拯救一个人的生命，既需要用手术刀治愈他，也要让他流血。

当对这本书不太热情的读者浏览那些时不时烦扰内心的句子时，他们也许会指责这本书写得太放肆，甚至指责是恶心的、反胃的、苦楚的、难为人的以及不可信的，但作者认为字里行间透出了现实主义的味道。他们也许会耸耸肩丢开这本书，或者是将作者看作一个愤世嫉俗的人。实际上，他甚至连悲观主义都算不上。然而，正如后来日益清晰的那样，他最希望被看成是一位棘手问题的诊断家：如何在保留政治权力的同时，处理政治协商以及军事冲突。同样，他也估计到，如果他能够尽量清晰地将这个问题阐明，那么他就能够为自己赢得荣誉，并且找到一份体面的工作。

通过写一本书来找到一份工作似乎是十分重要的，不过这本书没能满足他这一心愿。马基雅维利将这本书献给朱利亚诺·德·美第奇，不过当朱利亚诺在1516年去世之后，他将这本书重新献给了更具同情心的洛伦佐。在致辞中，马基雅维利迫不及待地介绍了自己对以后应聘的兴趣。似乎他所写下的就是一份精彩的简历或者说是工作申请——精彩到足以启示他未来的雇主该怎样保住自己的工作。“如果你肯用心阅读和思考这本书，你会在书中发现，我希望你达到卓越的程度，而卓越是命运以及你自己的其他品质所能够赋予你的。”

这一切都不会发生。要么就是因为朱利亚诺从未见过这本书——维托里本人也许对朋友观念中的暴力持保留态度，所以他从未让朱利亚诺看见这本书。（然而，维托里在 1513 年 1 月 18 日写信对他说：“我已经读过你这部作品的一些章节，我特别喜欢它们，但是因为我没有拿到全书，我不想做出明确的论断。”）要么就是因为朱利亚诺读过之后就皱起了眉头，也许是不赞成书中对于骇人方法的倡导。

马基雅维利同样也未曾希望看到这本书出版，不过他至少将其中的几个章节一直修改到 1514 年。取而代之的是，他允许这本书被抄写并且向人们展示。结果，在他那举世无双的文学生涯的开端——他的文学生涯在最具影响力的分析政权的书籍中得以延续，《君主论》获得了建立在对其内容粗略了解之上的邪恶名声，它如同一根点燃的雷管在黑暗中发出吱吱的声音。

整本书既坦率又实际。他在最初的几章中处理了几个基本的问题，比如说，公国的类型——是世袭的还是任命的，是收购而来的，还是以盗窃、屠杀以及暗杀等方式获得的——随后，马基雅维利开始论述军事需求这一棘手的问题。此处，正如我们预料到的那样，他鼓励建立一支国民军，如果不将雇佣军包括在内的话，这支国民军应与他和切萨雷之前所建立的那一支不无相似之处。如今法律和权力成为主旋律，不过马基雅维利坚持说：对于知道自己该干什么的君主来说，单是秩序这一项就已经足够了。

接下来的部分处理了权力的心理，也就是一位君主应该如何理智地管理自己的臣民。比起其他部分，这一部分更富争议性，因为他在这一部分沉重地讲述自己支持谎言、支持作弄包括联盟在内的臣民，并且支持为了打败任何敌人而毁约。他的理论前提是，任何处于压力之下的人性都是不诚实的、软弱的并且不值得信任的：

> 你可以对人类做出这样的总结：他们是忘恩负义的、变化无常的，他们是骗子、欺诈者，他们趋利避害；当你对他们好的时候，他们就是你的。他们会为你流血，为你冒身家性命之险、冒丧失子

女之痛……只要危险离他们远远的；但是当你身陷险境的时候，他们就会一走了之。

为了与人类的伪善相对抗，一位自信的君主应该在自己的私人王国中尽情施展自己的野心，他在自己王国中、自己统治下的每一个人面前都是杰出而孤独的。他们似乎是处于别人所不能及的位置，或者说至少是处于意识形态之外。生存和权力对于他和他的支持者们来说是唯一值得担忧的事情，比起其他一切信仰价值和体系，一只宠物狗的不从似乎能带来更为严重的后果，他所需要的做只是惩罚、谴责和束缚。对于权力的物质需求，以及维持权力所需的背叛举动，这一切都会遮盖所有的抽象原则。

马基雅维利争论说，因为人们"是一群悲伤的人，而且不会对你守信，所以你反过来也没有义务对他们守信"。他重新提起自己先前觉得很有用的一个概念。他提议说一位明智的君主应该"有选择地模仿狐狸和狮子"，随着情形的变化，在狡诈与残忍之间变换。他应该"做好准备表现出自己的邪恶，如果他不得不这样做的话"，并且要毫不犹豫地变成"一只巨大的狮子，一个伪君子"——这一点也许是毋庸置疑的，因为他相信邪恶是一项可以接受的政策。

至于命运——这另外一个不可避免的大难题，君主在适应不断变换的环境时，也需要对其妥善应对，不过有时候他也许不能够应对自如。在此处，他断言，如果人类想要获得成功，那么命运女神也许是一个不得不短兵相接的敌人，不过她常常也是可以被驯服的——而且他坦言自己相信人类自由意识在一定限度内是有效的——但是只有通过暴力来征服，就像是对待一个任性的女人一样："你最好鲁莽一些而不是怯懦，因为（命运女神）是一个女人，想要控制她的男人必须打她、恐吓她。"

在这阴郁的竞技场上，你也许会发现切萨雷·博尔吉亚那致命的错误。无论处于怎样的情况下，他总是准备以武力回应，因而很少会选择有谋略的撤退这样一种更为平和的方式，他一再地反复使用同样的策略，甚至在错误的时机下也会墨守成规。比如说，他就是被自己一路穷追不舍的骑士掉过头来杀死的，再比如甚至更早一些的时候，直到他生病而他的父亲躺在病榻上奄奄一息的时候，他才允许自己的威力被驱散。“虽然一个人可以在当前展现出某种光芒，比如说让我们觉得他是上帝任命来拯救我们的，但总有一天我们会看到，在他事业的顶点，(命运女神）会如何抛弃他。”

此处似乎最为充分地展现了《君主论》《论述》以及当时其他主要艺术成就之间最生动的联系。这本书的主题明显是坚定的自然主义以及对待现实的经验主义方法，它们与当时的绘画和雕刻相吻合。这二者都坚持将现实看作是永不停息的运动与变化。这二者都在托勒密体系的循环往复中预测到了欧洲自信的衰减，以及在逝去的一千多年甚至是更久之前，人们如何理解物质宇宙的运转。

除了这些以外，马基雅维利的风格中闪现出日渐风靡的流行痕迹——在文学中渗透对自我意识冲突的表达，这是自十四行诗问世以来就在流行的趋势。换言之，他的政治洞见中的美学自然主义也许没有受到应有的关注，即使诸如贝诺佐 · 戈佐利、米开朗基罗以及列奥纳多等改变世界的艺术家在他童年以及成年之后留下的影响依旧是极其深刻的。

米开朗基罗的人物造型的韵律与健壮，展现出一个世纪之前的艺术家们所熟悉的变化。列奥纳多所画的《安吉里之战》，如同他试图为阿诺河改道一样，以新颖而确切的方式分析了运动，这种分析方式同样也适用于戈佐利在美第奇教堂中对波斯妖僧旅程的描绘，其中游行的骑兵骑在强壮有力的马匹上。早在伽利略提出将宇宙精确地描述为不断变化的剧场以及星罗棋布的万有引力序列场之前，他们就已经在艺术中这样分析运动了。

同样，书中也许还大量地提及马基雅维利在1514年初寄给朱利亚诺的第三首带附诗的十四行诗。这首诗写到一群被捉去当作礼物的画眉鸟，不过这群画眉鸟被插入了一部逐渐展开的戏剧之中，剧中展现了处于敌人围攻之下的诗人，这群画眉鸟甚至像他一样终于坚持到自己胜利。

> 朱利亚诺，我给你送去了一些画眉鸟，并非因为这样的礼物很好或是很棒，我只是为了让陛下您也许能在一瞬间里记起你这可怜的马基雅维利。/如果你发现自己身边有人喜欢咬人，你可以用画眉鸟打他的牙，这样当他吃这些鸟的时候他就会忘了去咬别人。/“但是，”你说，“也许它们不会带来你所说的结果，因为它们既不好也不肥；那些背后诽谤的人不会吃它们。”对于一切这般异曲同工的话我回答说我也很瘦，我也瘦，就像我的敌人们心知肚明的那样，然而他们还是很实在地咬掉我的肉。/难道陛下您就不能终于放下（对我的）（可怜）看法，感觉并碰触我，以您的双手而不是仅仅以您所看到的来评判（检验）我吗？

在这首诗中，我们能够看到的是他被排除在佛罗伦萨以及罗马奸诈的政界之外，他用机智的托斯卡纳意大利语中那干脆利落的用词暗示了政界之中的活力（我也很瘦，我也瘦，就像我的敌人们心知肚明的那样）。这首十四行诗中粗俗的亲切似乎出自那些本身就变化多端的作品，或者说是适应性极强的作品，不过诗中的可塑性可见于维庸以及但丁的诗歌，其中后者马基雅维利读过，而前者则没有。

合乎情理的是，此时他似乎同样也写了一篇短文，内容涉及托斯卡纳方言及其比其他意大利方言的优越性，题为《涉及我们语言的论述或文章》。这篇文章出人意料地猛烈抨击了但丁，他是第一批将托斯卡纳语煽动成文学语言的人之一，但马基雅维利却将他看作诸如维吉尔等经典诗人的盲目模仿者。除了作为诗人的伟大，但丁还对意大利以及西方政治的发展施加了不利的影响。他的错误在于接受了帝王的统治，并且不欣赏政治中不可避免的背叛。这些都是自欺欺人造成的结果。消灭自欺是《君主论》

最主要的目标之一。

即使在他的那个时代里，以科学的视角来看，包括但丁在内的所有这些观点，公平地说，也许都不能被看作是极端阴郁的。在政治中施展背叛这一角色，以及将政治看作是引发背叛的举动，这一切都会上升到让你接受自己生活在一个以变化为本质的宇宙中。尽管据说上帝的仁慈是存在的，尽管事实证明宇宙本身是被物质、情感以及精神法则所控制的，在这样的一个宇宙中，信仰问题还是有必要被放到第二位或者是第三位。政治世界的不确定性不断地挫败人们的伦理雄心。即使是禀赋迥异的君主也会发现自己的机会被辛酸地限制着。

第四节 爱的伏击

“住在乡下的时候，我认识了一位那么高贵、那么文雅、那么圣洁的宝贝儿——无论是她的灵魂还是周身都是如此——我无论怎样表达自己对她的赞叹和爱慕都不为过。”1514 年 8 月 3 日，他在写给维托里的一封信中这样说道。

他的这个“宝贝儿”是他暗中留意着的一位乡下女子，也许是尼克罗·塔法尼的寡妇妹妹，她的名字没有被提到过，她似乎真的迷人到让他痴狂的程度。“不要再劝我了，虽然我已经年近 50（他 45 岁），太阳的光热没有让我感到悲伤，艰难的路途也没有让我筋疲力尽。她让我浮想联翩……（而且）虽然我现在似乎已经走入了巨大的痛苦之中，但我却在这份痛苦中感到了如此美好的甜蜜，就算拿世界上任何东西来跟我交换，我也不愿意从这份痛苦中解脱出来以重获自由。”

然而，他却陷入了另一种自由之中。无论是因为维托里读完整部《君主论》之后发现这本书无法接受，还是因为自己已经对这本书放弃了很高的期望，他已经暂时地将自己从“阅读古人事迹以及讨论现代人事迹的乐趣中”释放出来，“一切都已经被转化成了柔和的想法”。他写道，也就是说他甚至对自己都充满了一种新的热情。

无论是谁将他俘获在自己那优雅的“维纳斯所编织的金网”中，这个女子也一点都不像粗俗的拉·里齐亚，她经常会抱怨他徘徊在自己的屋子里把自己变成了一个讨厌鬼。“她叫我为‘家里的害虫。’”她也不曾出现在他那熟悉的佛罗伦萨妓女圈子中。比如说，他们似乎很享受看着一个熟人被骗去付钱给一个陌生人，让这个陌生人在黑巷子里与一个狡猾的少年发生关系。这就像是《十日谈》中的恶作剧，他一听到就觉得很滑稽。然而，她表现出自己不会拒绝“编一双长筒袜的蓝色羊毛纺线”，而马基雅维利则让维托里在1514年12月上旬给他寄来了这些纺线。

时至1515年1月31日，他已经开始抱怨说：“你会明白，爱情这个小贼会怎样过分地用它的镣铐束缚住我。”在信中，他写了另一首讽刺性的动人十四行诗，在诗中他将爱情描述成一个“年轻的弓箭手”，这个弓箭手经常“试图用他的箭射伤我的胸膛”。他终于将一支箭如此用力地“射出”，“以至于我仍旧能感觉到自己疼痛的伤口”。

他同样也被自己的矛盾心情逗乐了。“任何一个人若是看到了我们的信，看到这些变化多端的信，都会被大大地震惊到。因为起初在信中看来，我们都是严肃的人，完全是在处理重要的事情，任何不正派、不重要的想法都不会出现在我们的脑海中。但是过一会儿，翻过几页之后，读者似乎就会发现——我们恰恰也是寻常的人——我们小肚鸡肠、变化无常、好色淫荡，并且在谈论荒唐的事情。”

然而，他们在信中这样的变换主题只能说是自然的，“如果对于某些人来说，这样的行为似乎是可鄙的，对于我来说却是值得赞美的，因为我们在效仿自然。”自然如同命运一样，总是“变化多端的，而且任何一个效仿自然的人都不应该被谴责”。为了证明这一点，他立即将主题从爱情上转移开来，转移到了自己对工作一贯以来的狂追猛赶上，无论工作涉及美第奇家族还是教皇，或者是维托里的哥哥保罗。身在佛罗伦萨的保罗最近经常拜访洛伦佐·德·美第奇。

尽管如此，他也从未忽视任何终极意义上的政治、军事问题。作为一个分析家，政府依旧需要他。红衣教主朱利亚诺·德·美第奇曾谨慎地告诉弗朗西斯科·维托里，让他去问问马基雅维利怎样看待为对抗法国而预期建立的教廷与西班牙联盟，还是说让这二者互相对抗从而使自身保持中立。马基雅维利对这两种选择的评估长达数千字，尽管他并未因写这篇评论而拿到一分钱。在评论中，他总结说中立是三者中最不可行的方案，并且以自己特有的格言方式重述了出现在他的《君主论》中的观点："一位领导人若是与许多位领导人相对抗，那么他很难有所成就，即使他能够打下江山，也一定守不住江山。""一位君主要与自己的臣民、联盟以及邻国打成一片，而不是被他们所憎恨所鄙视，这对于君主来说至关重要。""教皇尤利乌斯二世从不在意自己是否被憎恨，但前提是他为人们所惧怕所敬佩。"以及"与其可耻地不输不赢，不如痛快地输掉一切。"选择和参与总是比置身事外要更为有用，比思索和期待更为有用。

或许就在这个时候，即1514年，他重新开始以三行诗节押韵法写作自己那未完成的佛罗伦萨史。他完成了《第二个十年》的一部分，大约216行，他从1504年写起，他将这部编年史一直写到了风雨飘摇的共和国瓦解。这本书将他带到了"从那以后接下来的十年里所发生的重大……而疯狂的事件中去，我慢慢地陷入了沉默之中，我放下了自己的笔。"在讲述比萨战败时（"一个顽固的敌人，还是必须被成功压制和征服"），可以提及教皇尤利乌斯对法恩扎的进攻。在讲述"基督教之王"俘获伦巴第时，可以引用马克西米利安帝王在帕多瓦和特雷维索对虚弱的防御军的破坏。

然而在1509年即将到来的时候，他那诗意的叙述再次陷入了一片沉默之中，那时他好似刚刚要无精打采地讲述到1512年一场疾病席卷了佛罗伦萨共和国。原因可以从两方面来看，一方面，他已经重新投入写作自己那更宏大的《论述》；另一方面，职业生活中令人耳目一新的进展也助了他一臂之力。一段时间里，在佛罗伦萨文学界主要知识分子的定期重要聚会中，他作为备受尊敬的重要一员而受到欢迎。

他们的聚会在野草蔓生的科西莫的卢塞莱庄园中进行，这座庄园实际上位于郊区，其遗迹至今沿着街道依旧可以看到，而这条街道则以他那好学父亲的名字命名。从市政厅一路悠闲地漫步过来也能看见这座庄园。豪华的卢塞莱花园被切割成了八个部分，就位于 J.P. 摩根在 1911 年建立的美国教堂对面。花园在当时被称为奥尔蒂 · 奥利切拉，因花园中那些异国风情、高大古老的树木而别具风情，并且早已因新柏拉图主义学院的万神殿而广为人知。在卢塞莱的花园中，当时最先进的政治思想被暗地里提出来热烈地讨论，其中包括洛伦佐 · 德 · 美第奇那日益加剧的专制主义问题。

在远离喧嚣、绿意盎然的郊区，马基雅维利开始在他的李维评论的《卷二》以及《卷三》中考验自己的洞察力，他选择在一位听众面前朗读书的内容。除了多病而快乐的富人科西莫让仆人用一个类似摇篮的椅子将他拖来之外，听众中还包括美第奇家族中的其他朋友们。既包括年轻的扎诺比 · 布隆戴蒙提——后来，马基雅维利将《论述》献给了他以及科西莫，也包括皮耶罗 · 阿拉曼尼——一位天真地渴望以维吉尔《田园诗》风格写作的诗人。

一如既往地，马基雅维利的评论建立在自己的理论前提之上，他经常反复地强调说："世界上的一切事物都处于运动之中，不会保持静止的状态不变。"这些评论强调了他将政治、历史和宇宙看成是持续发展的观点。"人类的事物总是处于变动之中，它们既不会变好也不会变坏。""人类的欲望是永无止境的，因为自然赋予了我们渴望一切的能力和意志，而命运却赋予了我们只获取一点的能力。"如此以至于"人类的脑海中持续存在着不满足，不满足他们已经得到的东西。"

社会和宗教问题也没有被忽略。"如果说世界似乎已变得软弱，如果说天堂已经解体，那么造成这一状况的原因更多的是由于一些人的怯懦，而非另一些人的技巧（美德）以及勇敢（如同在异教的罗马所发生的那样）。这些怯懦的人扰乱了我们的宗教（基督教）。”“罗马人过去曾慷慨地赋予公民权利，让陌生人……（在他们的带领下）……在选举中发挥如此巨大的影响，以至于政府被明智地改善，并且导致当时的审察官昆提利安·费比乌斯……不得不（将他们限制到）如此狭隘的程度，（以防）他们侵蚀全罗马。”——他的目的在于允许这些“陌生人”以及局外人被融入到国家之中，并且甚至要一直到国家终于发生“明智的”改变为止。

花园的宁静与墙外繁忙的城市形成了鲜明的对比。1514 年 6 月，马基雅维利在市政厅内见证了一场狩猎，猎物包括狮子、熊、豹、牛、水牛、鹿和马匹等。市政厅内花大价钱建起了台子和畜栏来安置人群与动物。

观众中有六个来自罗马的蒙面红衣主教，其中包括教皇的侄子奇波，他已经悄悄来到佛罗伦萨好几天了，他也像其他 4 万人一样自己买票。许多人是从远至米兰和威尼斯的地方一路走来的。竞技在圣十字广场举行，16 个武装旗手厮杀着争夺两个奖项，也就是包裹在锦缎之中的杆。一名骑手被刺穿了，他从马上掉下来倒地而亡。在广场上，狮子与熊被一起装在一个巨大的木箱子里，令所有人吃惊的是，它们却不肯打斗。当一只雄狮攻击一只熊时，一只母狮保护了熊。

还有其他迹象表现了这里的活力：1515 年 11 月 30 日，教皇利奥十世凯旋之后，抵达了佛罗伦萨。市民中的富人穿着带有柔软皮毛衣领的紫色丝绸，拿着银色的小长矛，走出来迎接利奥十世，他们身后的马背上载着镀金的铸像。利奥出现在装饰精美的城门前，他带领的德国步兵手持着双刃的斧头，随行的还有骑在马上的弓箭手以及火枪手方阵。头顶上撑着奢华的华盖，他走进教堂，周身被点燃的火炬照亮了，火炬的光亮沿街向外一直排到入口处，向内则一直排到高高的祭坛上。

如果你曾注意到那成堆的装饰品，你会对他的权利与财富有更深的认识，这些装饰品都是为他的到来而准备的。街上被装饰上凯旋的拱门和镀银的塔器，要价最高的艺术家构思并制作了它们的壁柱、雕像、飞檐、壁画以及门廊。

利奥以自己独有的慷慨来回应这样盛大的迎接，他将钱向满街的人群中撒去，并向他们欢呼着、祝福着。

然而，并非每一个人都是欣喜若狂的，你会发现卢塞莱花园中满是被压抑的谋反气氛，这反映了马基雅维利幻想的破灭——他曾幻想在洛伦佐·德·美第奇的统治下谋得一官半职。即使洛伦佐不再对这位前第二秘书长怀有家族的仇恨，然而想要从他那高傲神圣、崇高可怖、肥胖富有的教皇叔叔那里赢得一点点认可都是不现实的，教皇直到现在都对他的渴望视而不见。

第五节 文学冒险

在接下来的几个月里，沉默占据了他的书信。“除了我的家人和朋友，命运女神什么都没有给我留下。”1515 年 11 月 19 日，他在佛罗伦萨写信这样跟自己的堂兄乔凡尼·韦纳奇说道，后者已经变成了马基雅维利的一位心腹知己，“而我却从他们身上赚钱。”直到第二年的 2 月 15 日，他的处境也没有多少改善，正如他告知韦纳奇的那样：“对我自己、我的家人、我的朋友来说，现在我已经变得一点用也没有，因为我那悲惨的命运让我沦落到这样的境地……我和家人健康的身体是我所拥有的一切。”

这并不完全符合实际的情况，不过他的孤独感真的已经加深了。事到如今，他把自己大部分的精力投入到写作中去，而大多数作品集中于背叛以及与之相关的主题——不忠、欺诈以及讽刺——这也许是意料之中的事情。

对于更杰出的作家偶尔表现出来的冷漠，他同样也变得十分敏感。1517

年 12 月 17 日，他向卢多维科 · 阿拉曼尼询问了他那有名的朋友卢多维克 · 阿里奥斯托以及他的作品《疯狂的奥兰多》。这本书的第一版是在 1516 年 4 月于费拉拉出版，而且早在几年前马基雅维利在罗马旅行的时候，可能就已经与这位作者相见，他们也有可能是在佛罗伦萨认识的：阿里奥斯托刚被从监狱里放出来的那一天，就已经到达了这座城市。他信中写道："最近我一直在读阿里奥斯托的《疯狂的奥兰多》，整首诗真的非常好，而且许多段落都很精彩。如果他和你一样（身在罗马），请代我向他致意，并且告诉他，我唯一不满就是他在书中提到了那么多的诗人，却单单把我像一根刺一样的忽略掉。他在《疯狂的奥兰多》中对我所做的一切，我都不会在自己的《驴子的占卜》中以牙还牙。"

确实，他没有在《驴子的占卜》中对其加以报复，阿里奥托斯的《疯狂的奥兰多》中提及了许多当时有着较高声望的意大利文艺复兴诗人，马基雅维利的名字在此书中的缺席，但他并没有在《驴子的占卜》中进行报复。《驴子的占卜》长达 1000 多行，这是一首独具魅力的长诗，然而在他有生之年这首诗没有得到发表。《驴子的占卜》讲述了一个类似于精神分裂的故事，故事中的脉络同时沿着好几个方向展开。这也就是为什么这首诗会留给读者未写完的印象，不过他也许认为这首诗已经完成了，并且他也许曾在卢塞莱花园中举行的某一场宴会上读过这首诗。

柔情、爱以及奢华的感官享受，这一切都贯穿在但丁影响下产生的奇幻爱情故事中，同时一切又基于阿普列乌斯讽刺的场景基础上，尤其是阿普列乌斯写于 2 世纪里的《卢修斯 · 阿普列乌斯的转变》（又叫《变形记》或者《金驴记》）的基础上改变而成的。在《驴子的占卜》中叙述者在前几行声称自己像一只驴一样地活着而承受了太多的"悲伤"，但是随后却未能如同许诺的那样，向我们展现如何发生翻天覆地的变化的。

诗中展示了众多动物们阴郁地聚集在一起，其中包括大群疲惫而颓败的狮子，它们看起来似乎是后人类的生物，一点也不像乔治 · 奥威尔笔下

《动物农场》中警觉的马与猪。它们笨重地走过，走入存在主义的曙光中去，正如诗中所暗示的那样，即回复到它们那类似野兽的最初状况中去，就连马基雅维利笔下那多毛的怪人似乎都有些无话可说。在第八章，这个宛若动物园一般复杂的谜团被一只有着哲学思维的猪解决了。它拒绝了自己从前的人性，并且以此结束了马基雅维利的讽刺史诗，它断言说自己比任何人类都强："因为生活在这样的泥淖之中我更快乐；这里没有焦虑，我泡着澡打着滚。"

值得注意的是，阿普列乌斯的《金驴记》（这里"金"指的是作者那壮丽、专业的拉丁文风，而非贵重的金属）在结构、意象和寓意上似乎极其冗长。这引起了过多令人困惑的暗示。于是就有了这样一个问题：马基雅维利是否并未制造一个谜团。他在写一首主题脱离了人类冲突的诗时，是否并没有创设出一面清晰的镜子来展现人类最为普遍的困境。

这段时间里，他也写了一些现已失传的事纪，即娱乐性的、说教性的故事。这种现代短篇小说延续了中世纪和文艺复兴的原型，与情节、心理以及人物小说大为不同。

《贝尔芬格》，也被称作《娶妻的魔鬼》，也许就是他在这些年间写成的作品，大概在1515年到1519年间。这部作品与薄伽丘《十日谈》中的故事略为相似，并且绝不是一部中篇小说，至少按照现代观念来看确实如此。作品中满是小丑角色——似乎既像异教徒又像基督徒的魔鬼，这样吓人的魔鬼自己又受到了惊吓，一位让人讨厌的妻子，一个诡计多端、投机取巧的农民——这部作品不能被理解成是自传性质的，也不像某些读者所认为的那样，暗示了马基雅维利的婚姻。

在《贝尔芬格》中，地狱的统治者普拉托决定调查这样一个说法：大多数被诅咒遭受地狱之火的男性，他们的灵魂都是在贪得无厌的妻子们的逼迫下才走向罪恶的。一位名叫贝尔芬格的大魔鬼被赋予金钱以及王子般的容貌，然后被派往佛罗伦萨寻找真相。他要找到一位般配的女人，与她结婚并且和她一起生活十年。他改名为罗德里格，将自己伪装成商人，并且成功地娶了奥涅斯塔，这个女人有着无与伦比的美貌。因为他觉得自己没有办法拒绝她那永无止境的需求，他很快就陷入了巨大的债务之中并且面临着破产。

为了躲避愤怒的债主，他让农民詹马特奥将自己藏在了粪堆之中，他许诺以金钱换取农民对自己的保护。然而，当詹马特奥让他兑现承诺时，罗德里格却告诉他自己只有进入某个人的身体之中才能履行承诺——他迅速地附身另一个男人的妻子——然后让詹马特奥为她驱魔以从中谋利。他照做了，他们就这样赚到了钱。罗德里格的下一个目标是那不勒斯国王的女儿，为她驱魔带来了50000达克特的收入。这些钱对詹马特奥来说实在是太多了，他唯一想做的就是回家花掉自己所赚来的钱。

然而，他不曾想到罗德里格很享受附身行为，而且他还惊恐地听说法王路易十二的女儿也被附身了。詹马特奥早已因驱魔而声名大噪，他被召集前去拯救公主，否则将会被处决。他吓坏了，他答应前去为公主驱魔，但是心里已经开始算计着怎样收拾这个极其狡诈的魔鬼。他在巴黎圣母院前的讲坛上为国王的女儿安排了一场驱魔仪式。在驱魔仪式开始前的准备阶段，他命令一群贵族以及音乐家用乐器制造出咯吱碰撞的声音。罗德里格不明白究竟是哪里来的这些噪音，詹马特奥却告诉他说它们宣告了他的妻子即将来到。罗德里格惊恐万分地逃回了地狱，并且在那里“作证说妻子们会给家里（带来）不幸，而詹马特奥则在智谋上胜过了魔鬼，他一路跑回家去继续做那个快活的人”。

马基雅维利这个故事后来被改编成了戏剧和诗歌等其他类型的作品：莱斯比基将它改编成了戏剧，皮兰德娄将它改编成了现代主义的诗篇。文中最有趣的情节可以追溯至一本珍贵的印度故事集*Thesukasaptati*，早在马基雅维利将这个故事移植到佛罗伦萨之前，成吉思汗统治下入侵欧洲的蒙古人大概就已经把这个故事带到了欧洲。

那么，这个故事的有趣之处就不在于对婚姻的控告——只有贝尔芬格表达了这个荒谬的观点，就连他的妻子最后也被证明是个厉害角色——而在于重现了逗笑类型人物，这样的人物出现在许多童话和故事诗中，常常讲述一个农民如何中伤魔鬼。马基雅维利流畅的文风同样也更具吸引力。

故事中的粗俗被马基雅维利以文雅的用词加以柔化，这二者之间的矛盾产生了许多值得回味的反响。这个重新被讲述的民间故事唤起了一种古老的愉悦，印度的一个夜晚化作了佛罗伦萨的一个晚上。“当罗德里格听到‘妻子’这个词时，一种奇迹般的变化在他身上发生了。这个变化如此重大，以至于他甚至连想都没有想——他的妻子就要来了——这个假设究竟是否可能、是否合理，他二话不说就放下年轻的公主，惊恐万分地逃走了。”

截至1518年，马基雅维利就已经开始投入到剧本写作之中，并且取得了成功。回过头来看，这一可供选择的职业对他来说似乎是再自然不过的，不过起初看来，它只能算是一个业余职业。如同其他的意大利以及欧洲文艺复兴城市，佛罗伦萨没有专业的表演剧团。这座城市中没有任何一座建筑成为剧院（位于维琴察的帕兰朵的奥林匹亚也许是第一座，时间可以追溯至1565年），只有神秘的罗马废墟提醒着好奇的人们那不为人知的剧场历史。

然而，却有很多人愉快地记着那些取材于《圣经》的中世纪戏剧，这些戏剧经常再度流行起来。或读或演的剧场活动要么在神圣的宗教房子里进行，要么在学院环境中上演，这一切激起了人们对于戏剧迫切的兴趣。教皇利奥那热情洋溢的欢迎仪式，也许极易被理解为补充了现有的宫廷假面剧传统。再度发掘的塞内卡戏剧培养了现代人对于悲剧的兴趣，不过他们高昂的英雄主义对于普通观众的品味来说似乎是陌生的。

然而，普劳图斯和特伦斯的淫秽剧却深入到酒馆以及商人的生活中去。这些剧本中的小丑人物——拿马基雅维利的话来说，就是那些坑蒙拐骗的仆人、荒唐年迈的丈夫、为爱痴狂的年轻人——为喜剧添加了更多普遍的乐趣。特伦斯集中创作了风俗戏剧；普劳图斯则将罗马那些虚张声势的妓院纳入自己的创作领域。

马基雅维利在25岁左右的时候就已经抄写过特伦斯的戏剧，所以对它们了如指掌。他撰写的关于语言的论著中，已经宣布了自己的戏剧创作意图。戏剧应该成为“家庭生活的一面镜子……具备某种文雅以及引人发笑的表达，从而使那些迫不及待跑来自我放松的人，能够在看完戏剧之后，体味到戏剧背后的有益道理”。

他的《安德罗斯岛的女人》改编自特伦斯《安德里亚》，这部剧可以追溯远至1517年。这部戏的主题是年轻人遭到阻碍的爱情，通过重写这部古罗马戏剧，马基雅维利对抗了拉丁人文主义戏剧那广为人知的学院派潮流。这种潮流被称作“喜剧博学”，广泛地流行于整个15世纪，其中所涉及的戏剧诸如皮埃·保罗·弗吉里奥的《保卢斯》、艾伊尼阿斯·西尔维乌·皮科洛米尼的《克利西斯》——他后来成为教皇庇护二世，以及托马索·美迪奥的《伊比鲁斯人》。

所以在当时，马基雅维利已经是一位略有名气的剧作家，极有可能是在1518年，他创作了他的第一部无可置疑的杰作——《曼陀罗花》，这部作品成为现代戏剧发展的催化剂。他那失传的《太监》改编自特伦斯的另一本作品*Aulularia*，这部戏剧重铸了普劳图斯的喜剧。这部戏剧连同另一部失传的戏剧《蒙面》（这是一部原创的讽刺剧，他在这部剧中意在将广为人知的公众人物放到极热的火炭上烤），凡是看过的人都会赞不绝口，这两部戏大概早在十几年前就已经被写好并且上演。

截至1518年，主要的艺术家也像演员与剧作家一样着迷于创作戏剧场景，这一点似乎是十分清晰的。人们所知道的最早的回旋戏台是在1490年由利奥纳多发明的，他向观众展示了一座膨胀的纸制山峰模型，这座山峰会裂开并且分向两边以展示正在上演中的戏剧。重要的艺术家诸如巴斯蒂安·达·圣·加洛和安德鲁·德尔·萨托，为马基雅维利《曼陀罗花》的早期表演绘制了布景，并且在背景中展现了三维的街道以及内部景象。

道具在大学中所举行的学术阅读中似乎显得平淡无奇、无足轻重，如今也已经被改善。面具和化妆变得如同幻境一般必不可少（究竟什么才是真实的）。表演风格则蜕去了空洞和夸张而追求自然的姿势：一场决斗也许被表演得很像一场真的殊死搏斗。

一匹古老的戏剧战马、激情澎湃的演说以及夸张的言辞渗入到日常生活更具说服力的丰富多彩之中。字里行间那重大的转变也涉及了对话，这一点马基雅维利很擅长。在他笔下，对话不仅听起来极其真实，而且达到了非常完美的程度。

其他的创新涉及人物塑造和主题，即使这些创新不是出自他的笔下，在他利用诸如阿里奥斯托戏剧中的元素时，他也推动了这些创新。小丑人物被保留了，但马基雅维利用悖论丰富了他们。陈词滥调被赋予了鲜活的色彩。

古罗马戏剧中的其他技巧，诸如诡计、玩笑以及带有双关和陷阱的反讽，为戏剧创设了一种更加明确的氛围，渲染着源源不绝的背叛与欺骗。在一层层的欺骗中，每一个人都不是清白的，但这种欺骗并不让人觉得耻辱而邪恶，反而显得滑稽而迷人。它们最终带来了一种矛盾的幸福，在其中观众也许会因发现了自我而带来乐趣。

在《曼陀罗花》中，一种精妙的智慧装点了这些创新之处。美貌的卢克雷齐娅有一个呆笨的丈夫，他渴望得到一个继承人。在剧中，他不单单是被展现成一位典型的好色之徒，因为自己的年龄而成为易于遭人取笑的绝佳对象，而且还被设置成一位抨击社会的律师："即使你把自己的胃挂在他们眼前，这些该死的医生们也看不见。""在佛罗伦萨，如果你不与统治阶级混在一起，甚至连一只狗都不会冲你叫。"

男修士是个为人们所熟悉的角色，在剧中他常常被描述为肥胖而堕落。在这部剧中，他被刻画成了一位贪婪的辩护者，为牧师的软弱辩护着："这不是我们的错！我们没能好好维护教堂的名声。"

卡里莫科是卢克雷齐娅那满心淫欲的情人。作为一个多愁善感的笨蛋类型，他被赋予了精明的特质，以及破解自身疑惑的机会：“我满心都是想要跟她在一起的欲望，我要疯了。”

卢克雷齐娅则怀疑每一个人。另一位堕落的牧师告诉她，喝下一点曼陀罗花汁就能让她怀孕：“在我们试过的一切东西中，这一样对我来说似乎是最奇怪的。”

利古里奥是一位退休的媒人，显然他是个表里不一的人。他冷静地观察到“恋爱中的男人长着飞毛腿”，随后作者又让他评论日益浓重的背叛和虚伪，在这种氛围中，愚人被愚人愚弄着：“我们都在伪装自己。”

尼奇亚被骗去给卡里莫科和他自己的老婆铺床，他做得过了头，以至于在夜里给他们锁上了门，还在第二天将钥匙还给了他们，马基雅维利最后的反讽场景将婚姻中的背叛永恒地留在了人们的脑海中，并且将这种背叛转换成了一种愉悦，甚至连尼奇亚自己都被这种愉悦感染了。卢克雷齐娅或许会将她的新欢看作是“上天的意愿”，以此来开脱自己那伦理上站不住脚的快乐，但是这一戏剧最终嘲笑的却是——观众极其欢迎这一观念——将严格的道德准则强加于人类行为之上，这样的做法是徒劳的。实际生活极有可能让这些道德准则变得一文不值。

马基雅维利本人不曾为剧本中大量的悖论致歉。在《序言》中，他坦率地提及了自己的艰辛——或者正如他所说的那样——作者的艰辛。他谈到自己想要创造这样一部喜剧：这部喜剧将会“照亮他的痛苦，因为他已经无处倾吐自己的痛苦，他被禁止用更有价值的作为来展现自己的能力，他的努力不再被赞扬。”

一次背叛的行为也许会迎来另一场背叛，至少迎来了一部精彩的戏剧，而这部戏剧展示了背叛如何在家庭层面上运转。作为回报，这部戏剧同样也将说明，背叛有时候将如何使大众受益。

第六节 对战争艺术的沉思

过去的那些年里，在他那些有着军事谋略的熟人、朋友以及敌人中，有许多人巧合一般地相继死去，这引发了他对战争的沉思，更为确切地说，是对于战争艺术的沉思。

1515 年 1 月 1 日，法国路易十二死于痢疾，弗朗索瓦一世继承了他的皇位。1519 年初，神圣罗马皇帝马克西米利安在韦尔斯去世（并非如圭齐亚迪尼认为的那样是在林茨去世）。他一向有打猎的习惯，而“死因”正如佛罗伦萨的历史学家提出来的那样，是死于“猎获野兽”。科西莫 · 卢塞莱也在 1519 年去世，他年仅 27 岁，他曾经帮助过马基雅维利在奥尔蒂 · 奥利切拉发表谈话。法布里奇奥 · 科隆纳于 1520 年去世，他是一位备受尊重的贵族，还是一名雇佣兵队长，他曾经去卢塞莱花园游玩过，也许马基雅维利是在那里与他相识的。

洛伦佐 · 德 · 美第奇——这位任性的佛罗伦萨统治者在 1519 年 4 月去世，享年 25 岁，他死于被梅毒所加重的肺结核。他去世几天之后，他的法国妻子就为他生下了一个婴儿。洛伦佐的叔叔朱利亚诺去世之后，除了马基雅维利将《君主论》再次提名献给洛伦佐之外，几乎没有人为洛伦佐的去世而哀痛。尽管如此，他的去世还是为城市机构的改革铺平了道路，也就是说，在红衣教主朱利奥 · 德 · 美第奇的带领下，一个更为明智的领导班子得以运行。在洛伦佐的死讯四处传播之前，米利奥就已经到达了佛罗伦萨并且开始接管事务，以确保“不会有动乱发生”。

马基雅维利是在 1520 年构想出了《战争的艺术》这一本书。那时他的两位朋友已经死去，一位是科西莫 · 卢塞莱，“只要一想起他，我的眼中就含满泪水。”另一位是法布里奇奥 · 科隆纳。书中展现了他们之间虚构的对话，当时流行以这种对话的方式探讨哲学问题，不过马基雅维利与科隆纳在这本书中从许多实际的角度讨论了战争以及军国主义问题。

对话的背景被设立在卢塞莱的花园，时间被回溯至 1516 年一个简单的午后，正好是在他朋友去世之前。法布里奇奥刚刚“从伦巴第回来，在那里他已经掌控了天主教殿下（新的西班牙帝王查理五世）的军事力量”——这一点并非虚构——在向罗马教皇报告之前，他被邀请到这里展示自己对于军事问题的专业看法。科西莫“早就想听听（这些问题）如何被彻底的讨论”，包括马基雅维利在内，他的许多“亲密朋友”也是这么想的。

时至今日，《战争的艺术》在思想史中仍然具有重要的影响力，不仅仅因为它是马基雅维利在生前出版的唯一一本主要作品，这本书出版于 1521 年。书中几处微小的不足也同样很容易被辨认出来，它们散落在全书的七章之中，但并不是特别严重的问题。这些错误似乎可以归咎于他那有失公正的结论，而之所以得出这样的结论，是因为从某种程度上来讲，他的作战经验仍旧是有限的。不过他以事实为证强调说自己从未当过兵，于是就不能做出独立的判断。

比如说，他似乎太过于鄙视在战斗中使用小型武器以及火绳钩枪。他同样也对骑兵的优势不屑一顾，无疑这因为他基本上从未见过大规模的骑兵进攻。他只是多少了解到，小型骑兵团在被派出去与装备着长矛短剑、训练有素的步兵交战时，总是显得相对无助。也许这本书中的一些瑕疵同样可以归咎于不断变化的军事条件，正如科隆纳（或者马基雅维利）所宣称的那样，他觉得集中炮火进攻的方式没什么值得称赞的。随着指挥官渐渐学会如何在战场上使用大炮抵挡步兵，而不是仅仅用它来炸毁城镇和城堡的城墙时，大炮作战的新套路就在那时形成了。然而，正如以上例子中所述，技术的飞速进步导致了武器数量的增加以及更多训练更加精良的骑兵出现，这一切对于横扫大陆的战争来说是至关重要的。

马基雅维利和他的同时代人几乎完全是从步兵的角度来理解战争的，关于这一点不言自明。比如说，科隆纳从未提及海军战役，它看起来似乎无关紧要。然而，在错误地判断过大炮之后，他又展现出一种随机应变的能力，正如他承认说，在对抗重型现代武器的狂轰滥炸时，使用古罗马将军西庇阿的无炮火战场策略是不合适的。

正如人们所期待的那样，古罗马士兵、谋士和工程师的魂灵游荡在《战争的艺术》之中，他们给马基雅维利的这本书带来了人文主义价值。然而，还有一个更具说服力的原因可以解释他们的运筹帷幄，这个原因就是马基雅维利坚信罗马在军事上无与伦比的伟大，也就是说罗马所取得的胜利一直贯穿整个共和国时期，并且持续到恺撒大帝以及他们的后继者（奥古斯都已经攻下了意大利中部和北部的大片领域，维斯帕西安占领英国和德国大片的领土）。腐败与自私的情感在那时已经侵蚀了许多慷慨的动机，并且转化成了独裁的野心。即便如此，马基雅维利的信仰依旧。

罗马和希腊的战争观念以许多方式启发着现代战争，马基雅维利的确是这样认为的。因而，书中的不同章节布满了古代军事数据以及图表，并且集中于一系列的主题，诸如希腊、罗马以及现代的武器和装甲、战场布置、军队的规模、进军模式、营地选择、帐篷搭建、管理“军事妇女”、建筑城镇防御工事、获取马匹以及准备伏击。

他的第一手资料来自于 4 世纪韦格蒂乌斯的《罗马军制论》(《论军事问题》)，虽然他也求助于诸如波利比乌斯等权威人士的论著。他摘抄出自己需要的章节和段落。虽然古文献材料使这本书透出迷人的魅力，但如果这本书缺乏自己原创的特点，那么作者就是犯了只见树木不见树林的错误。原创的观点在书中统治着其他的一切，并且一直先于书中的其他分析，贯穿于他怎样理解政治与战争之间那不可避免的联系中，贯穿于他怎样洞见与常备军相对立的国民军对城邦国家存在的重要性之中，贯穿于他怎样认识军事纪律之于政治以及整个民族军事教育的重要性之中。

基于以上主题，也许就可以说《战争的艺术》影响了至少近几十年以来重要的政治军事首领们，包括拿破仑、希特勒、墨索里尼和斯大林，以及一些民主选举上任的首相和总统。

马基雅维利直接提出了自己对于社会军事化的反对，这一点也许是有些出人意料的。他坚持说社会更需要根基牢固的人民政府。任何军队，他相信，都应该是国家的仆人。然而，政治领导与军事领导之间的分裂对于国家的生存来说是危险的。当军队由职业军人领导，而这些军人又将军队和战争看作职业或买卖时，情况就会发生。

正如古代历史中的记录中所证实的那样，正如最近一段时期意大利所出现的一系列情况那样，上述情况所造成的结果就是虚弱的政治将会倾覆直至崩塌。战争无一例外是以其他方式表示的政治。几个世纪之后，卡尔·冯·克劳塞维茨（1780—1831）也说过这样的话，他是《战争的艺术》的热心读者。即使是看起来似乎最无意义的暴力，如果拉开距离来看，都具备政治策略的模式。

马基雅维利揭露了政治与军事之间拖泥带水的关系，他这么做同样也可以被理解为指出了国民军较之于常备军的优势所在。通过将这一观点在家乡发表，他讽刺性地对那些怀疑他的人表示怜悯，多年前当他鼓励建立国民军时，这些人曾怀疑他对佛罗伦萨政府不忠，他们唯恐一支武装的国民军队将会上演一场叛乱。

一场叛乱或者政变，他（或者科隆纳）表明说，更有可能发生在常备军中而非国民军中。这些国内的军人除了当兵之外还身兼其他职业，在战争结束之后，他们更愿意被送回家。国民军特殊的本性保证了他们信奉和平政治而反对叛乱。

通过梳理这样一个坚定的信念，马基雅维利似乎以重要的方式预见了现代民主政权的军事政策，他们的军队包括小规模的常备军和大规模的国民军军团，而应征而来的士兵绝大多数是在有限的期限内服役的。他在这里再一次强调国民军优越于任何军事政府："一个组织有序的国家必须避免职业军人……因为那些人让国王（或者任何其他形式的统治者）堕落，而且他们还是施展暴力的大使。"

一个重大的主题一直回荡在《君主论》和《论述》之中，即任何健全的国家都应该合理地安排政治与军事之间的关系，使得这二者以互补的形式在彼此之间互通有无。为了彼此都能够和平地存在下去，士兵的生命与国民的生命应该相互混合、融为一体。

这些论点导向了他那些令人惊奇的结论：军事纪律不仅是一切军队成功的基础，而且还是教育国民群众的基础。原因在于，如果将军事风格的纪律应用到社会，就可以为社会提供一种重要的教育范例，从而提高民众的勇气和社会责任感。

这样的一种政策也许会鼓励爱国主义思想的传播（也就是后来所说的民族主义），而在培育爱国感情方面任何的失败，都有可能导致社会内部分裂以及军事失败。然而，军事纪律的社会化不应与军事控制社会混为一谈，后者是应当加以避免的。

为了论证这些纪律，他回忆了“军事纪律（极其不完备）所造成的结果”，即“1494 年（意大利军事力量）所承受的……耻辱的失败和惊人的损失”。一项“古老的纪律（如今应该）”被君王“重新引入淳朴诚实的人之间”，这些君王们拒绝贬低自己军队的士气和自信，从而不允许士兵们“将自己的时间浪费在肆意嬉戏和淫荡乐趣之间，不允许国家（保持着）傲慢的状态，不允许（侮辱）他们的臣民……不允许将他们的军事荣誉以及优势（浪费在）皮条客和寄生虫身上”。

也许他的观念最为创新之处在于鼓励以一种定量的方式建立军事组织。军队、战斗、军火以及武器的合理安排应该细化到数字、设计（比如说军团的设计）以及统计。训练和部署一支军队，可以被转换成具体的科学，也就是工程的模式。比如说，军队供给的预算都应该建立在对可利用社会资源的估计上。这样，军事预算才能够有助于确保公民政治的存活。

然而，他却克制着不去应用这种定量的方法，不过他曾破例将其介绍到一些军营设计以及战场建议中去。相反，尽管他强调纪律，尽管基于完美组织的设备，他将军队看作是极其高效的，他显然更愿意留给他人去发展军事科学。建立军事定量原则似乎就已经满足了他的兴趣。这无疑增加了他的书的知名度。第二版出现于1529年，并在接下来的40年内被译为西班牙文、法文以及英文。

在《序言》中，他将《战争的艺术》献给了洛伦佐·迪·菲利普·斯托茨（1482—1549）。他是一位富有的年轻贵族，马基雅维利也许是曾在卢塞莱的聚会中见过他，而他曾经向马基雅维利提供过一些不曾言明的帮助，并且他还是朱利奥·德·美第奇的一位旧相识。他们之间的相识实在是起了非常大的作用。事到如今，曾经一度关闭的大门似乎一下子都敞开了。巴蒂斯塔·德拉·帕拉是马基雅维利的一个朋友，他经常前往卢塞莱参加聚会，而且他本人还参与到《战争的艺术》一书中的对话里，在朱利奥和教皇之间，他起着类似于调解人的作用。早在1520年4月21日，他就曾写信告知马基雅维利说，他“发现（教皇）对你颇有好感”。

《曼陀罗花》受到了大众的欢迎，加之这部剧所呈现的欢爱乐趣，这一切都吸引了利奥的享乐主义性情。尽管他缺乏远见、过度肥胖，他依旧是一个热情的戏迷、一个酒色之徒，他还是个普通作家。鉴于马基雅维利的史学和文学成就，利奥似乎有兴趣“委托（他）写点东西”，这也许是一次即将发出的、颇有价值的邀请：他也许会被要求承担写一部新佛罗伦萨史的重任。经历过多年的忽视和冷漠，他也许变得颇受官方的青睐。

尤其是他的戏剧起到了催化剂的作用。这部戏剧被佛罗伦萨人热情地接受了，以至于利奥下令上演一场单独的罗马版本，这场戏由巴蒂斯塔来安排。利奥的意图更好地见识巴蒂斯塔所说的“马基雅维利的智慧”（“我提到了你的喜剧，告诉他一切都准备好了”），也就是说，至少他想多了解一下这位遭受冷落的历史学家。

马基雅维利也正在以另外一种方式忙碌着，为了赚钱，他接受使命前往附近的城市，去处理破产以及其他经济诉讼，他主要替自己所认识的人办这样的事情。因此，他那谈判家的能力得以展现。1520年他身在卢卡，为萨尔维亚蒂家族解决破产问题，这其中涉及米歇尔·圭尼吉。这一举动意味着他帮助了教皇家族中的一员。

他在卢卡的使命延续了数月之久，一直持续到9月初。这样他就有了一些富余的时间，他立即着手将这些时间转换成一个关乎文学、历史的机会，而这个机会也许会让他与教皇以及美第奇家族走得更近一些：写一篇数千字长的文章，描绘中世纪卢卡指挥官卡斯特鲁乔·卡斯特拉卡尼的一生。他是一位著名的军事英雄，曾经大败佛罗伦萨并且洗劫其乡村。

在传记作品史中，马基雅维利对卡斯特鲁乔的一生所做的宣扬无人能及。他对卡斯特鲁乔一生进行了夸张的处理，我们除了将其理解为宣扬之外还能怎样理解呢？一方面，马基雅维利将历史中一位遥远的战士上升到了理想化的高度，正如这位战士从一片污秽之中脱颖而出那样，他也同样突然地遭遇了极其痛苦的死亡；另一方面，他小心翼翼地想要给自己那罗马的潜在雇主留下良好的印象，甚至到了胡编乱造的程度。类似于神话的开篇过后，他为这位英雄以及他所处的时代想象出了一段乌托邦式的华美历史。

然而，以一种更加恰当的方式来看，他是在托马斯·莫尔的《乌托邦》出版几年后将这本传记创作出来并送给朋友们的，这不仅仅是一种巧合。莫尔的那本书同样也于1519年在佛罗伦萨出版，他对此极有可能已有耳闻。无论如何，那个时代继续对乌托邦以及讽刺文章保持着接受的态度，正如《蒂尔的恶作剧》中的故事所证实的那样。马基雅维利为卡斯特鲁乔所写的传记不是讽刺性文章，然而他那乌托邦式的特色也许能够轻而易举地引导着现代读者发现——他塑造了一位完美英勇而颇具争议的王子——切萨雷·博尔吉亚式的人物。然而，一个问题由此出现：他传记中的英雄观念几乎不同于现代观念。比如说，这本传记在强烈反对军国主义的同时，却似乎又赞同军事暴力，当现代读者读到这样模棱两可的矛盾时，就会迅速地心生疑惑。

卡斯特鲁乔在生命开始的时候有些类似于摩西，他是一个“裹在树叶里的”弃婴。他在卢卡被一位牧师和他那无子的姐姐养大。他从他们的朋友那里受到了军事训练（这一虚构的细节将他与美第奇家族联系在一起）。他的教练注意到卡斯特鲁乔的军事技能远远超过了其他的那些男孩子。18岁的时候，在他的第一次军事战役中，他展现出了“如此出色的谨慎与勇气”，以至于他在“整个伦巴第”声名鹊起。圭尼吉任命他为庄园负责人以及自己13岁儿子的监护人。然而，圭尼吉一去世，心生妒忌的势利分子就对卡斯特鲁乔发动了诽谤性的攻击，他们相信他“一心想要建立暴政”。

在他随后精疲力尽的生命历程中，大量的战争席卷而来，并且随之带来了胜利、失败以及再次的胜利。马基雅维利设立了一种模式，卡斯特鲁乔按照这个模式被背叛、逮捕、释放，作为“卢卡王子”归来，再度被出卖入狱，然后被释放。暴动、绑架、爆炸以及射击伴随在每天多达“一万人”的死亡中。这一巨大的死亡数目引起了大量难以置信的冒险活动。

同样，在所有这些动乱之中——此处也许暗指了现代的事件——卡斯特鲁乔彻底背叛了与自己同一战线的男人和女人。无辜的人与有罪的人一起被献祭，同盟如同敌人一般被漠不关心地杀死。正如他对于人类价值的漠然，屠杀中无疑有一丝故作虔诚的气味。

还有谁能够成为这样可怕的英雄？马基雅维利对于这一问题暗示性的肯定回答是戏剧性的神来之笔。相比之下，他的回答弥补了之前所发生的一切，甚至将他的传记塑造得超出他所在时代的品位。当卡斯特鲁乔躺着死去时——在他44时，命运用疾病将他击倒了（这同样也发生在切萨雷·博尔吉亚身上）——他做了忏悔，在忏悔中他并没有过多地强调自己那广为人知的邪恶行为，而是强调了自己的内疚心情。而且，他这样做并不是出于宗教信仰，而是出于精神上的彻底悔悟。

当他展露自己的灵魂时，读者的同情心也许会被莫名其妙的触动。对指引正义之手的神圣权力的意识仿佛——令人震惊地——在一群天使扑翅间被莫名地惊醒了。卡斯特鲁乔一直充当着帕高罗·圭尼吉的监护人，他把自己攻占的城市留给了帕高罗·圭尼吉——他还将自己那意味深长的沉思传给了他——“在这个世界上，认识你自己是相当重要的”。

第七节 历史之梦想

1520年秋季，马基雅维利签下合同创作一本新的佛罗伦萨史，正式地说，这本书是写给红衣教主朱利奥·德·美第奇的。他提出了一些术语，这些术语被送去了位于佛罗伦萨的大学，也就是官方的工作室。教皇是工作室的首领，而他的姐夫弗朗西斯科·德尔·尼罗是主要管理者。

他并没有详述自己的工资，其实付给他的酬金并不多——“100弗洛林”，比起他在秘书厅工作时所得的薪金，这些钱只是当时薪金的一半多一点。截止日期被定在两年之后（期限又被延长了两年），而且正如他所提及的那样，他的工作就是写“年鉴，也就是写关于佛罗伦萨城邦政府所作所为的历史”。这本书写作的历史起点由他来决定，同样留给他加以选择的还有创作这本书所用语言——“要么用托斯卡纳语，要么用拉丁语”。

他知道自己将会用托斯卡纳语写这本书，一开始的时候，他只是选择写共和国之前70多年的历史。列奥纳多·布鲁尼所写的历史，以及波吉奥·布拉乔利尼所写的历史——他曾在1453年至1459年之间担任佛罗伦萨的执政官，已经记述到了15世纪30年代。重复叙述他们已经写过的东西似乎意义不大。

然而，正如马基雅维利在他的《序言》中所提及的那样，他们自己国家以及其他国家的史学作品中都存在着一个主要的问题，即：当那些早期的作家游刃有余地记述国外事务时，他们却略过了“国民动乱和内部积怨”。他们同样也避而不谈国内问题的起因。在马基雅维利看来，他们这样做就遗漏了历史的一大部分。

他同样也意识到了自己当前处境中的讽刺意味：一位美第奇主教选择了一位政敌来重述自己城市的历史，而这位政敌多年以来鞠躬尽瘁地服务于政治上与之敌对的佛罗伦萨共和国。然而，也许正是他们之间那敌对的态度激励着马基雅维利开始写作他的新历史。这本史书差不多是从城市的创立写起，以一种权威的视角纵览了从古罗马时代起的意大利。异教徒的旧世界与基督徒的新世界之间的对比燃起了他的激情，他想要展示佛罗伦萨共和国是怎样经过漫长的挣扎走向成熟的。开篇广阔的描述过后，他集中写了从1440年至今的大事件。如果说他集中了共和主义与专制主义之间的对抗，那么他也许做出了很有价值的原创性贡献。

他计划在位于圣安德鲁的农场完成大部分的写作，然而最初的几个月，他却发现自己难以离开。他的一些朋友们蜂拥着称赞他那本《卡斯特鲁乔的一生》，比如扎诺比·布降戴蒙提，他发现这本书“是全世界……最珍贵的东西”。还有他一些朋友认为这是一本满是蹩脚俏皮话的选集，因而持保留态度。马基雅维利在书的最后曾写下附言，错误地将这些俏皮话归于这位英雄所言。（例如：“卡斯特鲁乔［实际上是第欧根尼·拉尔修］常常会说通往天国的道路是好走的，因为你一路走下去的时候是闭着眼睛的。”）扎诺比催促他抛开自己的选集开始写作史记，“因为以你的风格，（写那种类型的作品）比写其他的类型更容易出名，这正是选材所需要的。”

然而，一如既往地，金钱起着至关重要的作用。曾有人给他机会在拉古萨政府中担任秘书长，他被轻而易举地吸引了，虽然最终他还是拒绝了这个职务。这个机会是通过皮耶罗·索德里尼落到他手中的。他的朋友兼雇主如今正在亚得里亚海两岸飞黄腾达。这份秘书长的职务自然地给他带来一笔丰厚的收入——200达克特金币，但是马基雅维利刚刚接受了编写史书的职位，他需要留在这个职位上，否则他可能要面临财产充公的风险。

更加有趣、更加矛盾的是另外一个机会在1521年5月浮出了水面。政府委员会依旧在他们的老地方市政厅办公，但如今却被称为国务掌管八人委员会。他们重新肯定了他在佛罗伦萨政界那昙花一现的良好表现，他们这样做的主要原因是，他们决定派他去执行一项小的官方使命，这是自从共和国破灭之后他所接到的第一项使命。这项使命似乎是完全荒唐的，任何一个像他一样持有宗教怀疑态度的人，也许都会这样认为。然而，他们派给他这份使命也许部分是想要考验他的忠诚。

他被派去参加在卡尔皮召开的一场常规会议，会上将讨论新近成立的小兄弟修道士方济各会，他要向北走几十英里去参加这场会议。会议的目的在于督促他们与其他托斯卡纳方济各会断绝关系。自从1517年以来，这些方济各会的成员宣布他们反对自己的修道会之后，他们就一直在追寻一条虔诚的改良主义路线。在实践中，这是一种嘲弄着别人、虚夸着自己的生活。正如马基雅维利自己所说的那样，他们已经成为了一个“障碍共和国”。然而，男女欢爱中的自以为是没能阻止他们一心追逐奢侈品，比如说精美的食物和舒适的床铺。

同样，对于教皇来说，他们也是一个温和的威胁，他们威胁着他所控制着的其他方济各会，而这些方济各会的欺诈和乱伦更是骇人听闻。对于马基雅维利这样的人来说，小兄弟修道士方济各会住持们那些暗地里的假仁假义举动也就只能让他讽刺性地扬一扬眉罢了。

这次前往卡尔皮的旅程将他带到了摩德纳，这为他提供了一个机会与弗朗西斯科·圭齐亚迪尼再续前缘，他是这座城镇的地方官。虽然这个人保守、冷漠而且经常是冷若冰霜的，但仍然保持着自己一贯的心平气和，他为马基雅维利所取得的创作成功而感到高兴，而且与马基雅维利一样，他对方济各会的看法也是悲观的。

然而，执行这次使命时，更深层次的背景是改革运动正在向北部蔓延，也就是说，远在德国，宗教改革正如暴风骤雨一般蓬勃蔓延。“路德教”在整个意大利的大部分地区激起了愤怒，它极具威胁地强调着个人救赎。私人阅读《圣经》——比起其他任何形式的变革力量，这种方式也许更能在全欧洲煽动起默读潮流——并且还对教会的享乐主义进行严厉的谴责。至少在当前，它的吸引力已经被意大利多样的宗教生活所逐渐削弱，正如方济各会等组织所反映出来的那样。

换句话说，梵蒂冈教廷依旧是焦虑的。宗教暴力的征兆随处可见，虽然所有重要的冲突只在德国以及北部更远的荷兰和安特卫普发生过。戒备似乎是必不可少的。21 岁的西班牙神圣罗马帝王查理五世本人就出生于根特，5 月份的时候，他刚刚在鲁汶参加了他的第一场焚烧异教徒的血腥火刑，那时马基雅维利抵达了卡尔皮。

然而，改革运动似乎没有给他留下多少印象，而且他把修士看作是挑剔而愚蠢的。一到那里，他就发现他们既不能同意也不能不同意他的请求——也就是市政的请求（实际上是教皇通过红衣教主朱利奥 · 德 · 美第奇所提出的要求）——他们既没同意也没拒绝与其他方济各会断绝关系。

正如许诺过那样，他的住宿条件是一流的。佛罗伦萨羊毛行会会长的一份要求在 5 月 14 日抵达他的手上，这位会长要求他邀请一位有名的小兄弟修道士方济各会修道士在斋戒期间前往佛罗伦萨圣母百花大教堂做弥撒。这位充满活力的传教士有一个绰号叫作罗瓦里奥（“北方的风”），由于罗瓦里奥对此没有表现出丝毫的兴趣，马基雅维利就装聋作哑地让这件事情过去了。

圭齐亚迪尼催促马基雅维利迅速地完成这项使命，他怀疑马基雅维利是否愿意冒着丧失名誉的风险置身于“这些神圣的修道士”之间，而他们会将“自己的伪善传染给你”。“如果在这样的年龄你开始考虑自己的灵魂……”那将是一件非常尴尬的事情，“因为你一直活在截然相反的信念里，你的灵魂宁愿承认自己已经衰老，也不愿意被赋予美德”。

无论马基雅维利对自己的灵魂怀有怎样的信念，置身于修道士之间似乎都不会危及到他的名誉。“当你的信使（带着你的信）抵达这里时，我正蹲在厕所里，而且那一时刻……我刚好就在思索这个世界的荒谬。”他所思索的荒谬包括弗拉·罗瓦里奥拒绝接受邀请这件事，“（羊毛行会）想找一位牧师指给他们通往天堂的路……我应该找一位牧师指给他们通往魔鬼的路。”此时，他觉得没有什么比开一个名副其实的玩笑更迫切的了，于是他让圭齐亚迪尼派来几个油腔滑调、坑蒙拐骗的信使，并让他们在他面前点头哈腰，从而让别人对他留下更深的印象。这个策略产生了预期的效果，但是他觉得自己不能继续这么做，因为他担心行迹泄露而被驱逐到附近某个破旧不堪的旅馆里（[一想到这]“我就吓得要死”），那样他就不再有“稳定的食物供给、宽大的床以及其他一系列的东西，如今他靠着这些东西一连三天都在休养体力。”最后，他还是收拾东西离开了，不过那时他已经极尽可能地了解了修道士的法规和信息，这对他的历史写作也许有用。

9月份，身在佛罗伦萨家中的时候，有一封信令他很高兴，这封信后来成为了一篇对他的《战争的艺术》的痴狂评论。菲利普·迪·吉安达是一位有名的经典作品印刷者的后裔，他在一个月之前买下了这本书，而那篇评论是红衣教主乔凡尼·萨尔维亚蒂写下的，他是佛罗伦萨政界的一位要人。他的母亲卢克雷齐娅·德·美第奇是伟人洛伦佐的女儿。“你已经，”他写道，“将所有对现代战争有益的事物串联在了一起，你以最完美的方式呈现了古代战争，而且还组建了一支所向披靡的军队。”

他的《佛罗伦萨史》所涉及的领域也是十分广阔的，他开始认真地着手于这项工作，那时他大概身在圣安德鲁。他手中的资源不只包括布鲁尼的著作、波吉奥以及李维的版本，还包括皮耶罗·米纳尔巴蒂的《佛罗伦萨纪事》、弗拉维奥·比翁多的《十年》、乔凡尼·维拉尼的《纪事》，以及基诺·卡波尼、马尔乔内·迪·考珀·史蒂芬尼（因为他们显然曾亲眼看见并讲述1378年的暴乱，这场暴乱导致了美第奇对于权力的臆断）和乔凡尼·卡瓦尔坎蒂的《佛罗伦萨史》，这本书从1420年讲起，而且非常可信地讲述着之后的事件，马基雅维利差不多大段地将这些事件引用到他的书中。

他选择使用托斯卡纳语来创作这样一部官方的历史著作，这本身就是非同寻常的，这使时代的人感到震惊。同时，他这样做也让人激动的，因为这证实了人们对方言的日益接受。然而，他的这一选择似乎还包含着更多的意义，而不仅仅是为了顺应潮流的发展。除了几本佛罗伦萨编年史，几乎没有著作曾彻底串起这座城市的历史，而且这几本编年史只是提供了基本的时间和事件列表。其中最好的版本是由布鲁尼和波吉奥写成的，无论他们的风格多么清晰，他们的书是以呆板而学究的拉丁语写成的。因此，在历史、文化以及文学领域，选择使用托斯卡纳语似乎是开创性的举动。

在《卷一》一个醒目的自然段中，马基雅维利提及他做出这样的选择同样也是与历史本身的一个重要变化相吻合的，即自 5 世纪罗马洗劫之后语言从拉丁语向意大利语的转变——这种转变发生在罗马帝国摇摇欲坠的崩塌过程中。

> 你很容易就能想象出，在那些艰难的时代里，意大利和罗马的附属国究竟承受了什么。期间，不仅仅是政府改朝换代，法律、风俗、生活方式、宗教、语言、服饰甚至连名字都发生了改变。这一系列的变迁——甚至说其中的任何一场变迁——都足以吓坏最坚强、最坚定的灵魂。在这些变迁中，有许多城市建立和发展起来，同样也有许多城市毁灭了……在人口的动乱与变迁中，一种新的语言出现了，如今在当下盛行于意大利、法国以及西班牙的语言中，这种新语言的痕迹依旧清晰可见，这是新人口的方言与古罗马方言相融合的结果。而且名字也发生了变化，不只是国家与省的名字变了，而且湖泊、河流与海洋的名称也变了，就连人的名字也发生了变化，意大利、法国和西班牙满是新的名字，而所有的古代名字都发生了变化。

新的语言孕育了新的历史，而新的历史又塑造了新的语言。一个人若是想要了解历史，那么他就要探寻新的语言文化的发展轨迹，也就是要探寻语言文化发展的灵活性，它促使新语言能够适用于最敏感、最宏大的文学表达方式。

但丁的意大利语塑造了当下的时代，正如意大利曾被维吉尔以及历史所塑造。马基雅维利的人道主义需要汲取现代的意大利文化，从而使其与经典光辉融为一体。他的风格以及所接受过的训练都让他为这样的挑战做好了准备。他总是无法忍受过多的抽象（“如果说历史中的某一事物能够让你心生愉悦并且有指示作用，那么它一定是被具体描述出来的”）。他那坚定的经验论也许会使他能够阐明最为重要的历史变迁：随着罗马的衰落，“古代信仰的习俗是如何与那些最近在人类间引起轩然大波的奇迹发生冲突的”，以及随之而来的最残酷的结果：大批“生存在如此多迫害中的人类，最终是如何开始写下他们亲眼所见的恐怖的”。

关键在于抓住并记下转瞬即逝的现代恐怖。这种恐怖不仅引发了心理上的灾难，而且还带来了精神上的奇迹，甚至激起了新的同情与冷酷，以及新犹太 - 基督教所标榜的磨难，如果他们标榜的不是痛苦的话。

在描绘宏大的历史变迁时，他同样也描述了其他人不曾描述过的现象：意大利的四分五裂，也就是为何“蛮夷所参与的意大利战争几乎都是由教皇引起的，因为正是他们招来了那些涌进意大利的蛮夷，而这种事态已经延续到了我们的时代，并且让意大利一直处于四分五裂的虚弱状态”。

这就是他所使用的方式：现代读者也许会觉得这段历史写得不够完美。也许是因为他急于完成这样一套复杂的作品——这套作品以八卷本描述了截至 1492 年的全部历史，包括发生在这段时间里的战争和政治冲突。他似乎经常在写作的过程中走神，也经常忽略他的参考书籍。

然而在大段的篇幅中，这一缺陷似乎不再重要。渐渐清晰的是他开始着手探索一个更为宏大的主题：随着罗马的衰落而在人类中形成的一种怪诞的躁动，他坚信这一主题的存在。正是这种躁动引发了共和国对于自由的渴慕。在整部《佛罗伦萨史》中，这种非同寻常的现象被展现出来，它上升为暴力，它蓬勃发展然后又销声匿迹，最终却又再度崛起。它既强大又不可阻挡。

正如马基雅维利在书中专注于写作它那多种多样的表现，读者也是逐渐地开始意识到这种奇怪的躁动对古罗马人来说显然是陌生的。因此，科索·多纳蒂——一位死于1308年的极具影响力的佛罗伦萨人，他“最值得被列入我们的选民之中”——被描述为拥有着“躁动的思想，（这种思想）足以让他的国家与党派忘记自己应该给予他的权力，而最后，他的躁动为他的国家带来了永无止境的罪恶，并且导致了他自己的死亡”；人们回忆起卡斯特鲁乔时，总是说他让“佛罗伦萨在抢劫、拘禁和纵火中蒙受了巨大的损害”；而14世纪的佛罗伦萨则被称作横行着“不计其数的躁乱”。

同样，引起他注意的似乎不只是这些动荡，也不是动荡中的野蛮行径以及他们的情感、心理和精神变化。这一切被看作是扰乱并改变了整个后罗马时代的氛围。而且，围绕并穿行在这样的氛围之中，正如置身于某种超凡脱俗的月光之中，而他均衡对称的风格投下梦幻而优美的光芒。相比之下，布鲁尼和波吉奥所使用的拉丁语则僵硬得多。他的这种风格能够让人们在柔和的光晕中见证一系列的灾难。

当他描述1478年的“帕齐阴谋”以及1492年洛伦佐·德·美第奇之死时，这些躁动的事件被最为沉着地表现出来：

> 弗朗西斯科与伯纳多（阴谋中的两位谋杀者）心中充满了（对美第奇家族）的憎恨和杀人的欲望，他们如此冷酷而坚定地追逐着自己的目标，以至于在他们将朱利亚诺·（德·美第奇）带入教堂的路途中，甚至当他们已经走入教堂的时候，他们都在讲着滑稽而欢乐的笑话逗他发笑……当他倒在那里的时候，弗朗西斯科在他的身上捅满了伤口；实际上，当他拿刀刺他的时候，他那么愤怒，甚

至于伤到了自己的大腿……当这些可怕行径正在发生时，教堂似乎要倒下来砸在人们的身上；红衣教主（洛伦佐）紧紧地抓住祭坛不放，牧师们艰难地将他救下；当叛乱被平息之后，他被执政官带去了市政厅，他一直留在那里直到被释放。

想要了解（洛伦佐陛下）时而阴郁时而快乐的行为就要先了解他的两种性格，这二者被一种无形的纽带所连接着。在他最后的日子里，由于身患让他受尽折磨的疾病，他忍受着极大的痛苦——他受制于某种致命的胃病——这种胃病在1492年4月结束了他的生命。在佛罗伦萨，甚至在意大利，全国人民都不曾如此悲痛地悼念过一个亡灵，而他在自己身后留下了普遍的美誉。上天给出了许多的征兆，预示着在他死后毁灭将会降临，其中之一就是圣母百花大教堂的最高点（圆顶）被闪电击毁。

马基雅维利选择用洛伦佐的去世结束佛罗伦萨的历史，然而，他的死却只是预兆了更大的灾难，包括“无人能够（阻止的）意大利衰落将会一直持续到它沦为废墟为止”。躁动，或者说一种持续的不确定性，被挑选出来作为作品的主题。

第八节　暴风雨前的光亮

他在1525年写下了作品中最后的几行。之前的几年里，他基本上都待在圣安德鲁，他将所有的时间用在历史写作上，只是偶尔会分心照顾鸟儿和他的农场。

教皇利奥十世聘用他写作此书，但他却没能活到看到成果。他于1521年12月去世，那时合同刚刚被签署。他死于一场突如其来的“猛烈伤寒”，他的心中充满了梦想，其中之一就是联手西班牙查理五世的军力，将法国从意大利赶出去。作为交换，这位国王曾经许诺处理被驱逐的马丁·路德，他将会审判这个烦人的家伙并且将他处决。

利奥去世后，继位的是一位胆怯却博学的弗兰德人。他在1522年1月的选举中以全票当选，他的当选是为了阻止红衣教主朱利奥·德·美第奇当选，美第奇的名字似乎吓坏了其余的红衣主教。当查理7岁时，阿德里安就已经认识了他，因阿德里安被雇用为皇帝的导师。他与路德之间既存在着信任也存在着敌意。他在生病并于1523年去世之前，没能推动宗教改革，也没能将路德作为异端加以处决。

如今，朱利奥·德·美第奇可以畅通无阻地踏入这一空缺之中，他对自己的未来充满了憧憬，不过这憧憬很快就变得让人气馁。1525年5月，马基雅维利正式向他呈交了几近完成的《佛罗伦萨史》，那时他已身为克雷芒七世教皇。3月8日，克雷芒就向弗朗西斯科·维托里表达了对这位历史学家的好感："他应该（带着他的作品来罗马教廷），而且我确信他的书将会给我们带来乐趣。"

7月份，大概是随意翻过马基雅维利写下的内容之后，克雷芒便将支付给他的酬金翻倍，他用这种最好的方式表示对他的支持。他还通过其他的方式进一步地肯定了马基雅维利，他将马基雅维利送往法恩扎，与圭齐亚迪尼一起考虑在罗马涅建立一支国民军是否是明智之举。

每一位教皇都会不断地变换联盟、不断地重新结盟，这些不可靠的联盟常常被背叛，逐渐分崩离析，教皇这样做只是为了保全自己的性命，正如在法国与西班牙之间，查理再一次成为一个潜在的威胁。尽管圭齐亚迪尼与马基雅维利在意见上存在着分歧，但他们之间的关系很好。一如既往地，圭齐亚迪尼反对招募出生在本国的非专业军队，他在7月25日以私人的方式写信给已经回国的马基雅维利，正如他在信中所说的那样："我理解自从你与马里斯科塔分别之后，"（马里斯科塔是一位高级妓女，马基雅维利在法恩扎时曾与她一起度过了一段时光。)“她提及你时奉承之意流于言表，她高度赞扬了你的举止和谈吐。这温暖了我的心。”这一定也温暖了马基雅维利的心(“比起我在这个世界上拥有的任何东西，这一［消息］带给了我最大的荣耀。我很愿意你代我向她致以问候”)，也许是因为在过去的几年里，除了人们欣然接受了他所写的历史，他生活的其余部分糟到不能再糟。

他的弟弟洛托———位牧师，偶尔也参与艺术品交易，他对马基雅维利来说意义重大——已于 1522 年 6 月去世，大概死于爆发在佛罗伦萨的一场瘟疫，那时他年过 45 岁。1523 年 4 月，弗朗西斯科 · 维托里与他谈论过，他们两个人都在变老而且还有点“爱挑剔”。他们应该更加诚实地回忆起年轻时的样子。当时困扰他的是马基雅维利那已经成人的儿子洛多维科，至少在那些日子里，他的行为一直困扰着他：“有个男孩跟他在一起，他和这个孩子一起玩，一起做游戏，一起散步，他在他的耳边说悄悄话；他们在同一张床上睡觉。这又能怎样呢？也许在这些事情的背后，没有不对劲的地方。”

回忆起自己游手好闲的年轻时候，以及马基雅维利的年轻时候，他吐露了些许实实在在的遗憾：“如果我的父亲了解我的行为方式和性格，他绝对不会将我绑在妻子身边，因为我天性爱玩，很少关心家庭的事情。但是妻子和几个女儿已经迫使我改变。”

或许，他们二人都是因此而发生了改变，随之而来的还有其他的痛苦。皮耶罗 · 索德里尼死于 1522 年 6 月 13 日，那时针对美第奇家族的一场新阴谋刚刚被发现不久。虽然这场阴谋很快被粉碎了，但它至少是指向红衣主教朱利奥的。这次，一场计划反美第奇的暗杀没有将马基雅维利牵扯其中，即使他和索德里尼也许支持过这一想法。然而，这场阴谋的败露却结束了他们在卢塞莱花园中的聚会，这样的聚会活动在多年来一直支撑着他的精神。这场暗杀计划完全是不成熟的，使得马基雅维利的密友扎诺比被迫逃走，但是日后当他们从法国回来时，他们先是被逮捕然后又被释放。另外两位谋反者被逮捕、审讯并且处于绞刑。

也许就是在此时，或者是稍早一些的时候，马基雅维利完成了一系列关于统治佛罗伦萨的温和的改革建议。这些建议写于利奥十世死后不久，他曾经要求马基雅维利写的。他曾经表现出支持恢复共和国，他还评价说，只有继续处于美第奇的统治之下，政治上的改进才是现实的。马基雅维利辩驳说："除非（政府）参与到这样的改革之中，国家才会变成井然有序的共和国，政府的参与有可能使这样的共和国形成得更快。"而且只要城市中有"能够稳住脚的……机构（那么由于）……人人都要参与到这样的机构之中……任何阶层的市民……都不会再想要革命（革新）。"

也许是早在1523年，至少最晚不会超过1524年，尽管当时他还在写那本《佛罗伦萨史》，他在佛罗伦萨旅行的时候还是陷入了一场新的恋爱之中，这次恋爱变得比他的任何一场爱情都更加意味深远。在接下来的几年内，似乎以一种着魔的强度燃烧着，这一切都要归咎于他与巴贝拉·拉法卡尼·萨卢塔蒂热情的相遇，她是一位因美丽而出名的演员兼作曲家。

巴贝拉·萨卢塔蒂拥有很高的知名度，她是一位受过良好教育的女人。她属于表演阶层，这个阶层的女人被定义为contigianeoneste，也就是拥有"高雅"品质的艺妓。就她而言，艺妓这个名称意味着音乐上的成就，这种成就足以激发他为她创作抒情诗或者幕间剧，而这些作品将被插入《曼陀罗花》新近被创作出来的内容中。他的另一部戏剧《克丽齐娅》也是写给她的。这部戏的情节取自普劳图斯的《娱乐场》——马基雅维利的一部分戏剧几乎是逐字逐句地翻译了普劳图斯的拉丁版本——他大概是在1525年之前就已经完成了这部剧本，他似乎为用于聚会或是欢庆表演而赶过进度。

他或许是在一场豪华的娱乐盛宴上遇见她，这种盛宴上满是音乐舞蹈，并且还会安排一场戏剧。他们就在雅克布·迪·菲利普·法尔科内蒂的房子中相遇。雅克布的这座房子位于韦扎亚的圣玛利亚，距离圣福雷迪亚诺的大门很近，农场上还有著名的庄园花园。当砖窑被建在农场上之后，这座房子被取名为"烧窑工"。

晚上，雅克布的房子吸引了大批来自商业家族和娱乐家族的观众，随之而来的还有不太出名的市民，甚至还包括工匠在内。他的客人们精致而优雅地喷好香水、盛装打扮之后，骑马、步行或是租借马车从市中心一路来到他的花园。即使是在战争随时会爆发的时期里，他们也会穿过那些微光摇曳的街道和巷子来到这里。这些大街小巷中排满了棉毛机器，棉毛工业虽然日渐衰落，但是仍旧有着十分广泛的影响力。

在阿诺河的沿岸，羊栏以及羊毛架子随处可见：氨水冷冰冰的气味闻起来很像洋葱，它为夜晚的空气添加了活力。许多房子外墙上都挂满了铁扣，用于固定和晾干稻草。墙上醒目地陈列着棉花条，这些棉条在烟雾弥漫的黑暗中五彩缤纷地摇动着。

在夜里，街上满是一群群自吹自擂的音乐家：佛罗伦萨人总是对最新的情歌怀着迫不及待的心情，尤其是在1500年之后，那时打印版的乐谱已经可以得到。利奥自己就曾经雇用过一位琵琶演奏者，他每年支付给他300弗罗林。这是一个惊人的数目，这个数目足以让这位音乐家感受到尊重；另一位音乐家则被授予了大主教的职位。

雅克布很富有，但不属于贵族阶层。他决定在1525年1月13日上演马基雅维利未删节版的戏剧《克丽齐娅》，这部作品配上了菲利浦 · 韦德洛所创作的间奏曲以及巴斯蒂安 · 达 · 圣 · 盖洛所绘制的舞台背景。然而，他的真正目的却是宣布自己为期5年的放逐已经结束。他曾经是热政团的一员，但早已被免去官职驱逐回家。如今他的放逐期已经结束，他希望通过一场舞台表演来恢复自己先前的社会声望。几个月之前，马基雅维利的剧本《曼陀罗花》在佛罗伦萨上映并且得到了广泛的好评，雅克布希望《克丽齐娅》能够带来更加轰动的效果。

“你的狂欢活动已经声名远扬。”就在几个星期之后，2月里菲利普 · 德 · 纳里写信给他，语气里带着一丝夸张的成分，“我知道许多人夷平花园来为你的喜剧搭建戏台。我知道受到邀请的不只是城市中最高贵的贵族，还包括中产阶级以及他们身后的平民……你的喜剧已经名扬天下。”

这座城市的市民对充满冲突、风趣和欢爱喜剧很感兴趣，所以他的喜剧可能真的已经声名鹊起。在马基雅维利的五幕剧中，一位父亲和儿子爱上了同一个女人，她是这位父亲17岁的养女、这个儿子的非亲生姐姐。

在说尤金·奥尼尔、田纳西·威廉斯或哈罗德·品特所在的20世纪，这种不平衡的家庭情景剧也许早已激发着暴力、酗酒、诗歌、离婚、谋杀和污言秽语。普劳图斯和马基雅维利将这样的剧本看作一个机会，以此将愚蠢的婚姻与闹剧一样的欺骗结合起来。

然而，抛开剧本中的轻浮不说，如果将马基雅维利所生活的佛罗伦萨想象成比其他城市以及其他时代都更易于接受父子之间的情场竞争，这本身就是一个错误。同样，有些人基于不充足的证据所做出的幼稚推断也是错误的，他们声称尼科马克（尼科洛·马基雅维利的缩影）这个活跃健壮、愚蠢而前途无量的恋父者，在某种程度上是马基雅维利自身在文学上的投射——即使不能说这个观点毫无道理，它也是令人不悦的。

对马基雅维利来说，至关重要的是爱情三角恋中纯粹的娱乐价值，也就是说这部戏剧展现出一系列合理的关系，这一点可以从情节中推断出来。

在拉丁语版本以及意大利语版本中，女主角从未现身，这是至关重要的一点。她的缺席在剧中不曾被解释，于是观众备受折磨地期待着她最好快点出现，他们的注意力从谁睡了谁转换到谁嫁给了谁。她的代理父亲努力着想要把她嫁给一个代理仆人兼丈夫，而这位仆人愿意接受另一个男人与自己的妻子上床，相比之下，他的儿子自己努力地想要娶回克丽齐娅，他们每个人都恰到好处地遇到了挫折，得到了回报。

马基雅维利这部喜剧的核心是操纵欲强、迷惑人心的索夫隆尼娅，她是尼科马克那爱开玩笑的妻子，也是害相思病的克林德罗的母亲。有了她，马基雅维利就可以摆弄着手下每一个精致的牵线木偶。起初这位领养来的姐姐是不情愿的，而索夫隆尼娅的儿子却对她充满了疯狂的激情，他那孩子般的轻信让这种激情更为荒谬。

因此，这部戏不仅是靠着疯狂的逆转而跌宕起伏，逆转之中还包含着新的逆转。一次，尼科马克被骗去与他的男仆上床，他把自己的男仆当成了克丽齐娅。于是，他侵犯了他，造成了刑事上的尴尬。这部戏的看点在于遭受出卖的欺诈，这种欺诈在最后被看作是治疗混乱和吵闹家庭的良药。

马基雅维利创造了戏剧的序幕，让人惊奇不已，在戏剧史中具有深远的意义，它深深地影响了后来的其他剧作家，诸如歌德的《浮士德》以及皮兰德娄的《搜寻一位作者的六个特点》。“出来吧，你们所有人。”当戏剧还没开场时，作者（马基雅维利）对他的演员们这样喊道，随后他转向观众说道：“最好让大家……见见这些角色，这样当你们看到他们出现在台上时，你们就会认出他们。”

这种设计允许演员们化妆化到一半时在观众面前亮相，那时他们的服装还没有穿好，凌乱而随意。这种设计并非缩减了观众的参与程度，而是让观众们更多地参与到随后到来的情境中。逛剧院的人成为剧场魔力的源泉，演员们既不被看作唯一的角色扮演者，也不被看作普通人，他们在这二者之间来回穿梭。

他们将戏剧生活与自己的普通生活融合在一起，莎士比亚会将他们的生活描述为贫穷而困窘的，就像是插在叉子上的动物，他们同样也以另外一种方式闪现着迷人的光芒。正像是作者所坚持的那样，在生活的剧场中，他们对于自己所扮演的角色变得敏感起来，因为世界肯定是个舞台。

在接下来的几个月里，马基雅维利似乎从未如此频繁地在几个角色之间转换着。他一度是弗朗西斯科·圭齐亚迪尼的财产代理人，负责看管和报告每况愈下的农场。他曾经参观过这座农场，而他的朋友一眼都没看过就买下了这座农场，他这样做可以看作是一种投资。

8月，他是洛多维科的父亲，这位父亲对自己儿子的做作感到惊奇，他所写的信中满是恶意：“我要惩罚那个恶棍，”“我觉得自己想……复仇。”洛多维科经常触犯法律，马基雅维利决定不再为他支付债务。

9月（1525年），他转而成为一位积极的市民。令他欣慰的是，他得知地方法官临时委派的官员宣布他恢复政治权利，也就是说他有资格当选政府职位。

在8月份，他同样还尝试着当了一回业余化学家，为圭齐亚迪尼提供了一个药方，用来配制治疗头痛和便秘的药丸：他需要将不同分量的芦荟、藏红花、没药、石蚕、美国树干、立浪草和紫蘩蒌混合在一起。

10月份，他恢复了自己那忙碌的父亲角色，这次是照顾伯纳德，他在圣安德鲁“患上了严重的隔日热”。同样是在10月份，他变成了剧作家，一头扎进了戏剧《曼陀罗花》新加部分的创作中去。“最后的那几个晚上，我一直都是和巴贝拉一起用餐的（他告诉圭齐亚迪尼说），我们一起讨论戏剧……她提出与她的歌手一起前来，并且在幕间唱歌。我提出创作与剧情一致的歌谣，而（路易吉·阿拉曼尼）提出为她和她的歌手提供住宿。”

具有讽刺意义的是，截至11月中旬，他已经开始以“历史学家、剧作家以及悲剧作者”的头衔来为自己的信件署名。鉴于之前他所扮演的每一种角色，他这么做也许多半是在开玩笑。

第九节 罗马袭击与不治之症

自克雷芒七世的选举以来，多种多样而又极具威胁的军事压力已经覆盖了整个意大利北部。这种压力由于他的无能和愚蠢而被放大。圭齐亚迪尼认为，政治军事迹象在北方蔓延后，波及了南方，并开始对整个半岛产生影响。1525年8月他论述道：“我们都行走在阴影中，但是我们的双手被束缚在背上，因此我们无法避免碰撞与颠簸。”

佩斯卡拉的侯爵费兰特·弗朗切斯科·阿瓦洛斯（1489—1525）最终反叛，并且因他的死亡而将查理五世完全逐出意大利的尝试也以失败告终。鉴于这次失败的尝试，以及仔细考虑了他们在军事方面进退维谷的窘境，12月份，马基雅维利在给圭齐亚迪尼的信中写道："佛罗伦萨的领导人永远不会做出任何令人尊敬和值得人们或为之生或为之亡的勇敢的事；我在佛罗伦萨市民那里观察到了如此多的恐惧，他们倾向于顺从任何想要毁灭我们的人。"

尽管持悲观态度，他还是决定为保卫这座城市而采取负责任的行动。接下来的几周里，他实际上似乎被拉向了相反的方向。一方面，他想要继续他的剧作生涯；另一方面，他觉得向佛罗伦萨和罗马的领导建议如何抵御不可避免的外来入侵，以此保护他们自己也很重要。他在罗马成为教皇的支持者和准朋友。自《战争的艺术》出版以来，朱利奥·德·美第奇将其看作军事方面的专家，并且觉得应该将他派遣到有麻烦的地方去担任国防顾问。由于法国、西班牙和罗马教廷之间的紧张关系有可能会变得更加具有暴力倾向，马基雅维利不得不放下剧作创作，而将注意力全部放在战争上面。

这种转变使得他的能量再一次被激发，分析能力也再次得到应用，这体现在他四处行走以及快速提交报告两方面。而这两方面都曾经是他外交生活的重要组成部分，因此很得心应手地回归了以前的方式。

三件大事（包括一件刚刚过去的）现在也被证实对不明朗的佛罗伦萨的未来非常重要，同时对一场很快席卷罗马南部、佛罗伦萨北部及附近地区的恐怖事件来说也是至关紧要的。这三件大事分别为：1525年2月24日，法国国王弗朗索瓦一世在由帕维亚侯爵（后来死了）领导的战争中被西班牙人俘虏；1526年5月22日，反罗马帝国、反西班牙的科尼亚克同盟形成——这是一个防御性的结盟，同盟里领导人的利益一开始就互相冲突，彼此之间相互猜忌；他接受了一项同一名西班牙高级军官一起进行的调查任务，这些改进对佛罗伦萨周围的防御城墙来说是必不可少的。

而这三件大事中，打败和俘获法国国王对当时掀起的反对教皇的浪潮最有用。这将在接下来不到两年的时间里通过一场军事风暴而取得成功，或者借助一个机会取得成功——这个机会是以一种袭击首都的形式将无法想象的事情变成可以想象，而这个袭击比任何行为都凶暴残忍。

在修订版的《疯狂的奥兰多》中，阿里奥斯托展示了他对法国国王战败的深刻印象。尽管弗朗索瓦一世被抓后遭到了囚禁，但是几个月后，查理五世签署了一份协议，从而使得弗朗索瓦一世获得了自由。查理五世的做法是马基雅维利始料未及的，因为他觉得查理五世没有理由放弃自己的优势——现在看来，罗马教皇职位处于危险之中了。国王重获自由的条件是交出他年轻的儿子们充当人质。不过这样做几乎没有什么帮助，因为法国人的弱点已经暴露在所有人面前，每个人都能察觉到。当反对西班牙和德国进入意大利时，事情变得更加糟糕。正如阿里奥斯托看到的那样，国王的耻辱最让人惊讶的是它来自于自我欺骗。

> 命运将我们视作尘土，上下盘旋，上一秒将我们吹向天空，下一秒又立即吹回原先所属的地面；它使国王相信他已经召集了十万士兵包围了帕维亚，因为他只关心战争的支出，而不顾他的军队士兵实际上是增加了还是减少了。错误在于他自己那一毛不拔的铁公鸡大臣们，以及自己对他们的毫无顾忌的信任。

但他仍然相信他们，而结果是“法国在战场被彻底摧毁”，总共8000人或被杀或受伤。在一个堆满了查理五世的官员尸体的公园里，他走投无路，陷入绝境，投降于“五名不知道他身份的士兵；但是总督恰好过来，他向总督介绍了自己，总督带着崇高的敬意亲吻了他的手，然后以帝王的名义将他俘虏”。相比于查理的顺从，这次逮捕似乎更为糟糕的是，他已经无关紧要。

除了他的愤慨导致了科尼亚克同盟的形成，他的确已经无关紧要，或者在那时来说是如此。他与曾经支持他的教皇（他们组成联盟的消息早在1月5日就已经传出）、亨利八世（他后来冷落了他们）、威尼斯（威尼斯的领导人担心他们会丢掉在帝王那里的殖民地），以及与米兰公爵弗朗西斯科·玛利亚·斯福尔札（他曾经试图煽动佩斯卡拉反抗查理，后来因为引起麻烦而被罢黜）结合在一起。尽管从一开始，这个脆弱的同盟就看起来似乎更倾向于美好的愿景，而不是采取迅速的军事行动。在其短暂的存在期间，这个同盟一开始就不以策略为指南，而是以复仇。

圭齐亚迪尼不情愿地放弃了他想要在法恩扎赞助马基雅维利的戏剧作品《曼陀罗花》的愿望。这件事本打算用来庆祝1526年2月份的狂欢季的。但是在最近不利的军事形势下，他被任命为教皇的谈判代表前往解决科涅克联盟的问题，以至于他没有时间再去监督指挥一场戏剧。

马基雅维利在任何情况下都能从其取得巨大成就的戏剧事业中得到慰藉。《曼陀罗花》这部戏剧1522年在威尼斯被两次出版，其中一次还是由著名的亚历山大·博多尼用小号的版本出版，如《卢克雷齐娅喜剧》一样优雅。《曼陀罗花》受到了威尼斯人如此热烈的欢迎，以至于原定两场演出中的第一场不得不取消，因为一群兴奋的观众发起的狂热游行使得现场变得混乱不堪。

1526年2月，威尼斯的表演者举办了一场普劳图斯的《孪生兄弟》（翻译版本）再现的活动。“看到（你正在上演的戏剧和该作品的推广者乔凡尼·马内蒂的报道）……如此高度地赞扬它……（以至于）被羞愧所激励带动，他们需要你的戏剧的陪伴……因此可以在他们的屋子里表演。”随着这个戏剧变得更加受欢迎，居住于佛罗伦萨在威尼斯殖民地的商人们，请求马基雅维利给他们任何他新的戏剧作品，而他的生活似乎立即就发生了改变。如果他的政治雄心没有能够为他谋得垂涎已久的政府职位，那么他在戏剧方面得到的认可也许能够弥补这一遗憾。

同样，相比之下，他试图处理佛罗伦萨和其他意大利城邦之间可能发生的战争这一努力则由于受到广泛的质疑而未能成功。每一个阻止佛罗伦萨被帝国军队入侵的必要措施都始终悬而未决。确实，在大多数情况下，缺乏准备似乎导致了对美第奇家族的不满。1527 年佛罗伦萨曾经爆发了一次尖锐却短暂的抵抗美第奇家族的起义。即使在面对生存威胁时，美第奇家族的一些领导人仍然在争夺金钱，在一切可能的地方偷窃，并且追逐权力。

朱利奥当选教皇后，佛罗伦萨以及它的领土仍然处于他的间接统治之下，但是也处于红衣主教西尔维奥·帕塞里尼（1459—1529）更加冷酷的监管之下。西尔维奥·帕塞里尼代表了美第奇家族两位私生子后代伊波利托和亚历山德罗的野心，据说他们分别是朱利亚诺和洛伦佐的儿子。他们的主张与皮耶罗·德·美第奇的女儿克拉丽斯的主张相冲突，而克拉丽斯反过来又向乔凡尼·德·美第奇的野心提出了挑战。那时候乔凡尼因为在意大利其他地方取得的胜利成就而令人瞩目。他以乔凡尼·戴拉·邦德·内里，或者是黑军战士乔凡尼的名字而著名，这个称呼取自黑色的条纹布，他下令将这种黑色的条纹布缝在他的私人军队的盔甲和衣服上，用这种姿态来悼念利奥十世。

整个美第奇家族对罗马和佛罗伦萨社会、军事以及经济生活的干扰，使得他们如果不是扼杀它的话就要处理并压制它。作为一个群体，他们既忽视了为战争做准备的紧急性，又忽视了可能会失去美第奇家族的教皇职位以及政治统治地位的紧迫性。在这种局面下，1526 年 11 月 25 日，也就是乔凡尼和他的两千名士兵成功实现了一场重要的对罗马的防御之时，他遭遇了一场可怕而又荒谬的死亡。这场死亡确切地发生在他的军队与一支包含了德国贵族佣仆的皇家军队交战之时，或者说是与一支训练有素的路德派新教徒队伍对抗之时，这支新教徒队伍在格奥尔格·冯·弗伦茨贝格的统领下向南挺进。

历史的变化可以合理地归因于某个事件或者某个临界点，一个例子就是军队不称职的外科医生那天晚上治疗受伤的乔凡尼，在他的右腿上绑了一个小隼球。乔凡尼想要指挥他的军队阻止冯·弗伦茨贝格的军队穿过波河并向南挺进佛罗伦萨和罗马。从战场回来之后，那天晚上，他举起一个火把以使得外科医生能够看清从哪里截断他的腿——这或许是他逞能的一个例子——他绝望地看着来回滑动的医用刀片要了他的命（他死于11月30日），正如圭齐亚迪尼说的那样，他的死伴随着“如此大的勇气”。

马基雅维利认识他，而且他们之间是相互钦佩的。作为一个不修边幅、有着战斗经验的士兵，乔凡尼高度赞扬了他的《战争的艺术》一书。在7月份，他让马基雅维利到位于米兰附近的巴迪亚的科涅克联盟的总部做客。在那里，乔凡尼友好地向马基雅维利提出了一个要求，让其按照他书里的方法，对拥有3000名士兵的军队进行军事训练。让他吃惊的是，他注意到了马基雅维利的无能——在闷热的太阳底下对军队叫喊着，士兵们歪歪斜斜地拥挤成一团，就这样度过了令人沮丧的两个小时。马太奥·邦戴罗是一位多明我教会的牧师兼作家，他的戏剧后来成为莎士比亚《罗密欧与朱丽叶》以及《第十二日》的灵感来源。当时他也在场，他说乔凡尼最后不得不设法将自己的军队重新列队，而马基雅维利则在餐桌上讲了一些带有色情却又诙谐机智的故事，以挽回自己的颜面。

他作为一名军事分析家的能力丝毫不逊色于专业人士。3个月前，也就是1526年4月，他在佛罗伦萨应教皇的要求陪同彼得·纳瓦拉伯爵视察这座城市的壁垒和城墙。彼得·纳瓦拉伯爵是一位受人尊敬的军事工程师，从西班牙帝国逃亡至佛罗伦萨。马基雅维利提交了一份报告，希望能将以下提到东西的几乎全部都强制性的重新设计：“一些城墙……阿诺河边缘的一些应该拆毁，一些应该拓宽，还有一些应该缩小……彼得伯爵明天和后天都将在这里，我们应该尽最大可能地向他讨教。”

他大胆地向圭齐亚迪尼说出了他对克雷芒的尖锐批评：“为了上帝的爱，让我们不要失去这个可以目睹西班牙人被拖出伦巴第大区不能返回的机会。”

他偶尔会以自己的名义送出少许的祝贺："如果防御工事继续进行，这里的人们就会相信我被授予了主管和秘书的职位，而我的儿子（伯纳德）也会作为我的助理。"他和伯纳德接受了任命，但是接下来的几个月里，他被发现仍然"在战场上"。即使在9月份的时候，米兰很可能会在某一场战争中受到攻击，战时神圣罗马皇帝的一切机会都在9月23日突然消失。

这时，有消息突然铺天盖地地传来，说科隆纳伙同神圣罗马帝国皇帝身边的上尉以及军事代表唐乌弋·达·蒙卡达，以那不勒某件为基地，发动了一场叛乱，罗马已经投降。这次投降带来的震惊是巨大的。克雷芒收到了查理希望和平的保证，于是减少了军队力量，随后他就被一支拥有500名士兵的军队俘虏了。承受着被俘虏或者死亡的威胁，他逃到了圣天使城堡，开始尝试协商谈判。

对于马基雅维利来说，离开佛罗伦萨（或者说"在战场上"），或多或少是一个战略上的平衡，然而这个平衡似乎在失控的混乱中坍塌了。克雷芒给自己造成了一种不仅向科隆纳，而且还向不合理的行为投降的印象。抓住救命稻草后，他立即就和敌人签署了一份协议。这不仅使他重新回到了罗马教廷，也使得神圣罗马帝国皇帝得出了战争形势有利于他的结论。但克雷芒接下来就打破了自己签订的协议，结果导致了一场骚乱。波旁的军队和由18000名士兵组成的西班牙军队一起，以一种前所未有的坚定的姿态挺进佛罗伦萨和罗马。

信仰和价值观在疯狂的压力下崩溃瓦解。新的暴力浪潮产生了令人毛骨悚然的背叛行为，暴行接踵而至。1527年4月26日，也就是所谓的"上升的星期五"那天，佛罗伦萨发动了一场针对美第奇家族的叛变，而这时教皇的储备金刚刚耗尽，这种打击是致命的。尽管有过短暂的成功，但是最后这场反叛既没有为这座城市，也没有为马基雅维利带来任何实质性的收获。

接下来的几个星期里，他努力想在新政府中谋求一个职位。然而他很快就发现，新的执政团由于他曾为美第奇家族服务而拒绝了他，而美第奇家族也曾经因为他为共和国服务过而拒绝他。除此之外，当他获悉暴力行为伴随着反叛者接管这座城市时，他意识到他的忠诚与否可能取决于他的两个在政府供职的朋友弗朗西斯科·维托里和巴特鲁姆·卡瓦尔康蒂。当 1500 名前共和国的士兵突然在入口处出现时，他的这两个朋友都被困在了市政厅中。他对共和国复兴的喜悦已经消失，转而担忧他的朋友以及成千上万逃亡市民的人身安全。

佛罗伦萨周边的乡村，从远方的穆杰罗，到佩库斯纳的圣安德鲁，再到佛罗伦萨的城市街道，到处都是在弗朗西斯科·圭齐亚迪尼领导下回程的同盟军，其间人马拥挤、车辆蹒跚，一片恐吓威胁之声。这些盟军奉命返回佛罗伦萨，对抗将要发生的来自波旁的攻击。

在托斯卡纳，由于雇佣步兵残忍和掠夺的坏名声，人们对其的恐惧已经超过了他们的声望。几个月前马基雅维利已经为巴贝拉的忠诚感到担心——“她告诉我她希望你每周都写信。”雅克布·迪·菲利普 1526 年 8 月份的时候这样告诉他——现在他的担心在弗朗西斯科·维托里的字里行间得到了最好的证明：“男人们从米兰和克雷莫纳来到这里（佛罗伦萨），他们讲述了如此多的关于帝国军队、西班牙人和德国人的故事，以至于所有人都更喜欢恶魔而不是他们。”

更重要的是，圭齐亚迪尼为了把同盟的军队调到佛罗伦萨，已经改变了整个军事格局。他们对军队的重新部署说服了波旁——一位在受围攻的挫败中积累了许多经验的士兵——即作为一群饥饿的、没有薪水的士兵的指挥官，如果他绕开佛罗伦萨而去攻击要害（也就是罗马），那样会更好。他是这么做的，并且圭齐亚迪尼也转变了策略，心神不宁地去追赶他那长长的队伍，而他的队伍已经行进至距佛罗伦萨城门 25 英里的地方。由于当地的危险已经减少，圭齐亚迪尼决定为教皇提供任何他力所能及的援助。然而和所有人一样，他仍然坚信罗马足够强大，凭借其古老的塔楼、隧道以及堡垒，罗马能够在一切攻击中安然无恙，因此无须着急。

有证据显示，当圭齐亚迪尼向南行进时，马基雅维利似乎也随行了。就算没有一起出发，他也很快骑马追上了圭齐亚迪尼。马基雅维利随行的路程即使没有整个罗马那么长，至少也是跟随了大半个路程。

在他最后的几个星期里，神秘的病菌开始入侵他的身体。由于自身逐渐加重的疾病（极有可能是腹膜炎，也有可能是长期存在的内脏和肠道方面的疾病），他的行程受到拖延。而缠身的疾病可能很大程度上影响了他在旅途中的舒适程度。

他曾经被圭齐亚迪尼派遣到伊莫拉，为返回佛罗伦萨的同盟军安排住宿。4 月初在伊莫拉的时候，他把一些不祥的预兆写了下来，并寄给了他最爱的儿子，也就是学龄期的圭多（圭多后来成为一名牧师）。这封信表面上是讲了一些家庭琐事（比如一只骡子“发疯了”，它不应该被系得那么紧；圭多应该好好学习，向他的父亲一样，他已经开始读奥维德的《变形记》）。“替我向马多娜·玛丽埃塔问好，告诉她我一直以来都在期盼——现在仍然这样——有一天能够离开这里。我从来没有像现在这么渴望回到佛罗伦萨，但是我什么也做不了。你就告诉她不管听到什么，她都要充满希望，因为我会在任何危险来临前返回佛罗伦萨”。他试图遵守诺言，但是 4 月末圭齐亚迪尼派他前往弗利的时候，他向维托里诉说了他更深的忧虑。而那时波旁对罗马的袭击还是到来了。佛罗伦萨面临着威胁，仿佛处于冰火两重天中。

他为“梅塞尔·弗朗西斯科·圭齐亚迪尼”和佛罗伦萨贡献了少许的感情，他“爱他们胜于爱我自己的灵魂”，然后他发现“绝望中常常能发现生机，但是选择却不能”。他建议对波旁的部队发动一次“破釜沉舟”的袭击非常有必要，只有这样才能拯救他深爱的城市。绝望和破釜沉舟对他来说都是很少使用的词语，尽管这些仅仅只是反映了他非同寻常的紧迫感。

接下来发生的，也就是罗马的洗劫，被证明更加糟糕——超过一万人死亡，数以百计的房屋和遗迹被烧毁破坏，成千上万的人受伤的受伤、挨饿的挨饿，还有一些人遇难，这种惨状是他和任何人都无法想象到的。他最先从目击者那里听到了罗马被洗劫的惨状，后来5月中旬，也就是已经对罗马造成了极大损害的时候，他又从书面报道里对此有了进一步的了解。

如他现在所知的，5月6日那天，波旁的大批部队成功通过罗马城墙的一个缺口进入了罗马，并且随后进入了混乱的、处于半防御状态的城市佛罗伦萨。波旁在袭击发动的一开始就已经被杀死，然而他狂暴的军队将教皇、红衣主教、修女，大量其他高级教士以及成群结队的城市难民全部驱赶返回圣天使城堡。而在城堡外面，一场卑劣残忍的战斗已经爆发，导致教皇的军队在令人毛骨悚然的大屠杀行动中惨败。

真正的象征意义只可能以最坏的方式令他印象深刻。死亡的人数、阴暗的废墟以及被亵渎的神圣所意味的已经远远超过了它们本身，也超过了任何人所能理解的范围。一个怪诞的悲剧已经发生。一种凶残的、令人恐惧的冲动在黑暗中涌动。文化灭绝的幽灵——或许出自于残忍野蛮的过去——似乎已经浮出水面，带来浩劫。

毫无疑问，这是源自于5世纪以及更早的洗劫行为的延续；毫无疑问，它的仇恨是针对历史本身。毫无疑问是命运车轮的转动、先前历史性的溃败引起了罗马帝国的崩塌，而现在，一千年以后，历史以某种方式重演了。作为一名人文学者，他一生中花费了大量的时间尝试弄清楚历史。他发现了一些熟悉的事件：灾变和屠杀，这些事件伴随着令人难以言喻的震惊，表明世界见证的不仅仅是破坏或者谋杀的行为，还见证了一个古老的戏剧性事件不可思议地再次爆发，仿佛现代世界在一个将要结束的端倪中发生转变。

他不知道这次洗劫发生后的几周他的生命就将结束，尽管其他的毁灭也正在发生。圭齐亚迪尼派遣他前往齐塔韦奇亚港，可能是为了援助被当成难民的教皇。克雷芒和他的跟随者们或许由聚集在那里为热那亚的海军军官安德鲁·多利亚所指挥的法国军舰提供帮助。在齐塔韦奇亚，马基雅维利已经了解到了佛罗伦萨暴乱的最新细节，而佛罗伦萨的新政府仅仅维持了 3 年。他希望被召唤，如果重新回到佛罗伦萨，可能会在重生的共和国政府获得一个职位，甚至可能就是他曾经担任过的职位。然而他很快意识到，不仅这个可能性不切实际，甚至这个想法本身就摧毁了他或者任何其他人对共和国的信仰，因为其本身与宽容和正义紧密相连。

佛罗伦萨大理事会，这个从一开始就被尚存的萨佛纳罗拉的支持者组成的骨干队伍或者狂热的宗教分子管理的复兴组织，发布了一些反闪米特人的布告，命令所有犹太人关闭商店，停止贷款业务，并且离开城镇。一个新的市民理事会匆匆通过了禁奢的法律，包括关于嫁妆、亵渎、卖淫、鸡奸、赌博以及讨论宗教的严厉规定，并且授权牧师可以禁止进行宗教讨论。在萨佛纳罗拉的管理统治中，政治讨论是被禁止的，出版物要经过审查，教会反对的书籍也要被销毁。新的共和国正如它的官员所宣布的，要以塑造“健康的灵魂”和创造“美好的生活”为指南。

在这种压抑的氛围中，当他最后发现第二秘书长的职位于 6 月 10 日被授予弗朗西斯科 · 塔鲁基时，他几乎不感到惊讶。他曾是美第奇委员会八大事务负责人的一员。然而马基雅维利仍然为没能获得职位而感到沮丧，并且这个情绪深深地影响到了他。他提交了来自有权势的朋友的推荐信，这些朋友包括扎诺比 · 布隆戴蒙提和路易吉 · 阿拉曼尼。然而这些推荐信似乎轻而易举地就被摒弃了。不知道是不是被拒绝的缘故，他的病情加重，6 月 20 日，他已经病入膏肓了。在佛罗伦萨的家族宫殿中，朋友陪伴在他周围，他服了几剂曾经为圭齐亚迪尼开的芦荟药。而这些药剂可能让他的情况变得更糟。

6 个孩子中有 5 个也陪在他的身旁：洛多维科，他于 5 月 22 日离开佛罗伦萨去了安科纳附近，在那里他给父亲写信，想要父亲帮忙销售一匹马；伯纳德，他的长子；圭多；年仅十三岁的皮耶罗；巴托洛米亚，她也以巴齐纳这个名字而为人所知，她将在不久后嫁给她的遗嘱执行人。还是婴儿的洛托也随着乳母离去，他的名字是根据夭折的哥哥的名字取的。玛丽埃塔也在现场。

从4月17日圭多寄给他的热情洋溢的信件中可以判断，当他在弗利的时候，家人之间的感情空前强烈而真挚："我们从你写给马多娜·玛丽埃塔的信中得知，你为巴齐纳买了一个非常漂亮的项链。巴齐纳什么也做不了，只能为你祈祷，希望上帝能够尽快让你回来。"马基雅维利总是敦促他"尽力去学习（文学）和音乐，因为你也看到了，我拥有那么少的能力，却获得了如此多的荣誉"。

5月21日，死亡来临了。临终前，他向往常一样对每个人忏悔，不管他对教堂的敌意如何。葬礼于第二天在圣十字教堂举行，由于纪念碑是几个世纪后才有的，因此没有人知道他具体被埋葬在这个长方形基督教堂的哪里。如果说他的生命于此刻结束，那么在一个更加广阔的世界里，他的新职业几乎还没有开始——这个职业将吸引数以百万计的人的注意，并且其中大部分人当时还没有出生。

第四章　结语：历史的余晖

没有人立志让自己的名字成为一个专有名词，萨德侯爵不愿意这样做，虽然他被看作是属于最温和的那类人，除了那一次他将自己的情敌扔出了妓院的窗户；萨克·马索克男爵不愿意这样做，他在痛苦中感觉不到任何的乐趣；彼得·保罗·鲁本斯不愿意这样做，他的女人们常常像鲁本斯笔下的女性那样苗条；马基雅维利也不愿意这样做，在他的一生中，作为一位诗人、历史学家、戏剧家、外交家、情人、父亲、丈夫、讽刺作家、政治家以及哲人，他备受钦佩。随后的年代里，在冷漠的字里行间，他被定义为马基雅维利主义，在他所在的时代里这似乎是不可想象的。

这一现象与邪恶和阴谋有关，它们发挥了极大的作用促成了这种现象的发生。它们的帮凶还有可怕的算计，因为邪恶绝对不是偶然的事情。然而，人们这样快地用恶魔一般的观点来定义他，对此马基雅维利也难逃一切责任。无论“犯罪”是如何定义的，如果说“邪恶”意味着超越简单犯罪的大规模毁灭行动，如果说犯罪发生在诱导着你去作恶的环境下，那么他对毁灭的沉迷也是不可否认的。他将自己的生命如此多地投入到调查政治军事领导中去，投入到揭露他们的方法中去，并且他自己也犹豫不决地参与到他们的事业之中，所以人们说他对于后来所谓的“马基雅维利主义”绝非只是怀着一时的兴趣，这样说也是不失公正的。

无论如何，这些只是舆论，正如在他死后，他的名声中开始带有不合理的邪恶神秘性。甚至连他的名字都成为引人入胜的恶魔故事的附着点，这些故事暗示着“马基雅维利主义”。这些故事中有一些也许是真的。这些故事将他的生命历程转变成了一个传奇。一个重要的例子围绕着一个梦展开，这个梦是他躺在床上弥留之际时曾经重新讲过的。在故事里，他看到两队人鱼贯而过，第一队人是迷人的异教徒，他们注定要下地狱；第二队人是枯燥的基督徒，他们在等待着救赎。他被问及愿意与哪一队为伍，他微笑着回答：“异教徒那一队。”因为他们这些活跃的人，比起那些在某种极乐状态中说教的人更为有趣。

这个故事也许是杜撰的。它似乎是量身定做出来的。他编出这么个故事，也许是为了用自己最后的可怕玩笑给他的朋友带去一些乐趣。几十年之后，一位据说在他生命的最后几个小时里见过他的旧相识也说确有此事。然而，正如他的书以及那些矛盾的故事一样，这个故事似乎包含了他性格中的基本层面。

他的恶名的主要来自于《君主论》，在1532年得以发表之前，无论是以手写本的形式，还是作为一个话题，这本书就已经在佛罗伦萨统治圈、意大利其余的许多地方以及其他地方广为人知。在此，他的政治现实主义被用来暗示作者的腐败。他对于背叛的分析被认为他是在支持背叛。

《君主论》在1553年被翻译成了法语，在1560年被翻译成了拉丁语，在1640年由爱德华·戴克斯翻译成英文。在英文版出版之前，“马基雅维利主义”这一术语早在1570年就在英语中普及。那时，或者说从1559年开始，在罗马，他的所有作品集就已经被定为煽动性著作被罗马神圣的宗教法庭所禁止。教廷定期地颁布更新的禁令。然而，《君主论》以及他的大多数其他作品总能到手，尤其是不难在教士那里拿到。包括《君主论》在内的他的几本书，也不断地被研究权力的律师参考。

教廷同样也不失时机地将《君主论》公开指责为新教的煽动性作品。新教徒则把它看作他们存在的威胁。1572 年，在巴黎以及法国的其他地方，对于成千上万的胡格诺派教徒所实施的圣 · 巴塞洛缪日大屠杀就被广泛地归因于“马基雅维利主义”的影响。

在英国，作者与作品的遭遇都要稍好一些。早在 1590 年，当时拉丁语版本的《君主论》就可以买到，包括马洛、莎士比亚、本 · 琼森、罗伯特 · 格林以及约翰 · 多恩在内，诗人和戏剧家就开始引用马基雅维利和《君主论》，将其作为一切“狡诈”、肆无忌惮、恶毒事物的源头。马基雅维利邪恶的外表在马洛《马耳他的犹太人》中得以出现，在这部著作中，“马基雅维利主义”这个专有名词成为序言，在莎士比亚的《温莎的风流妇人们》中（“我狡诈吗？我是马基雅维利吗？”），在《亨利六世》（“那个臭名昭著的马基雅维利！”）以及在《理查三世的悲剧》中，反英雄们经常被刻画成“马基雅维利主义”的化身。马基雅维利作为原型人物影响了琼森的《狐坡尼》和多恩的《伊格内修斯他的秘密会议》，使得罗耀拉的耶稣会伊格内修斯在撒旦面前与马基雅维利激烈地争论。

如果从学术外的角度来研究《君主论》《论述集》以及《佛罗伦萨史》更深层次的主题，几个世纪以来的偏见就会得以消除而不再遮蔽大众的耳目。这么说是因为政治是不断变化的，背叛在不断变化的局势中是难以避免的，而宇宙本身就是由一系列进程组成的，其中除了变化之外没有任何东西是永恒的。马基雅维利的现实主义常常被忽略，而他的历史预见则被无视。比如说，背叛的不可避免性致使一切意识形态不可避免地失效，这一事实却没有受到足够的重视。抛去任何主观的观点，宗教的真理不能再被看作如同共产主义、资本主义以及法西斯主义那样确信不疑。真理也许是存在的，但是从意识形态方面来讲却是难以捉摸的。

令人惊奇的是，在近代，政治革命家托马斯 · 潘恩的观点与马基雅维利的观点在某些方面明显相似，潘恩为美国与法国的民主发展做出了贡献。也许是因为这两个人对于政治权力的实际操作都有过专业的经验，一种新的传统在意想不到的地方发展起来。虽然两个人彼此没读过对方的作品，虽然潘恩从未提及过马基雅维利，他们对于共和民主以及无限经验主义（也就是在实际意义上，什么对于社会是有益的）的热情惊人的相似，他们对于宗教怀疑主义以及揭露民主真相的热情也是惊人的相似。潘恩的观点如同棱镜，透过它我们可以集中地聚焦于马基雅维利的深刻见解上，或者说弄清他的政治哲学脉络。

总之，马基雅维利和潘恩都是语言学纯粹主义者，也就是说，对于他们来说，质朴的语言不仅胜过隐语、官腔、误导性的赘言、伪善言辞、学术行话，而且在一定程度上还是神圣的。对于潘恩和马基雅维利来说，一个慈善的政府只能建立在日常语言的普遍洁净之上。虽然时代和问题也许会改变，但比起某些复杂的表述，简单的用语总是更胜一筹。智慧依旧是存在于具体之中。细节仍旧是雄辩的灵魂。语言应该闪烁着活力。比起衰落的经济，社会也许更会因为贫乏的措辞、糟糕的语法以及无意义的表达而崩塌。军事失败经常是语句模糊所造成的。

潘恩的《常识》极好地表现了朴素，因为它代表了一个无私而热情的人那朴素的思想，这个人与和自己类似的人们对话（“这样我可以避免任何文学修饰”），而不是官僚一样滔滔不绝地说着，急切地用枯燥扼杀着活力。马基雅维利也拒绝装饰他的语句，他从但丁以及彼特拉克那里学到如何用清晰的语句演绎美学的魅力。清晰与美学的结合也许能够揭露宇宙的力量，也许能够揭露上帝的力量，如果你相信上帝的话，正如十四行诗以及默读的冥想层次中的简洁逻辑也许能够导致自我认知和自我检验。

萨佛纳罗拉和切萨雷·博尔吉亚不仅仅教会了他冷酷无情，还教会了他医学诊断一样的公正。从孩童时期起，奥维德就已经向他展示了变化的普遍性。将变化接受为任何环境下的统治原则，对于揭露一切真理来说都是至关重要的。

令人震惊的是，马基雅维利和《人权》的作者潘恩都不相信民主是所有政治的唯一处方，尽管这很难让人接受。国家受到威胁的时候可能会需要独裁。如果能够对外战胜侵略、对内消除爱争论的贵族的邪恶，拿破仑也许会比杰斐逊更有前途，切萨雷·博尔吉亚会比皮耶罗·索德里尼更加娴熟。权力不属于那些过于拘谨的人。

然而，马基雅维利和潘恩都将独裁看作临时的补救方法，即使他们二者都没有过多地考虑一旦独裁建立又该如何地消除。变化，或者说易变性——也就是马基雅维利在他的《佛罗伦萨史》中所描述的导致了追求民主的现代"残酷"——也许可以解决既需要专制首领同时又憎恶专制的悖论。

对于马基雅维利来说，悖论一直像变化一样重要。它包含着命运的深层含义。它使得他的戏剧以及最好的诗歌中的角色丰满起来，与此同时它还为外交提供了一种柔韧的手段。它的奥秘位于现代精神以及文艺复兴精神的核心。当佛罗伦萨早上的群燕从他的童年中飞出来，绕着布鲁内莱斯基的大教堂环飞时，当作为一个成人他经历了时间的洗礼、而宇宙作为永恒的惊喜终于再一次展现在他面前时，悖论使得自然与艺术在杰出的文艺复兴中融为一体。

附：君主论

致洛伦佐·美第奇殿下书

但凡要获得君主的宠爱，就要把自认为最珍贵或君主最喜爱之物作为献礼奉上。因此，有人把骏马、武器、锦绣、宝玉及同君主的高贵相配的一切献给君主也就司空见惯了。我也有意在此向殿下证明我的一片忠心，在我的一切拥有物之中，我认为最宝贵、最有价值的莫过于我对于伟大人物事迹的认识了。这些知识建立在对于历史不断钻研以及对于当下事件接触的基础之上。我长期地思考，并加以检验。如今，我把我的认识书写成小小册子，献于殿下。

虽然我自知这小小册子不值得殿下垂爱，但这能够让殿下在最短的时间内了解我历尽艰苦所学的一切，这也是我认为最好的方式，我能够呈现给殿下的最好礼物了。因而，我希望这礼物能够承蒙殿下的眷顾和接纳。

在我的这件礼物中，没有什么铿锵的词句、华丽的辞藻，我没有像许多人叙述时习惯性地注意其外表，让其外表绚丽夺目，过度粉饰。因为我希望我的作品以内容的创新及主题的重要性取胜，否则，不赢得赞誉也罢。

一个卑微之辈对于君主的统治妄言，我想这不应当视其有僭越之举。这与作风景画大同小异——若要欣赏山川和高原的俊美，就要附身平原；若要掌握平原的全貌，则要从山顶俯视。同样，深入了解民众的应是君主，而真正认识君主的则应是民众。

因此，请接纳我这小小的礼物，接纳我的心意吧，殿下！如果您花些精力通读这小小的册子，您定会了解我的一腔热血，我的心——我愿殿下有命运之神眷顾，实现殿下自身优势所能企及的伟大。若有一日，殿下君临山顶，一览这卑微的平原，您定会知晓我辈所受命运之神的折磨多么不堪！

第一章　君主国的种类及获得的方法

古往今来，统治人类的所有国家、所有政权除了共和国及君主国，再无其他。君主国若非世袭制，即由历史悠久的家族一脉相传，则定是新成立的。在世袭制君主国里，君主的后裔就是新的君主，世代相传，长此以往；而新的君主国或如弗朗西斯科·斯福尔札（Francesco Sforza）的米兰公国（Milan）一样全新，或如西班牙王（the King of Spain）合并的那不勒斯王国（the kingdom of Naples）为世袭制君主国之附庸国。

这样得来的领地，如若不是习惯于一个君主的统治，则向来习惯自由；而领地的获得，如非依赖于他人或君主自己的武力，则是运气或能力使然。

第二章　关于世袭制君主国

在此，对共和国我不做讨论，因为我已在其他地方做过详尽地论述（马基雅维利在《李维史论》的第一卷第二章，详细论述了共和国），我将集中讨论君主国，并且将按照之前叙述的顺序，探讨君主国如何进行统治，如何维持统治。

我坚信，相较于新的国家，在子民已经习惯了的君主世袭制的国家里维持政权困难要少很多。因为在这样的国家，只要君主不触犯列祖列宗定下的规矩，遇到任何紧急事件，灵活应对，再无其他挑战。因此，君主无需特殊的才能，只要按上述而为，就足以维持其显赫地位，在没有异常强大的外力的情况下，篡位的发生几乎没有可能性。退一步说，即使君主被篡权，只要篡权者的局面出现了危机，君主就可以东山再起。

举例来说，我们意大利就有费拉拉公爵（the Duke of Ferrara）。该公爵能够成功抵御1484年威尼斯人的攻击及1510年教皇尤利乌斯（Pope Julius）的入侵，全赖在此领地悠久的统治历史，细数起来，绝无他因。世袭制的君主与子民发生冲突的可能性和必然性都不大，故而备受子民爱戴。他的臣子臣民定会服从他，除非他行为恶劣，明显惹人怨恨，这一点并不难于理解。由于世袭制君主的统治世代相传，历时弥久，人们心中革新的观念也就淡漠了——变革也是先后相继出现的，一次变革总会成为下一次变革的前提条件。

第三章　关于混合君主国

然而，在新的君主国里，困难重重依旧存在。首先，如果这里的“新”并非是完全“新”成立的，而是指部分上的，从总体上说，呈现出复合式的状态，那么，所有出现的变化主要是源于新君主国所固有的困难。因为人们愿意更换他们的统治者，希望改善自己的处境，正是这种希望促使他们拿起了武器，反对统治者。然而，恰恰因为此，他们受到了蒙骗，因为从之后的结果可以看出，他们的境遇没有丝毫改善，反而不如之前。这一点也正符合另一自然常见的必然性，这一必然性让新的君主总是无一例外地将军队及占领带来的无限破坏怪罪于他新的子民。

如此一来，占领一国的领土时，受到迫害的子民就都成了新的君主的敌人；君主也无法将那些曾帮助他取得统治权的人视为友人，因为他们的期望君主无法满足，同时心中的束缚也让其无法采取任何强有力的措施对付这些人。再者，新的君主开始进入一个地方进行统治的时候，即便武力再强大，也依然需要获得那里的子民对于君主的好感。

因而，法国国王路易十二迅速地占领了米兰，也同样迅速地丧失了米兰；且第一次将其赶出只需卢多维科的军队出马就足矣，因为曾经打开城门，将法国国王迎来的那些子民，最终发现他们对于将来的观点和期许都是虚无飘渺的，他们受到了欺骗，他们无法再忍受新的君主对其蹂躏和折磨了。不错，如若一个地方一度叛变，再度受到征服之后就不容易丧失，因为统治者会充分利用叛乱，对罪犯毫不手软地进行惩治，将所有可疑之人查清楚，不留任何薄弱环节，加强自己的统治。因此，法国头一次丧失米兰，只需要卢多维科公爵（即卢多维科·莫洛，弗朗西斯科·斯福尔札的儿子，1494 年至 1500 年统治米兰）在边境揭竿而起，但是，若要法国再度丧失米兰，就要调动全世界的反对力量了，要把法国的军队彻底摧毁，将之驱逐出意大利，原因如上，已无需再次赘述。

然而，米兰毕竟是两度从法国人手里争夺过来的。第一次米兰丧失已做陈述，在此主要关注第二次丧失的原因，并且分析法国国王或其他身临此境的人，是否有更好的办法更牢固地保全自己征服的土地。

依我看，那些被合并到别的古老王国的国家，要么与征服国属于同一区域，使用相同语言；要么相反。如果属于同一区域，使用相同语言，那么对其统治就较为容易，若其子民并没有习惯自治的话，更是如此。在这种情况下，只要将过去统治他们的君主血统灭绝，其统治就会坚不可摧，因为两国子民习惯风俗一致，只要在这些方面继续维持其一贯的状态，他们就会安然地生活下去。看看布列塔尼、勃艮第、加斯科尼及诺曼底就知道了，这些地方已经长期归属法国，虽语言上稍有差异，因习惯相同，故很容易地结合在了一起。无论是谁，若要征服这些地方，一定要记住两点：其一，要将其旧君主的血统灭绝；其二，维持其法律及赋税不变，这样一来，不用太久他们就会与征服他们的古老王国完全融为一体了。

然而，如果被征服国与征服国在语言、风俗习惯、制度规定上完全不同，那么新统治者就要面对各种困难了。要维护对被征服国的统治，征服国就要付出极大的努力，并且需要一定的好运，其中，最佳也是最有用的办法之一就是征服者前往，直接驻守在被征服国。这样就可以让征服国的君主更持久、更稳固地占有被征服的土地，看看希腊（在此，希腊指的是土耳其人在15世纪征服的巴尔干半岛）的土耳其人，这一点就非常清楚了。若土耳其国王不前往驻留在希腊，那么即使他为维护对希腊的统治用尽办法，也是不能如愿的。因为国王在当地，任何风吹草动他都可以第一时间察觉，因而可以迅速采取措施，将其消除。相反，如果他远在异地，小的骚乱只有发展为大的动荡他才会有所察觉，那时再采取行动就为时已晚了。不仅如此，国王亲临当地，子民也不用再受官吏的掠夺，一切都可以直接向国王求助，这也增加了子民的满意度，故而那些心向美好的子民势必更加拥护君主，而心怀不轨的人则更加惶恐不安。而那些指望从外围进攻的人，就要格外谨慎了，因为只要国王守在被征服的地方，想要从他手里夺走统治权是极其困难的。

还有一个更好的路线，那就是选择一两个对于那个国家来说非常重要的地方派遣殖民，如果不这么做，那就要在那里驻扎大批的步兵和骑兵，二者必择其一。如果选择殖民，君主无需太多花费——确切地说，是完全无需花费或者只需很少的花费就可以移送殖民，并让他们驻留在那里，这个时候，君主触犯的只是很少的一部分人——这些人的房屋及田地被拿去给新来的殖民了。而这些受到触犯的人仍然散居在各处，仍然贫困，不会对君主构成危害，因此，对他们进行安抚就很容易了。同时，他们担心自己会像那些被掠夺的人一样，因而战战兢兢，不敢犯错。因而，我认为这种殖民所要付出的代价并不大，受触犯的人也比较少，而且受触犯的人不光散居在各处，而且很贫困，所以不会构成危害。不过关于这一点，应当慎之又慎的是，要么对人们加以安抚，要么就直接将其消灭掉。因为若受到了轻微的侵害，人们就有可能实施报复，而若对其进行严重的侵害，他们就无力报复了。因此，若对一个人实施侵害，一定是不担心其进行报复的侵害。

然而，如果用驻军代替殖民的话，损耗就大得多了，因为要维持驻军，就不得不把那个国家的全部收入都耗费掉。因此，本来应该是收入，结果变成了损失，同时，受损的人也更多了，因为军队要在各处辗转调动，那么，该国家整体都会受到损害，它的子民普遍会感到很痛苦，因而会成为新的统治者的对立面。被占领国家的子民虽已失败，但是他们依然在自己的国家，而且他们很可能成了占领国的敌人。从以上各个方面来看，驻军确实是没有多少用处的，相比较而言，殖民就有益得多。

同样，如果一个君主占领的国家在语言、习俗及制度方面与自己的国家完全不同，那么他就要让自己成为这个被占领国所有弱小邻国的首领和保护者，并且要想尽办法削弱其中比较强劲的对手，不让任何一个外国的势力插足被占领的国家的任何事务。这并非未雨绸缪，确有其事：很多对占领国君主心怀不满的被占领国子民，他们或者出于野心，或者出于恐惧，会将周边国家的人引进来。罗马人就是由埃托利亚人引入希腊的，不光如此，罗马人所有侵入的地方均是由当地人引入的。一般来说，整个事情的规律是：如果一个较为强大的外国人入侵一个地区，这个地区那些较为弱小的势力出于嫉妒凌驾在他们头上的君主，往往会立刻依附于该入侵的外国人。因此，对于占领该地区的君主来说，将这些弱小的势力联合起来并不那么困难，要让他们心甘情愿同征服他们的国家结合起来。当然，作为君主，同时要注意不能让这些较为弱小的势力获得太大的力量及权威。君主依靠自身的力量，然后借助于这些较为弱小势力的帮助，迫使那些较强大的势力屈服并不困难。而如果这些事情君主并没做好，即使已经占领一块地区，他也会很快丧失掉，就算没有失去，他也会感觉到无限的烦恼和麻烦。

罗马人在他们所有占领的地区都是严格按照以上策略去做的——他们派遣殖民，安抚较为弱小的势力，但又不会让他们过于强大；他们镇压较为强大的势力，不让任何强大的周边国家赢得好的声誉。这一点只要看看希腊就足够了。罗马人当时与亚加亚人（希腊人）和埃托利亚人联手，轻松打败了马其顿王国，安提奥克（叙利亚国王安提奥克三世）被驱逐出去了。然而，罗马人从来没有因为亚加亚人和埃托利亚人立下了功劳就任其势力增长。而且，无论腓力怎么游说，罗马人也不会因为他成为自己的朋友就不将其打倒；考虑到安提奥克的势力，罗马人也不会同意他在任何地方享有任何地位。罗马人所做的正是所有英明的君主都应该做的：考虑当前的困难还不够，还要考虑到未来的隐患。他们必须竭尽全力为将来的隐患做好准备。因为对将来的隐患有所预见和准备就容易将其去除，如果等到大难临头，等到一切无法收拾，就为时已晚了。这一点类似于医生对热病患者的治疗：在热病患者患病初期，诊断困难但治疗容易；而随着时间的推移，患病初期没有检查出来也没有治疗的，就会变成诊断容易治疗困难了。一个国家的治理也是如此，如果一开始能够对于隐藏的祸患防微杜渐（当然，这个需要当事者足够谨慎和睿智），那么一切都可以挽回。而如果没有丝毫的察觉，等到隐患发展为大家都看得到的祸患时，那就无药可医了。

因此，罗马人防患于未然，从来不会为了避免战争而让潜在的麻烦肆意发展，因为他们深知战争不应该避免，一再拖延只会对他人有利。这也是他们在希腊同腓力和安提奥克作战的原因，尽管当时完全可以避免这两场战争，但他们觉得不应该避免。我们现在很多人常常说到的“享受此刻吧”，他们绝对不会接受，他们只会充分利用自己的能力和审慎的态度。因为时间会带来一切：有可能带来利的同时带来弊；也有可能带来弊的同时带来利。

现在，我们现在来看看法国，看看他们是否按照上述原则去做了。在此，我要说的是路易（指的是法国国王路易十二），而非查理（指的是法国国王查理八世），因为路易占据意大利的时间更长，他的发展也就更易于观察了。你会发现，他的所作所为，与我们上述长期保有占领国的措施恰恰相反。

路易国王正是由于威尼斯人的野心被引入意大利的——当时，威尼斯人想通过路易国王的干涉获得一半的伦巴第国。对路易国王所采取的这个方法，我并无指责之意，因为他想要插手意大利，而那里他并没有朋友，且查理国王的所作所为（1494年，查理八世进攻意大利，一度主宰那不勒斯，1496年，完全失败）让他吃尽了苦头，因此，对于能够涉足那里的方式，他只会选择接受。而且如果他其他事情处理得当的话，他是能够如愿的。由于占领了伦巴第，路易国王迅速恢复了查理国王早已丧失的威望：热那亚投降了；佛罗伦萨人成了朋友；曼图亚侯爵、费拉拉公爵、本蒂沃利奥、弗利夫人以及法恩扎、佩萨罗、里米尼、卡梅里诺、皮奥姆比诺等地的统治者，另外还有卢卡人、比萨人及锡耶纳人全想要接近他，争着成为他的朋友。至此，威尼斯人才发现自己做出多么鲁莽的决定！他们为了获得伦巴第的两个城镇，却让法国国王成了意大利三分之二土地的主人。

现在回想一下，不难得出这样的结论：如果法国国王按照我们上述的原则去做，如果他能够非常牢固地维系他的朋友，并且保护他们，那么，维护自己在意大利的威望丝毫没有难度。因为想要和法国国王交朋友的人为数众多，但是他们较为弱小，他们不仅畏惧教会，而且害怕威尼斯人，因此他们要紧随着法国国王，这个时候，如果可以借助于他们的力量，法国国王便能稳稳坐着统治者的宝座，和其他强大势力抗衡了。然而，事实却恰恰相反，法国国王进入米兰之后，立刻开始了帮助教皇亚历山大占据罗马涅的行动，他万万没想到，正是这一决策让他失去了曾经想要走近他、投靠他、让他保护的朋友，他自己的势力因此受到了极大削弱。与此同时，教会因为本身就有较强的势力，加之法国国王为其增加了世俗的权力，故而如虎添翼。就这样，在一个错误之后，法国国王一错再错，最后，为了抑制亚历山大的野心，阻止亚历山大成为托斯卡纳的统治者，法国国王不得不亲自前往意大利。教会势力大增，原本的朋友也离他而去，可是，他并没有就此罢手，他一心觊觎那不勒斯王国，于是，伙同西班牙国王一起分割那不勒斯王国。本来法国国王是意大利的主宰，而现在，他把西班牙国王引入了意大利，于是，那里对他心怀不满的人以及野心勃勃的人终于有可以投靠的去处了。本来向他纳贡的人在那里为王，他却把这位纳贡的人赶走，换来了一个最终将他赶走的人。

想要占有领土本无可厚非，也实属自然，只是人们要在自己的能力范围内去做，若要超出自己的能力勉强为之，那么必然会遭到非难。法国国王也是如此，若他能够单独进攻那不勒斯，不和西班牙国王瓜分那不勒斯，就不会有如此多的隐患。法国国王同威尼斯人一同瓜分伦巴第，是因为法国想要借此涉足意大利，故而无可厚非，而第二次和西班牙国王一同进行的瓜分就毫无理由了。

由此可见，法国路易十二一共犯了五个错误：消灭弱小的势力；扩大了意大利本来较强的势力；把最强有力的外部势力（指的是西班牙国王费迪南二世）引入了意大利；本身不驻留在那里；不遣送殖民。

如果路易十二没有因为想要夺取威尼斯人的领地而犯第六个错误，那么以上错误也不足以让其威望扫地。如果他没有助长教会的势力，没有把西班牙人引入意大利，那么威尼斯人屈服就是理所应当的，也是大势所趋。而路易国王偏偏采取了这些办法，既然如此，他就不该让威尼斯灭亡，因为威尼斯并不强大，若他们自身强大，他们就不会让他人打伦巴第的主意，他们会自己主宰伦巴第，不会同意他人入侵；再者，别国也不可能从法国人手中夺走伦巴第之后再拱手送给威尼斯人，而且也不会有足够的勇气与双方为敌。

如果有人这么说："路易国王之所以把罗马涅让给教皇亚历山大六世，把那不勒斯王国让给西班牙，只是为了避免战争。"我就要说了，人们绝不应该为了避免战争而让混乱出现，因为战争不是主动回避就可以的，拖延时日只会对自己不利，理由上文已经给出。如果有人继续争论说，法国国王将罗马涅让给教皇亚历山大是有条件的——解除自己的婚姻关系［路易十二解除了和其妻子的婚姻关系，其妻子为珍妮，路易十一的女儿；1499 年路易十二与查理八世的遗孀（布列塔尼的安妮皇后）结婚，以此取得对布列塔尼公国的统治权］并让鲁昂（即乔治·达布瓦斯）担任枢机主教，对此，我将在以后论述君主的信义及应该怎样守信时详细地给出答案。

法国路易国王因为没有按照占有领土并守住领土应该遵循的规则去做，故而失去了伦巴第。这一结果并不出人意料，而且是合乎情理。我在南斯曾经与鲁昂枢机主教谈及此事，那个时候，瓦伦蒂诺——教皇亚历山大六世之子，大家习惯称之为切萨雷·博尔吉亚——占领了罗马涅。鲁昂枢机主教说，意大利人不懂得战争，而我回答道，法国人不懂政治，因为他们如果了解政治，就不会助长教会的势力。实际上，教会势力壮大，西班牙国王进入意大利全是由于法国造成，而这一点进而引发了法国的溃败。由此，我们可以得出一条亘古不变且放之四海而皆准的规律：谁促使他人强大，谁就是自取灭亡。因为他人的强大是他用尽心机或者用尽武力的结果，而无论是心机还是武力，变得强大的一方都是不可信任的。

第四章　为什么亚历山大大帝征服的大流士王国在其死后没有背叛其继承者

考虑到要统治一个新占有的国家所面临的种种困难时，有人可能感觉很奇怪：亚历山大大帝怎么就在短短数年里成了亚洲的统治者，而在其还没有完成大业就死了（因此，帝国如果发生叛乱也就显得合乎情理了），而其后继者则继续稳坐江山，除了由于自身野心而带来的困难之外，几乎没有什么其他困难。

对此我要说，自古以来，君主国都是以两种不同的方式进行统治的，一种是由一位君主和一群臣子统治，在这种情况下，臣子承蒙君主的恩宠，受允辅助君主统治王国；另一种是由君主和诸侯共同统治，在这种情况下，诸侯的地位和君主的恩宠无关，而是取决于血统。诸侯有自己的国家和子民。诸侯的子民视诸侯为主，自然对其爱戴有加。而由一位君主众多臣子统治的国家，子民对于君主的爱戴就更显而易见了——全国只有君主是至高无上的。即便子民服从他人，也只是视他为君主的官员或代表，内心对其并无真正的爱戴。

我们这个时代关于以上两种不同政体的例子就是土耳其皇帝和法兰西国王。土耳其皇帝的君主国是由一位君主统治，其他都是他的臣子。土耳其皇帝把他的君主国分成了很多“区”，然后，他把行政官分别派往各个区，自己掌握对各区行政官的调遣和任免权。而法兰西国王就不一样，他身处一群贵族之中，这些贵族深得国王子民的认可和爱戴，而且各自都拥有特权。国王不能剥夺这些贵族的特权，除非他要冒险为之。因而，如果深入研究这两个国家，你就会发现，攻占土耳其皇帝的君主国很困难，但是，征服之后维护就不那么困难了；而法兰西王国则反之。我们之所以说占有土耳其皇帝的君主国不容易，是因为其臣子不可能召唤入侵者，入侵者也无法指望皇帝周围的人叛变。因为他们都是皇帝的奴隶，想要收买他们并不容易。即使完成了收买，他们在那里也没有多少好处可以获得，因为皇帝的子民并不会跟随听从他们。因此，如果一个人企图向土耳其君主国进攻，那么他就必须深知一点：这个国家是团结一致的，他只能依靠自身的力量，无法依赖国家内部的叛乱。但是，如果他能够战胜土耳其皇帝，将之打得无力还击，无法东山再起，那么，除了他的家族之外，便再没有什么值得畏惧的势力了。如果国王的家族已经全部灭绝，那么，入侵者就完全没有需要畏惧的了。况且入侵者在整个入侵过程中并不曾依赖于外界力量，故而无需有任何畏惧。

而在诸如法兰西王国那样的国家里，情况恰好相反——很多心怀不满的人以及希望变革的人都是不安定因素，因此，如果把王国的贵族争取过来，入侵也就不在话下了。这些人会帮助你入侵王国，帮助你取得胜利。但是，胜利之后，想要稳定地维护统治地位，就不容易了。曾经帮助你的人，曾经被你打败的人都可能成为你的隐患。消灭了国王的家族还远远不够，那些残留的贵族很可能成为新的变革的首领。一方面，你无法满足他们的要求，另一方面，你又无法将之根除，因此，一旦时机成熟，他们就会揭竿而起，你就会失去占领的王国。

现在如果你研究一下大流士王国的性质，你会发现，它与土耳其王国的情况非常相似。首先，亚历山大大帝必须把大流士完全击垮，然后从其手中夺得土地。取得胜利后，大流士死了，亚历山大大帝就可以稳固地统治这个国家。如果亚历山大大帝的后继者也能够团结一致的话，他们的统治就可以一直稳固下去，只要他们自己不发生骚乱，大流士王国是不会有任何骚乱的。

而类似于法兰西王国的地方，占领后就无法这么风平浪静了。西班牙、法国、希腊等国之所以多次出现反罗马人的叛乱，就是因为这些国家有太多的小王国。只要其记忆犹在，罗马人的统治就有潜在的隐患。如果罗马人的势力及长久的统治可以让其记忆慢慢消退，那么罗马人就可以成为这些国家的稳定的统治者。后来，罗马人自己出现骚乱的时候，由于各地总督都在其地方树立了权威，因此他们的子民就会分别拥护和追随他们。而且很久之前其统治者的家族已经完全灭亡了，除了罗马人，他们也无他人可以追随。

基于以上因素，亚历山大能够相对容易地维持对于亚洲领土的统治，而皮洛士等人却很难维护自己对于所占土地的统治就不难理解了，也毫无惊讶可言。这并非由于占有者能力方面的悬殊，而是被占有者的差异使然。

第五章 如何统治占领前在各自的法律下生活的城市或君主国

无论何时，只要被征服的国家如上文所述，一直习惯于在它们自己的法律之下自由生活，那么，要想维持对这样的国家的统治，就只有三种方式：一是将其毁灭掉；二是亲自驻留在当地；三是允许他们在自己的法律下生活，但是，要让他们进贡，同时要在当地建立一个对你友好的寡头政府（即由被征服国少数人组成的政府，这个政府效忠于征服者）。因为这样的政府知道它是由占领国的君主建立的，如果不对君主友好，不依赖于君主，那么它就无法继续生存，故而它会尽力拥护占领国的君主。对于君主来说，要维持对习惯自由生活的城市的统治，依赖城市中市民的力量比其他方式都要容易。

斯巴达人和罗马人就是很好的例子。斯巴达人依靠在当地建立的寡头政府来统治雅典和底比斯，而结果却失去了雅典和底比斯。罗马人为了维护对于加普亚、迦太基及努曼提亚的统治，彻底地毁掉了它们，故而没有失去对其的统治。他们想要像斯巴达人维护希腊那样，让被占有地区享有自由，允许其法律继续存在，而最终却以失败告终。因此，为了维持对希腊的统治，他们不得不去破坏那里的众多城市。要想稳固地占有一个地方，除了将其毁灭掉，再无更好的办法。不管是谁，如果他想成为一个城市的统治者，他就得把这个城市消灭掉，如果他让这个城市继续按照其原来的自由方式生活，那么，他就是坐以待毙。因为城市发生叛乱几乎都是以自由或其古老的秩序为幌子，即便时光荏苒，即便对其恩惠有加，市民依然不会忘记其自由的生活和古老的秩序。要想让其忘记，只有一个方法——让其四分五裂，让其分崩离析，否则都是枉然。受佛罗伦萨人奴役百年的比萨就是如此，只要稍有不测，人们就会立刻想到它。

如果城市或国家习惯了君主的统治，若君主的家族被完全消灭，那么，他们根本无法达成一致意见，选出新的君主，也不知道如何自我统治和管理，因为他们习惯了服从，在没有君主的情况下，无法去做决定。因此，他们叛乱的速度就比较慢，新的君主也就能够轻而易举地统治他们。但是，共和国就另当别论了，因为共和国里有更强的生命力、更深的仇恨和更迫切的复仇心理。这里的人们每每想到过去的自由，就无法安分守己。因此，对君主来说，最妥当的方式就是将其消灭或者直接驻留在当地。

第六章　关于依靠武力和实力新征服的君主国

说到全新的君主国，如果我引用关于君主和国家的最大例证，任何人都不应对此有任何惊异。因为人们总是沿着他人走过的道路前行，总是效仿他人的行为，不过无法完全照搬照抄，无法取得和被效仿的人一样的成绩。一个睿智的人任何时候都应该追随伟人的足迹，效仿那些至高无上的人，这样，即使他们自己的能力无法企及伟人的高度，他们的结果也不会差到哪里去。让他像聪慧的射手那样去做——如果他们发现自己要射击的目标距离太远，同时知道自己的弓力所能企及的范围，在瞄准目标时，他们就会将弓抬高一些，这并不是要射得更高，而只是要射中他们希望射中的目标而已。

因此我说，在一个全新的君主国里，如果其君主也是全新的，君主维护其统治的困难就不一定了，困难的大小取决于获得这个国家的人的能力的大小。如果是从一介平民一跃成为君主的，那么他势必有能力，或有运气，无论这两者中他有哪一个，维护其统治的困难都会因而变小，这一点并不难理解。不过，若不依赖运气，那么其统治将更为稳固。如果在这个时候，新君主除了这块土地，再无其他土地，那么他就会驻留在此，这将让局势更为有利。

说到依靠自己的能力而非运气最终成为君主的人们，我一定要举摩西、居鲁士、罗穆卢斯、忒修斯等人。当然了，我们本不应该谈论摩西——他只不过是上帝意志的执行者，可是，他的优秀品格让他获得了和上帝对话的资格，从这一点上来说，他就值得我们的赞美。而居鲁士及其他就不同了，他们或获得了王国，或创建了王国，他们都值得我们的钦佩。如果仔细考虑一下他们的行为和做事方式，我们就会发现，其实他们和摩西属于同一类人，只不过摩西比他们多了一位伟大的老师而已。研究一下他们的行为和整个生命历程，我们就会发现，他们除了获得机会，并没有其他运气可言，机会给了他们物质条件，让他们因此能够做到最好。如果没有机会，那么他们的实力及愿望就会慢慢流逝，当然，如果他们没有实力，有机会也一样枉然。

因此，对于摩西来说，在埃及找到受埃及人奴役和压迫的以色列人是必要的，因为这些受压迫的以色列人要从这种状态中脱身，一定愿意追随摩西。对于罗穆卢斯来说，他一定不能留在阿尔巴，且一定在出生时就遭遗弃，这样他日后才能够成为罗马国王及国家的建立者。对于居鲁士来说，他必须察觉到波斯人对米堤亚政府的不满，而且米堤亚王国的子民由于长时间处在无战争的状态下而柔弱恭顺。对于忒修斯来说，没有雅典人的四分五裂，就没有他发挥能力的机会。因此，这些机会让这些人成功，反过来说，因为这些人具备能力，故而能够发现这些机会，然后利用这些机会为他们的国家获得名誉和福祉。

那些依赖自己的勇猛获得权力的君主，在整个权力获取的过程中困难重重，不过，这些君主维护权力就容易多了。获得权力过程中出现的困难，部分上是由于要建立新的国家，要确保安全，就不得不制定新的规章和方式。请记住，再没有什么比制定新的制度更困难的了，再没有什么比执行新的制度更加不确定、更加有风险的了。因为制定和执行新制度的人，使得那些习惯旧制度的人成了敌人，而那些拥护新制度的人未必全心全意，他们抱着将信将疑的态度。这种将信将疑部分上是源于对拥有旧制度的对手的恐惧，一部分是由于人性——人类不会轻易相信的本性，即在新的事物没有经过反复验证之前，人们一般是不会轻易相信的。因此，只要那些敌人有机会进攻，他们就会立刻结党而起。这个时候，防御的人却是心存疑虑地进行防御，故而和他们站在一起的君主其实是危险重重的。

因此，如果我们想要对这种情形进行深入探讨，我们就必须查究革新者是依赖自身还是仰仗他人。也就是说，为了完成他们的事业，他们是恳求他人帮助，还是依靠自身武力？在第一种情况下，他们鲜获成功，结果总是很糟糕；但当他们依靠自身的实力，就很少有什么危险。因此，所有武装的改革者都获得了胜利，而非武装的改革者都失败了。除了上述理由之外，我们还要考虑到多变的人性。要暂时说服一个人并不难，但要让他始终如一就很难。因此，必须采取的措施是：当人们失去信念的时候，就用武力迫使他们坚持信念。

如果摩西、居鲁士、忒修斯及罗穆卢斯没有借助武力，那么他们就不可能让人们长久地遵从他们制定的规章制度——正如我们这个时代的吉罗拉莫·萨佛纳罗拉一样，当人们不再相信他时，就连同他的新制度一起毁灭了，因为曾经坚定地信仰他的人不再信仰他，曾经不信仰他的人一如既往，他对此毫无办法。因此，这样的改革者在完成自己的事业过程中，有着巨大的困难，因为所有的危险都在前进的道路上，不过，通过自身实力，他们可以战胜这些困难。一旦困难被克服了，一旦那些嫉妒他们的人被消灭了，他们就会受到人们的尊敬，权力、安全、美誉及幸福也就会继续相随了。

在这些突出的例子之外，我想继续举一个较小的例子，它与上述例证有些相似，且我希望它能够成为该类例证的代表。我所说的就是叙拉古人的希耶罗（此处指的是希耶罗二世）。希耶罗从一介平民一跃成为叙拉古人的君主，这个过程中，除了抓住机会之外，他并没有依赖其他运气。当时，叙拉古人受到了各方面的压迫，他们选择希耶罗做他们的军事首领，后来，作为对希耶罗的奖赏，大家拥他为王。在身为平民的时候，希耶罗就表现出了巨大的能力，有人在写到希耶罗时，给出了这样的评价：“他要成为国王，需要的只是一个国家，他自身能力方面毫无欠缺。”希耶罗解散了旧的军队，建立了新的军队；抛弃了旧的盟友，结识了新的盟友。有了新的盟友和军队作为基础，他慢慢建立了一个新的国家。由此可见，虽然在建立国家的过程中他饱受磨难，但是，巩固自己的统治时就容易多了。

第七章　关于依靠他人武力或运气而获得的新君主国

那些完全靠好运，从一介平民一跃成为君主的，在成为君主的过程中并没有太多麻烦，但要稳保君主的位置，就不容易了。因为从平民到达君主的位置，他们一路腾达，而到达高高的顶点之后，困难就都出现了。那些依靠金钱或他人的帮助而获得君主地位的人就属于这一类。在希腊就有很多这样的案例，比如爱奥尼亚及赫莱斯蓬等城市，那里的君主是由大流士立的，因为他需要这些君主保障他的安全及荣誉。那些依靠贿赂军队、从平民一跃登上君主宝座的也是如此。这些君主依赖的无非是他人对自己的支持和自己的好运。但是，他人的支持和运气都是变化无常的，是极不稳定的。这类君主不知道如何保持、也无法保持自己的统治地位。他们之所以不懂得如何保持，是因为他们之前只不过是一介平民，一跃成了君主，但是他们并不具有卓越的才智和能力，故而我们不能对此有所期望；他们无法保住自己对于国家的统治，是因为他们根本没有真正拥有武力，无法让武力确实对其友好和忠诚。

突然兴起的国家，就如同自然界中迅速成长的生命一样，迅速生长，其根基必然不够坚固，其枝丫必然杂乱交错，如果一旦遇到暴风雨，那么这种突然的生长也就被彻底摧毁了。除非如我们刚才所说，这些从平民上位的君主真正具有能力，知道必须立即做好准备，维护好幸运投放到他们手中的一切，同时，要在上位之后奠定他人在上位之前就已经奠定的基础。

说到依靠自己的能力和依靠运气登基上位的两种方式，我想讨论一下我们仍记忆犹新的两个例子，也就是弗朗西斯科·斯福尔札（娶了米兰公爵腓力·维斯孔蒂的私生女比安卡·玛丽亚·维斯孔蒂；米兰公爵死后，弗朗西斯科一跃登位）及切萨雷·博尔吉亚。弗朗西斯科通过恰当的方式，依靠自己卓越的能力，从平民一跃成为米兰公爵。他在成为公爵的过程中，遭遇了种种困难，因此，日后维持统治及地位就简单多了。相比较来说，那位被称为瓦伦蒂诺公爵的切萨雷·博尔吉亚却是以其父亲的好运而获得这个国家的。可是，后来好运消失了，他在这个依靠他人的武力及运气而获得的国家里，为了能够让自己站稳脚跟，用尽了所有办法，任何睿智的人能够做的他都做了，可是结果却还是亡国了。

如上所述，如果一个人在开始的时候没有奠定坚实的基础，那么之后就可以通过强大的能力去弥补基础——这一点在建筑学上是讲不通的，对于建筑师来说，后来再打基础太困难，对于建筑物本身来说也是很危险的。如果仔细审视一下公爵的每一步发展，我们就会发现，他也曾为他将来的统治奠定坚固的基础。我认为这些并非赘述，因为对于一个新君主来说，再没有什么比该公爵的例子更好的了。而且如果他的处理方法毫无用处，也不是他的过错，只能怪运气太差了。

亚历山大六世为了强化其儿子瓦伦蒂诺公爵的权力，也遇到了种种困难，有些在眼前，有些则在将来。首先，他不知道如何让儿子成为非教皇辖地的任何一个国家的君主，如果他要夺取本来属于教皇的辖地，米兰公爵和威尼斯人是万万不会同意的，因为法恩扎和里米尼当时一直处于威尼斯人的保护之下；此外，他看到了意大利的军队，尤其是本来可以向他援助的军队，现在都掌握在那些担心教皇势力扩张的反对派的手里，他们就是奥尔西尼家族、科隆纳家族以及他们的追随者，因此，亚历山大六世无法依靠他们。因此，为了能够统治这些国家的部分地区，他理所当然地要打破现存的秩序，并且要让他们的国家混乱不堪。对他来说，这也是再容易不过的了，因为他发现由于其他原因，威尼斯人比较愿意再次把法国人招回到意大利。

亚历山大六世不但不反对，而且还帮助法国国王路易解除了之前的婚姻关系，只为进一步促进整个事件。就这样，在威尼斯人及亚历山大六世的帮助下，法国国王顺利进入了意大利。路易国王刚刚到达米兰，亚历山大六世为了夺取罗马涅，便开始借兵，而罗马涅因为法国国王的威慑，只得向亚历山大六世屈服。因此，在夺取罗马涅、打败科隆纳家族之后，瓦伦蒂诺公爵想要维持自己的地位并继续向前，就不得不面对两个障碍：第一，他的军队似乎并不真正忠诚；第二，法国的意愿可能发生变化。也就是说，一直以来听从他调动的奥尔西尼家族的军队恐怕会背叛他，这支军队可能阻碍他继续前行，甚至可能会将他获得的一切夺走；同时，他怕法国国王也会如此。在夺取法恩扎之后，他准备继续进攻博洛尼亚的时候，他发现了端倪——奥尔西尼家族的态度非常冷淡，似乎不愿意进攻。然后，当他占领乌尔比诺公国，准备进攻托斯卡纳的时候，法国国王公然进行阻止，就这样，瓦伦蒂诺公爵彻底看透了法国国王。由此，公爵下定决心，绝不再依靠他人的武力和他人的资助了。

瓦伦蒂诺公爵要做的第一件事就是削弱奥尔西尼及科隆纳家族在罗马的势力。为了达到这个目的，他开始笼络所有属于奥尔西尼及科隆纳党羽的贵族，让他们成为自己的贵族，并且按照等级地位让他们担任官职，另外对他们封官重赏。就这样，公爵只用了几个月的时间，就让这些贵族对之前党派的感情消失殆尽了，成了一心支持公爵的自己人。接着，公爵慢慢把科隆纳家族的人解散，然后等待时机，准备一举消灭奥尔西尼家族。果不其然，没多久机会就成熟了，公爵充分利用了这次机会。后来，奥尔西尼终于发现，公爵和教会的势力壮大，自己就会很危险，可为时已晚。就这样，他们选择在佩鲁贾的马焦内召开了一次会议，后来，在乌尔比诺爆发了叛乱，罗马涅也爆发了骚动，公爵因此面临着极大的危险。然而，法国出手相助，所有这些危险都消除了。公爵的威望得到了恢复，但是，他不愿再依赖法国或其他外部势力而让自己再度陷入危险，因此，他必须依靠自己。公爵深知如何掩饰自己的真实想法，他开始向保罗·奥尔西尼（奥尔西尼的首领之一，手握军队）大献殷勤，大加笼络，向其奉送金钱、服饰及战马，这样，在保罗的努力下，奥尔西尼整个家族与瓦伦蒂诺公爵和好，他们的幼稚最终让他们在塞尼加利亚完全落入了公爵之手。公爵消灭了奥尔西尼家族的首领，使得他们的同党变成了自己的朋友，最终攻下了罗马涅全境及乌尔比诺公国，这些为他的权力扩张打下了坚实的基础。不仅如此，罗马涅人开始支持他，因为他们尝到了公爵统领的好处。这一点确实值得大家注意，也值得效仿，故而我愿意在此详述。

当瓦伦蒂诺公爵占领罗马涅的时候，他发现罗马涅一直都是一些势力微弱的首领在统治，他们更多的是掠夺人民，而非真正的统治，他们给被统治的人民带来了种种混乱，使得这些人分崩离析，丝毫没有团结，各个地方盗窃、纠纷、横行霸道的行为不断。公爵希望当地太平，服从他的统治，因此，他觉得有必要在当地确立一个好的地方长官，就这样，他选拔出了雷米诺（原为切萨雷·博尔吉亚的军官，1502 年被投入监狱），该人物机敏且冷酷，公爵授予其统治当地的大权。在很短的时间内，当地就恢复了安宁，雷米诺也因此名声大噪。可是，公爵对此很担心，害怕当地的人对其产生愤恨，认为没有必要再给他太大的权力了，于是，他在当地中心设立了一个法庭，并且委派了一个非常优秀的负责人，在当地的每一个城市都安插了自己的拥护人。公爵知道，过去严厉的统治可能引起了某些人的仇恨，这个时候，一定要瓦解人们心中的仇恨，将人们重新争取过来。他希望人们明白，就算之前有任何残酷的行为，那也不是他的意思，而是统治他们的地方负责人的冷酷和刻薄使然。以此为借口，在某一个清晨，他将雷米诺斩为两段，并且将尸体暴露在切塞纳广场，其尸体旁边还放着一把血淋淋的刀子和一块木牌。对此，人们即感觉欢心又心惊肉跳。

不过，还是让我们先回到刚才的话题。我认为，当公爵感觉到了自己的强大，而且他用自己的方式将自己武装起来，故而比较有把握可以避免当前的危险，另外，附近可能会对自己造成威胁的武力大部分也被他消灭了。要继续前行，继续征服，这个时候就要考虑法国国王了。他很清楚，法国国王察觉到自己所犯的错误之后，是不可能再对他支援了。这个时候，公爵开始寻找新的盟友。当法国反对正在围攻加埃塔的西班牙人、向那不勒斯王国进军的时候，公爵见风使舵，旨在保全自己的安全。如果教皇亚历山大六世还在世的话，公爵本可以更加迅速获得成功的。

这就是针对眼前的局势，公爵所采取的所有行动。考虑到将来，他还是有很多恐惧和担心。首先，教会的后继者可能会对他不那么友好，甚至可能企图夺回亚历山大六世给予他的一切。对此，他准备从四个方面加以应对：第一，灭绝已经废黜的统治者的家族，不给教皇留任何机会；第二，把罗马所有贵族争取到自己的阵营，通过他们的帮助来抑制教皇的力量；第三，尽可能让枢机主教们更加支持自己；第四，在教皇去世之前，获得更大的统治权，这样，如果有任何进攻，首先可以依靠自己的力量进行抵抗。亚历山大六世去世前，公爵已经完成了四件事中的三件事。他尽可能地杀掉了被废黜的统治者，很少有幸免于难的；而且他也争取到了罗马的贵族，枢机主教中大部分人已经成为他的同党。至于进行新的征服，公爵决定获得对托斯卡纳的统治权。那个时候，他已经占领了佩鲁贾和皮翁比诺，而且比萨也已经在自己的统治范围之内。一旦不需要考虑法国（因为法国人已经被西班牙人逐出了那不勒斯王国，这样一来，双方就都不得不向公爵示好了），他就立即扑向了比萨。在那之后，出于对佛罗伦萨人心怀嫉妒，也出于心怀恐惧，卢卡和锡耶纳就都立刻投降了。如果他继续下去，佛罗伦萨人也无计可施，因为教皇亚历山大六世去世那年他就获得了成功，他获得了很大的权力和声望，他可以靠着自己的力量了，他不用再依赖于他人的军队和幸运了，而只需依靠自己的武力和能力即可。

但是，在公爵开战的第五年，亚历山大教皇就去世了。他给公爵留下的所有一切中，只有罗马涅是非常巩固的，而其他一切在两个强大的敌军之间，都是不牢靠的，而且公爵自己也是病得非常严重。可是公爵有胆量又有能力，他很清楚如何能够赢得人民，也清楚如何会失去人民，虽然在非常短暂的时间内打下了基础，但是这个基础坚固。如果背后没有敌军，如果自己的身体没有问题，那么他是一定可以克服所有困难的。从罗马人继续等候公爵长达一个月来看，其基础牢固是不言而喻的。在罗马，虽然最终生死未卜，但是，他的地位仍然稳固。虽然巴利奥尼家庭、维塔利家庭以及奥尔西尼家庭的人都进入了罗马，可是他们根本寻求不到追随者反对公爵。如果公爵没有使其看中的人成为教皇，但至少他阻止了他不喜欢的人。如果亚历山大教皇去世时，公爵身体健康，那么一切就简单了。在尤利乌斯二世当选教皇的那天，他告诉我说，他之前已经预料到父亲去世后可能会发生的一切，也都做好了万全的应对策略，但是，他唯独没有想到自己也会病入膏肓。

回顾公爵采取的所有行动，我觉得没有任何可以指责之处，反倒应该让那些靠着运气或者他人的武力而取得统治权的人加以效仿。因为公爵有勇气，有明确且远大的目标，他除了采取行动之外，再无其他选择。可是，亚历山大教皇和公爵自己的命薄，故而其宏图伟业最终只能成为空花泡影。因此，如果有人认为要保全自己在新占领的地方的统治，就有必要赢得盟友，要么通过武力，要么通过欺诈，让那里的人们爱戴自己，害怕自己，要让军队跟随自己，尊重自己，要把有能力或有可能威胁自己的人消灭掉，要除旧革新，要恩威并重，要宽宏大量并慷慨大方，要将不忠的军队摧毁，要创立新的军队，要维持和各国王及君主的友好关系，让他们必须协助自己，或者诚惶诚恐不敢得罪自己，那么，公爵就是最生动的例子。

我们能够指责公爵的，只有选举尤利乌斯二世当教皇这件事。我们之前说过，他本来可以阻止任何人当选，如果无法选一个让自己称心满意的，那也不应该选一个自己已经得罪的枢机主教或者一旦当上教皇就害怕自己的枢机主教会担任教皇的人，这一点公爵确实做错了。因为人们的危害行为要么出于恐惧，要么出于憎恶。在公爵曾经得罪的人当中，有圣·皮耶罗·阿德·温库拉、科隆纳、圣·乔治（即拉斐勒·里亚里奥）和阿斯卡尼奥（即阿尔卡尼奥·斯福尔札）等。除了鲁昂和西班牙人之外，任何人成为教皇都会害怕公爵，西班牙人之所以不害怕，是因为他们与公爵的盟友关系，并且对公爵负有义务，而鲁昂之所以不害怕，是因为他与法国国王的关系。因此，公爵本来应该选举一个西班牙人当教皇的，即使做不到这一点，他也应该选举圣·皮耶罗·阿德·温库拉。如果有谁相信新的好处会让一个了不起的人物完全忘记之前受过的伤害，那他就是在自欺欺人。因此，在选举教皇方面公爵确实犯了错误，这也造成了其最终的毁灭。

第八章　关于依靠不道德的手段获得权力的人

从一介平民一跃成为君主还有另外两个方法，但是，这两个方法不能够完全归入运气或者天才般的能力。对于这两个方法，我觉得应该谈一谈，不过，其中一个我会在论述共和国的时候详细讨论。这两个方法就是依靠不道德的方法或者依靠民众的支持，一跃成为一个国家的君主。关于依靠不道德手段的这种方式，我将举两个例子，一个是古代的，一个是现代的，我认为这样就足够了，对于那些想要效仿他们的人来说，只要这两个例子，便不再需要深入地探讨了。

西西里人阿加索克利斯成为锡拉库萨国国王之前，不仅仅是一介平民，而且地位卑贱。他的父亲是一个陶工，在阿加索克利斯一生的各个时期，他的生活都是臭名昭著的。然而，这种和他相伴的坏名声也让他身心都具备了超强的能力。因此，进入军队之后，他逐步受到提拔，最终成为锡拉库萨地方的执政官。取得这个职位之后，他就一心想要成为国王，而且打算依靠暴力，绝不依靠他人的帮助，以此让他人退步，赞同他的决定。他的目的得到了迦太基人哈米尔卡的理解，哈米尔卡当时正率领他的军队在西西里作战。

一天早晨，他把锡拉库萨的人民和元老院的人全都召集过来，看似要商讨和共和国有关的大事，然而，随着他一个暗号发出，士兵们就把元老院的全体人员以及最有钱的人统统杀掉了。就这样，这些人一死，他没有遇到任何市民的反抗，就获得并保住了自己对该城市的统治权。尽管两次被迦太基人打得溃不成军，而且整个城市最后也遭到了包围，他没有妥协，不但保卫了自己的城市，留下一部分兵力抵御之后，还带领其余军队进攻非洲。很快，锡拉库萨之围就解除了，而且迦太基人也因此陷入了困境，不得不与阿加索克利斯讲和，对他们来说，占有非洲就心满意足了，于是将西西里让给了阿加索克利斯。

因此，无论谁研究阿加索克利斯个人的行动及天才般的能力，他们都会发现，这个人几乎没有什么是靠运气的，从上文可见，他取得统治权并非依赖他人的帮助，而是一步步在军队中提升，经历了很多困难和危险；获得统治权之后，继续维持统治地位，则是依赖于很多勇敢的冒险决策。然而，屠杀市民，欺骗朋友，不讲信用，心狠手辣，无宗教信仰——这些是无法称为能力的，这些方法可以让阿加索克利斯赢得统治权，但是却换不来荣誉。但是，就其出入危险之境，遭遇困难并克服困难的勇气而言，他绝对不比任何卓越的将领逊色，只不过他的心狠手辣，惨无人道，一生之中数不尽的恶劣行径，无法让其登入卓越人物的殿堂罢了。这么看来，他获得统治权方面的成功确实不是依赖运气或天才般的能力。

在我们所处的时代，亚历山大六世在位期间，也有这样的例子：奥利韦罗托，自幼无父，由一位名叫乔凡尼·福利亚尼的舅舅抚养长大。奥利韦罗托小时候就被舅舅送到了保罗·维塔利那里当兵，希望通过保罗·维塔利的训练，最终让其获得军队中的显赫地位。保罗去世后，奥利韦罗托在保罗的兄弟维泰洛佐那里继续从军。由于其机智和勇猛，没多久他就成了维泰洛佐军队中赫赫有名的人物。但对奥利韦罗托来说，不管多么有名，在他人旗下服役依然是卑微的，因此他下定决心，要通过维泰洛佐及那些认为国家的奴役制度比国家的自由更为重要的市民的帮助，最终占领了费尔莫。因此，他给乔凡尼·福利亚尼写信说，自己离开家乡很多年，希望能够回去拜访他，看看曾经生活的地方，多多少少也看望一下自己祖上留下的遗产。他对舅舅说，虽然他费劲辛苦想要得到的只是荣誉，其他再无所求，但是，为了让那里的市民知道他没有徒劳，没有浪费自己的时间，他想要衣锦还乡，彼时会有朋友、随从及一百名骑兵陪他回去，他请求舅舅为他安排妥当，希望受到费尔莫市民体面的接待，他说，这不仅仅是他个人的荣誉，也将是乔凡尼的荣誉，因为他是乔凡尼一手带大的。

因此，乔凡尼按照奥利韦罗托的要求，丝毫不敢怠慢，尽自己最大的努力完成他的心愿，让他受到费尔莫市民体面的接待，请他住在自己家。就这样过了几天，在这几天里，奥利韦罗托也在秘密安排着自己的一系列邪恶的计划。之后，他举办了一个盛大的宴会，然后邀请了乔凡尼·福利亚尼及费尔莫市的很多重要人物。美味佳肴、娱乐活动全部结束之后，奥利韦罗托开始装模作样地发表演讲，说着亚历山大教皇及其儿子切萨雷如何如何伟大，大谈他们的伟大事业。乔凡尼和其他到场的人也都一一回应。突然，奥利韦罗托站了起来，说这些事情必须到一个更加私密的地方去讨论，于是，他自己走到了一个小密室中，乔凡尼和其他人也都随着走了进去。当这些人刚要落座时，奥利韦罗托的士兵就涌了上来，把乔凡尼及其他人都杀了。谋杀成功之后，奥利韦罗托骑上马，开始在市里巡回，把宫殿中的最高长官困住，恐吓他们，让他们屈服，成立政府，并且让自己当上了君主。所有心怀不满或者有可能伤害他的人，他统统杀掉，然后颁布了新的民事和军事条例，以此巩固自己的势力。就这样，在接下来的一年里，他不光稳稳统治了费尔莫，其周边邻国也对其十分敬畏。然而，我们上文说过，当切萨雷·博尔吉亚在塞尼加利亚征服奥尔西尼和维塔利的时候，奥利韦罗托恰恰上了他的当，否则，他的灭亡也不会那么容易。结果，在奥利韦罗托杀掉乔凡尼及其他重要人物一年之后，他本人以及他在勇猛及善恶方面视为自己导师的维泰洛佐一并被绞死了。

有些人可能开始心存疑惑：为何像阿加索克利斯这样的人，使用了奸诈及残暴的手段，但最终却长久地维持了自己的统治和国家的安全，没有受到外敌的侵害，而且他的人民也没有揭竿而起；而与之不同的是，有人依靠残暴手段夺得统治权，在和平时期尚且都无法维持自己的统治，战争时期就更不用说了。我觉得这种差别主要是源于对于残暴手段的使用——是恰当还是不恰当。如果说为了安全，偶尔使用残暴手段，如果残暴手段不能够为人民谋取好处，就不再使用，那就是恰当地使用，如果一开始鲜有残暴行为，而之后不顾人民是否获得益处，孤注一掷不断增加残暴行为，那么就是不恰当的使用。恰当使用残暴手段，比如阿加索克利斯等人，就会得到上帝和人民的帮助，故而能够保全自己；而不恰当地使用残暴手段，就很难自保了。

因此，我们必须看到，要占领一个国家，就要仔细考量自己的行为，要尽量一次性将恶劣行为做完，要毕其功于一役，不能长此搞下去。一次性将恶劣行为做完，人民就会很快得到恢复，就会慢慢感受到安全，这个时候，新的君主应该对人民慷慨，多施恩惠，以得民心；若非如此，由于自己的焦虑及他人卑劣的建议，时时刻刻让自己手握兵器，那么人民就不可能有安全感，也就不可能信任他。对人民的损害要迅速，要让人民得到尽快恢复，以便获得其信任；对人民的恩惠可以循序渐进，让人民沐浴其中，让人民的信任和支持得到更持久的延续。

此外，对于君主来说，最重要的一点就是生活在人民之中，这样，不管发生什么，都可以及时知晓，以便做出相应的改变。如果在困难时期做出必要的变革，不管这种变革是残酷的手段还是对人民的恩惠，都没什么用处——如果是前者，为时已晚；如果是后者，人民会觉得你是不得已而为之，故而认为这是理所当然。

第九章　关于普通市民的君主国

现在我们开始谈论另一种情况——也就是一个具有领导地位的平民成了一个国家的君主，他成为君主不是依赖不道德的行径，也不是因为让人无法忍受的暴力，而是因为其他市民的支持——这样的国家就可以称为是普通市民的君主国。要以这种方式取得对一个国家的统治权，不能完全依靠自己的能力，也不能完全依靠运气，而是应该依靠一种“快乐的精明”。在我看来，这样的君主国要么依赖人民的支持，要么依赖贵族的支持。因为在所有的城市中都可以找到两个相互对立的党派，因此会出现人民不愿意受到贵族的压迫、而贵族则要求统治和压迫人民的矛盾。由于这两种完全相反的想法，很多城市就出现了三种完全不同的状况：君主政体，自主权，无政府状态。

君主政体要么由人民建立，要么由贵族建立，具体是哪一方，要看哪一方有机会。如果贵族发现自己无法抵抗人民的力量时，他们就会将其中一个人的声望抬高，让其代表全体贵族提供庇护，帮助实现他们的愿望。同样，如果人民发现自己无法与贵族的力量抗衡时，也会抬高他们中一个人的声望，帮助他坐上君主的位置，让其通过君主的权力保护人民。如果一个人依靠贵族获得统治权，相比较于依靠人民获得统治权，前者更难维持。因为君主很快就会发现，他周围很多人总是自以为自己与君主是平起平坐的，这样一来，他就无法按照自己的意愿管理或统治他们。但是，如果一个人是依靠人民的支持获得统治权的，他就会发现，他的周围没有任何人，或者说极少有人准备不服从自己的。

此外，如果公平处理一切事情，不对他人造成损害，就无法让贵族满意，不过，这个时候人民是满意的，因为他们的目的往往比贵族的目的更具正义。人民只是希望不受压迫而已，而贵族则是希望实施压迫。不仅如此，如果人民心怀不满，那么君主的位置就不安全了，因为人民数量众多，而贵族则更好对付，因为贵族数量比较少。至于那些心怀敌意的人民所能做出的最坏的事，君主也是心中有数的——即把自己抛弃。而如果贵族心怀敌意，君主不仅担心他们会抛弃自己，他还担心他们会群起而攻之。这是因为贵族往往比平民看得更深更远，且眼光更为敏锐，他们总是能够自救，而且能够从预期取得胜利的一方获得支持。另外，君主不得不与人民生活在一起，假使没有贵族，君主倒也可以很好地生活，因为他有设立和罢黜贵族的权力，他可以给他们名誉，也可以将他们的名誉抹去。

因此，要弄清楚这一点，我觉得要通过两种主要的方式来审视贵族：也就是说，他们或者是依赖于你的运气而约束自己的行为方式，或者并非如此。对于前者而言，你可以断定，他们并非贪婪之徒，因此你应该给予荣誉，并且爱戴他们；而对于后者，同样要分两种情况加以判断：他们这么做可能是由于胆怯或者由于生就缺乏勇气，如果是这样，你就可以充分利用他们，特别是那些能够给你提出有益的意见的人，这样的话，你处于顶峰时期时，他们会尊敬你，而你处在低谷的时候，你也没有必要畏惧他们。但是，如果他们不依赖于你的运气，只是因为他们有着雄厚的野心，故意为之，那么你就要注意了，因为这就表明他们更多地在为自己着想，而非为你着想。君主需要防范的恰恰是这种人，你可以把他们当作公开的敌人加以防范，因为他们总会成为灭掉君主的帮手。

因此，如果一个人是由于人民的支持而成为君主的，那么他就应该同人民保持友好的关系，而且这一点并不难做到，因为人民要求的只是免遭压迫而已。而如果一个人是通过与人民对立的贵族的支持而成为君主的，那么，他获得统治权之后，第一件应该做的事就是想方设法争取人民的支持。如果他将人民置于自己的保护之下，这一点并不难做到。因为之前人民担心受到其迫害，而实际上却受到了其保护，得到了好处，那么人们一定会对他感恩戴德，就会与他更为亲近。与那些帮助他获得统治权的贵族相比，人们会立刻对他产生好感。不仅如此，君主赢得人民的好感的方式也有很多，因情况不同，君主所采取的方法也会不同，我们没办法对此给予确定的规则，因此，请恕我不谈。但是，我要重述的是，君主必须同人民保持友好的关系，否则，他遇到逆境时就没有任何保障可言了。

纳比斯（斯巴达暴君，公元前 195 年被罗马人弗拉米宁战胜，公元前 192 年被暗杀）是斯巴达的国王，他抵御了所有希腊人及一支罗马常胜军队的围攻，保卫了自己的国家和自己的地位不受侵害；在危难来临的时候，他需要做的其实就是抵御少数人的侵害，但如果人民这个时候已经同他对立的话，就比较糟糕了。

关于我的这个观点，请不要用“如果以人民为基础，无异于以泥土为基础”这句古老的谚语进行反驳，因为如果一位平民把基础建立在人民之上，并且说服自己当遇到敌人或者遇到官吏压迫的时候，人民会解救自己，那么他往往会发现自己上当受骗了，谚语在这个时候是适用的，这就像罗马的格拉奇和佛罗伦萨的希奥尔希奥·斯卡利（该事件可以参阅马基雅维利的《佛罗伦萨史》）的经历一样。但是，如果把基础建立在人民之上的是一位君主，而且这位君主擅长指挥，临危不惧，面对逆境不会沮丧，做好一切准备，而且用自己的精神激励全体人民，那么他的人民就永远不会背弃他，而且事实会证明他拥有良好的基础。

这些普通市民的君主国如果从平民政治转为专制政治时，往往会出现危险，因为这种情况下的君主不是个人指挥就是通过官吏进行指挥。如果是后者，那么君主的地位就更加无力，更加危险了，因为他们只能完全依赖官吏们的意志，这样一来，如果国家处于危难时期，他们不是采取行动反对君主，就是直接表示不服从，篡权夺位也就在所难免了。在这种情况下，君主在危难中已经无法行使绝对权力了，人民也已经习惯了服从官吏，而且，君主也缺少可以完全信赖的人。因此，这样的君主不能以太平时期的情况作为依据，因为太平时期人民需要国家，每个人都赞同他的意见，他们都信誓旦旦。当死亡还遥不可及的时候，他们似乎都做好了为君主而死的准备；而真正到了危难时期，国家需要这样的人民的时候，能够做到的就寥寥无几了。这种试验只能一次，绝无机会再来，因此非常危险。

这么说来，一个英明的君主应该思考如何能够让他的市民在任何情况下都需要他，需要他们的国家，这样的话，他们就会对君主永远忠心不二了。

第十章　关于衡量一切君主国力量的方式

在研究这些君主国的特性的时候，有必要考虑另外一点，那就是，一个君主在遇到困难的时候，是依靠自己的力量岿然不动，还是常常要借助他人的帮助。我想更清楚地将这一点表达清楚——在我看来，如果一个国家人口众多，财力雄厚，而且招募了足够的士兵，那么可以与任何前来入侵的人决战于疆场，这就是我所说的依靠自己的力量岿然不倒的君主；而如果不能够与入侵者决战于疆场，只能被动地守住城池，只能进行防御，那么这样的君主就是经常需要他人援助的。关于前者，我们上文已经有所讨论，之后有机会的话还会详述。现在我们来谈谈后者，在这种情况下，我只有鼓励君主为自己的城池做好充分的防御工作，备足粮草，守住城市，不要再顾虑乡村，仅此而已。只要君主能够为城市做好防御工作，至于和人民的关系，可以按照上述所说的方法进行处理，那么任何人想要向他们发动进攻，都要三思而后行，因为如果一项计划中，人们预料到了困难，这项计划就不会受到人们的喜欢——这样的君主国就是如此：君主为城市做好了防御，人民对他也没有丝毫的仇恨，如果外敌想要对付这样的君主，他们会预料到并不容易。

德国的城市就享有绝对的自由，这些城市的周围很少有乡村地区，它们认为合适的时候就会服从皇帝。但它们既不害怕皇帝，也不害怕任何临近的统治者，这是因为它们完全做好了城市的防御准备。谁都知道，要攻下这样的城市，绝非一日两日可为，而是一场旷日持久的攻坚战。所有这些城市都有非常适当的壕沟和城墙，他们配备好了足够的大炮，而且仓库里的粮食和燃料储备足够一年之用，除此之外，它们总有办法让平民在一年当中为城市的安危及自己的衣食而忙碌。这样，平民的温饱解决了，城市也毫无任何损失。它们还十分重视军事训练，制定了很多关于坚持军事训练的规定。

因此，如果一个君主的城市坚固，人民对他毫无怨恨，那么他就很难受到攻击。即使有人斗胆攻击，也会狼狈不堪地失败。世事变化无常，因此，如果让军队在毫无外敌入侵的情况下安营备战一整年，显然是不太可能的。如果有人说，假使人民在城市之外还有财产，看着自己的财产被烧掉，他们绝对不会继续忍耐的，而且敌人长久的围攻以及考虑到自己的利益，都会让他们忘了君主。对此，我的回复是，一位英勇有力的君主在这种情况下会克服所有困难。一方面，他会让人民充满希望，让人们相信祸患不会太久；另一方面，他会让人民畏惧敌人的残酷，然后巧妙地将那些过于鲁莽的人控制起来，以保护自己。

不仅如此，如果人民的士气高涨，下定决心进行抵抗，那么敌人自然会到达之后立刻开始焚烧并毁掉城市之外的乡村地区。因此，君主更不应该迟疑。如果一段时间之后，士气低落了，损失一经酿成，灾难临头了，就没有任何补救措施了。因此，君主带领人民进行抵抗的时候，人民的房屋被烧掉了，财产受到了损失，君主显出对人民的责任，这个时候人民更会和君主团结在一起。因为这是人性使然——施恩和受恩一样，都会让人们产生义务感。所以，如果一切都考虑在内了，在不缺乏支持和基本防御条件的情况下，一位英明的君主在面对敌人的入侵时，从头至尾一直让他的人民意志坚定并不算难事。

第十一章 关于教会的君主国

现在需要探讨的只有教会的君主国了，关于这类君主国，其所有的困难都是在国家夺取之前。要夺取这种国家的统治权，需要依赖能力或者运气，但是，要维护统治，就不是依靠能力或运气了，而是依靠宗教上古老的条例规定，因为这些条例规定绝对有力，而且不管其君主如何作为，他们都可以继续拥有统治权。这些君主不去治理和保卫国家，但是，却没有外敌敢于入侵，他们拥有人民，但是不加管理和统治，人民也并不介意，他们没有能力也不愿意背弃君主。这样的君主是绝对安全和快乐的。但是，这种国家依赖的是人类的心智所无法企及的力量，因此我不再赘述——这种国家显然受到了上帝的眷顾和维护，如果我再斗胆讨论，那就太莽撞，太冒失了。

然而，如果有人问我，为何教会会取得如此大的世俗权力，从教皇亚历山大往前追溯到意大利的君主（不仅仅是那些被称为“君主”的人，还有男爵、勋爵等等地位卑微的统治者），他们向来都看不上教会在世俗事务方面的权力——可是现在，一个堂堂法国的国王却在教会面前瑟瑟发抖：教会可以将法国国王逐出意大利，可以将威尼斯人毁掉。虽然这些都是大家熟知的，但是，我认为在此提起并不算多余。

在法国国王查理入侵意大利之前，这个国家是由教皇、威尼斯人、那不勒斯国王、米兰公爵及佛罗伦萨人共同统治的。这些统治者主要担心的有两件事：第一，要保证不让任何外部敌人武装入侵意大利；第二，他们中没有谁会获得更多的领土。他们最忧心的莫过于教皇和威尼斯人。

就像保护费拉拉一样，这些统治者要遏制威尼斯人，就必须联合起来；要遏制教皇，他们就要充分利用罗马的男爵，将其分成两个阵营，即奥尔西尼阵营和科隆纳阵营，让他们相互为敌，拿着武器站到教皇跟前，让教皇感到软弱无力，无计可施。虽然有时可能会出现诸如西克斯图斯那样勇猛的教皇，但是，无论是智慧还是运气都不会使他完全摆脱烦恼。其生命短暂也是烦恼的一个因素，因为教皇在位的时间平均来说也就十年，在这十年里，他费尽力气才将一个阵营镇压下去，比如说，一个教皇费尽力气才把科隆纳阵营镇压下去，另一个教皇继位后却和奥尔西尼敌对起来，这样，新的教皇就会支持科隆纳阵营，让其重振旗鼓，然而却无暇顾及去打垮奥尔西尼了。这就是教皇的世俗权力在意大利不被尊重的原因所在。

之后，亚历山大六世成了教皇，他也是所有教皇中最能体现用金钱和武力得势的例证。他视瓦伦蒂诺公爵为棋子，以法国人入侵为时机，实现了种种计划——这些在上文关于公爵的行为中我已经讨论过。尽管他的意图不在壮大教会的势力，而是为了壮大公爵的势力，可结果教会的势力确实得到了壮大，在他去世以及公爵遭到毁灭之后，教会的壮大就成了他们所有劳动的体现。

之后，尤利乌斯教皇继位。他发现教会势力非常强大——占有了整个罗马涅，罗马的男爵被镇压了，那里的各个派系在亚历山大的打击下也全被消灭了，他还发现了亚历山大之前从来没有过的积累财富的方式。这些尤利乌斯不仅仅继承，而且进一步发扬光大，加以改进。他决定夺取博洛尼亚，消灭威尼斯人，并把法国人从意大利驱逐出去。所有这些事情他都做成了，因为他一心想着的是提高教会的地位，而非个人的地位，故而也获得了不少荣誉。另外，奥尔西尼和科隆纳两大阵营也都在他的掌控之中了。尽管两大阵营中不乏能够改变局面的大人物，但是，他们却因两件事而恐惧：第一，教会的强大，这一点是所有人都畏惧的；第二，他们的人不被允许担任枢机主教，因为枢机主教会造成他们之中的混乱。如果各阵营有自己的枢机主教，他们就绝不会保持安静，因为枢机主教将在罗马培养自己的阵营，而男爵们就不得不给予支持，因而，由于教士的野心，最终男爵之间会产生混乱和斗争。基于这些原因，圣父教皇利奥（即教皇利奥十世，乔万尼·德·美第奇）发现教皇的职位强大有力。我们可以心怀希望，如果之前的教皇依赖武力让教皇的职位变得强大了，那么现在的教皇就可以依赖其善意及无限的美德而让其更加强大。

第十二章　军队的种类以及雇佣军

在本书一开始我提出讨论的那些君主国的特性，已经给予了讨论，并且在一定程度上研究了这些君主国繁盛衰落的原因，也指出了许多人竭力获取并维持这些国家的统治权的方法，现在，我还需要大致讨论一下这些君主国进攻和防御的方式。

君主必须建立牢固的统治基础，否则必然导致最终的灭亡，这一点我们从上文中已经可以得知。所有的国家，无论是新成立的还是存在已久的，或者是混合君主国，其主要基础都是良好的法律和军队。如果一个国家没有良好的军队武装，那么就不可能有良好的法律，反之亦然。在此，我将只谈论军队问题，对法律问题暂不谈论。

我认为，君主用来保卫其国家的军队，要么是他自己的军队，要么是雇佣军、援军，要么是混合而成的军队。雇佣军和援军无益，且非常危险，如果一个君主用这样的军队为基础维护自己对国家的统治，那么他的统治绝不会稳定长久。因为雇佣军不团结，野心勃勃，而且毫无纪律观念，也不讲信誉和忠诚，他们在朋友面前装勇猛，在敌人面前却非常怯懦。他们不敬畏上帝，对人也毫无信义，如果说依赖这样的军队并没有很快招致毁灭，那只不过是因为敌人的入侵推迟了而已。太平时期，你会受到他们的侵掠，而战争时期你又会受到敌人的入侵。事实就是如此，因为除了获得微薄的军饷之外，没有什么可以吸引他们一直在战场上，他们拿的那些俸禄并不足以让他们为了国家或君主牺牲。如果没有战争，他们愿意当兵，如果有了战争，他们干脆躲在一边，或者一走了之。这一点根本无需大费周折去证明——意大利最终亡国不是因为别的，就是因为多年依赖雇佣军，虽然他们也起到过一定的作用，但是，一旦外敌入侵，他们就露出原形了。就这样，法国国王查理八世手握粉笔就轻松拿下了意大利（1494 年，查理穿过意大利时根本没有人抵抗，故亚历山大说他只要拿着粉笔，在那里画上标记，就可以安营扎寨了，根本无需武力。具体请参考培根勋爵的《亨利八世王朝史》）。有人告诉我说，是我们的罪过引发了这一切，可是，实际上并没有这些想象的罪过，而只有我之前说过的那些罪过。因为是君主的罪过，故君主受到了惩罚。

我想进一步阐述一下军队的不可靠。雇佣军的首领要么有能力，要么没能力。如果是前者，你绝对不可以信赖他们，因为他们有能力，就总是想着自我扩张，要么压迫他们的君主，要么违反君主的意思去压迫别人；如果是第二种情况，即他们没能力，那么这种没能力也必然遭致君主的毁灭。

如果有人争辩说，不管是谁，只要手握武器都会以这样的方式去做，那么我要说，如果君主或者共和国必须要依靠军队，那么君主就要亲临战场，主动迎敌，共和国必须派遣自己的人民前往，如果被派遣的人不胜其力，那就直接撤换，如果游刃有余，就必须有法律的约束，使其在法律范围内行事。经验表明，只有君主和共和国才能真正取得最大的进步，而雇佣军则只会造成损失。要使一个有自己武装力量的共和国服从它的某个公民的支配，比靠外国武装力量的共和国难多了。罗马和斯巴达多年来都有武装力量，因而享有自由；瑞士人也是如此。

关于古代雇佣军的案例，我们可以看看迦太基人。虽然他们让自己的人民担任首领，可是，在和罗马人进行战斗的时候，第一次战争之后，他们就几乎全部被打倒了。在埃帕米农达死后，底比斯人就请马其顿的腓力担任他们军队的首领，战斗胜利后，腓力就把底比斯人的自由给剥夺了。

腓力公爵去世之后，米兰人便让弗朗西斯科·斯福尔札前来讨伐威尼斯人。在卡拉瓦乔战胜敌人之后，斯福尔札却伙同威尼斯人一起，压迫自己的主人——米兰人。斯福尔札的父亲曾经被那不勒斯王国的乔万娜女王（乔万娜二世，那不勒斯国王拉迪斯拉奥的遗孀）招募从军，后来突然间撤出，因此，女王只好投身于阿拉贡国王的怀抱，以此来拯救她的王国。如果威尼斯人和佛罗伦萨人之前都通过这些雇佣军拓展了自己的版图，而他们的首领却没有让自己成为国王，却保卫了他们，我只能说，佛罗伦萨人在这种情况下完全是运气使然，因为在那些有能力的首领中，他们本来可能畏惧的首领中，有些没有打胜仗，有些遇到了对立的敌人，而有些则把野心转移到了别处。没有获得胜利的其中一个就是乔凡尼·阿库托（英国爵士，也叫约翰·霍克伍德。他参加了英法战争，由英王爱德华三世授勋，后来组建军队前往意大利。这就是著名的“白色军团”。他参加了多次战争，1394年死于佛罗伦萨）。因其没有获得战争的胜利，故他的忠义也就无法证明。但是，所有人都觉得，如果他获胜了，那么他肯定可以主宰佛罗伦萨。而斯福尔札一直都是和布拉奇奥家族对立的，因此他们之间只会相互对峙。弗朗西斯科将野心转移到了伦巴第，而布拉奇奥则反对教会和那不勒斯王国。不过，现在先让我们看一下不久之前发生的事吧。佛罗伦萨人让保罗·维塔利担任他们的首领，这个人是一个相当深谋远虑的人。他之前只是一介平民，到了军队中，声名大噪。如果他攻下了比萨，那么佛罗伦萨人势必与他保持密切的关系，这一点是大家都认可的，因为如果他成了佛罗伦萨人对手的勇士，那佛罗伦萨人可就无计可施了；如果他们雇用他来当首领，他们就得服从于他。对于威尼斯人来说，如果考虑一下他们的成就，我们就会发现，他们派遣自己人作战的时候，他们就会表现得既安全又荣耀，如果他们雇用了贵族和武装的平民，他们就会非常英勇地战斗。这是在他们踏足大陆之前，在这之后，他们就把所有的美德都抛弃了，开始效仿意大利人的习惯。在威尼斯人向大陆扩张领土的初期，一来领土有限，二来声名显赫，因此，他们没有必要害怕他们的首领。但是，当他们在卡尔马尼奥拉伯爵（即弗朗西斯科·布索内，1390年出生于卡尔马尼奥拉，1432年5月5日在威尼斯受到处决）的指挥下，将领土继续扩张之后，他们就不得不品尝错误的苦果了。因为在其指挥下，他们打败了米兰的公爵，因此，大家感觉到了卡尔马尼奥拉伯爵的能力，同时他们也发现，战争中他变得非常冷酷，他们害怕在他的指挥下再也无法获胜了，由于这个原因，他们不愿意也无法让其离开。为了自己的安全，他们被迫将其杀害了。之后，他们先后让巴尔托洛梅奥·达·贝加莫、鲁贝托·达·桑·塞维利诺、皮蒂利亚诺伯爵等人担任他们的首领。这样的人作为首领，他们只能打败仗，一无所获。后来的韦拉战役就是如此。一场战役让他们八百年历尽艰苦获得的一切都付诸东流了。因为要依赖雇佣军，收获就很慢，不仅很慢，而且也很微小，可是，损失却是突如其来的、不可思议的。

以上这些例子让我想到了意大利，这些年一直被雇佣军统治的国家，因此，我想要好好谈谈雇佣军，这样我们就可以了解雇佣军的起源及发展，就能够更好地认识雇佣军了。你一定明白为何在意大利皇权最近总是受排斥，而教皇在世俗方面的权力却日渐增大，意大利为什么分裂成了很多国家。这是因为在大城市当中很多都武装起来，开始反对先前受宠于皇帝、压迫自己的贵族，他们同时得到了教会的支持——教会这么做是为了扩大自己在世俗方面的影响。而很多其他的城市，他们的市民则成了君主。这样一来，意大利要么是由教会控制，要么是由成了君主的市民控制，可是，组成教会的神父以及支配共和国的市民都不懂军事，因此，他们不得不从外国招募士兵。

在这类军队中，最有名的就是罗马涅人阿尔贝里戈·达·科尼奥（罗马涅的雇佣兵队长及科尼奥的伯爵，是著名的“圣乔治兵团”的首领，该兵团是纯粹的意大利人组成的）了。布拉奇奥、斯福尔札等人都是由他训练出来的。而这两人当时主宰意大利。在他们之后，又有了其他雇佣军的首领，他们一直到现在都指挥着意大利的军队。然而，他们的勇猛最终导致了意大利惨遭查理八世的蹂躏、路易十二的践踏、斐迪南的摧残以及瑞士人的欺辱。指导他们的原则，首先是贬低步兵的声势，以此抬高自己。因为他们没有自己的领土，依赖雇佣费用而生活，故有此行为。可是，步兵数量有限，他们无法从中提高自己的声势，与此同时，他们也无法供养太多步兵。因此，他们转为依赖骑兵，他们供养相当数量的骑兵，并让骑兵大受尊崇。最终的结果是，在一支两万人的军队中，步兵只有不到两千人。除此之外，他们还想尽办法减少自己和士兵的劳顿及危险，不杀害敌人，只活捉俘虏，然后在没有赎金的情况下也将其释放。他们不会在晚上突袭，城市的防军也不会在晚上突袭他们。军营周围没有栅栏，没有壕沟，他们冬季也不出兵。这些都获得了他们军队规章的允许，因为他们要想尽办法让自己免除劳顿和危险。如此，意大利也就陷入了奴役和屈辱之中。

第十三章　关于援军、混合军以及自己的军队

援军，也就是另一种对自己无用的军队，指的是请求君主帮助和保卫自己国家的时候派来的军队，近来尤利乌斯主教就是这么做的。在与费拉拉对峙的时候，尤利乌斯主教因为雇佣军吃尽了苦头，因此，他转为请求外国援军的帮助。他和西班牙国王斐迪南（斐迪南五世）达成一致，请求他的军队和人员进行援助。这些军队自己本身可能是有用的，是不错的，但是，对召请他们的人来说，怎么都不好——如果军队打败了，召请他们的一方也就完蛋了；如果军队胜利了，那么召请他们的一方就等于被他们俘虏了。

关于这样的例子历史上比比皆是，但是在此，我只打算讨论一下比较新近的例子，也就是尤利乌斯请求援军的例子。尤利乌斯主教做出这个决定真是糊涂至极，因为他想占领费拉拉，于是将自己交给了一个外国人，要不是走运，他就成为外国人的俘虏了，就会因这个决定吃尽苦头，因为他的援军在拉文纳被击败之后，瑞士人奋起直追，把征服者驱除出去了——这一点是尤利乌斯和其他人始料未及的。就这样，尤利乌斯的敌人逃走了，他因此才没有成为敌人的俘虏；同时，援军因为其他军队的介入而失败了，他也没有成为援军的俘虏。

在没有完全武装的情况下，佛罗伦萨人却派遣了一万多名法国兵去进攻比萨，这种做法让他们陷入了空前危险的局面。

君士坦丁堡的皇帝为了与邻国对抗，派遣了一万名土耳其士兵前往希腊，战争结束的时候，他们依然不愿意离开，这也成了希腊受异教徒奴役的开始。

因此，如果有谁不想胜利，就充分利用援军吧，因为他们带来的危险远远超过了雇佣军，援军的到来本身对请求援助的一方来说就是毁灭的开始，他们完全团结，而且他们听从外国人的指挥。相比较而言，如果雇佣军想要谋反，需要的时间更长，而且也需要更好的机会。雇佣军并非团结的一个整体，只是你给他们发军饷，把他们集合在了一起，而他们的首领又是从他人中挑选。这个首领无法立刻在雇佣军中取得权威而对你造成危害。总的来说，雇佣军的懒散懦弱是最危险的，而援军的英勇无畏则是最危险的。因此，英明的君主应该拒绝使用这种军队，而要依赖自己的军队，他宁愿因为依赖自己的军队吃败仗，也不愿依赖他人的军队获得胜利，因为在他看来，他人军队取得的胜利并非真正的胜利。

在此，我会不加犹豫地援引切萨雷·博尔吉亚的行为为例。博尔吉亚公爵依靠援军——完全都是法国的军队——入侵了罗马涅，而且靠这支部队占领了伊莫拉和弗利。可是后来他觉得法国的军队不可靠，于是，他转而依靠雇佣军。因为在他看来，雇佣军的风险要小一些，就这样，他雇佣了奥尔西尼和维塔利的军队，但是，在后来的管理中，他发现他们也很可疑、不忠诚，出现危险之后，他立即消灭了他们，转为依靠自己的军队。如果考虑一下公爵名声的变化，你就会发现这些军队的不同之处，当他依靠法国军队，当他依靠奥尔西尼和维塔利的军队，当他依靠自己的士兵时，他的名声都是不一样的。当大家知道他是军队的绝对领导和主人的时候，他的名声越来越大，人们也都敬佩他，这是任何时候都无法比拟的。

我不太愿意跳过意大利最近的案例，但我又不愿意忽视我之前提到的一个人——他就是锡拉库萨的耶罗内。这个人被锡拉库萨人选为军队的首领，但他很快发现像意大利雇佣军那样组成的军队是无用的，他觉得自己无法真正拥有他们，也无法将其解散，就这样，他别无选择，只有把他们杀掉。从那以后，他就只率领自己的军队而不是别人的军队作战了。

我想在此回顾一下《圣经·旧约》中一个和这个问题有关的例子。大卫请求扫罗王让自己同非利士人的战士歌利亚战斗。为了给大卫鼓劲，扫罗王把自己的铠甲和武器给了大卫，可是，大卫尝试了一下就婉言拒绝了。他说，戴上这个铠甲就无法好好发挥自己的力量了，因此，他宁愿用自己的投石器和刀子与对手战斗。总之，他人的铠甲要么会从你的身上滑落，要么会把你压垮，要么就是紧紧束缚着你，无论如何都不合适。

法国国王查理七世，即路易十一的父亲，依赖自己的运气和能力把法国从英国人的统治下解放了出来，他认识到了依靠自己军队、用自己的军队武装自己的必要性，于是，他在自己的国家制定了关于步兵和骑兵的规则条例。后来，他的儿子路易国王开始废除本国的步兵，并且招募瑞士的士兵，不难看出，这个错误的决定以及随后一系列的错误就是国家陷入危难的原因所在。在路易国王的帮助下，瑞士士兵名声大噪，而法国的士兵却士气不振，因为步兵完全废除了，法国骑兵和瑞士骑兵总是协同作战，故而骑兵也要依赖外国的军队。他们觉得没有瑞士军队他们就无法获胜。这样一来，法国人完全不敢和瑞士人抗衡，没有瑞士人的帮助，他们也无法与其他国家对抗。法国的军队呈现出一种混合军的状态——一部分是雇佣军，一部分是自己的军队。从整体上来看，这种混合军比单纯的雇佣军或者援军都要好很多，但是，依然无法和完全依赖本国的军队相比。这个例子证实了一点：如果查理国王的制度坚持执行并且发展下去，那么法兰西王国就是不可战胜的。

但是，一个人如果缺乏睿智的思考，一件事情一开始看着并不怎么样就深入去做，而且对于当中的隐患完全没有意识，那么这就会像我上面说到的消耗热病一样。因此，如果一个君主无法看到他的国家隐藏的忧患，他就不算是真正英明的君主。可是，能够称得上英明的君主确实是少数。如果说罗马帝国最终覆灭的第一个因素，那应该从他们雇佣哥特人开始算起，因为自那时起，罗马帝国的势力就开始衰退了，而所有让其兴盛的力量都转移到了哥特人那里。

因此我认为，如果一个君主国没有自己的军队，那么它就是危险的。相反，如果一个君主国遭遇不利，且没有信心依赖自己的力量自我防卫，那他就不得不靠运气了。明智的人总是认为，世界上再没有什么比不依赖自己的力量为基础获得权力的声誉更不确定和不可靠的了。自己的军队就是依靠自己的臣民、市民或者自己的属民组建的军队，其他一切军队就是雇佣军和援军。如果我上文说到的例子你能够细细思考，观察一下亚历山大大帝的父亲腓力及其他许多共和国和君主是如何自己组建军队的，你就会很容易找到组建自己军队的办法。对此，我深信不疑。

第十四章　关于君主在战争方面的责任

除了战争、军事制度及训练之外，君主不应该有其他的目标或者想法，也不应该选择对其他事情进行研究，因为这是拥有统治权的他唯一应该研究的内容。这种力量不仅能够让那些生而为君主的人维持自己的地位，而且经常可以使一介平民一跃成为君主。相反，如果一个君主更多的是沉迷于安逸，不怎么关心军事战争，那么这个国家灭亡的可能性就很大。亡国的头号原因就是忽略军事和战争，因为要掌控一个国家，这是首先要掌握的内容。弗朗西斯科·斯福尔札通过军事从平民一跃成了米兰公爵，而他的后代，却因为躲避军事的麻烦和痛苦，从公爵变成了平民。和其他所有弊害相比，不整军不经武会让人民更加蔑视你，这也是君主必须提防的最大的耻辱之一，后文我们会详加说明。

因为武装起来的人和没有武装起来的人是无法比较的。我们无法指望一个充分武装的人心甘情愿服从一个没有武装起来的人；我们也无法指望一个没有武装的人在一群做好武装的人中间安安稳稳。因为一方心怀蔑视，一方心怀猜疑，这样的两方是无法好好相处的。因此，一个不懂军事的君主，除了上述已经提到的不幸之外，还无法得到士兵的尊重，也无法依赖士兵。因此，君主绝不应该让自己的心思离开军事和战争，相比较于战争时期，在和平时期尤其需要注意这一点。

要做到这一点，他可以从两个方面加以注意，一是行动，二是思考学习。在行动方面，君主要把自己的士兵妥善地组织起来，强化训练。此外，他还应该不断狩猎、自我锻炼，以此让自己习惯艰苦的生活，并且熟悉各种地势地貌，了解山脉的起伏、峡谷的凹陷、平原的开阔、河流沼泽的特殊性质等等，对于这些，他要给予绝对的关注。了解这些主要有两个作用：第一，他可以学会了解自己的国土，就能够更好地保护自己的国土；第二，如果日后他有必要深入了解某处，对于某个地方的基本知识和经验有利于他更好地深入。比如说，在托斯卡纳的丘陵、山谷、平原、河流和沼泽与其他地方的类似地貌有着很多相似之处，因此，如果一个人了解了托斯卡纳的地貌，那么对于类似的地貌也就更容易了解了。如果君主不擅长于此，他就缺乏了一个首领本该具备的条件之一，因为这种知识可以教会他如何突袭敌人，如何选择根据地，如何率领军队，如何布置作战阵地，并利用有利条件进行围攻。

亚加亚人的君主菲洛皮门曾经受到史学家的很多赞扬，其中一条就是，他在和平时期还思考着战争的谋划。当菲洛皮门在乡村和朋友一起时，他常常停下来，和大家讨论：如果敌人出现在这个山丘，我们的军队却在这里，那么谁拥有优势呢？我们怎么样才能保持自己的阵形，稳妥地将敌人击垮呢？如果我们想要撤退，应该怎么办？如果敌人撤退了，我们应该怎么追击？和朋友一起的时候，他会提出和军队相关的很多问题，他自己发表建议，也听取朋友的意见，然后大家列举理由进行论证。因此，由于和平时期不断思考与军队有关的问题，在率领军队作战时他就不会因为出现某种情况而应付不来了。

不过，为了锻炼智力，君主还应该研究历史，看看历史上伟人的举动，看看他们在战争中的做法，思考他们胜利或者失败的原因，以此积累经验，吸取教训。学习伟人的做法，避免不恰当的做法。君主可以选择一个值得尊敬和赞美的人作为榜样，把这位榜样的举动铭记在心。据说，亚历山大大帝就是效仿阿喀琉斯的，而恺撒则是效仿亚历山大，西庇阿效仿的是居鲁士。如果读一读色诺芬写的居鲁士王的生平，你就会看到，因为效仿居鲁士，西庇阿受到了多少积极的影响，在纯洁、和蔼、仁爱、宽厚方面，西庇阿也与塞诺芬对于居鲁士的描写非常吻合。贤明的君主必须遵守这些规则，而且在和平时期绝对不能无所事事，应该充分利用和平时期思考战争，以便为战争到来做好充分的准备，应对一切可能发生的情况。

第十五章　对于世人，尤其是君主受到赞扬或受到指责的原因

现在还需讨论一下君主如何对待臣民和朋友的方式和行为。我知道，关于这一点，很多人都写过文章，我希望当我再次讨论这个问题且观点与他人相左时，一定会有专横狂妄之嫌。可是，我写东西的目的是给那些通晓它的人提供非常有用的资料，是记录真实情况，而不是想象出来的内容。许多人都构想过那些从没有人知道或者见过的共和国和君主国，这实际上行不通，因为人们实际怎么生活同应当怎么生活，有很大的距离，因此，如果一个人把实际情况抛到脑后，那么他不但不会保护自己，反而会酿成自身的毁灭。如果一个人希望自己积德行善，如果他在一群不善良的人之中，他就一定会遭受毁灭。

因此，一个君主要想维护自己的地位，就必须知道何时可以行不善之

事，知道伺机而动，按照具体的情况选择自己的行动。在此，我会把理想中的君主有关的事情放在一边，只讨论实实在在的事情，在我看来，所有人，尤其是君主，因为其地位更显赫，只要受到评论，那么他们都具有某些值得赞扬或者引发指责的品行。故而，用托斯卡纳的术语来说，就是有人被定义为慷慨，而有人则被定义为吝啬（在我们的语言中，贪婪还指那些想要靠掠夺取得财物的人，吝啬则指的是那些不愿太多使用自己东西的人）；有人被认为是乐善好施，有人则被认为是贪得无厌；有人被认为是残忍成性，有人则被认为是大慈大悲；有人被认为是毫无信誉，有人则被认为是言而有信；有人被认为是软弱怯懦，有人则被认为是勇猛强大；有人被认为是和蔼可亲，有人则被认为是桀骜不驯；有人被认为是淫荡好色，有人则被认为是纯洁自爱；有人被认为是诚诚恳恳，有人则被认为是狡猾奸诈；有人被认为是耿直倔强，有人则被认为是随和融洽；有人被认为是稳重大方，有人则被认为是轻佻不端；有人被认为是虔诚不已，有人则被认为是毫无信仰，如此这般。我想大家都会认同，如果一个君主表现出了以上列举出的好的品质，他就会受到人民的尊敬。但是，人性使然——君主不可能具有所有以上这些好的品质，也不可能一成不变，因此，君主一定要有足够的睿智和远见，知道如何避免会酿成王国的恶劣行径，如果可以的话，让自己保留那些不会酿成亡国的恶行，如果做不到这一点，他就会毫不犹豫顺其自然了。如果说在某些时候不实施某些恶行，他就无法拯救他的国家，那么他也没有必要因为自己的恶行而深感内疚和不安，仔细想想并不难理解——某些事情看似好事，却可能酿成亡国；而某些事情看似坏事，却可能给国家与人民带来安定和繁荣。

第十六章　慷慨和吝啬

现在，我们从上面说到的第一种特征谈起，我认为被人们称为慷慨是不错的，但如果你慷慨了，并没有因此获得荣誉，那么慷慨就会对你造成损害，因为如果一个人老老实实慷慨行事，且并不为人所知，那么就逃避不了与之相反的恶名。所以说，如果一个人希望在大家眼中保持慷慨的形象，就不得不有些奢侈行为，如果是君主，也就常常会因为此而将财力完全消耗掉了。然后，他为了一直保持慷慨的名声，就不得不加重人民的负担，横征暴敛，为了获得金钱而无所不为。他的下属、臣子等开始仇恨他，等有一天他变得拮据不堪时，就没有人尊重他了。由此可见，他的慷慨只让很少人获得了好处，而让大部分人都受到了损害，他因此成了第一个遭受麻烦影响的人，无论什么危险，他都得第一个承担。如果他认识到了这一点，想要缩手，那时就会立刻被冠以吝啬的恶名。

因此，一个英明的君主是不应该介意吝啬之名的，如果君主不能自己承担损失，他就不能因慷慨的美誉而扬名天下。如果君主比较节约，随着时间的推移，人们看到了他能够积累财富，不会加重人民的负担，能够防御对他发动进攻的敌人，能够建功立业，那么人们不会觉得他吝啬，反而会觉得他很慷慨了。因此对大家来说，就是真正慷慨的，因为受益的人很多，大家的负担都没有加重，而那些没有受到施予的人会认为他吝啬，不过那些人毕竟是少数。

我们看到，在我们所处的时代，真正做出伟大事业的都是那些吝啬的人，而其他人都以失败告终。教皇尤利乌斯二世能够登上教皇之位，全靠其慷慨之名，然而，为了和法国国王的战争，他就不再考虑自己的慷慨之名了。而法国国王（路易十二）进行了很多战争，但是他没有向人们增加赋税，因为他进行战争依靠的是自己长期的节约所得，这样，他就能够承担战争的额外费用了。当今的西班牙国王如果享有慷慨的美誉，就不可能从事并完成如此多的事业了。因此，如果不去掠夺百姓，能够保卫自己，不因陷于贫困而招来大家的轻视，不变成勒索抢夺之徒，为了这些，君主就不应该在意吝啬之名，因为虽然听着是恶名，但是他的统治能够因此而继续下去。

如果有人说：“恺撒曾经取得统治权就是因为慷慨，其他很多人也曾由于慷慨而获得了至高无上的地位。”我得说，要么你已经是君主了，要么你就是在争取成为君主。如果是前者，这种慷慨就有害了；如果是后者，获得慷慨的美誉就是必要的。恺撒是渴望取得罗马统治权的将领之一，如果他在取得统治权之后仍然不节约支出，那么他的帝国就会最终毁灭。如果有人反驳说，世界上很多君主依靠军队建立了国家，同时也被大家赞誉慷慨。对此，我的观点是，君主花的钱，要么是他的和他的人民的，要么是别人的；如果是前者，他就必须节约；如果是后者，他大可慷慨。如果一个君主带领军队出战，他掠夺、勒索、敲诈和使用他人的财物，这个时候，慷慨当然有必要；否则，他的士兵就不会跟随他了。对于既非你的财物，也非你的人民的财物，你可以挥霍一下，因为这个时候你的慷慨不会损害你的名声，反而会让你名声远扬，居鲁士、恺撒、亚历山大都是如此。只有把自己的财产挥霍掉了，才会损害自己的名声。

没有什么比慷慨浪费得再快的了，因为你慷慨的时候，要么会丧失慷慨的能力，要么会变得贫困遭人轻视，要么为了避免陷入贫困而变得贪得无厌，让人憎恨。因此，担起吝啬的恶名，以此避免大家的憎恶更为明智，如果为了慷慨的美誉，最终必然招致贪婪，这样一来，贪婪的恶名和大家的憎恶就都避免不了了。

第十七章　关于残忍和仁慈，受人爱戴是否比令人畏惧更好

现在来说说之前谈到的另一个品质。我觉得每一位君主都应该希望被视

为仁慈的，而不是残忍的。但是，君主要小心，不能滥用仁慈。大家都认为切萨雷·博尔吉亚是残忍的，但他的残忍却给罗马涅带来了秩序，让罗马涅统一起来了，而且恢复了其和平和忠诚。如果我们认真考虑，就会看到博尔贾比佛罗伦萨人仁慈多了，因为后者为了避免残忍的坏名声，让皮斯托亚完全毁掉了（发生于1502—1503年间坎切列里和潘恰蒂基两派之争时）。因此，如果为了让自己的臣民团结一致，同仇敌忾，君主就不应该介意残忍这样的恶名，因为多数情况下，相较于过度仁慈，看着混乱、凶杀、掠夺坐而不管的人，这样的君主其实仁慈多了；因为前者执行刑罚只是损害个别人，而后者则是使整个国家受损。

在所有的君主当中，新的君主要避免残忍的恶名是不可能的，因为新的国家充斥着危险。因此，维吉尔借着狄多的口，以新的统治为借口，替自己的残忍开脱，说道：

“严峻的形势，崭新的邦国；命我森严壁垒，警戒海角天涯。”

然而，君主应该审慎，不要轻易信任，不要轻易行动，也不要显示出恐惧，而应该慎思明辨，人道为怀，这样，太多的自信才不至于让他轻率行事，太多的不信任才不至于让他狭隘，不能容人。

关于这一点，引发了这样一个问题：是被人爱戴比令人畏惧好呢？还是令人畏惧比被人爱戴好呢？我的答案是：最好两者都有；但是，要想两者兼备又是十分困难的。如果说必须在两者中做出取舍，那么令人畏惧比被人爱戴要安全得多。因为一般人都是容易忘恩负义，容易变心的，他们善于伪装、假冒、逃避困难、追逐利益。如果你给他们好处，那么他们甚至可以把命都给你，他们愿意流血、奉献自己的财产、生命、孩子等等，但这种需要必须非常遥远。如果说需要就在眼前了，他们就背信弃义了。因此，如果君主完全信赖人们说的话，而且完全无其他准备，那么他必然会因此而毁灭，因为靠支付钱财换得的友谊和因为崇高的精神而建立的友谊不一样，前者并不可靠，如果需要，也无法依靠。不仅如此，一般来说，冒犯一个自己爱戴的人总比冒犯一个自己畏惧的人更加容易，因为爱戴的话，心存恩义，而人一般在关键的时候只会做出对自己有利的选择，出于这种劣根性，恩义的纽带在关键的时候也就不存在了。但是，畏惧就会因为害怕惩罚而一直被维持着。

不过，君主应该以如下的方式实现人们对自己的畏惧：如果自己不能赢得人们的爱戴，也要避免人们的憎恶；因为如果把被畏惧和不被憎恶结合起来，君主就可以更持久地统治——只要他不觊觎自己的人民、属民的财产和妻女，他就可以做到。如果他有必要剥夺某个人的生命，他必须有足够和明显的理由才可以去做。需要铭记的是，他一定不要去侵吞他人的财产，因为忘记财产的损失比忘记父亲的去世还要慢。而且，想要霸占他人的财产，总是可以找到借口，一旦掠夺开始了，他就会常常找借口去侵占他人的财产。与之不同的是，剥夺他人生命的理由并不好找，而且很快就消失了。但是，如果君主与军队在一起，他要指挥军队，他就不要介意残忍的恶名，因为如果不残忍，就无法让自己的军队团结有序，他的军队就无法完成任何任务。

在汉尼拔所有的壮举中，有一件事格外突出：他率领着一支庞大的军队，军队中各个种族的人都有，他们为了夺取外国的疆土去作战，不管他们是否好运，他们中间以及他们对待君主的态度都没有任何问题，这恰恰是因为汉尼拔的残酷，同时，他能力无限，这就让他的士兵对他既敬又畏。但如果他不残忍，只是依赖自己的能力，那是不可能产生这样的效果的。而目光短浅的史学家一方面会欣赏汉尼拔的壮举，而另一方面又会谴责他取得最终功绩的主要原因。从西庇阿的例子中就可以看出，如果汉尼拔只有能力，那是不可能成功的。西庇阿在他所处的时代以及在整个历史中都是罕见的人物，然而，他的军队在西班牙背叛了他，原因恰恰在于他的过于仁慈——他允许士兵享有充分的自由，而这一点和军纪根本不相容。因此，他在元老院受到了法比奥·马西莫的弹劾，被视为罗马军队的败坏者。洛克伦斯人民曾经受到西庇阿一位使节的摧残，可是，西庇阿对此没什么表示——他既没有为洛克伦斯的人民报仇，也没有惩罚使节的横行霸道。由此可见其性情的随和及仁慈。很多人在元老院替他说情，说很多人都知道怎样不犯错误，恰恰不清楚怎样纠正别人的错误。如果西庇阿一直持续统治，那么他的这种仁慈迟早会毁掉他。但有元老院的维护，他的这种过度仁慈带来的害处不仅没有表现出来，而且他还因此得到了好的名声。

回到关于被爱戴还是被畏惧这个话题上来，我最后的结论是：人们爱戴君主，是出于自己的意愿；而人们畏惧君主，则是由君主决定。因此，一位明智的君主应当立足在自己的控制权之上，而不是受他人控制。但是，如前所述，他必须尽力避免他人的憎恨。

第十八章　关于君主应如何守信

大家都认为，如果君主能够守信，能够正直诚恳，不使用诡计，是非常值得赞美的。然而，从我们这个时代的经验可以看出，那些曾经立过丰功伟绩的君主，却根本不懂得诚实守信。他们懂得如何使用诡计，让人民晕头转向，而且把那些一贯诚实守信的人给征服了。你必须知道，关于斗争一共有两种方式：一种是通过法律，一种是通过武力。第一种方法是人类特有的，而第二种方法则是人类与禽兽都有的。但是，因为第一种作用常常是不够的，故而君主很有必要依赖后者。因此，君主需要懂得如何使用这种人类和禽兽都会依赖的方式。其实，这一点古代的作家们早已经巧妙地教给君主了。他们描写了阿喀琉斯和其他很多古代的君主如何被交给半人半马的怪兽客戎去喂养，并且在它的管教下成人。这就是说，君主既然是由半人半兽的怪物调教，那么他必然知道，如何运用人性和兽性，而且知道，如果只有其一，两者中不管缺少哪一种，都是不行的。因此，君主既然必须懂得如何运用野兽的方法，他就应该同时效仿狐狸和狮子，因为狮子无法预防自己落入陷阱，而狐狸则无法抵御豺狼的侵袭。因此，君主有必要具备狐狸发现陷阱及狮子威吓豺狼这两点。那些纯粹依靠狮子的人无法理解这一点。由此看来，如果遵守信义对自己不利，或者原来做出承诺的理由现在已经不复存在，那么明智的君主就不能也不应遵守信义。当然，如果人们是完全善良的，那就应该另当别论了，可是，实际上人们并非绝对善良，而且对君主也不是忠贞不贰的，因此，君主也就无需对他们坚守信义。君主总是不乏各种冠冕堂皇的理由为其背信弃义开脱。这样的例子绝对有很多，从这些例子中，我们可以看出，由于君主们没有诚实守信，许多合约和承诺因此而成了空文。那些深知如何才能做好狐狸这一角色的人最终大获成功。

但是，君主有必要知道如何掩饰自己的这种特性，要善于伪装，善于表演。人们多数都比较单纯，深受当前需要的支配，因此，如果要骗人，总是可以找到容易上当的人。最近就有一个例子，我实在无法忽略不提：亚历山大六世除了欺骗他人之外，并没有做过什么，也不曾想要做什么，但他总是能够找到上当受骗的倒霉鬼。因为世界上再没有谁能够做出比他更让人相信的保证、更信誓旦旦地肯定一件事情的了，而且，再也没有谁能够比他更随心所欲地食言了（意大利有句谚语：亚历山大说了不做；切萨雷做了不说）。然而，他的欺骗总是能够成功，他总是能够达成心愿，这恰恰是因为他洞悉了人类的心态。

因此，对于君主来说，他并没有必要全部具备我在前面章节提到的那些优秀品质，但他要让自己显得具备了这些品质。我敢这么说：如果君主真的具备这些优秀品质，并且秉承这些品质去办事，那么多数时候都是有害的；可是，如果只是从表面上具有这些品质，那就是有益的。作为君主，你要让你的人民觉得你慈悲为怀，诚实守信，合乎人道，清正廉洁，有虔诚的信仰，而且你要这么去做，但是，你的心里要时刻做好准备，如果需要一百八十度的转弯，你要立刻就能做到。

你必须知道，一位君主，尤其是新上任的君主，他不可以去实践所有人都贴上“好”字标签的事情，因为他要维护对国家的统治，因此常常得背信弃义，不讲仁慈，远离人道和神道。因此，君主必须有精神准备，随着命运转变、世事变迁而不断做出转变。不过，如果可以的话，还应该像我前文所说，不应该背离善良，如果别无选择，也应该知道如何走上背信弃义的道路。

因此，君主要十分注意，不要随口说出任何有损美德的话，任何时候都要让那些可以看到君主行事、听到君主说话的人感觉君主以慈悲为怀、诚实守信、讲究人道和神道。君主要显现出自己具备这些优良的品质，这一点很有必要。人们做出判断更多的是依赖眼睛，能够看到君主的人有很多，但是，能够实际深入接触君主的却不多。每个人都可以看到你的外表，但却很少有人知道你的内心，即使少数人知道，他们也不敢反对大多数人的意见，因为大多数人会受到国家最高权威的保护。如果无法对某行为提出挑战，尤其是君主的行为，人们就会通过其结果进行判断。

基于此，君主如果能够征服并维持对一个国家的统治，那么人们就总是认为其采取的手段是光荣的，他总是会受到大家的称赞，因为百姓总是被外表和事物的结果所吸引，而这个世界上到处都是百姓——当大多数都可以站稳脚跟的时候，少数人是无立锥之地的。

我们这个时代的一位君主（指的是西班牙的斐迪南二世），恕我在此不明说，除了和平和信义之外，从不宣扬其他，但是，他却无比仇视这两者，如果他遵从了其中任何一条，他的权力和名声早就不在了。

第十九章　关于应该避免受到轻视和憎恨

考虑到之前谈到的一些君主的品质，现在我要说一说其中更为重要的一些，其他只简明扼要提一下。正如前文所说，君主必须考虑如何避免那些可能使自己受轻视和受憎恨的事情。如果君主能够避免这些事情，那他就尽到自己的本分了，即使他有其他不好的行为，也不会有什么危险。

就像我之前所说，因为贪占民众的财产和女人，君主尤其会遭人嫉恨，因此，君主要极力避免这两种行为。如果财产和荣誉都没有受到侵犯，那么大部分人都会安居乐业，君主只要和少数人的野心做斗争即可，而对付这些人，君主总是有很多方法，能够轻而易举地将其控制。

如果民众感觉君主变幻无常、轻率肤浅、软弱无能、优柔寡断，那么他就会被轻视。因此，他一定要尽力去提防这一切，并且让自己显得伟大、英勇、严肃认真、坚韧不拔。让民众知道，他的决断应该是不可更改的，而且，他应该让人们相信：没有人可以欺骗他或者隐瞒他。

如果君主能够给人们留下这种印象，那么他就会受到人们的尊重，不管是谁，如果想要反对一个深受尊重的人，那都是不容易的。如果大家都觉得他优秀，这种情况下，想要攻击他也是困难的。基于此，君主应该有两个方面要关注：第一，关注国内的臣民；第二，关注国外的势力。如果是后者，只要有强有力的兵力和亲密的盟友就足以抵挡。如果国内没有任何阴谋诡计，那么，只要国外泰然，国内也必然泰然。即使出现外部势力的隐患，如果君主不放弃，能够自行安排和尽力处理，那么他也必然像斯巴达的纳比斯那样，奋起攻击。

然而，说到他的臣民，若外部势力没有产生隐患，那么君主依然需要担心臣民会密谋造反。如果君主能够避免引发臣民对其憎恶，让人民对其感到满意，那么他的君主之位必然稳如泰山。这一点我在上文中已经详细论述，我认为这是君主必须做的。要想对抗阴谋，那么君主就要做到不为广大臣民所憎恶，因为但凡搞阴谋的人，他们总是希望通过打倒君主来取悦人民；如果这样的行为不会取悦人民，而只会激怒人民的话，他们就没有理由和勇气这么做了。因为这种情况下，密谋者打倒君主的愿望必然遭到种种阻力。从以往的经验中不难看出，自古以来，密谋者多，而其中成功者寥寥，因为密谋者要想成功，必然不可能单枪匹马去斗争，这个时候，除了他们认为对君主憎恶的人之外，他们根本无法找到同类。然而，如果你向密谋者说出了自己的想法，那么他必然会借此达到自己的目的，他可以想象如何从你的想法中获得利益。如果他发现，和你站在一起，其利益可以确保，他这么做了，他就是你的罕有的朋友；如果他没有这么做，他就是君主无法改变的敌人。

简单来说，我认为，就密谋者来说，他们除了怀着恐惧、嫉妒、忧虑受到足以让其害怕的刑罚之外，再无其他可图；而对于君主来说，他拥有君主的威望，他有法律、盟友和整个国家对他的保护，此外，他还有人民的拥护。因此，任何人都不要轻举妄动，试图密谋打倒君主。另外，密谋者在密谋之前，一定是恐惧的，密谋之后，他也依然害怕，因为他与人民为敌，作恶之后必然无藏身之处。

关于这个主题我可以举出无数的例子，在此，我只想列举一个例子——这个例子我父亲那一辈人当中还有人记得。梅塞尔·安尼巴莱·本蒂沃利奥，博洛尼亚的君主，也就是如今梅塞尔·安尼巴莱的祖父，他当时是被坎尼斯基家族谋害的，当时，除了年幼的梅塞尔·乔万尼之外，整个家族再无人幸存。然而，当本蒂沃利奥家族被杀后，人们立刻揭竿而起，杀光了坎尼斯基整个家族，这是因为本蒂沃利奥家族在博洛尼亚深得人民的好感，安尼巴莱死后，能够统治这个国家的人已经无法选出，这个时候，博洛尼亚的人们听说佛罗伦萨有位铁匠的儿子，其实属于本蒂沃利奥家族，于是，他们到佛罗伦萨去找这个人，而且让其统治他们的城市，直到梅塞尔·乔万尼长大成人，能够亲政为止。

因此，我认为，当人们甘心服从于君主的时候，君主就不用对密谋者忧心；但是，当人们对君主心怀怨恨和敌意的时候，君主就要凡事多加小心了。因此，井井有条的国家和英明的君主都会尽力不让贵族们陷于绝望的境地，他会让臣民满意，心悦诚服，这也是君主要维护统治必须做的事情之一。

在我们这个时代，法国是统治得最好的国家之一。在这个国家，我们可以找到数不清的优越制度，因为这些优越制度，国王才可以拥有自由和安全。在这些制度中，其中一项就是议会及权力。因为建立国家的人深知手握权力的人有着怎样的野心，有着怎样的傲慢，因此，他们认为有必要在这些人的嘴上上套，以此约束他们。从另一方面来说，君主知道人们的怨恨是由于恐惧，因此，君主便想方设法让人们感觉到安全，然而，君主并不打算特意去这么做，他不想让人民觉得自己袒护贵族，他也不想让贵族感觉自己袒护人民，因此，他设立了第三方的仲裁机构，这个机构可以弹劾贵族，也可以保护人民，这样，君主就不用承担责任了。无论对于君主还是对于国家来说，这个制度都是最好的，最为审慎的，也是最为安全的。故而我们可以从中得出结论：君主一定要让责任由他人承担，自己只要负责施恩布惠的事情就可以了。此外，我们还可以得出这样的总结：君主再重视贵族的统治，一定不要招来人民的怨恨。不过，那些研究罗马皇帝生平的人可能会感觉和我的结论截然相反，他们感觉罗马皇帝中有些人非常卓越，可是他们依然失去了自己的国家，而且被谋反者杀掉了。为解释这一问题，我想讨论一下某些君主的性格，并且证明他们国家之所以灭亡和我之前所说的原因大致相同。同时，我只会讨论那个时代对他来说值得讨论的一些事情。

在我看来，列举罗马帝国从哲学家马库斯到马克西米努斯这些皇帝就足够了。他们是：马尔库斯、他的儿子康茂德、佩蒂纳克斯、尤利安努斯、塞维鲁和他的儿子安托尼努斯·卡拉卡拉、马克利努斯、埃拉加巴路斯、亚历山大和马克西米努斯。

首先要注意的一点是，罗马帝国不同于其他国家——在其他国家，君主只要应对贵族的野心和人民的傲慢不逊就行了，可是，罗马帝国的皇帝除此之外还要注意其军队的残暴和贪婪，要关注这一点并非易事。很多皇帝最终失去统治都是这个原因——要同时让人民和军队都满意很难做到。这个很好理解：人民酷爱和平，所以，他们希望君主温和谦逊；可是，军队崇尚战争，他们希望君主残暴好斗。军队总是希望君主尚武好斗，只有这样他们才能拿到足够的军饷，满足自己的贪心和对于残酷的欲求。因此，那些生来就缺少伟大声誉或自己没有能力获得伟大声誉，难以控制军队和人民两个方面的君主，最终总是难逃灭亡的命运。君主中大多数，尤其是新上位者，对于这种对立的局面，往往更多的是满足军队，而很少介意对于人民的损害。当然，很多时候君主对某一群体造成损害是不得已而为之，因为无论如何君主都无法避免某些人的仇恨，若是这样，那就要尽力去避免最有势力的人的仇恨。因此，无经验的君主要想得到特别的支持，他们就得更多地依赖军队，而不是人民。这种做法有益与否，取决于君主是否知晓如何在军队中维护自己的权威。

因此，马尔库斯、佩蒂纳克斯和亚历山大这些温和、爱好正义、反对残暴、人道又善良的人一个个都落得悲惨的下场，但唯独马库斯例外。这个人无论生与死，都是很荣耀的，因为他是世袭继承王位，他不依靠军队，也不依靠人民，不仅如此，他的很多美德也让他受人尊敬。在位时，他的军队和人民都安守本分，没有人怨恨他，也没有人轻视他。

但是，佩蒂纳克斯登上君主之位却违背了军队的意愿。在先前君主科莫德斯在位的时候，军队就已经习惯了放纵无度的生活，佩蒂纳克斯登位后，希望他们老老实实生活，他们就无法忍受了，因此，他们心生怨恨。此外，佩蒂纳克斯执政时年事已高，人们对其轻视，故而执政不多久就被人们推翻了。因此，我们要看到，善与恶同样会遭人憎恨。如我上文所说，英明的君主有时为了维护国家以及自己的统治，不得不有恶行，而为了维护自己的统治，看到那些自己需要的人，人民、军队或贵族一个个堕落，为了讨其欢心，被迫满足他们的需求，那么，这种善行也必然对君主有害。我们可以看看亚历山大这位君主，他非常善良，在众多善举中，有一件事是：在他统治的14年期间，没有一个人是未经审判而被处死的。可是，人民却认为亚历山大懦弱无能，只会听从母亲的支配，因而他备受轻视，军队最终谋反将其杀掉了。

现在我们一起看看与他们在性格方面相反的康茂德、塞维鲁、安东尼纳斯·卡拉卡拉和马克西米努斯。你会发现，这些人残忍又贪婪，为了让军队满足，他们宁可牺牲人民，最后，除了塞维鲁之外，其他人下场都很可悲，因为塞维鲁有能力，虽然他压迫人民，但是军队对他很友好，而且他能够一直维持自己的统治。他的能力让他的军队和人民都深感惊奇——人民很惊讶，军队很畏惧，但是对他很满意。作为一位新君主，他的行为非常了不起，我在此只想简单地说一下他是如何运用狐狸和狮子两种不同性格的，我在上文就说过，这两种性格是君主必备的。

塞维鲁知道尤利安努斯皇帝非常懒惰昏庸，因此，他说服了皇帝统帅的驻扎在亚沃尼亚的军队，军队因此认为进军罗马替佩蒂纳克斯（被禁卫军所杀）复仇是正当的。就这样，打着复仇的幌子，他们开始向罗马进军，没有人看出了他对于皇帝之位的觊觎。在人们还没有意识到他动身的时候，他就已经到了意大利。塞维鲁刚到罗马，元老院就害怕了，他们立刻选塞维鲁为皇帝，尤利安努斯立刻被杀掉了。要想主宰整个帝国，塞维鲁登位后还要解决两个难题：一个是在亚洲，也就是亚洲军队的统领尼格尔已经在当地称帝；一个是在西方，也就是正在执政的阿尔比努斯，他也是对整个帝国垂涎。

塞维鲁认为同时与两者为敌、暴露自己是危险的，于是，他决定首先向尼格尔发动攻击，同时欺骗阿尔比努斯。他给阿尔比努斯去信，信中说自己被元老院选为皇帝，他愿意与阿尔比努斯共享这个荣誉，所以赠送给他恺撒的称号，由元老院做出这一决定，加封阿尔比努斯与其拥有同样的身份。阿尔比努斯竟然完全相信了。然而，在塞维鲁打败尼格尔，将其杀死、顺利解决东方战事后，他回到了罗马，并且对元老院说，阿尔比努斯完全忘恩负义，正在利用阴谋诡计，想要杀掉他。因此，他决定对其加以惩罚。之后，塞维鲁在法国找到了阿尔比努斯，然后夺取了阿尔比努斯的政权，并将其杀死。因此，仔细看看塞维鲁的行为就不难发现，塞维鲁既是一头凶猛的狮子，又是一只狡猾的狐狸，每个人都敬畏他，而且军队也不憎恨他。虽然是新上任的国王，但是他能够很好地维持其统治，想一想他的性格，也就不足为奇了。他的最高声誉完全可以抵消人们对其掠夺行为的怨恨。

和他相比，他的儿子安托尼努斯·卡拉卡拉也是一个非常优秀的人，人民敬爱他，军队中他也颇受欢迎。因为他尚武，他可以克服一切艰难困苦，不会贪恋美味或奢侈的生活，这一点让他赢得了军队的爱戴。然而，他却凶残成性，他杀了很多人，包括很多罗马居民和亚历山大港的所有人。他的这种杀戮行为让整个世界都对他充满了憎恶，而且在其左右的人十分恐惧，最终，他死在了自己军队中一个百人队队长的手里。这里我们必须注意：这种死亡是人们蓄意为之，只要不怕死，任何人都可以加害君主，因此，这种死亡君主是无法避免的。但是，君主没必要如此担心这种死亡，毕竟这种死亡是非常罕见的；他需要注意的是，不要过分伤害服侍他的人，或者在其身边为国家效劳的人，不要学安托尼努斯——他杀死了一个百人队队长的兄弟，让其死得非常惨烈，而且还对队长严加威胁，且与此同时，他依然让其担任百人队的队长。事实表明，这种做法非常冒险，最终可能会招致杀身之祸。

现在我们说说康茂德，他是马尔库斯之子，因此，名正言顺地继承了王位，只要他沿着父亲的足迹前进，人民和军队就都会满意，他就能够很容易地延续自己的统治，可是，他却没有这么做，他生性残忍野蛮。一方面，为了欺压百姓，他不断讨好军队，任军队放肆；另一方面，在军队中他也没有维护自己的尊严，他甚至常常做一些和皇帝身份完全不符的事情——到竞技场同格斗者搏斗，不仅如此，他还有种种卑鄙的行为。因此，军队也轻视他。结果，人民憎恨他，军队轻视他，两方面合谋，最终推翻了康茂德的统治，将其杀害了。

现在，我们还要说说马克西米努斯，他是一个非常好战的人。我之前说过，由于亚历山大皇帝优柔寡断，军队对他十分不耐烦，故而杀掉他，选举马克西米努斯为皇帝。然而，马克西米努斯的皇帝之位也没有坐稳，人民轻视他，也憎恨他——他出身卑微，曾在色雷斯牧羊；其二，继承皇位时，他没有即刻赶往罗马，而是让他的行政官在罗马胡作非为，做出了很多残酷的事情，他也因此背上了残酷之名。很明显，由于其出身，他遭到了人民的轻视，由于其残暴，他遭到了人民的憎恶，非洲人首先揭竿而起，然后是罗马的元老院和全体罗马人民，最后是意大利，大家全都反对他。他自己的军队最终也加入了谋反的行列。因为军队在包围阿奎莱亚的时候，遭遇了种种困难，而马克西米努斯依然残酷，军队因此而怨声不断，加上其处处树敌，军队也就没有必要害怕他了，于是，轻而易举将其杀掉了。在此，我不再赘述埃拉加巴路斯、马克利努斯和尤利安努斯等人了，因为他们卑鄙可耻，很快就被推翻了。从前面的叙述中，我们可以得出以下结论：我们这个时代的君主要想让军队满意，其实比以往容易很多，即使有困难，也会很快就得到解决。我们这个时代的军队没有哪个像罗马帝国的军队，他们和政府一样根深蒂固，不可动摇。那个时候似乎让军队满足比让人民满足更为重要，而今，除了土耳其皇帝和苏丹之外，让人民满足比让军队满足重要得多。

我之所以把土耳其王国除外，是因为土耳其皇帝身边总有一万两千名步兵和一万五千名骑兵，这就是土耳其王国和力量的依赖。因此，皇帝首先要做的就是和他们保持良好的关系，然后再考虑其他。苏丹的王国也是一样——整个王国完全在军人手里，因此，他们必须同军人保持良好的关系，和人民关系如何并不那么重要。但是，和其他所有的君主国不同，苏丹类似于天主教的教皇制，它既不是世袭君主国，也不是新的君主国；因为之前君主的后代并没有继承王位，王位继承人是由享有特权的人选举产生的。同时，它也没有遭遇新的君主国所遭遇的任何困难，因此，也不能称为新的君主国。虽然这个国家的君主是新的，但是制度是旧的，而且迎接其选举产生的君主时，就像是迎接世袭制君主一样。

回到我们这章讨论的主题上来，我觉得任何人只要稍加考虑就会得出这样的结论：上文中所说皇帝，其灭亡要么是基于仇恨，要么是基于轻视，而在他们之中，一些人以这种方式去做，而另一些人则以那种方式去做，不管方式为何，最终只有一个人获得了幸福的结果，其他则都是不幸的。对于佩蒂纳克斯和亚历山大来说，他们都是新上任的君主，他们要模仿世袭继位的马尔库斯，很可能毫无用处，甚至还有危险。同样的道理，卡拉卡拉、康茂德、马克西米努斯如果模仿塞维鲁也是要失败的，因为他们自己没有足够的能力追随塞维鲁的做法。因此，对于新上任的君主来说，既不能效仿马尔库斯，也没有必要追随塞维鲁，但他应该从塞维鲁那里学习那些治理自己的国家所必需的，并从马尔库斯那里学习什么才是让国家保持稳定的合适且荣耀的方式。

第二十章　堡垒以及君主们的经常的行为是有益还是有害?

为了让自己的统治更为坚固，一些君主解除了他们臣民的武装；一些君主让其臣民的城市四分五裂；一些君主则处处树敌，让大家反对自己；一些君主则是用尽努力希望把当初对其怀疑的人们争取到自己的阵营中来；还有一些君主则是大兴建造，构筑堡垒，当然，也有君主会摧毁并破坏堡垒。如果不是对某个国家具体情况特别了解，一个人很难说某种行为是对是错，是好是坏。虽然如此，我还是想就问题本身泛泛谈一谈。

从来没有哪个新上任的君主会解除臣民的武装，恰恰相反，如果他发现他的臣民并没有武装，他会把臣民武装起来。原因很简单：如果把臣民武装起来，那么臣民就会成为你的武力，曾经对君主抱有怀疑态度的人现在就会忠贞不贰，曾经忠贞的人现在会更加忠贞，甚至会由普通臣民变成君主的拥护者。况且君主不可能把全部臣民都武装起来，故而那部分受到武装的人就会感到蒙受君主的恩惠，这样一来，应对其他人也就容易多了，因为对待前者和对待后者的差异让前者感受到了他们必须报答君主的恩泽；而那些不被武装的普通人则认为，那些冒着更大危险、要肩负更大责任的人，获得君主更多的恩泽是必要的。这个时候，如果君主将他们解除武装，他们就会心生埋怨，因为你表明了对他们缺乏信任，因为他们的胆怯或其他原因，你不再信任他们了，他们会因此对君主产生憎恨。同时，君主无法长时间离开武装，这种情况下，君主就不得不求助于雇佣军了——雇佣军的危害前文已经详细叙述。无论雇佣军多么英勇善战，面对臣民的怀疑和敌人的强大，他们都是无法取得胜利的。因此，正如我之前所说，在一个新的国家里，一位新的君主总是会调整军队。历史上这样的例子并不少见。然而，当君主获得一个新的国家时，他要把这个新的国家和他之前旧的王国连在一起，就必须解除这个国家人民的武装，当然，如果你在占有这个国家时，这个国家的人民很拥护你，那就另当别论了。即使如此，也要因时因地制宜，要尽可能地弱化他们的势力，尽可能地整合这个国家的武装，让其都掌握在你的手里，掌握在你控制的士兵的手里。

我们的先辈和那些被认为明智的人常说，要想占领皮斯托亚，就得利用内讧，要想占领比萨，就得依靠堡垒。以这个想法为指导，他们在某些城市煽起了内讧，这样他们才能占有这些城市。过去意大利在某种程度上一直很平衡，当时来说，这么做并没有什么不妥。但是，时至今日，我并不认为这依然有道理，因为我觉得内讧并不是总有好处的，如果敌人迫近，那么内讧的城市立刻就会丧失掉，因为最弱的一方总是会投靠外国的军队，这样一来，其余的也就自然而然不再坚持了。

我认为，威尼斯人就是因为上述原因在他们那些附属城市中制造内讧的，他们培养了归尔甫和吉伯林两个派别。虽然这两派并没有发生流血冲突，但是，威尼斯人却在他们中间制造混乱，使其市民纠结在自己的内讧之中，永远不会团结一致和敌人抗争。然而，这种做法并非一直对他们有利，后来，当威尼斯人在韦拉战败后，这些城市中的一部分人立刻从威尼斯人手中夺走了整个国家。因此，有人说君主的这种做法表明君主力量是薄弱的，因为如果君主国强大，这种分裂就不会存在。这种做法在和平时期姑且可以使用，因为君主可以通过这种方式轻易控制其属民，然而，一旦战争爆发，这种做法就是荒谬的了。

毫无疑问，如果君主能够克服重重阻挠和反抗，那么他的伟大就可以很明显地表现出来。如果幸运之神要让某位君主获得盛名，就会让其处处面临敌对和反抗，让其通过不断对抗，战胜敌人，凭借敌人搭建的梯子步步高升。因此，很多人认为一位英明的君主一旦有机会，就会想尽办法让自己处处临敌的，这样，通过制服敌人，他就可以变得更为伟大了。

君主们，尤其是新上任的，已经发现，在统治国家刚刚开始的时候，使用之前可疑的人比使用之前信赖的人更安全，而且也更为高效。潘多尔福·彼得鲁奇，锡耶纳的君主，在治理国家的时候就是更多地使用之前他自己怀疑的人，而非他相信的人。当然了，这种事情无法一概而论，要视不同情况具体处理。不过，我认为，那些在国家刚成立不久是敌对势力的人，如果君主对其支持，让其获得或保持自己的地位，新君主就很容易赢得他们的支持。他们知道，自己必须用实际行动让君主看到全新的自己，消除之前的坏印象，他们往往会更加尽心尽力对待君主。因此，他们往往能够给君主带来更多的好处。相比较而言，那些之前抱着十分的安全感侍奉君主的人，君主的一切往往不会被重视。而且，我不得不在此强调，那些依靠当地人支持赢得新的国家的君主，他们必须要考虑一下那些人支持他的原因，如果他们的支持是由于自己对于原来统治者的不满，而不是对新君主的情感，那么新君主就要花费一番气力才会让其真正对自己友好，因为要让他们十分满意并不太可能。从古至今的例子中不难看出，那些对之前统治者满意、对自己仇恨的人相比较那些对之前统治者不满意，因此成为自己朋友并帮助自己的人来说，更容易使其成为自己的朋友。

君主为了稳固安全地统治国家，总是习惯于建筑堡垒，以此来反对那些企图推翻自己统治的人，也可以作为一个安全的避风港，以免自己受到突袭。我认为这个方法可取，因为自古以来人们就使用这个方法。然而，在我们这个时代，为了保住国家，梅塞尔·尼科洛·维塔利破掉了卡斯泰洛城的两座堡垒。乌尔比诺公爵圭多·乌巴尔多回到了曾被切萨雷·博尔吉亚抢走的领地，然后把当地的堡垒全部毁掉。在他看来，如果没有这些堡垒，想让其再度失去国家就更困难了。不仅如此，在攻克博洛尼亚的时候，本蒂沃利奥也采取了同样的方式。因此，关于堡垒，我们可以做出如下总结：堡垒是否有益，要依据不同情况而定，如果在这种情况下对你有利，那么在另一种情况下就会对你有害。君主如果更多地担心自己的臣民，而不是担心外国人，那么他就应当建筑堡垒，如果他更多地担心外国人，而不是自己的臣民，就不要建筑堡垒；弗朗西斯科·斯福尔札建筑的堡垒已经给米兰带来了损害，这种损害将来还会持续，且这种损害比国家出现的其他混乱都要可怕。因此，我们说，君主最好的堡垒就是不被人民憎恨。即使你有堡垒，若人民憎恨你，堡垒也无法保护你。憎恨你的人一旦拿起武器，外国人就会对其帮助，你就会陷入内外夹击的状态。在我们这个时代，除了弗利伯爵夫人在其丈夫吉罗拉莫伯爵死后的情况之外，堡垒并不曾让任何一位君主受益过。弗利伯爵夫人利用堡垒使自己免去了来自民众的攻击，等待米兰的救援，以便重新恢复自己的国家。同时，当时外国人不可能援助她的人民，可是，后来切萨雷·博尔吉亚攻击她的时候，堡垒就没有作用了，因为反对她的人和外国人联合起来了。因此，因情况不同，堡垒并非总是能够发挥作用，最可靠的是不要引起人民的憎恨。因此，无论君主建筑堡垒与否，我都会称赞。真正需要责备的，是那些引起人民憎恨、被人民轻视的君主。

第二十一章 为了得到美誉君主应该怎样为人

再没有什么比做出伟大的事业和树立良好的榜样更能为君主赢得美誉的了。在我们的时代里，我们有阿拉贡国王斐迪南，也就是现在的西班牙国王为例。因为自己的美誉和辉煌，他从一个弱小的国王，一跃成为基督教世界赫赫有名的国王，尽管他更多的时候都被认定为新君主。如果你注意他的言行，你会发现，他的所有言行都是最了不起的，其中一些甚至堪称非凡。刚刚开始统治的时候，他选择进攻格拉纳达，这就为他的事业奠定了基础。从一开始，他就从容不迫，从不惧怕什么困难和阻碍。他使卡斯蒂里亚的贵族们的精神全部倾注在了这项事业之上，所考虑的只是战争，而不是革新。正是这样，他赢得了美誉，也赢得了对贵族的统治权，然而，贵族们却对此一无所知。他靠着教会和人民的钱财来维护着自己的军队，在长期的战争中，他的武装力量也因此奠定了牢固的基础，而他的美誉正是这支武装力量所赐。除此之外，他还借助于宗教的力量，实施了更为伟大的计划：他把摩尔人从他的国家驱逐出去，并且将他们掠夺一空，他的残酷由此可见一斑，事件的悲惨也可见一斑。同样，他还继续以宗教为借口进攻非洲，讨伐意大利，最后进攻法国。他一件又一件地做着大事，在这些大事进行的同时，他的臣民一边忐忑，一边惊诧，时刻注视着事件的结果。他所有的举动都是接二连三的，中间不留任何空隙，以至于他的臣民根本没有机会对此做出反应或对其反对。

此外，如果君主能够像米兰的梅塞尔·贝尔纳博那样去做——只要有机会，只要抓住任何人在社会生活中做了任何异常的事情，不管是好事还是坏事，他都会采取方法对其进行奖励或惩罚，他就可以在处理国内管理事务方面树立罕见的榜样。这对于君主来说是十分有帮助的。对于君主来说，最重要的是要依靠自己的行为为自己赢得一个伟人应该有的美誉。

当一位君主是某个人真正的朋友或真正的敌人时，也就是说，他毫无保留地公开表示自己支持某方或者反对某方，和保持中立相比，这对他更有利。如果你的两个强有力的邻国发生了战争，情况可能会这样：如果其中之一胜利了，那么你会对其恐惧，或者不会对其恐惧。不管是哪种情况，如果你能够公开自己的立场并且勇猛参战，对你来说，都是有好处的。如果你会对其恐惧，而你又没有公开表态，那么，你就会成为胜利一方的战利品，失败的一方也会因此幸灾乐祸，你也因此无法提出任何理由，无法做任何事情可以保护或庇佑自己。因为胜利的一方并不需要让其感觉可疑的朋友，在其困难的时候并没有伸手援助的朋友；失败的一方也不会帮助你，因为你不愿意拿起武器与其共同战斗。

应埃托利亚人的召唤，安条克前去希腊，帮助将罗马人驱逐出去。他派遣大使到罗马人的朋友亚加亚人那里，奉劝其保持中立。而与此同时，罗马人却劝说亚加亚人拿起武器，和他们一起作战。最后，这件事情拿到了亚加亚人的会议上讨论，安条克的大使奉劝亚加亚人保持中立，而罗马人的大使则说："这些人让你们保持中立，其实和你们的利益相去甚远。你们不会因此获益，因为你们不介入战争，就会受孤立，没有人会考虑你们，支持你们，你们最终只会成为胜利一方的战利品。"事情总是如此，如果对方不是你的朋友，那么他往往要求你保持中立，如果对方是你的朋友，那么他往往要求你拿起武器参与战争。然而，如果君主优柔寡断，他们往往采取中立，以此避免眼前的危难，可是，这种中立常常导致其最终灭亡。然而，如果君主明确表态，支持某一方，这一方若获胜了，那么你就要听其支配，不过，胜利的一方对你负有责任，因为你们已经建立了友好关系。一般来说，胜利的一方不会无耻到忘恩负义的程度。毕竟胜利从来不是完胜，胜利者必须要周密考虑，尤其要考虑正义。如果你支持的一方失败了，他也会念到你对其的帮助，这样，若有一天你东山再起，你们依然是伙伴。

如果是第二种情况，也就是说，你作战并非出于对任何一方的畏惧，那么你就更应该仔细考虑自己要支持哪一方了，因为你是在利用一方的力量消灭另一方，如果另一方比较明智，他一定会自我拯救。如果他胜利了——当然，没有你的帮助他是无法胜利的——那么他就会听你的决定。在此需要指出的是，君主除非如上文所述，迫不得已，否则一定不要为了进攻别人而和比自己强大的国家结盟，因为即使你胜利了，你也依然会成为他的俘虏。君主应该尽力避免听从他人随意决定的处境。威尼斯人同法国人结盟，反对米兰公爵，这种本可以避免的结盟却最终造成了他们自己的毁灭。然而，如果结盟无法避免，比如教皇和西班牙人一起出兵，攻击伦巴第时，佛罗伦萨人所遭遇的那样，那么基于上述种种理由，君主就必须联合其中一方。

任何政府都不要幻想自己可以找到万全之策。相反，君主应当认识到，不管选择哪种策略，都是有风险的，因为情况往往是这样：人们在尽力避免一种麻烦的时候，往往会遇到另一种麻烦。但是，如果足够谨慎，你就可以认识到各种麻烦的特性，然后选择害处最少的途径。

君主应该显示出自己对于才能之人的珍爱，要重用那些有才能的人，要给予各行各业的杰出的人以荣誉。此外，他要鼓励人民在商业、农业等领域安心工作，不要因为害怕财产被掠夺而停止工作，也不要因为害怕赋税而退出某个行业。君主应该对于愿意从事这些工作的人、愿意为城市和国家做出贡献的人加以鼓励。

还有，君主应该每年择定节日，让臣民一起欢度，同时，每个城市都应该有行会和协会。君主要重视这些行会和协会，要时常会见他们，表现出谦卑有礼，宽厚仁慈，但是，同时要保持自己的威严，因为威严是要超越一切的。

第二十二章　关于君主的大臣

对于君主来说，选择仆人或大臣是十分重要的，仆人或大臣对君主是否忠贞，取决于君主是否有辨识力。人们对于君主以及其能力的最初认识就是通过他所选择的大臣形成的，如果君主控制的人有能力，而且对君主忠诚，那么人们就会认为君主是明智的，因为君主知道了如何辨认大臣是否有能力，并且知道如何让他们保持忠诚。但是，如果他们不是这样的人，人们对于君主就不会有好的印象，因为对于君主来说，第一个错误就是对于大臣的选择。

但凡一个人知道梅塞尔·安托尼奥·达·维纳弗罗是锡耶纳君主潘多尔福·彼得鲁奇的大臣，他就会认定潘多尔福为卓越之君，因为他能够让这样的人成为自己的大臣。因为才智共有三种：一是自己可以洞察一切；二是能够利用他人的智慧明辨是非；三是既不能洞察，也不知利用人才。第一类我们称之为优秀，第二类我们称之为良好，第三类就是毫无用处了。

因此，如果潘多尔福不属于第一类，那么他必然属于第二类，因为如果一个人对于自己的所言所行缺乏建树，如果他能够辨别他人言行的好坏，他也就能够辨别大臣的善与恶了，对于善的，他可以加以表扬，对于恶的，他可以加以矫正。这样一来，大臣就不敢蒙骗，就会保持善良和忠诚了。

但是，要想让君主对其大臣真正认识，还得遵循以下方法，这一方法也是屡试不爽的：如果你察觉某位大臣更多地考虑自己的利益而不是君主的利益，并且一切行动都在追求利益，那他就不是一个好的大臣，君主就不应该信任他，因为他作为大臣，更多地应该考虑国家的利益，而不是总考虑自己，应该更多地考虑君主，而不是和君主无关的一切。

从另一方面来说，君主要让大臣忠贞不贰，也得时常考虑大臣，尊重他，让他享受富贵，让他享有美誉，让他分担职责。同时让他明白，没有君主，就没有他的地位，他已有的荣誉和财富已经很多，他应该无所求，他身负重担，他应该害怕变乱。因此，如果大臣和君主之间能够维持这样的关系，那么他们就可以彼此信任，如果不是这样，对于双方都是有损的。

第二十三章　如何避开谄媚者

我不想省略这件非常重要的事情，在这件事情上，如果君主选择不慎或者随意，那就很容易引起错误，这就是避免谄媚者。君主身边总是不乏谄媚者。因为君主总是对自己的事情非常自满，甚至会自己欺骗自己，这样一来，他也就难以防范这种瘟疫了。如果君主想要防御，那就得冒被轻视的危险，因为如果一个人不对你谄媚，他必然知道可以对你讲真话，除此之外没有其他办法。然而，如果大家都对你讲真话，他们对你的尊敬可能就会减少了。

因此，君主必须选择另外的方式，也就是从他的国家里选择一些有见识的人，让他们享有讲真话的自由权，但这种真话只限于君主对其提问的范围，而非一切事情。君主可以询问这些人，然后听取他们的意见，最终做出自己的决定。君主必须让这些敢于说真话的人认识到，谁越敢说真话，谁就越受君主欢迎。除了这些人之外，他不需要再听其他人怎么说，只要自己决定的事情，他就可以坚决执行。如果君主不以这种方式去做，要么会被谄媚者毁掉，要么会因为主张多变而变革频繁，最终也依然会受到他人轻视。

我想引用一个当代的例子来解释一下这个问题。当今皇帝马克西米利安的宠臣卢卡说到他的陛下时，这么说：他从来不咨询任何人的意见，但也从来没有按照自己的意愿做过什么。这是因为他的方法恰恰与我们上文中讲述的方法相反，他不会把自己的打算告知他人，同时也不会听取关于这些打算的任何意见。但是，一旦他的计划付诸实践，人们就会察觉和洞悉，人们就会对其反对。这样，他就可以很轻易地做出改变了。结果，时至今日，他所做的事情往往第二天就变了样，没有人理解他的打算或者他的想法，也无法信赖他所做的决定。

因此，君主应当时时征求意见，不过，这些必须是自己愿意去做的，如果自己不征求意见，那么就一定要确保他人没有提出意见的勇气。但是，他应该时常咨询他人的意见，然后耐心聆听他人的意见，能够听进去真话。如果通过某种方式，他得知他人并没有告诉他真话，他应该勃然大怒。

如果有人觉得君主表现出的英明并非其本身的能力，而是围绕在他身边好的提建议者的能力。毫无疑问，这些人上当了，因为这是一条永恒的法则：如果君主自己不明智，他就不可能接受好的忠告，除非运气使然，他把自己完全寄托于他人，完全受他人支配，而这个人恰好英明果敢。如果情况如此，君主也可以过得很好，不过，这样并不长久，因为那位英明之士不用太久就会把国家夺走。此外，如果君主咨询的人不止一人，那么君主就必须足够英明获得一致的意见，如果君主不明智，他就不知道如何统一意见，那些提意见的人都抱着一己之私，而君主对此却无法纠正，甚至无法洞悉。情况总是非此即彼：要么人们出于某种需要必须对你忠诚，要么就是邪恶。

因此，我们可以得出这样一个结论：忠言不管出自何人，必不可少的是君主的英明，而不是有了忠言，然后才形成了君主的英明。

第二十四章　为何意大利的君主们丢掉了国家

如果上述种种建议君主都审慎遵行了，那么，即便他是新上任的君主，他也能够如旧君主一样应付自如，而且比旧君主更加安全，更加强大。因为相比较于世袭君主，人们会更关注新君主的举动，如果这些举动被人们认定是有能力的，他们就更容易赢得人们的认可，就更能够让人们紧紧围绕在其身旁。因为当下比过去更具有吸引力，如果人们觉得当下一切都不错，就不会有太多追求，只要新君主没有表现出明显的缺点，他们就会极力拥护他，支持他。因此，如果新的君主创立了君主国，而且为人们确立了完善的法律、精良的武器、可靠的盟友和好的榜样，他们的国家也因此繁荣昌盛起来了，那么君主就会因此而获得更多的美誉；相反，如果君主是依靠世袭登基的，由于不够明智而丧失了自己的国家，那么他受到的耻辱也是加倍的。

如果考察一下我们这个时代意大利丢掉自己国家的那些君主，比如说，那不勒斯国王、米兰公爵等等，我们就会发现，首先，他们的军队都出现了上述原因中的某个共同的缺陷；其次，他们当中有些人遭到了人民的敌视，或者虽然人民对其很友善，但他们自己却不知道如何妥善对待贵族。如果君主没有这些缺点，有足够的力量控制自己的军队，那么国家就不会轻易丧失。

马其顿王国的腓力——并不是亚历山大的父亲，而是败给提图斯·昆克蒂乌斯的那个人，和战胜他的罗马人或希腊人相比，他根本不算是强大，也没有强大的国家，但是他英勇无比，他知道怎么样让人民对其友好，怎么样让贵族处在自己的安全掌控之中，他和敌人的战争相持多年，虽然最后丧失了对于某些城市的统治权，但他的国家却安然保全了。

因此，如果我们的君主执政多年最后却丧失了国家，他们不应该埋怨命运，而应该埋怨自己的无能，因为在和平时期，他们不思变（这也是人性的弱点：风平浪静时从不为暴风雨做任何准备），等到坏的时运来了，他们能够想到的就是逃脱，而不是自我防卫。他们希望人民在受到侵略者凌辱之后，还能回来。如果这是别无选择的选择，也就算了，而如果不考虑其他方法，只依赖这种方法，那就是下下策，因为没有谁会因为相信其日后能够复位而自甘投降的。退一步说，这种情况即使出现了，君主也不会有安全感，因为这是懦弱者的防卫之道，而不是依靠自己的力量的真正防卫。只有依赖自己，完全靠自己的力量来防卫，才是真正、可靠、持久的防卫。

第二十五章　命运如何影响人类事务及如何对抗

我并非不了解，很多人从过去一直到现在都认为，世界上的众多事务都是受命运及上帝支配的，因此，即使人们再有智慧，也无法将之改变，甚至丝毫补救都做不到。因此他们认为，在人类事务上，只靠辛劳是没有用的，应该听从命运的安排。因为过去已经看到，而且现在每天也在看到，人类事务的重大改变都在每个人的预计之外，故而这种意见在我们所处的时代更显可信。有时候想到这些，我会觉得在一定程度上赞同这种观点。但是，我觉得命运不应该抵消掉我们的自由意志，也就是说，命运只能主宰我们一半的行为，另一半行为就靠我们自己支配了。在此，我可以把命运比作那些具有毁灭性的河流之一，如果它咆哮，它就会将原野淹没，让土地流失，人们面对洪水来袭只能仓皇而逃，只能屈服，根本无力反抗。然而，我们不能因此就认为，天气晴好时我们无法修筑堤坝，疏通水渠，做好防备，即使将来洪水来袭，也不至于毫无防备让其泛滥成灾了。命运也是如此，如果我们没有足够的力量抵御命运，那么它就会威力四射，它看到哪里没有预先修筑好的堤坝，哪里没有办法控制它，它就会在那里肆虐。

看看意大利吧——这块变动的所在地，这块滋生变乱的地方，你就会发现，它实际上就是一个既没有水渠也没有堤坝的平原。如果意大利能够像德国、西班牙或法国那样，在洪水没有来袭的时候提前做好准备，那么变动就不会如此突兀，甚至根本不会发生。我认为谈论如何抵抗命运的一般问题，这一个例子就足够了。

不过，我觉得还要讨论一下特殊问题，我认为，看到一个君主今日过得不错，明日却垮台，而且他在特性或性情上并无变化，这种情况之所以会发生，是因为我们前面详细讨论的那些问题，也就是说，任何一位君主如果完全依赖于命运，那么命运一旦变化，他就有可能垮台。此外，我还认为，如果君主的行为顺应时代要求，那么他就会得心应手；如果他逆时代的潮流，那么他必然会遭遇种种坎坷。这是因为人们在为了美誉和财富而忙碌时，其方法各有不同：有的谨小慎微，有的急躁鲁莽；有的依赖于暴力，有的依赖于技巧；有的善于忍耐，有的则相反。每一个人都可以采取不同的办法达到自己的目的。可能你还会发现，同样谨小慎微的两个人，一个实现了自己的目标，而另一个却失败了；两个脾气不同的人，一个忍耐，一个急躁，也都获得了成功。究其原因，无非是他们都顺应时代潮流而为，因此都获得了成功。正如我上文所述，两个人方法不同，却殊途同归，而两个人方法相似，结果却可能大相径庭。

国家盛衰的变化也是基于此：如果一个人比较谨慎，比较有耐心，如果他的这种特征正符合时代发展的要求，那么他就会成功；然而，如果时过境迁，他的做法与时代的发展背离了，那么他就会失败，因为他没有与时俱进。没有谁可以谨慎到让自己适应各种情况，因为人们往往很难离开本性去行事，或者一条路一直通畅无阻，那么他就很难放弃这条路，另辟蹊径。因此，如果谨慎的人突然需要采取比较激进的做法，他就会不知所措，就会崩溃，就会毁灭。然而，如果一个人可以随着时间和事态的变化而变化，那么他就不会受命运控制。

教皇尤利乌斯二世无论做什么都是雷厉风行的姿态，他感觉到时代和事态要求他这么做，因此，他总是一个成功接着一个成功。想一想乔万尼·本蒂沃利奥还在世的时候，尤利乌斯对博洛尼亚发动的进攻吧。当时，威尼斯人、西班牙国王都反对这么做，但是尤利乌斯不理会，他转而和法国国王商议。最终，由于刚烈和迅猛的禀性而亲自出征。这下可好，西班牙人和威尼斯人都惊呆了，西班牙人的惊呆是由于恐慌，而威尼斯人则是由于想要重获那不勒斯王国的野心。从另一方面来说，他把法国国王拉拢过来，法国国王看到了尤利乌斯的行动，想让教皇成为自己的朋友，以便让威尼斯人俯首帖耳，因此认为，他不可能拒绝教皇的。就这样，尤利乌斯迅猛地成就了事业，这是其他任何人都无法达到的。如果他像其他教皇那样，深思熟虑，等待万事俱备了再离开罗马，那么他就不可能成功。这样的话，法国国王会找理由加以推托，其他人也很难相信他。

关于尤利乌斯教皇的其他事情在此不再一一赘述，因为它们都是同一类别，而且都很成功。因其生命短促，他根本没有机会体验其他相反的经历，如果事态要求他必须谨慎行事，他也不会改变，他会直接毁灭；因为他不会违背性格本身赋予他的那些行为方式。

因此我的结论是，如果命运在变，人却在顽固地坚持自己的行为方式，假使他的方式和命运相协调，那么他就会成功，否则，他一定会失败。就我个人而言，我更倾向于迅猛，而非谨小慎微，因为命运更多地像一位女人，你必须要打倒她，冲击她。而她也宁可接受这种冲击，也不愿听命于冷冰冰行事平稳的人。因此，命运往往是青年人的朋友，正如女人一样，正因为青年谨慎不足，而行事比较迅猛，而且能够大胆地制服她。

第二十六章 关于从蛮夷手中解放意大利的劝诫

仔细考虑了以上话题，并且思量了此时此刻意大利是否可以给新的君主授予美誉，是否可以给贤明的君主提供机会，让他采取各种方式让自己获得美誉，让人民幸福。我觉得很多事情对于新君主来说都是有利的，而且，我认为没有什么时候比现在更合适了。

如果像我之前所说，为了展现摩西的能力，以色列人就必须成为奴隶；为了彰显居鲁士的伟大，波斯人就必须受米底人的压迫；为了认识到忒修斯的卓越，雅典人就得颠沛流离。那么在这个时代，为了认识意大利君主的伟大，意大利就得沦入绝境，他们要比希伯来人受更多的奴役，比波斯人遭受更多的压迫，比雅典人更加颠沛流离，既没有首领，也没有秩序，惨遭劫掠、分裂和蹂躏，必须遭受各种破坏。

虽然近来某个人让我们看到了一线希望，让我们认识到他可能是上帝派来拯救我们的，然而，在他的事业如日中天的时候，他却被命运无情抛弃了。现在意大利仍然一片消沉，它依然在等待能够医治她创伤和抵抗伦巴第掠夺以及那不勒斯王国和托斯卡纳勒索的人物，她需要这样的人物为其消除长久缠身的苦痛。世人有目共睹，意大利祈求上帝派人把她从蛮夷之族的残酷行径及屈辱中拯救出去，而且她已经做好了准备，只要有人愿意举出旗帜，她就愿意追随其后。

现在，她抱有最大希望的正是你显赫的王室家族，由于其好运和能力，王室受到了上帝的眷顾和教会的宠爱，现在它是教会的首脑，因此，教会便成了救世者的首领。如果你回忆一下我在上文中提到的那些人物的生平事迹，这一点就不会太难。虽然那些人凤毛麟角，似乎很少出现，但他们毕竟是凡人，而且他们所有人在当时所遇到的机遇都不如今日，他们的事业也不比今日之事业更容易，更正当，上帝并没有显示出对他们更多的眷顾。

伟大的正义和我们同在，因为如果战争是必须的，那么战争就会成为正义的使命，如果除了拿起武器之外别无选择，那么武器也会因此而神圣。这就是最伟大的意愿，在这种最伟大的意愿之下，只要王室采取了我上文中所述的那些人的做法，困难就会迎刃而解。此外，上帝已经彰显了绝无仅有的奇迹：大海分开了，祥云为你指路，岩石中间涌出了泉水，吗哪自天而降，万事俱备，剩余的就等你自己去做。上帝不愿把一切都替我们包办，也不会将我们的自由意志和部分的美誉全都夺走。

如果上述意大利人从来没有实现我们所期望王室应该实现的事情，如果在意大利的多次革命和战役中，意大利的军事力量似乎总是被消灭，也无须吃惊，因为意大利的旧制度不好，也无人懂得如何制定新的制度。因此，如果新上任的君主想要获得美誉，他就要创立新的制度和法律。这些如果本身有可靠的根据和伟大之处，那么它就会赢得人们的尊敬和钦佩，而且意大利现在不乏可以利用的各种形式的机会。

如果说头脑贫弱，那么四肢就要具备巨大的能力。我们应该注意到，在各种格斗或者少数人的搏斗中，意大利人无论在力量、机敏还是在智力上，都是占上乘的。可一旦到了军队，他们就表现不出来。这一切都是因为其首领软弱，因为那些有能力的人不愿服从这些没有能力的首领，因而每个人都自命不凡，最终致使无人能够在能力和运气方面出人头地并让他人折服。因此，在较长一段时间内，在二十多年的战争中，当一个军队全是由意大利人组成的时候，它总是遇到各种考验，总是遭遇失败。关于这一点，塔罗之战，亚历山大、卡普亚、热那亚、韦拉、博洛尼亚、梅斯特里等战役都是很好的证明。

因此，如果您至高无上的王室决定效仿我前文中提到的那些优秀人物的伟业，首先就是要组建自己的军队，这是一切的根本所在，因为他们才是最忠实、最可靠、最优秀的士兵。作为个体，他们都很优秀，如果他们感受到了君主的指挥和眷顾，他们会更加团结，也就会更为优秀了。因此，要让意大利能够防御外敌，首先要拥有这样一支军队。

虽然人们总觉得瑞士和西班牙的步兵很可怕，但实际上他们都各有缺点。因此，组建新的军队不仅可以抵抗他们，而且一定会战胜他们。因为西班牙人最怕骑兵，瑞士人如果在战斗中遭遇和自己一样顽强的步兵，他们必然会慌了阵脚。过去的经验已经证实，未来也会继续证实这一点：西班牙人无法抵抗法国的骑兵，瑞士人则终将被西班牙的步兵所歼灭。虽然后者还未成为事实，但是在拉文纳战役中，我们已经看到端倪：当时西班牙的步兵遭遇的是德国军队，后者采取和瑞士人一样的战术，西班牙士兵依靠着敏捷和圆盾，潜入了德军内部，德军的长矛无能为力，他们最终成功袭击了德军，如果说西班牙人没有受到骑兵的袭击，他们一定会将德军全部消灭。我们可以从中看到这两种骑兵的弱点，从而创建一种新的骑兵，让其能够击退骑兵，同时不至于害怕步兵的袭击。因此，选择武器和改变战术成了重中之重。这些就如同新的制度和法律一样，一定会让新君主获得美誉。

因此，这次机会不容错过，意大利在长期的等待之后终于见到了能够拯救自己的人。没有人可以表达，人们备受外国蹂躏之后，会心怀怎样的爱，会多么渴望复仇，会抱有多么强烈的信仰，会多么赤诚、多么欣喜地加以欢迎！还有什么门会对其关闭呢？还有什么人会拒绝服从于他呢？还有什么嫉妒会反对他呢？还有哪个意大利人会拒绝对其臣服？对于我们所有人来说，野蛮的统治已经散发着恶臭，让人无法忍受。因此，让您那至高无上的王室担当起这样的重任，怀抱着从事正义的人们所具有的精神和希望，让我们的国家在其旗帜下光彩熠熠，让我们实现诗人彼特拉克所说的吧：

正义之师拿起武器；
战斗不会很长！
因为古罗马人的勇气，
在意大利人的心里从未消亡！